U0839326

儒家文明论坛

（第七期）

儒家文明省部共建协同创新中心 编

主　编　颜炳罡　徐庆文

副主编　于晓雨　裴　朦

山东大学出版社
SHANDONG UNIVERSITY PRESS
·济南·

图书在版编目(CIP)数据

儒家文明论坛. 第七期 / 颜炳罡，徐庆文主编. —
济南：山东大学出版社，2021. 9
ISBN 978-7-5607-7112-0

Ⅰ. ①儒…　Ⅱ. ①颜…　②徐…　Ⅲ. ①儒家—文集
Ⅳ. ①B222. 05-53

中国版本图书馆 CIP 数据核字(2021)第 163328 号

责任编辑　李淼
封面设计　杜婕

出版发行　山东大学出版社
社　　址　山东省济南市山大南路 20 号
邮政编码　250100
发行热线　(0531)88363008
经　　销　新华书店
印　　刷　山东和平商务有限公司
规　　格　787 毫米×1092 毫米　1/16
　　　　　25 印张　543 千字
版　　次　2021 年 9 月第 1 版
印　　次　2021 年 9 月第 1 次印刷
定　　价　79. 00 元

版权所有 侵权必究

《儒家文明论坛》第七期

学术委员　万俊人　王云路　王学典　贝淡宁
朱小健　刘大钧　江林昌　池田知久
安乐哲　孙聚友　杜维明　李景林
杨世文　杨国荣　杨朝明　陈　来
陈卫平　郭齐勇　黄俊杰　崔英辰
董　平　景海峰　傅永聚　舒大刚
颜炳罡

本书编委　颜炳罡　徐庆文　于晓雨　裴　朦
李方艳　刘淑俏　刘志涛　王闻文
杨　婷

编辑说明

牟宗三先生是20世纪著名的哲学家，海外弘扬中国文化的旗帜，现代新儒家的重要代表人物之一，一生致力于会通西学以重建近代以来被割裂的中国文化传统。他对重建中国文化的深刻思考，对于当今中国文化的传播和发展具有深远影响。2019年适值牟宗三先生诞辰110周年。2019年7月13—14日，由儒家文明省部共建协同创新中心和山东大学儒学高等研究院共同主办的"百年儒学走向"国际学术研讨会暨牟先生诞辰110周年纪念会在牟宗三先生故乡烟台举行。本次会议以纪念牟宗三先生诞辰110周年为契机，以"牟宗三与中华文化的重建"为主题，旨在以新的学术视野对牟宗三先生的学术思想进行深入研讨和发掘，阐发牟宗三先生对于中国哲学发展以及中国文化重建所做出的巨大贡献，共同探讨儒学的今后走向和时代意义。本文集即是这次会议的论文集。会议收到的论文中，有的已经在其他地方发表，有的作者不同意收入此文集中，我们尊重作者意见，没有收录。

儒家文明省部共建协同创新中心

2021年2月5日

目　录
CONTENTS

牟宗三与中国哲学

牟宗三与中国文化发展

牟宗三与中西文化汇通

牟宗三与中国哲学

牟宗三哲学的意义

郭齐勇

在现代新儒学思潮第二代学者中，徐复观先生侧重思想史研究，唐君毅先生与牟宗三先生是哲学双璧，但唐先生特重文化精神与比较文化，牟先生则着重哲学系统的建构。

20 世纪是西学涌入、中学式微的时代。面对西方和西化思潮的挑战，中国学者忍辱负重，虚心学习西方，进而挺立起自己的脊梁。牟宗三是哲学天才，又在北京大学哲学系受到严格的训练。他下功夫消化、吸收康德、黑格尔哲学等西方哲学的概念、体系与方法，创造性地诠释、阐发诸子百家、儒释道、宋明理学，又运用中国智慧理性地批判西学。例如，他用“自律”观念解释我们的仁义思想，阐发“知体明觉”即“智的直觉”，从康德“现象与物自身”的架构创造“两层存有论”，还有关于“良知坎陷”“三统”等论说，都是极有创意的。学者们可以不同意其中的若干论断及论证方式，但不能不悉心体察牟先生对古今中西哲学思想的反省批判的睿智与能力，以及独特的眼光与慧识，从中得到问题意识与方法论的启迪。在一定意义上，我们可以说牟宗三哲学是 20 世纪中国哲学的典范和标志。今天，这仍然是我们中国哲学学者不能绕过的山峰。

一、中西哲学的会通是中国哲学转型与重建的必由之路

哲学，其实是不分古今中西的。各地域各族群的哲学，所讲的概念或道理，或哲学中的“真理”是普遍的，因而具有可比性，可以通约。牟宗三独立地翻译了康德三大批判的英译本，使自己对康德的哲学与西方理性、理想主义的大传统有深入的理解与把握。

百多年来，康德、费希特、谢林、黑格尔的德国观念论的哲学思潮被我国若干个流派、思潮的哲学家们所发挥，各派思想家吸收、扬弃的面向都各不相同。康德的批判哲学表达了人的有限性，其中关于知识、认知的有限性——“我可知道什么”，几乎是中国古代各派哲学家们的老课题；而有关“我应当做什么”“我可希望什么”，乃至最终

“人是什么”的叩问，与儒释道诸家研讨的中心问题极为相应，当然其路径、方法与结论不同。在实践理性、道德形而上学方面，更有可比性。在方法论上，牟宗三指出：“对于西方哲学的全部，知道得愈多，愈通透，则对于中国哲学的层面、特性、意义与价值，也益容易照察得出，而了解其分际。这不是附会。”① 百多年来，在中国哲学（或中国哲学史）学科建构与发展的过程中，不能不以西洋哲学作为参照，然而选择是多样的，即使都选择康德，诠释者的前见也决定了诠释路子的不同与差异。

当前我们有的学者不同意以任何西方哲学为参照系，希望讲出纯而又纯的中国古代哲学，所谓“以中释中”，从诠释学的方法与立场上看，这其实是不可能的。中西哲学相互对比，相辅相成，取长补短，是今天中国哲学发展的坦途。牟宗三说：“我能真切地疏解原义，因这种疏解，可使我们与中国哲学相接头，使中国哲学能哲学地建立起来，并客观地使康德所不能真实建立者而真实地建立起来，这也许就是我此书的一点贡献。”② 所谓“中国哲学能哲学地建立起来”，即是以现代性的哲学型态与话语，使中国哲学世界化与现代化，这可能会对中国哲学思想的原有内容与方法有损伤，但仍是必然要通过的路径。

如西方哲学范畴、术语的问题。要不要借用？如何借用？如何在借用中有发展，增加、渗入新义或本土文化的意义？牟宗三说：“中国传统中的三家以前虽无此词，然而通过康德的洞见与词语，可依理而捡出此义。……此之谓‘依义不依语’，‘依法不依人’（亦函依理不依宗派）。”③ 这里有很大的创造诠释的空间。

牟宗三说：“你以为中国这一套未必是康德之所喜，是因为你不了解中国这一套之本义，实义，与深远义故。假若中国这一套之本义，实义，与深远义能呈现出来，则我以为，真能懂中国之儒学者还是康德。”④ 他又说：“以哲学系统讲，我们最好用康德哲学作桥梁。吸收西方文化以重铸中国哲学，把中国的义理撑起来，康德是最好的媒介。……我们根据中国的智慧方向消化康德。”⑤ 牟氏消化康德哲学，把康德的义理吸收、充实到中国哲学中来。牟氏的哲学体系把东西方哲学的知识与智慧整合融通，冶于一

---

① 牟宗三：《中国哲学的特质》，《牟宗三先生全集》第 28 卷，联经出版事业公司 2003 年版，第 8 页。

② 牟宗三：《智的直觉与中国哲学·序》，《牟宗三先生全集》第 20 卷，联经出版事业公司 2003 年版，第 5 页。

③ 牟宗三：《现象与物自身·序》，《牟宗三先生全集》第 21 卷，联经出版事业公司 2003 年版，第 19 页。

④ 牟宗三：《智的直觉与中国哲学·序》，《牟宗三先生全集》第 20 卷，联经出版事业公司 2003 年版，第 7 页。

⑤ 《牟宗三先生在第二届当代新儒学国际会议的开幕演讲》，杨祖汉编：《儒学与当今世界》，文津出版社 1994 年版，第 12 页。关于儒家与康德的关系，李明辉在《牟宗三思想中的儒家与康德》一文中说，康德的“善的意志”与儒家的“怵惕恻隐之心”均是道德心之表现，均肯定道德心之真实性；康德肯定实践理性优先于理论理性（思辨理性），正可保住儒家的道德理想，成就其“道德的理想主义”。李明辉此说把握了儒学与康德的本质联系。详见李明辉：《当代儒学之自我转化》，台北“中央研究院”中国文哲研究所 1994 年版，第 66 页。

炉，堪称典范。牟氏以康德作为中西互释的桥梁，因为康德与中国哲学有内在性的一致，而且康德哲学又是世界现代哲学的出发点。牟氏的哲学人生，是力图吸收、融合康德，创造性发展中国传统哲学的一生。康德哲学本身十分复杂，包含了很多诠释的可能，根据康德晚年的著作，他并不完全否定意志自由是一事实，而《判断力批判》所提出的自由与自然统一的思想架构，已经是一心开二门的思想模型。①

二、有启发意义的论域、思路与哲学系统

牟宗三先生提出的新思考，深具启发意义，如关于“三统并建”说，其意在强调学习西方重视“知性主体”开发出学术方面之科学与政治方面之民主体制，肯定尊生命、重个体，在体制上对自由、人权加以肯定，可谓抓住了中国走上现代化的根本。这是现当代新儒家与现代社会生活世界相调适的重要成果。要求民主政治是“新外王”的第一义。牟先生并不是简单直接照搬西方的价值与制度，他肯定道统、良知的指导与参与，超越了西方民主政治，警惕着浅薄、片面、平面化的“民主”弊病的发生。当代新儒家从人的主体心性中发掘普遍的道德法规，并透过康德式的论证，由伦理通向政治，建构普遍法则之治的法治论述，有益于现代社会的健康发展。

又如关于所谓“智的直觉”、道德形而上学作为超越的形而上学、“内在超越”与“外在超越”的讨论，恰好是关系到中西哲学根本问题的讨论。其实古希腊、希伯来、印度、伊斯兰与中国，都有“圣智”的传统。战国孟子以后中国哲学讲的“良知”，宋明儒士讲的“德性之知”，现代熊十力讲“体认”、冯友兰讲“负的方法”、贺麟讲“理智的直觉”、牟宗三讲“智的直觉”，至杜维明讲“体知”，都是肯定超越于经验、知性、逻辑、理智的，涉及体悟本体的智慧和生命的终极性关怀。关于“超越”问题，刘述先说：“把中国传统思想了解成为内在超越的型态，决不只是当代新儒家的一家之言谈，它已差不多成为多数学者的共识。……儒家式的内在超越型态的确有其严重的局限性而令超越的信息不容易透显出来。但这并不表示，基督教式的外在超越型态就没有严重的问题。……事实上，外在超越说与内在超越说并不是可以一刀切开来的两种学说。”②诸如此类的问题讨论，在现代中国哲学的本体论、形而上学的重建与东西方哲学的比较研究方面，都产生了积极意义。牟宗三哲学启发人们回应国际化、全球化的挑战，回答现实问题，并提升到哲学的层面。

① 详见赖贤宗：《牟宗三的道德形上学与康德哲学、德意志观念论》，《体用与心性：当代新儒家哲学新论》，台湾学生书局2001年版，第135—136页。

② 刘述先：《论宗教的超越与内在》，《儒家思想意涵之现代阐释论集》，台北“中央研究院”中国文哲研究所2000年版，第173—175页。

三、中国哲学主体性的建立

中国哲学不是某外国哲学的附庸，有自己的独特性。牟宗三说，普遍的哲学观念、概念、道理，是要通过不同的、特殊的民族或个体的生命来表现的，“这就是普遍性在特殊性的限制中体现或表现出来，这种真理是哲学的真理。……由此才能了解哲学虽然是普遍的真理，但有其特殊性，故有中国的哲学也有西方的哲学……虽然可以沟通会通，也不能只成为一个哲学。这是很微妙的，可以会通，但可各保持其本来的特性，中国的保持其本有的特色，西方也同样保持其本有的特色，而不是互相变成一样”①。与基督教不同，中国的儒释道都重视主体，同时依然有客体，问题是如何去考虑其关系。“中国文化、东方文化都从主体这里起点，开主体并不是不要天，你不能把天割掉。主体和天可以通在一起，这是东方文化的一个最特殊、最特别的地方，东方文化和西方文化不同最重要的关键就是在这个地方。”② 牟氏以过人的哲学智慧，从义理上批判康德，批判海德格尔对康德的批判，开出建立“基本存有论之门”，重建了中国哲学的主体性。中国的儒释道三家都是生命的学问，意在人生的、道德的乃至超越的境界追求。牟氏对三教境界的形而上学有独到的发挥。更为重要的是，他的两层存有论，是对三教之成圣、成佛、成真人的境界及其入手方法的论证。三教都肯定“智的直觉”，证立“自由无限心”既是成德的根据，又是存在的根据，肯定成就人格境界过程中的实践工夫，把境界实践过程中的人的主体性加以提扬，从中觉悟到人的有限性与无限性的关系，肯定人虽有限而可无限，最终上达圆善之境。牟氏两层存有论其实就是实践的形而上学。

牟氏尤其推崇心学系统心性合一的理路，视其为正宗。其心性合一之体，“即存有即活动”，不似心性离析的理学系统将后天与先天、经验与超越、能知与所知、存有与活动打成两橛，减杀了道德力量，容易丧失自主自律、自定方向的“纯亦不已”的必然性。

牟宗三是具有原创性的哲学家，他的哲学智慧与哲学建构是20世纪中国重要的哲学遗产，大大深化了中国哲学的内涵，值得我们认真地加以研究。牟氏哲学最大的意义是，有意识地吸收西方智慧，促进中西哲学的交流互动，在互动中逐渐体现了中国文化的自觉与自信，彰显了中国哲学的自主性、主体性。他的哲学体系是20世纪中国哲学的一个范本。当然，我们对他的哲学，对他对儒学的理解，还有一些不同的看法，有一定的批评，但这丝毫不影响牟先生哲学的地位与意义。

（作者单位：武汉大学哲学学院）

---

① 牟宗三：《中西哲学会通之十四讲》，《牟宗三先生全集》第30卷，联经出版事业公司2003年版，第8—9页。

② 牟宗三：《中国哲学十九讲》，《牟宗三先生全集》第29卷，联经出版事业公司2003年版，第78页。

论牟宗三哲学特色

宋志明

在牟宗三之前，狭义新儒家在建构本体论的时候，有一个共同之处，即首先从解释世界的角度入手形成存在本体论学说，然后再把存在本体论翻转成价值本体论，为儒家伦理提供哲学依据。可是，他们遇到的难题是：存在本体论何以可能翻转为价值本体论？他们并没有找到有说服力的理由。也许有见于这种理论上的困难，牟宗三不再采用先讲存在本体论然后再讲价值本体论的思路，而是首先从价值本体论讲起，然后再引申到存在本体论。他从关注价值本体论的视角契入，沿着生命—人文—道德的进路，建构了被他称为“道德的形上学”的本体论学说。他认为，“道德的形上学”仍具有现代价值，可以由内圣开出新外王来，可以与科学、民主接榫，可以成为现代性的培养基。他对人生哲学和政治哲学，皆做了儒家式的现代诠释。

一、融会中西

牟宗三（1909—1995）同所有的现代人一样，面临两种思想资源：一种是中国固有思想资源，主要是儒家；一种是西方外来的思想资源。对于两种思想资源，他都没有照着讲，而是接着讲，并且讲出了新意。如果站在株守固有思想资源的立场上，可能批评他不符合某某家；如果站在株守西方思想资源的立场上，可能批评他不符合某某派。其实，牟宗三就是牟宗三，一个智者型的现代新儒家。

对于西方哲学，他有汲取，有创新。他凭借一己之力，翻译康德著《纯粹理性批判》《实践理性批判》《判断力批判》。他甚至认为，在当今时代，如果弄不懂康德，也就弄不懂孔子。他写过《现象与物自身》，回应康德。他翻译三大批判，只是作为一种同西方哲学对话的方式。与其说是翻译，毋宁说是解读。他没有株守康德的学说，而是对其做了现代新儒家式的解读。

对于中国固有思想资源，对于儒释道三家，他皆有论列。关于佛教，他写过《佛性与般若》《圆善论》等著作；关于道家，他写过《才性与玄理》等著作；关于儒家，就更多了。《智的直觉与中国哲学》《心体与性体》等，都论及儒家。

对于现代哲学家，他服膺熊十力。在北京大学哲学系读大学三年级时，他选修熊十力讲授的《新唯识论》，接受熊十力现代新儒学思想的影响，并同其建立起非同寻常的师生之谊。熊十力颇欣赏牟宗三的资质，视之为“俊才”；牟宗三则对熊十力恭敬有加，终身执弟子礼。他在回忆录中说，遇到熊十力，“始见到了一个真人，始嗅到了学问与生命的意味”。在他眼里，熊十力“是一个有光辉的生命”的人，是“能通华族慧命而不隔”的人。不过，对于乃师的学问，他也没有照着讲，而是有自己的讲法。

总之，对于中外两种思想资源，牟宗三都没有照着讲。因为这种讲法，讲不出新意，并不是哲学家的讲法。作为思想资源，他可以接着讲；作为思想，只能讲自己，他融会中西，自成一家之言。正因为他讲出自己的思想，有自己的特色，我们理所应当把他写入哲学史，给他一席地位。

二、道德形而上学

牟宗三哲学的主要特色在于选择道德形而上学进路。他把儒家哲学理解为一种道德的形而上学，即由道德的进路讲出来的本体论学说，有别于西方哲学讲本体论的种种进路。他采用中西哲学比较的方法，申诉道德的形而上学何以成立的理由，提出两层存有论学说。

（一）道德的进路

牟宗三首先提出的问题是：什么是道德的终极依据？他注意到中国文化和西方文化回答这个问题的思路是不同的。以基督教为文化背景的西方人，一直到人性之外去寻找，把上帝视为道德的终极依据，即便在近代德国古典哲学家康德那里，也不例外。康德在回答什么是道德的终极依据的问题时，仍然预设了上帝存在、物自身、意志自由三个假设。由于这个原因，尽管康德提出实践理性的范畴，接触到道德的进路，然而最终只成就了道德神学，并没有成就道德的形而上学。康德是牟宗三最重视的西方哲学家，但还是被他当成批评的对象。他分析说，康德把自由意志看成道德自律的根据并没有问题，问题在于，在康德那里，自由意志只是一种假设，乃是无法证实的“理性体”，“而忘记意志活动就是一种心能，就是本心明觉之活动。它当然是理性体，但同时亦即是心体，明觉体，活动体……纯智的直觉即在此‘明觉之活动’上有其可能之根据”①。中国儒家哲学在寻求道德的终极依据的时候，选择了与西方人不同的思路。儒家哲学首先从考察人性入手，进而追溯到超越的本体，即道德的形而上学。黑格尔认为，中国儒家哲学讲的只是一些有关道德的实际范例，只是一些道德的经验事实，只是一些形而下的

① 牟宗三：《智的直觉与中国哲学》，台湾商务印书馆1971年版，第194页。

生活感受，“一点思辨的哲学都没有”。牟宗三不认同这种看法，他说：“我们不能说孔子的那个代表真实生命、代表全德、一切德所从出的‘仁’是个经验的概念，是个后天的观念。”① 如果把孔子的“有杀生以成仁，无求生以害仁”的说法，把孟子“君子所性，虽大行不加，虽穷居不损”的说法，都只看成寻常的道德教训，实则流于皮相之见，并未得到儒家思想的精义。牟宗三强调：“这些话俱表示在现实自然生命以上，种种外在的利害关系以外，有一超越的道德理性之标准，此即仁义、礼义、本心等字之所表示。人的道德行为、道德人格只有毫无杂念无歧出地直立于这超越的标准上始能是纯粹的，始能是真正地站立起。这超越的标准，如展为道德法则，其命于人而为人所必须依之以行，不是先验的、普遍的，是什么?”② 在牟宗三看来，儒家伦理建立在终极依据之上，这个终极依据就是超验的、普适性的“道德的形上学”，就是价值意义上的本体。儒学中仁义、礼义、本心、良知等语汇，都是对价值本体的称谓。牟宗三关于儒家伦理体现普遍的道德准则的说法是可以成立的，至于把这种普遍的道德准则上升到精神实体的高度，称之为“道德的形上学”，那就是他的一家之言了。

牟宗三指出，儒家讲道德的形而上学所采取的进路与西方哲学不同。西方哲学中的形而上学是自然的形而上学，哲学家们讲本体，有的采取认知的进路，如柏拉图、罗素；有的采取宇宙论的进路，如亚里士多德、怀特海；有的采取存在的进路，如胡塞尔、海德格尔；有的采取生物学的进路，如柏格森、摩根；有的采取实用论的进路，如杜威、席勒；有的采取分析或抽象的进路，如斯宾诺莎、莱布尼茨、笛卡尔。“皆非自道德的进路入，故其说讲之实体、存在或本体，皆只是一说明现象之哲学概念，而不能与道德实践使人成一道德的存在生关系者。”③ 唯一的例外也许是康德。康德提出实践理性的观念，接触到道德的进路，然而他最终也只不过成就了道德的神学，而没能成就道德的形而上学。

（二）道德形而上学的证成

牟宗三采取与康德对话的方式，对道德的形而上学做出理论论证。康德承认自由意志作为道德自律的根据；不过他认为这只是一种假设，因为人们既不能感觉到它，也不能直觉到它。牟宗三认为，儒家的道德的形而上学足以推翻康德的论断。他分析康德的失误之处在于：仅仅把自由意志理解为“理性体”，而没有理解为“具体的呈现”。康德不认为人有“智的直觉”，牟宗三与此相反，断言人肯定具有“智的直觉”。此种“智的直觉”，就是孟子所说的“恻隐之心”“羞恶之心”或“理义悦我之心”。正是此心证成本心仁体，证成道德的形而上学。本心仁体一方面自给自立道德法则，发布无条件的定

---

① 牟宗三：《心体与性体》（一），正中书局 1968 年版，第 117 页。

② 牟宗三：《心体与性体》（一），正中书局 1968 年版，第 119—120 页。

③ 牟宗三：《心体与性体》（一），正中书局 1968 年版，第 37—38 页。

然命令，一方面又能感之、悦之、觉之。牟宗三认为，儒家的道德的形而上学立足于“智的直觉”，已经超越了康德，达到了西方哲学没有达到的理论高度。

牟宗三指出，道德的形而上学的理念在孔子那里就已经基本形成了，后儒进一步继承和发展这种理念，逐渐形成了儒家的道统。后儒中理论贡献最大的当数宋明理学。理学家明确提出“天道性命而为一”“心性天为一”的观点，完成了儒家道德的形而上学的建构。“依宋明儒大宗之看法，《论》《孟》《中庸》《易传》是通而为一而无隔者，故成德之教是道德的同时即宗教的，就学问言，道德哲学即涵一道德的形上学。”① 在宋明理学当中，他认为陆王一脉为正宗，程朱一脉为“歧出”。

牟宗三自诩是儒家正宗的继承者，是道德的形而上学在现时代的阐释者。其实，道德的形而上学是他的理论创造，是他对儒家心性之学（或称内圣学）所做的一种理解和诠释。正是他自己把儒家的道德准则上升到本体论的高度，看成是超验的、至上的、唯一的精神实体。在牟宗三的哲学视野中，这个至高无上的精神实体具有主体和客体两方面的规定性：从主体的角度说，可以叫作“心体”，叫作“道德自我”；从客体的角度说，可以叫作“性体”，叫作“道德理性”。心体和性体是分开来说，统而言之，则叫心性主体。这个心性主体，就是他所说的道德的形而上学。他说：

> 儒者所说之“性”即是能起道德创造之“性能”；如视为体，即是一能起道德创造之“创造实体”（creative reality)。此不是一“类概念”，它有绝对的普遍性（性体无外、心体无外），惟在人而特显耳，故即以此体为人之“性”。自其有绝对普遍性而言，则与天命实体通而为一。故就统天地万物而为其体言，曰形而上的实体（道体 metaphysical reality)。此则是能起宇宙生化之“创造实体”；就其具于个体之中而为其体言，则曰“性体”，此则是能起道德创造之“创造实体”，而由人能自觉地作道德实践以证实之，此所以孟子言本心即性也。
>
> 心即是体，故曰心体。自其为“形而上的心”（metaphysical mind）言，与“于穆不已”之体合而为一，则心也而性矣。自其为“道德的心”而言，则性因此始有真实的道德创造（道德行为之纯亦不已）之可言，是则性也而心矣。是故客观地言之曰性，主观地言之曰心。自“在其自己”而言，曰性；自其通过“对其自己”之自觉而有真实而具体的彰显呈现而言则曰心。……心性为一而不为二。②

在对儒家心性之学的阐释中，牟宗三首先把儒家的道德准则提升到价值本体的高度，然后再把价值本体拓展为宇宙万有的本体，最终形成自称为“道德的形上学”的心

① 牟宗三：《心体与性体》（一），正中书局1968年版，第20页。

② 牟宗三：《心体与性体》（一），正中书局1968年版，第40—42页。

性主体论。心性主体论的基本论点是：心性不仅是道德何以可能的终极依据，也是宇宙万有何以可能的终极依据。他运用现代哲学思维方式，对“道德的形上学”做了论证和展开。

“道德的形上学”何以能够成立？牟宗三找到的理由就是人具有“智的直觉”，人借助“智的直觉”，就可以证实“道德的形上学”的存在。康德出于现象与物自体对立的二元论观点，认为本体不可知，认识的对象仅限于现象界。本体虽不可知，但可思，即通过超验的理性直观思考它。不过，这种超验的理性直观能力也许上帝才会有，人并不具有这种能力。牟宗三把康德所说的“超验的理性直观”译为“智的直觉”，并且表示不认同康德的说法。他批评说：“吾人在上帝身上构成‘智的直觉’这一概念，这种构成全是想象底游戏，或只由神学而知，总之可说全是戏论。智的直觉之构成既是戏论，则它仍不免只是一逻辑概念。如是，则物自身之积极意义仍是形式的，仍是一种对于彼岸之猜想，其具体而真实的意义仍不能呈现。不但不能呈现，甚至其形式的积极意义亦不见得真能稳定得住。”① 针对康德“人没有智的直觉”的观点，牟宗三指出：在中国儒家心性之学的系统中，可以断定人具有“智的直觉”能力。

牟宗三分析说，按照康德哲学的说法，人是有限的，被限制在时空所限定的现象界之中，只有上帝才是无限的；而按照儒家的心性之学，则没有必要预设所谓的上帝，因为人自身就是无限的。“若从此看人，则人即具有无限性。当然具有这种无限性的人不会就是上帝那样无限的存在，而且根本上亦与上帝不同。例如圣、真人、佛，都是具有无限性，至少亦在转出智的直觉下，始可成圣、真人和佛；而且甚至亦可视圣、真人、佛为一无限的存在，而这无限的存在亦不同于上帝。”② 既然人是“无限性”的，当然也就应当具有“智的直觉”能力。所谓“智的直觉”，就是“良知的自我呈现”，心性主体自己证实自己。“智的直觉”有别于感性的直觉。感性直觉关涉认知主体对于现象界中的客体的认识，乃是被动地应付外物，属于认识论的范畴；“智的直觉”是心性的“自我活动”，并不涉及外物，不属于认识论的范畴，而属于本体论的范畴。换言之，“智的直觉”并不是通常的认识，而是“朗现”。牟宗三说：“智的直觉之主观活动，与其所照的其自己之为朗现之客观性是一。这里无真正的能所之对偶，只是一超然的大主之朗现。”③ “智的直觉”不受主体与客体相互关系的限制，就此而言，又被牟宗三称为“逆觉体征”。

牟宗三所说的“智的直觉”实际是熊十力所说的“性智”的另一种表述。熊十力在《新唯识论》中说：“性智者，即是真的自己底觉悟。此中‘真的自己’一词，即谓本

---

① 牟宗三：《现象与物自身》，台湾学生书局 1984 年版，第 10 页。
② 牟宗三：《现象与物自身》，台湾学生书局 1984 年版，第 27 页。
③ 牟宗三：《现象与物自体》，台湾学生书局 1984 年版，第 61 页。

体。……申言之，这个觉悟就是真的自己。离了这个觉悟，更无所谓真的自己。此具足圆满的明净的觉悟的真的自己，本来是独立无匹的。以故，这种觉悟虽不离感观经验，要是不滞于感官经验而恒自离系的。”① 他们都试图通过非理性主义的途径为心性主体论寻找理论依据。熟悉康德哲学的牟宗三，采取批评康德的方式表述观点，多了一些思辨哲学的味道，但并没有为人具有“智的直觉”找到充分的根据。他断言人具有无限性，所指人乃是抽象的人，并不是具体的人，在现实世界中找不到这样的人。我们知道，具体的人都是有限的，因为具体的人都是要死的。具体的、有限的人怎么可能有“智的直觉”？这个问题在牟宗三那里并没有得到回答。康德站在理性主义的立场上，认为具体的人不具有“智的直觉”，牟宗三站在非理性主义立场上批评康德的说法。倘若康德在世的话，他绝不会接受这种批评，反过来会批评牟宗三陷于独断。

（三）二层存有论

在本体论方面，牟宗三的心性主体论与熊十力的本心本体论大同小异；而在对世界的解释方面，牟宗三不再沿用乃师的翕辟成变论。他采用佛教《大乘起信论》中“一心开二门”的框架，提出二层存有论的新说。

在牟宗三哲学中，“一心”是指心性主体，“二门”是指由心性主体开显出两界：道德界和现象界。前者为“无执的存有”，后者为“执的存有”。牟宗三认为，心性主体不是新理学所描述的那种只存有不活动的静态的“理世界”，而是动态的存有，他叫作“即本体即流行”。本体的流行过程通过人得以实现。人之所以能够成为心性主体的体现者，取决于人的两种知识能力。一种是直接从心性主体发出的关于价值的知识能力，叫作“智知”“智心”或“无限心”，由此开显出直接呈现心性主体的道德界，即通常所说的价值的世界或意义的世界。另一种是间接从心性主体发出的关于现象的知识能力，叫作“识知”“识心”或“有限心”，由此开显出间接表现心性主体的现象界，即通常所说的现实世界或生活世界。牟宗三依据心性主体解释世界，所描绘的世界虽然是以心性主体为终极依据的整体，但有两个层次。一层是价值的世界、意义的世界、道德的世界、理想的世界、超时空的世界、无限的世界、本然的世界；一层是实然的世界、生活的世界、在时空的世界、有限的世界、经验中的世界、现象的世界。“对无限心（智心）而言，为物自身；对有限心（识心）而言，为现象。”② 由前者，成无执的（本体界的）存有论；由后者，成执的（现象界的）存有论。前者相当于佛教所说的“真谛”，后者相当于“假谛”。牟宗三解释世界的时候，把重点放在后者。

从本然的角度看，牟宗三认为现象世界不过是“遍计所执”的产物，对其抱着一种贬斥的态度。他告诫人们：“我们依德性底优先性与宗纲性来提挈宇宙以见人之本

---

① 熊十力：《新唯识论》，商务印书馆 1944 年版，第 249 页。

② 牟宗三：《现象与物自身》，台湾学生书局 1984 年版，第 15 页。

来面目与宇宙之本来面目。我们的感性与知性所搅扰而扭曲的人生与宇宙不是人生与宇宙之本来面目。这是人生与宇宙之僵滞。人陷于此僵滞而认为是真实，忘其本来面目久矣：故需要本体界的存有论以松动而朗现之。”① 然而，从实然的角度看，他也承认现象世界是不可忽视的。牟宗三所描述的现象世界，尽管没有自身的真实性，但也不再是熊十力所说的“诈现的迹象”。他承认现象世界中的事物具有确定性，并且以“知性主体”作为这种确定性的担保。“知性主体”既有别于心性主体，又同心性主体有关系。

牟宗三指出，知性主体是对心性主体的辩证否定，他称之为“坎陷”。牟宗三强调，心性主体“坎陷”为知性主体，乃是非常必要的步骤，至于心性主体何以能“坎陷”出知性主体，则是他遇到的无法解决的难题。

三、内圣开出新外王

牟宗三哲学的另一个特色是倡言“内圣开出新外王”。在港台新儒家当中，唐君毅侧重于人生哲学，而牟宗三则侧重于政治哲学。为了证明儒学契合现代性，证明儒学同科学、民主之间存在着兼容关系，他提出了“由内圣开出新外王”的理论。

在对儒学做评判的时候，牟宗三创造了一系列术语。第一个术语是道统。道统属于“内圣学”范畴，指的就是以“挺立道德主体”为宗旨的“道德的形上学”。在他看来，“道德的形上学”乃是儒学最突出的理论成就，具有恒常的、普适的价值。它指导着人们树立价值理念，既适用于古代社会，也适用于现代社会。在现时代，“道德的形上学”的基本架构不必改变，但可以重新诠释，并且可以以此为“首基”开出新的外王学，从而获得更广泛的解释力，与现代的物质文明和制度文明相衔接。第二个术语是学统。学统属于“外王学”范畴，指的是体现工具理性的科学技术。第三个术语是政统，即民主政治。牟宗三同意熊十力的看法，认为传统儒学确实存在着对工具理性、对科学知识重视不够的问题。由于对科学技术重视不够，所以科学技术没有西方发达；由于科学技术不够发达，物质文明程度也落后于西方。现代新儒学必须解决这个问题，顺应中国社会现代转型的大趋势。传统儒学中，还存在有道统而无政统的问题，尽管其中不乏民主思想因素，但没有促成民主制度的实施。他不否认，由于传统的儒学只局限于内圣学，事实上并未开出新外王。

那么，在理论上从儒家的内圣之学能否开出新外王呢？牟宗三的回答是肯定的。牟宗三从“道德的形上学”出发，提出“坎陷”说，试图从学理上把工具理性与价值理性统一起来。他指出，由内圣开出新外王的具体途径就是“良知的自我坎陷”，即从德性

---

① 牟宗三：《现象与物自身》，台湾学生书局 1984 年版，第 30 页。

主体转出知性主体，以便为接纳现代的科学技术、民主政治提供哲学依据。

牟宗三指出，知性主体是对心性主体的辩证否定，他称之为“坎陷”。他说：“由动态的成德之道德理性转为静态的成知识之观解理性……我们可以说是道德理性之自我坎陷（自我否定）：经此坎陷，从动态转为静态，从无对转为有对，从践履上的直贯转为理解上的横列。在此一转中，观解理性之自性是与道德不相干的，它的架构表现以及其成果（即知识）亦是与道德不相干的。”知性主体（或称观解理性）从心性主体（或称道德理性）转出后，成为现象世界的直接依据。在现象世界中，知性主体是独立的，它只担保科学知识的可能性，同道德判断无关。牟宗三强调，心性主体“坎陷”为知性主体是非常必要的步骤。他说：

> 此步开显是辩证的（黑格尔意义的辩证，非康德意义的辩证）。此步辩证的开显可如此说明：(1) 外部地说，人既是人而圣，圣而人……则科学知识原则上是必要的，而且亦是可能的，否则人义有缺。内部地说，要成就那外部地说的必然，知体明觉不能永停在明觉之感应中。它必须自觉地自我否定（亦曰自我坎陷），转而为“知性”；此知性与物为对，始能使物成为“对象”，从而究知其曲折之相。他必须经由这一步自我坎陷，它始能充分实现其自己，此即所谓辩证的开显。它经由自我坎陷转为知性，它始能解决那属于人的一切特殊问题，而其道德的心愿亦始能畅达无阻。
>
> 知性明觉之自觉地自我坎陷即是其自觉地从无执转为执。自我坎陷就是执。坎陷者下落而陷于执也。……这一执就是那知体明觉之停住而自持其自己。所谓“停住”就是从神感神应中而显停滞相。其神感神应原是无任何相的，故知无知相，意无意相，物无物相。但一停住则显停滞相，故是执也。执是停住而自持其自己即是执持其自己。①

在这里，牟宗三对心性主体“坎陷”为知性主体的必要性做了充分的论述，但是，心性主体何以能“坎陷”出知性主体，他并没有回答。实际上，他只是借用黑格尔式的思辨方式，从心性主体跳跃到了知性主体。“坎陷”说是他的“道德的形上学”的最后一个环节。通过这个环节，他完成了对现象世界的哲学解释。“坎陷”说是牟宗三对熊十力翕辟成变的宇宙论的发展。他在一定程度上纠正了乃师的虚无主义倾向，承认现象世界的确定性，为其回答如何从内圣开出新外王、如何认同科学与民主等现代价值观念，找到了一个支点。至于如何从道德主体“坎陷”出知性主体，如何从价值理性“开

---

① 牟宗三：《现象与物自身》，台湾学生书局1984年版，第122—123页。

出”工具理性，他并未做出令人信服的说明。实际上，价值理性和工具理性是两种并行的理性，前者适用于价值安顿，后者适用于认识世界，不存在着谁从谁“开出”的问题。科学主义者把价值理性归并到工具理性的做法行不通，牟宗三把工具理性归并到价值理性同样也行不通。

（作者单位：中国人民大学哲学院）

牟宗三先生之中国哲学之诠释方法与儒家圆教之完成：从两层存有论到程明道之一本论之反省*

李瑞全

一、引言

自宋明儒学以来，相对于道家与佛学，儒者提出儒学才真正是大中至正的圆教，而宋明儒者多就孔孟之言以立儒家圆教之说。当代新儒家两位大师最后的著作：唐君毅先生之《生命存在与心灵境界》（上、下）与牟宗三先生之《圆善论》都是全面诠释和建立儒家圆教论的巨著。儒学讲论的只不过是人性人情之学，所以普遍于所有人而立之言，也是从极切近而道高明之学，即从现实生命中见出和实现超越价值的学问。在追求理性了解上，儒家与西方哲学家之追求"普遍哲学"具有异曲同调的表现，而所指向的理想却又不尽相同。西方自柏拉图以来即有广大而无所不包的系统哲学，但近百多年来的学者基本上放弃这方面的追求，而安于就具体的经验和语言做哲学或语言分析，对人生生命的课题无所负担。唐先生以为此乃是西方现代的哲学精神往外往下走的发展，应回复到文艺复兴和现代哲学开始时那种往内往上的神圣性和人文精神的超越的追求。牟宗三先生更批评西方哲学发展到现代的语言分析乃是一种"无体、无理、无力"的表现。两位先生一方面固有感有惘于人类精神之下坠，不知伊于胡底，因而提出融涵人类一切人文创造的价值的圆教系统，以护卫人类的生命。但是，要建构和完成此一庞大的圆教系统，必须真能具足全面和透切的学问和学术基础，在具备客观有效的判准之下，方可能让哲学家们认可，以至成为全人类的文化的共认与共识。此中理论申述的艰巨可想而知。以下试依牟宗三先生所建立的儒家的圆教和建立圆教的判准，所成功的圆教与圆善的论述，做一批判的反省。

---

* 此文初稿宣读于 2019 年 7 月 13—14 日由儒家文明协同创新中心与山东大学儒学高等研究院合办之"牟宗三与中国文化的重建国际学术研讨会暨牟宗三诞辰一百一十周年纪念大会"，本文是修订后的精简本。

二、圆教的判准：圆教与判教

圆教之建立是一高度的哲学思辨与反省的工作，不是随意自圆其说的论述。因此必须有严谨的思辨反省，以及严格的判准，方真有学术的意义和价值。牟先生首先指出“圆教”的意义是由中国传统中所谓“教”的意义而来，而“教”是指：

> 笼统方便言之，凡圣人所说为教。即不说圣人，则如此说亦可：凡足以启发人之理性并指导人通过实践以纯洁化人之生命而至其极者为教。哲学若非只纯技术而且亦有别于科学，则哲学亦是教。①

牟先生所说的“教”的原义自是出自《中庸》“修道之谓教”的说法。此自不是西方所谓之宗教，也不限于西方所谓“哲学”的意义，而是以较普遍之“理性”一词作为教之核心意义。牟先生再进一步推广“教”之意义以涵盖人类各种教之表现：

> 凡圣人之所说为教，一般言之，凡能启发人之理性，使人运用其理性从事于道德的实践，或解脱的实践，或纯净化或圣洁化其生命之实践，以达至最高的理想之境者为教。②

“圣”一词在此不限于儒家的“圣人”，而是通指不同方式而可达致的个人生命的最高境界，可以包含儒、释、道以及通过宗教实践而体现的理想人格，如基督教、回教、印度教等。此中实践成圣是“教”的核心意义。而由理性的反省以建立实践中的核心观念，如“心”“性”“天”的意义与关系，即成为一哲学的思辨系统。思辨分析只是理性反省对实践的辅助，只是为工夫实践所建构的理论或哲学系统的说明。最后理论必须落实到生命的践行之中，即“修道”中才能完成“教”之全面意义。而工夫实践才是教之为教的终极表现。③

至于“圆教”的意义，牟先生的说明如下：

> 圆教即是圆满之教。圆者满义。无虚歉谓之满。圆满之教即是如理而实说之教，凡所说者皆无一毫虚歉处。故圆满之教亦曰圆实之教。凡未达此圆满之境者皆是方便

---

① 牟宗三：《圆善论·序言》，台湾学生书局 1985 年版，第 ii 页。

② 牟宗三：《圆善论》，台湾学生书局 1985 年版，第 267 页。

③ 故唐先生的大系统最后也必主张“思辨退场”，“言归于默”，思辨必须让位给实践，由实践方能成圣。关于唐先生所主的思辨必须退场的论述，请参考李瑞全：《学以成人与学以成教——唐君毅先生之哲学归宿》，《鹅湖学志》第六十期，鹅湖出版社 2018 年版，第 1—42 页。

之权说，即对机而指点地，对治地，或偏面有局限地姑如此说。非如理实说。①

圆满不只是理论的一致性或合理性，也必须具备包融一切事物与理论而成为一融贯系统。是以，圆教之为圆教乃是如理而实说之教，则必成一完整的哲学系统。即此一系统由于圆满无外，是一无一毫虚歉的说法，即是一无可否定无可诤议的说法。换言之，圆教之说法乃是理性普遍有效的说法，即意含它是一普遍哲学。从个人上说即是圣人之境，从全体上说此即德福一致的道德世界。而此是一生命不断进展的历程，即工夫之实践的历程，由此方能一步步达到圣人之境界。从圆教之高度来说，权说都不免为一偏之说，但就其针对的机缘情况而言，也是对当的。但我们必须知道其局限性而予以批判的提升。牟先生说：

尽管其指点地或对治地或偏面有局限地所说者亦对，然其如此说则是方便，实理并不只如此。是故就实理言，其如此说便有不尽，尚未至圆满之境，因而其所说者亦非究竟之了义。有不尽即函着向尽而趋；非究竟者函着向究竟者而趋；非了义者函着向了义者而趋。②

这些权说虽非究竟，但亦非虚妄，因这些权法乃是通向圆满之教所必经之路。因此，各种权法之局限与境界为何，则需做出分判，此分判即是判教。因此，"由于圆教之为圆满无虚歉是收摄此种种权说为自身的一部份，才能为圆融无碍，亦构成圆教之为至大无外，因而不可能有诤。但此收摄并非只是加总起来而成，而是同时见出此种种权说为趋向圆满之教之阶段"③。

圆教不但涵有普遍哲学的意义，而且必须有判教之理论。此中实有两重的判教。在普遍哲学上即涵有各个思辨哲学之分判，此分判不只是理性和普遍性判准以见出其优点与缺失，同时也确立此各思辨哲学的贡献与地位；而通过判教，更提升其通于全体的价值。而在圆教之融通之下，各种个别取向之工夫与实践，虽初为权教，亦可共成一天而为开决了的权教，成为通向成圣的方法门。此即多即一，一即多。圆教是一多圆融的教法。

圆教之为圆教含有两方面的条件：一是说法的圆满，一是存有论上的圆满。前者之圆满要求即所说者为无诤之教法，即能涵盖一切教法而于理上为无诤。此即一普遍哲

① 牟宗三：《圆善论》，台湾学生书局1985年版，第267页。

② 牟宗三：《圆善论》，台湾学生书局1985年版，第267页。

③ 参见李瑞全《当代新儒家哲学之普遍意义——圆教与普遍哲学之理念》一文。此文现收于李瑞全、杨祖汉合编：《二十一世纪当代儒学论文集Ⅰ：儒学之国际展望》，中坜"中央大学"儒学中心2015年版，第127—144页。

学。后者之为圆满乃是能涵盖一切存在而得以说明其存在之理。因此一切存在都一体呈现于圆教之中得到保存而无遗漏。个体之生命由于通于全体，因此虽有限而有无限的意义。在圆教中，个体生命有所安顿而得到最圆满的德福一致的体现。

牟先生由天台宗智者大师之论述，建立起普遍的圆教之论。智者大师的洞见是根据《法华经》所示，首先指出一切佛经都是佛说，但其又对所有佛经和经论做出义理上的分判。此即所谓"判教"。判教是判别不同的经论的表现和位阶，故有"藏通别圆"的判别。而其指导原则是"佛之本怀"，即使一切众生得以成佛的目标。换言之，判教固然有区别佛经与教派之不同修行的阶段或位阶之表现，却也共成一切众生成佛的必要的修行路径和进境。因此，判教主要不在分别各部经典的高下，而是说明佛祖说经的目的和作用，即使众生成佛的途径。牟先生由此而归结出圆教必须要满足的两个条件，即于说法上为圆融而无诤，而可共通于一切教义；于存有论上能予一切法和存在有一根源之说明。

在《现象与物自身》一书中，牟先生由批判康德而见出人类实乃"虽有限而可无限"的存有，是横跨现象与物自身两界的存有，具有两重存有的身份，因而可以证成康德的超越区分，及由此而建立真实的两层存有论。以下首先进一步说明康德的批判哲学之基本架构和限制，再进一步说明牟先生两层存有论的儒家圆教论。

三、两层存有论之圆教意义

康德的批判哲学实已突破经验主义的局限，而见出人类心灵具有客观创造的能力，即"知性为自然立法"与"自由为道德立法"之两重的立法表现。此两重立法即心灵之创造力的表现，而所创造的乃是具有普遍客观实在性的法则：认知世界之法则与道德世界之法则，此两重法则普遍于所及的对象，而成为对象所必须遵从的法则。因此，人类心灵不只是有被动的摄受性，实具有无限的主动的创造能力。牟先生即据此转化康德的超越分解，而进到由实践理性的或道德本心之开展，见出超出超越分解之上的真实世界或世界之多重面相，不受限于认知理性所对之现象意义之世界。

牟先生以道德实践的进路，即由良知明觉之呈现，申说儒家的两层存有论。牟先生之说基本上是由良知之呈现，见出良知之感通能力之无可隔限之无限性。由良知之发动能创造出具有无限价值的道德行动，证立良知之明觉所展示的是无限的天理之意义，由此以证知体明觉为天地万物之存在之依据，即由知体明觉以开物自身界。故人类虽为有限的生命，心灵却具有与天道相通的无限性，人的生命虽受限于特定的生理躯体之限制，而心灵却可以创造真实且具有无限意义与价值之道德行动和道德事实。此即见人类之"虽有限而可无限"的意义与价值。

由于良知明觉之无限性，故我们可以确知物自身界之种种妙义，但同时由于我们的知性感性之有限性，我们所认知的世界自然具有现象意义的特定性，因而人类乃是两界的存有。由此而真正可以证立“现象与物自身”的超越的区分，也由此见出人的能力不限于认知现象界，而可以有非认知意义的世界，而无限的良知明觉所感知的世界不是主客对立式的世界，而是主客融为一体的世界。在良知明觉之下，世界实与人类为一体。良知即人与天地万物感通之能力。而在现象方面，牟先生发挥和发展《认识心之批判》的成果，以良知之“自我坎陷”转成认知主体以知性主体开出现象界，展开科学与民主。知体明觉不但融合两界，也通过判教融会贯通康德与基督教和一切以神为最高实体的宗教，以及儒、释、道三教之分判。哲学的论述即在明此两层存有论的全体大用。

由于良知所呈现即创造天地万物之天道，因而一切存在均得到终极的保存而为真实无妄的存在。一切均融涵在良知明觉中为一体并存的存在。此即圆满无虚歉的无执的存有论。牟先生的两层存有论以现象与物自身为区分，此与传统儒学中理与气的存有形式，既有区分而又一体两面之论述实为一种返本开新的现代诠释的表现。此乃当代新儒家之“返本开新”的具体成果之一。但儒家的两层存有论如何为无诤，而现象与物自身之为有区分而又一体的存有意义，尚有待进一步的说明。牟先生以为儒家的圆教代表是明道之说，而辅以胡五峰之“天理人欲，同体而异用，同行而异情”之非分解的表示为能满足圆教之两重判准。以下依明道之一本论，以明此中的意义与问题。

四、明道一本论之非分解展示

牟先生指出明道的核心义理在“一本论”所要表明的理气何以为一本，而“生之谓性”中所含的不止“善可谓之性”，“恶亦不可不谓之性”之义理，如何有助理解圆教之特色。牟先生指出，明道的论说中很重要的表示在于确立“心、性、天”是超越分解地是一之义：

> 尝谓以心知天，犹居京师往长安。但知出西门，便可到长安。此犹是言作两处。若要至诚，只在京师，便是到长安，更不可别求长安。只心便是天，尽之便知性，知性便知天。当处便认取，更不可外求。①

在经验上，长安与京师自是具有不同的指谓和意义，正如心指人而言，天指宇宙整体而言，两者自有不同的指谓。在明道以京师与长安喻心与天之关系中，分解地说京师与长安乃在不同的地区，如心之符应于天乃是在心之外之天，如长安在京师之外，此因心、性、天在分解上各有所指。但若从至诚之实践上所知，长安所在即京师所在，长安即京师，此即表示心之所在即是天之所在，两者实为一。此即是以超乎超越分解的展

① 牟宗三：《心体与性体》第二册，正中书局1968年版，第95页。

示，或非分解的展示所见，心与天本是一。心、性、理、道、教等用词，只是由分际不同而立，因而有分解上之差别，但在内容意义上乃是指同一本体。此所以为“一本”。由是个体之心性，实通向无限的天道天理。此即为明道所喜言之“一本”之义，即非分解地说心、性、天是“一”。但牟先生认为明道在此所说之“一”只是“一本论”中“一本”的一个含义。而明道实有更深一层的“一本”的意义。这方面的义理，牟先生借另一引文加以发挥如下：

“忠信所以进德”，“终日乾乾”，君子当终日对越在天也。盖“上天之载，无声无臭”，其体则谓之易，其理则谓之道，其用则谓之神，其命于人则谓之性。率性则谓之道，修道则谓之教。孟子在其中又发挥出浩然之气。可谓尽矣。故说神如在其上，如在其左右。大小疑事，而只是诚之不可掩。澈上澈下，不过如此。形而上为道，形而下为器。须着如此说。道亦器，器亦道。但得道在，不系今与后，己与人。①

如上所已点明的，此条首先说明在明道之理解中，“易”“道”“神”“性”“教”等都是同指，只是用语分际之不同而已。此自是同一本体之语。但明道更进一步指出，道与器本为不同，即有形上形下之分别，但最终亦必须领悟“道亦器，器亦道”而为“一”。此中实有二重之“一”的意义。牟先生之疏解指出：

惟有本形上形下之分，理气之分，而知形上之理道并不只是理，心神并不可一条鞭视为气，视为形而下，而后始真可言心理为一，心性为一，乃至圆顿化境也。圆顿化境是就理气或道器说，不就心性或心理说。理气圆融之一与心性为一、心理为一并不同。心性为一，心理为一，是在分解道德实体之概念上所必须建立者，是体之概念本身就是如此。而理气圆融之一，是尽性践形之化境，此并不碍理气之在分解表示上之有分，而且正因有分别，始可言圆顿化境之为一。此“一”是混融一体之一，“不可分”是化境上之不可分，并不是概念上之不可分。心性为一，心理为一，此“一”是断定上之一，是内容意义上之一，并不是混融一体之一；而不可分亦是在体之概念上不可分，并不是化境之不可分。②

若就理气之为形上形下之区分，则理与气、道与器乃是两层不同的存有。但若真是完全各自区隔的存有，则成为二本。牟先生见出明道对于心、性、天之为一乃是概念内容之本是一，即通过超越分解的展示即可确立此诸概念上所指实为同一本体。而更重要

① 牟宗三：《心体与性体》第二册，正中书局1968年版，第21—22页。

② 牟宗三：《心体与性体》第二册，正中书局1968年版，第26页。

的是如何理解本具有形上形下区别之理与气之为一，因两者不但在概念上实有分别，在存有形式上亦有区分。但明道却主张理与气亦具有相即为一的真实呈现。牟先生认为明道所说理与气或道与器之为一是在圆顿的化境上说的“混融的一”。换言之，此两者在超越分解上的分别，却由实践工夫所至而成为圆顿境界中之一体并存之“一”。牟先生称此为“圆顿化境”之为混然一体之“一”。理与气之为一更需要进一步通过道德实践工夫所达到的圆顿的境界，仁者与天地万物为一体，而见出理与气、道与器实为一，此时全体宇宙犹如一大生命体，人与人、物都感通无外，理与气、道与器，实无二无外而为一整全，此时理与气、道与器自是一体而无二。

何以理之为一与气之为多，且常相反对立，而可融混为一？此可谓出自明道自谓对“天理”之实践工夫中的生命的感受，明道特别郑重地指出：“吾道虽有所受，天理二字却是自家体贴出来。”① 可见明道对于“天理”之领悟有重要而真切的感受，即一本论中的“圆顿化境”之义。以下一条即见出明道对“天理”二字的独特而强烈的感悟：

> 天地万物之理，无独必有对，皆自然而然，非有安排也。每中夜以思，不知手之舞之，足之蹈之也。②

明道所真切感悟到的“天理”是见出天地万物都是成对的，有高即有低，有升即有降，有善即有恶，有美即有丑，即都无例外地具有相对性。但更重要的领悟乃是见出，此种相对性乃是自然而然者，即天之生物自然即有此种种相对性。换言之，明道体悟的是天下万物实都具有相对性，而这就是天理所自然而必然有的呈现方式。明道当然深切了解天道心性之为纯善之存有，可谓无对。但万事万物之存在却不如此，而总是有各种相对性。这可以表示天理与万物之差异。万物之由纯一无二的天道所创生，但万物之为具体存在，总有各种特殊性和具体性。具有特殊性和具体性固然表示万物之真实存在和多样性，即可见于我们的知性感性而有可认知上的真实性与客观性，但也同时表示天地万物无一例外都具有相对性。这是理之一与气之多的表现。但这种相对性，以至价值上之区以别，不但是气化流行所必然有的衍化，也是天道流行自然有的表现，都是天理所自然“生而有”的，既都来自天理，则亦可回归天理而一体平铺混融为一。此义可以明道著名的“生之谓性”主张来说明：

> “生之谓性”。性即气，气即性，生之谓也。人生气禀，理有善恶，然不是性中元有此两物相对而生也。有自幼而善，有自幼而恶，是气禀有然也。（“有然”一作

① 牟宗三：《心体与性体》第二册，正中书局 1968 年版，第 54 页。

② 牟宗三：《心体与性体》第二册，正中书局 1968 年版，第 80 页。

“自然”）善固性也，然恶亦不可不谓之性也。盖“生之谓性”，“人生而静”以上不容说，才说性时，便已不是性也。凡人说性，只是说“继之者善也”，孟子言人性善是也。

夫所谓“继之者善也”者，犹水流而就下也。皆水也，有流而至海，终无所污。此何烦人力之为也。有流而未远，固已渐浊。有出而甚远，方有所浊。有浊之多者，有浊之少者。清浊虽不同，然亦不可以浊者不为水也。如此，则人不可以不加澄治之功。故用力敏勇，则疾清。用力缓怠，则迟清。及其清也，则却只是元初水也。亦不是将清来换却浊，亦不是取出浊来置在一隅也。水之清，则性善之谓也。故不是善与恶在性中为两物相对，各自出来。

此理天命也。顺而循之，则道也。循此而修之，各得其分，则教也。自天命以至于教，我无加损焉。此“舜有天下而不与焉”者也。①

在第一段引文中，明道直从气化而具有的禀赋而言“生之谓性”之义，即指凡是由气化而成的个体所得之禀赋，即其性。性即指其气化的禀赋。从气禀上说，自是有清有浊，有善有恶可说。这是气化所自然而有的变化和局限，是理所当然而有的，不容抹杀。但明道又指出，“人生而静”之形上义之“性”，此形上义之性并不是所谓之“生之谓性”之“性”，乃是就出于天命而言之“性”，故只是从“乾道变化，各正性命”而说之“义理之性”，此则是由天道之内在化而为人之性，故必为“善”，此即孟子所说之“性善”之“性”。然而，明道言下之意是所谓“生之谓性”一义不同于孟子所说，而有如上所谓“圆顿境界”所悟之天理的表现。

在第二段，明道进而以水之流必向下和受污染以说明气禀之可转化。但由气化而有禀赋和所流经之各种情况而有不同程度之污染，因而有种种之恶的表现。此虽不是水之本性，却也不可以不视为水之禀赋与后天之污染而成为污水，亦可谓“生而有之性”。此中即有工夫对治之要求。澄治即工夫。由工夫之敏勇有力或迟缓不用力，因而有澄治快慢的结果。但澄治不是把原来污染之水换置，只是对污染之气禀加以澄治，以复其原初纯善之表现。因此，由天道流行而见于气化上的差别性，固然是一切气化变异所不免，但亦可由工夫而复其初纯善之心性的表现，此时气禀所呈现的即同时是天道之表现，理与气或道与器即表现为“圆顿化境”之混融为一。此即道成肉身，以人体法的展示。

综言之，明道之“一本论”所展示的圆教的意义，即见出心性天与理气之为一，都是由超越的分解进至非分解的分解而证立。而理气圆顿为一之证立更须由工夫之澄治而成功，此澄治之工夫乃是由气化之相对性，包括善恶之相对性，证立理与气之混融为一

① 牟宗三：《心体与性体》第二册，正中书局 1968 年版，第 160—161 页。

的圆顿的一体，此时理与气、道与器相即而为一。此即儒家之诡谲相即之义。此一相即之义更明确见于胡五峰之“天理人欲，同体而异用，同行而异情”之诡谲相即之说中。

五、两层存有论之圆教特色

经由牟先生所属意的明道之圆教表现，我们可以回来重检牟先生在《现象与物自身》所建构的两层存有论之圆教意义。在两层存有论中，牟先生分别由知体明觉直接开出物自身界与道德界，是为无执的存有论。知体明觉乃天地万物依以存在之理，由是得到根源的说明和真实客观性的保证。由知体明觉开出的道德界自是真实存在的物自身意义之行为物。而由知体明觉之自我坎陷而展示为知性主体，运用时空架构和范畴以成就认知的现象界，则一切现象界之存有亦由是得以安立在知体明觉之下而为真实具体的有限的存在。此为执的存有论。此中就知体明觉与无限心之创造所成之物自身界和道德界乃是就本体之为一体共存的存有。至于由感性知性所突显出来之主客对立式的现象界的存有，由于通过工夫之转化，而成为在知体明觉所透明化的现象，亦成为与知体明觉相即而为一体之存有，此相即乃是诡谲相即的一体，亦即明道之“圆顿化境”上之混融一体的呈现。此是“一色一香无非中道”之色香，虽具体而无具体相，虽有限而同时具有无限之意义与价值。两层存有论合而涵盖所有存有，并说明其根源。

牟先生亦对各大哲学流派和论述加以分判。对于基督教之基本上区隔人与上帝，不容许人可以成为神，自身不能具有无限价值的存有，因而判为“离教”。而由无限心之意义，见出儒家之知体明觉，道家之玄智，佛家之般若智，俱为无限心，不能排外而独占，故三教实可以也必须相容。牟先生申论指出：

> 虽知教之一途只彰显一义，然既是无限心，则其所彰显之一义即不因教之限而自限，因此，亦不执此一义而排他，因为若排他，即非无限心故。不但此一义不排他，而且此一义即通全蕴，全蕴尽收于此一义。此之谓圆盈教之大通。然须知此大通不是一个教，乃是各圆盈教者之通达。至此，教无教相，乃得意而忘教也。只是一真实生命之作其所应作，一无限心之如如流行。此如如流行，此作所应作，吾不知其是属于儒教者，属于佛教者，属于道教者，抑或是属于耶教者。①

由于无限心不能自限，而各大教也总呈现出一义之无限心，故各所见之一义实即同一无限心之各别呈现。此开大教之间的真正理上必相容之义。于共同之无限意义中，此谓“圆盈教之大通”。教在义理上，必有教相，有教相故有不同而不能融为一体的区别

---

① 牟宗三：《现象与物自身》，台湾学生书局 1975 年版，第 454—455 页。

相。但在圆教之实现中，教无教相。此如圆教的儒家无教相，则它可以与同为无教相之道家、佛家相通。但牟先生明确表示，这一“大通”不是一教，而是各大教必融通之处，即所必无争议之处。但由于教有教路，因而彼此仍然有差别之处。牟先生进而说：

> 因此，由离而盈，由盈而通。离盈是教，通非教也。此是此时代之判教。盈中有正盈与偏盈：儒是正盈，佛老是偏盈。正盈者能独显道德意识以成己成物也。偏盈者只遮显空无以求灭度或求自得也。正备偏，偏不备正。故偏盈者未能至乎极圆也。①

牟先生以儒释道三教皆是圆教，再据三教之就成己成物与否来判别为正盈与偏盈之教。此即以三教所论无限心之创造性而分判。无限心之为无限，自涵有无限之创造性，是积极的创生性，此方足以为天地万物存在之理，即天地万物所以有真实存在之理据。儒家以道德直贯之创生言无限心之义，此亦所谓“纵贯纵讲”；而佛道二家则以消极保存天地万物或以虚幻以说世界之只为缘起式的存在，都是以消极义看世界之存在意义，未能就无限心之积极创生意义来表述其本义，即“纵贯横讲”，故为偏盈之教。故牟先生判为“偏不备正”。此或有以为牟先生因偏于儒家而有争议，但就无限心之义理而言，此实不可讳言三教有差别在。此差别亦正足以显示三教所见之无限心与世界之存在不同关系。儒家在此是唯能正面肯定和承担知体明觉对世界之积极责任者。无限心落于人之具体生命之中，亦自有因个体生命之有限性而呈现各种人为之情欲与执着，因而由其弊而反显无限心之一义。儒家于此亦可征知人心之陋的种种病痛，故可谓“正备偏”之义。至于正盈与偏盈之教中也各别有圆与不圆之表现，犹如佛经也各有不同之权用的分别，不可一概而言。

依以上之论述，可见牟先生在《现象与物自身》之两层存有论中已具备儒家圆教的理论规模。此论自是在存有论上可以给一切存在以根源的说明与证立。亦有判教以分别出不同哲学系统和教派之基本上的区分与共通之原则。牟先生以不同教派对“无限心”之说明为原则，以判别各宗派之区分，自是持之有故，言之成理之确论。依牟先生对“教”与“圆教”之界定，是否接受应有理据可言，而不是空泛的情绪式的反应，或只是情识的回应。但是否真能使各大小教认同，则不免有各种诤议出现，此如佛教各宗派之间亦激烈相争。因此，牟先生之判教是否达到无诤，恐非一时一地可以确立，但亦只能诉诸人之理性的理解与理性的分判。

牟先生之说最受质疑的可能是所谓“无诤”的说法。牟先生之意是以康德的超越哲学为基础，认为康德之超越分解已是理性思辨分解之最高峰的构造，而且超越分解乃是

① 牟宗三：《现象与物自身》，台湾学生书局 1975 年版，第 455 页。

建构一义理系统所必经之阶段。因为，一哲学系统之建立，必须分解地建立其核心概念，如不达此高度的分解，则根本上连系统性都不足，亦不能建立起具有普遍意义之基本原则。各种经验主义、理性主义实为独断之论，故所提反对意见实皆有严重的局限性。此亦如藏通之教尚未至超越的别教之义，亦必反对具备超越玄义之教理之别教与圆教，而有纷纷之教争。其反对之理由不足，但亦实可依理而解，即依判教而纳之于圆教之中。因此，必须由超越分解之基础往上突破分解之限制，而进至非分解的表示方式，方见一切分解的表述都有限制而不是究极义。圆教的本义最后必需由非分解的展示，消融在分解之概念与存有上之区隔。由于非分解不在运用特殊的分别主张，而是第二序的"开权显实"的论述方式，以抉发第一序的论述之意涵或权宜之义，使各种可以产生诤议的诠释亦可以据理而加以分判消融。此自是一在高度哲学反省和论述中可以证立无诤的理由。但继而就理性反省进到工夫实践的证立，用以展示非分解之圆顿混融为一，则尚须详细说明工夫之境界意义，和如何得以成就圆顿之境界，由此以证非分解所展示的境界的真实性，和圆顿成圣（成佛成真人）之可能性，以及在此过程中位阶之升进与所提供的对于天理或道之诠释之真实性。以下略述如何可做进一步的发展。

六、余论：工夫诠释与圆教

个体生命自是有定有限，智思体能等都是定然的有限，但人类所创造的价值却可以无限。人在实践中参赞天地之化育，即体现出无限的创造性与价值。但人之生命能实现此无限的价值，却不能只是如天道流行自然而即可成，此因人之有限生命中自有许多生命之限制，常在表现上有所陷溺，自是需要自觉的努力。依儒者之说，"良知"即成功成为圣人的根据，但成圣必须有自觉去成就成为圣人的决意与实践的历程。此决意与历程即实践的历程，而进行实践即"工夫"。成圣自不可能一蹴而至，此中必定含有一历程和不同程度或阶段的实现。儒者称之为人格成就或道德人格的不同阶段和成就。此可见于孔子自述一生的人格进程和孟子说"善、信、美、大、圣、神"之实践所达成的位阶之说。不同的位阶印证了天道各个不同的层面与范围。由此而见出世界之不同面相，此种种面相虽不是最高之大道流行自身之整全，然亦为一义之真实。由于各有所见之道之不同的面相而自然有不断的纷争。但由工夫所见之真实之不同面相，而此种种皆为同一宇宙之真实面相，而且是真实地可以融贯为一的宇宙的真实性相。因此，工夫不但于人之生命为进阶之所必有，而由此亦必有所见之世界之同与不同。同中有异，异中有同，此世界之多元，多姿多彩，必由工夫以见出。因此，工夫即是证道之历程和成果。儒学之根基正立于此。离此亦不足以言了解儒学，不足以言了解中国哲学，亦不足以言了解唐、牟二先生之哲学。

（作者单位：中国哲学研究中心）

内智开出新外王

——道哲学的观念

郭　沂

近代以来，西方文化的强烈冲击，引发了中国社会“三千年未有之大变局”。至五四新文化运动，人们将西方文化的核心归结为“德先生”和“赛先生”。从此，引进西方的民主与科学，改造中国社会，一直是中国新时期历史发展的主要任务，而将民主和科学纳入儒学体系，也理所当然地成为儒学现代重建的鹄的。

作为现代新儒家的代表人物和中国近现代最具原创性的哲学家，牟宗三先生最为明确而系统地阐述了这一工作的儒学史意义。他认为，儒学经历了三期发展。自孔孟荀至董仲舒为第一期，宋明儒学为第二期，现代新儒学为第三期。儒学第三期发展的使命是“三统并建”：

> 一、道统之肯定，此即肯定道德宗教之价值，护住孔孟所开辟之人生宇宙之本源。二、学统之开出，此即转出“知性主体”以融纳希腊传统，开出学术之独立性。三、政统之继续，此即由认识政体之发展而肯定民主政治为必然。①

牟先生又将这种“三统并建”说归结为“内圣开出新外王”。所谓“内圣”，即传统儒家的心性之学，用牟先生的话说就是“道德良知”，相当于“道统之肯定”。所谓“新外王”，就是科学和民主，分别相当于“学统之开出”和“政统之继续”。至于“内圣”何以开出“新外王”，牟宗三又创“道德良知自我坎陷”之说，谓道德良知经过自我限制、自我否定，自觉地从德性主体转出知性主体，即从道德良知（内圣）开出科学和民主（新外王）。

牟先生的愿望是极其值得赞许的，但他的论证却引起种种争议。有鉴于此，笔者试

---

① 牟宗三：《道德的理想主义·序》，台湾学生书局1985年版，第6页。

图依据道哲学的观念，将“内圣开出新外王”的命题进一步落实为“内智开出新外王”。对此，本文拟从道体、性体和心体三个方面加以论证。

一、道体

笔者认为，论证“内圣开出新外王”，即从德性主体转出知性主体，亦即从道德良知开出科学和民主，就像论证种瓜得豆或者种豆得瓜一样困难。之所以如此，是由于牟先生完全沿用了宋明理学的形而上学体系，而理学形而上学体系本身缺乏知性本体。也就是说，对于接受民主与科学来说，这套顶层设计本身存在先天缺陷。因而，解决问题的根本途径是重建以道体论和心体论为核心内容的传统儒家形而上学体系。

道哲学认为，世间的一切，当然包括人类价值，皆来自作为宇宙之本原、世界之本体的道体。道体是一个超越的和绝对的本体世界。它无边无际、无穷无尽、无所不包、不生不灭，是一个绝对的“大全”和一切存在者之母。

历史上种种作为宇宙本根、世界本原的范畴，不管是《易传》的“易”，儒家的“天”，还是道家的“道”，都是哲学家们先由物观道，再以道知物，然后“上下察也”得出来的。换言之，他们所构建的超验世界，归根结底，源自经验世界。不过，他们对这些范畴只是笼统地肯定，而鲜有对其构成做进一步明确分辨与探究者。在笔者看来，道是由若干类基本元素构成，可谓之“道素”。经验世界可以归纳为三种基本元素，它们是物质、价值和知识。由此推知，道体界也至少由三种基本元素即道素构成，笔者分别称之为值、气、理，或值素、气素、理素，统谓之“三元”。值是价值元，乃价值的存有、意义的存有，为价值世界的本原。气是质料元，乃质料的存有，为物质世界的本原，也就是古人所说的气之本体。理是形式元，乃理则的存有、知识的存有，为知识世界的本原。其中，理无自体，而是寓于值和气之中的，故分为两类。一类与值相对应，乃值所含之理，可谓之“值理”。如作为一种价值，仁本身属于值，但仁之为仁，当有其理，此即值理。另一类与气相对应，乃气所含之理，是自然界的法则、规律，即古人所说的“物理”，可谓之“气理”。

我们说道体是无限的，意味着道素是无限的。值、气、理只是我们据现有知识所总结的道素类型，至于其他道素类型，尚属未知。

每一类道素，又包含若干种类。

我们先来看值素。什么是价值？笔者的看法是，所谓价值，就是对人的存在最具关切性和重要性的属性。那么价值有哪些内容呢？人们会说，是真善美。诚然，西方人提出的这三个价值范畴已为世人所普遍接受。但正如钱穆先生所说：“其实此三大范畴论，在其本身内涵中，包有许多缺点。”① 笔者以为，真、善、美三大范畴乃是达到生命巅峰状态各种途径所体现的价值，而不是生命巅峰状态本身所体现的价值。换言之，它们并不是价值的最高形式，并不是终极价值。

生命巅峰状态本身所体现的价值是什么呢？我用一个“安”字来表达。《说文》：“安，静也。从女在宀下”；“宀，交覆深屋也。象形”。可见，“安”字的本义是家中有女人，因而安宁、安静、安定、安心、安顿。这当然是站在男子角度说的。由于生命巅峰状态是人类真正的精神家园，故笔者用“安”字来表达处在这一精神家园中人们精神的最高自由、最高自在、最高快乐、最高满足、最高安顿等状态。这才是价值的最高形式，这才是终极价值。与“安”相对的概念，笔者用一个“烦”字来表达。

因此，笔者将价值的三大范畴扩大为四大范畴：真、善、美、安。其中，安与真、善、美不在同一个层面上，而是高于真、善、美之上的终极价值。

如上所言，作为道素的值乃价值世界的本原，这意味着作为价值的真、善、美、安源自作为道素的值。这些作为真、善、美、安本原的道素，可分别称之为真素、善素、美素、安素。因而，作为道素的值或值素，包含真素、善素、美素、安素等道素。

不过，就像道体是无限的一样，价值也是无限的。真、善、美、安只是据现有知识对价值类型的认定，至于其他价值类型，有待进一步认识。

再看气素。物质世界固然是由不同的物质构成的。在哲学上，我们把这些物质称为质料，而每一种质料都有其能量和功能。相应地，笔者把气素也分为两种，即质素和能素。如果进一步推究，质素和能素又分别包含若干种类。

鉴于道体是无限的，和质素一样，气素也是无限的。这里所说的质素和能素，只是我们据现有知识对气素的认证。

理素存在于值素和气素之中，兹不赘言。

在道之三元中，只有值具有价值的特质。换言之，值是至真、至善、至美、至安的，或者说是纯真、纯善、纯美、纯安的。气本身虽然无所谓真、善、美、安或假、恶、丑、烦，但又包含着导致真、善、美、安和假、恶、丑、烦的可能性。虽然理本身也是无所谓真、善、美、安或假、恶、丑、烦的，却包含着真、善、美、安和假、恶、丑、烦之理则。

在道体界，值、理、气是永恒的，也是自在、散在的。自其永恒性而言，可分别谓之“恒值”“恒理”“恒气”。从其自在、散在的状态而言，即是“无极”。

太极乃由恒值、恒理、恒气三者相搏聚而成，这是道体孕育太极的过程，也就是周敦颐所谓“无极而太极”的过程。

---

① 钱穆：《人生十论》，广西师范大学出版社 2004 年版，第 8 页。

存在于太极的恒值、恒理、恒气，已非一般的恒值、恒理、恒气了，而是参与生成、为宇宙万物本源的恒值、恒理、恒气，笔者分别谓之“太值”“太理”“太气”。太值、太理寓于太气中，与太气不相分离。故太极者，携太值、太理之太气也。

太气既然是一种质料，那么它就是一种有限的存在，而这又进一步决定了它所禀受的太值和太理也是有限的。因而，虽然我们说太极乃由恒值、恒理、恒气三者相搏聚而成，但这并不意味着太极禀受了道体的全部信息。作为道体的结晶，太极是有限的，这具体表现于太值、太理、太气的有限性。

恒值、恒理、恒气三者相搏聚形成太极，也就是被现代天体物理学家称为“奇点”的原始原子。宇宙由太极裂变而成，亦即太极是宇宙万物的直接源头。所以，道犹如母体，太极就像母体孕育出来的卵子，而宇宙则是由卵子演变而成的孩子。当太极演变为宇宙万物以后，它自身便存在于宇宙万物之中了。这样，太极便有两个层面：一是作为万物产生者的太极，是为本原太极；二是万物所具的太极，是为次生太极。

二、性体

（一）人性及其类型

次生太极，就是万物之性。太极本由值、理、气三者组成，故作为次生太极的性，亦存在三类，即值之性、气之性和理之性。

万物对气之本体的禀受是千差万别的，亦即万物的气之性是千差万别的。荀子对万物的差别有一个很好的概括：“水火有气而无生，草木有生而无知，禽兽有知而无义，人有气有生有知亦且有义，故最为天下贵也。”（《荀子·王制》）就是说，万物分为四类，可分别称为有气之物（矿物质）、有生之物（植物）、有知之物（动物）和有义之物（人）。

笼统地说，所谓性就是各种事物所具有的各种素质的总和。万物气之性的不同直接决定了值之性的差异，甚至可以说气之性与值之性是相应的、同构的。如此，人性可包含三类，即值之性、气之性和理之性，三者可以分别简称为“值性”“气性”和“理性”。由于理之性没有自体，所以通过进一步分析值之性和气之性，我们可以更明确地了解人性。

鉴于在道之三元中只有值拥有价值的特质，而价值又包含真、善、美、安四项内容，所以人的值之性也相应地被分为四种，即真之性、善之性、美之性和安之性。

至于人的气之性，根据笔者对中国人性论的理解和对人性的体察，它应该包含五类，即空无之性、冲气之性、恻隐之性、六气之性和私欲之性。其中，“空无”取佛教性空无我之义，指人性中空无的状态。佛教讲性空，由“色”立论，云：“色即是空，空即是色。”（《般若心经》）“色”乃气的表现形式，故知其性属气之性，而非值之性。

“冲气”取自《老子》四十二章“万物负阴而抱阳，冲气以为和”之句。《说文》云：“冲，涌摇也。”故“冲气”当指阴阳交融调和之气。在这里，笔者用冲气之性指人性中真朴、虚静、寂寥的状态。与佛教性空不同，老子用“自然”“朴”“素”等来描述人的本性，旨在强调性为一种实有状态。“恻隐”取自《孟子》：

> 恻隐之心人皆有之，羞恶之心人皆有之，恭敬之心人皆有之，是非之心人皆有之。恻隐之心，仁也；羞恶之心，义也；恭敬之心，礼也；是非之心，智也。仁义礼智非由外铄我也，我固有之也，弗思耳矣。（《孟子·告子上》）

既然“四端”犹如“四体”，为“我固有之也”，那么它们都是性。但在笔者看来，在孟子的四端中，只有“恻隐之心”为人生而即有的性，其他三者皆为后天经过教育形成的道德之心。“恻隐之心”，就是同情心。它既然是先天的，那么必为性所发。其未发状态，也就是“恻隐之性”。“六气”取自上引子太叔之语：“民有好恶喜怒哀乐，生于六气。”“好恶喜怒哀乐”为六种情，情当然为已发者。从“生于”二字看，“六气”为六情之未发状态，当然是性。所以，笔者在这里用“六气之性”指情绪未发状态的性。“欲”当然指欲望，加上定语“私”字，不过是强调其自私本性而已。“欲”也是一种已发之情，所以笔者在这里用“私欲之性”指作为“欲”之未发状态的那种性。

由此看来，四端、六情和欲为性质不同的情，分别来自性质不同的性，但三者皆为气之性。包括空无之性、冲气之性、恻隐之性、六气之性和私欲之性在内的气之性从何而来？它们既然同属气之性，当然都是来自作为道素的气素。如果说我们的身体为某种物质或质料的话，那么我们所具有的空无之性、冲气之性、恻隐之性、六气之性和私欲之性便是这种物质或质料的能量或功能。因此，各种气之性都来自作为道素的能素，而非质素。

（二）气之性与值的偶合

虽然气之性不具价值属性，或者说是一种价值中性，但其中的一部分形式和性质却与值之性偶合。这就像董仲舒笔下的“性”——“可谓有善质，而不可谓善”（《春秋繁露·深察名号》）。大致地说，空无之性、冲气之性和恻隐之性与值以及值之性是完全偶合的；私欲之性与值以及值之性是相反的、对立的，具有反价值的特点；而六气之性与值以及值之性既非偶合，亦非对立，具有非价值的特点。

根据与值的偶合程度，可以把性分为三类：一是积极的性，包括与值以及值之性完全偶合的空无之性、冲气之性和恻隐之性；二是消极的性，为具有反价值特点的私欲之性；三是中立的性，乃具有非价值特点的六气之性。

据此，虽然四端和七情都属于气之性，但其性质完全不同。其中四端属于积极的性，而七情中的喜、怒、哀、惧、爱、恶属于中立的性，欲属于消极的性。至于四端与仁、义、礼、智四德之间只是相偶合而已，并不存在源流或派生的关系。

尽管气之性和值之性都是先验的，与生俱来的，但前者是可以经验到的，也就是说可以直接体现在作为物质存在的生理生命之中，具体地说体现在作为身体器官的心之中；而后者则不能直接体现，它无声无臭，无形无相，无影无踪，只能靠心去主动地认识和发现。这就是说，值之性难以言说，不可以训。正因如此，古人常以气论值，即通过可以经验到的气之性来讨论值之性。

以气论值之所以可能，是因为气之性虽然不具有价值属性，但它的某些因素却与值之性的某些因素拥有相同的性质。这种现象，就是笔者所说的“偶合”。老子说：“道法自然。”“自然”作为老子的核心价值，当来自他对作为值之性的“自然”的体认。但作为值之性的“自然”虚无缥缈，不可以训，他便在气之性中找到与之性质相同的冲气之性而论之。存在于性中的“自然”，老子称为“德”。今本《老子》五十一章王注：“道者，物之所由也；德者，物之所得也。由之乃得。”在老子思想中，“德”即人对道的禀受（动词），或者说是人所禀受（名词）自道者。同样，仁、义、礼、智为孟子的核心价值，当来自值之性。但由于作为值之性的仁、义、礼、智难以把握和言说，孟子便以气之性中与之性质相同的恻隐之性论之。孟子把笔者所说的恻隐之性扩大为“四端”，并以之作为“性”的定义。

由于老子和孟子都采用了以气论值的路径，所以老子的“德”也好，孟子的“性”也好，都具有值之性和气之性的双重性格。

（三）人性的个体差异

每个人对气之本体的禀受是千差万别的。气之性的差异，决定了人人值之性和理之性的差别。因此，在人类中，每一个个体的先天禀赋都是色彩斑斓的，世界上不存在先天禀赋完全相同的两个人，就像不存在完全相同的两片树叶。这是否意味着有的人天生就是善人，有的人天生就是恶棍呢？关于这个问题，我们回到值、理、气三者的善恶特性来讨论。如果单从值性和值理性来看，一方面，人性是至真、至善、至美或纯真、纯善、纯美的，这是圣人和芸芸众生之所同；另一方面，受作为“器量”的气性之所拘，人人所秉之值性和值理性又有大小、多少、强弱等差别，这是圣人和芸芸众生之所异。据此，虽人性皆美，然美亦分大小。或如大海之美，或如江河之美，或如溪流之美，或如露珠之美。

如果单从气性和气理性来看，则人性本身虽无所谓善恶，却蕴含着善恶的机理与为善、作恶的可能性。一方面，人人都有气性和气理性，故人人都有为善、作恶的可能性。这是圣贤与芸芸众生之所同；另一方面，人人的气性和气理性千差万别，故人人为善、作恶的可能性亦千差万别。顺其自然情势，禀气之清者，其为善的可能性最大，作恶的可能性最小，故成圣最易；得气之浊者，其为善的可能性最小，作恶的可能性最大，故多为愚、不肖，成圣最难；占绝大多数的普通人，则居于二者之间。这是圣贤与芸芸众生之不同。因此，气禀本身虽无所谓善恶，但隐含着行善作恶之机缘和功用。不同的气禀在行善作恶中所起的作用有所不同，有的更容易促使行善，而有的则更容易导致作恶。至于最终行善还是作恶，那就取决于后天的习染和教育了。今仿王阳明四句教，将气性和气理性的善恶问题归结为以下四语：无善无恶性之体，可善可恶性之用；趋善趋恶赖气禀，为善去恶靠教化。

三、心体

人性是内在的，如果没有心的参与，它就无法发挥作用。以现代科学的观点看，所谓心，就是大脑以及整个神经系统。它有三种基本功能，可以分别用“知”“情”“意”三个概念来表达。

（一）知——认知、感知、觉知

知是知觉心的认识功能，它包含三种形式，笔者分别称之为“认知”“感知”“觉知”，三者的主体可分别称为“认知心”“感知心”“觉知心”。认知是对理世界，包括恒理、太理、理之性、理之心的认识，是心对事物理则和知识的获取方式，具有理智的特征。感知是对气世界，包括恒气、太气、气之性、气之心的认识，是心对事物本身的物理和生物特性的感触方式，具有感性的特征。觉知是对值世界，包括恒值、太值、值之性、值之心的认识，是心对宇宙价值和生命意义的体验、感悟和了解的方式，具有直觉的特征。

认识的客体或对象是道及其各种存在形式，包括自我之道、万物之道、太极之道和道体之道四个层面。这四个层面又可分别表达为道之在我、道之在物、道之在太极和道之在道体。

对于认识的主体而言，对自我之道的知是内向的，对万物之道、太极之道和道体之道的知是外向的。这意味着知有向内和向外两个指向。认知向内指向理之心亦即理之性（对我而言），向外指向恒理、太理和理之性（对物而言）；感知向内指向气之心亦即气之性（对我而言），向外指向恒气、太气、气之性（对物而言）；觉知向内指向值之心亦即值之性（对我而言），向外指向恒值、太值和值之性（对物而言）。认知、感知和觉知向内所分别指向的理性、气性和值性，就是认识主体所禀受的次生太极，这是一个内在世界。其向外所分别指向的理世界、气世界和值世界，就是道体、本原太极和认识主体之外的人和万物所具有的次生太极。对于认识主体来说，这是一个外在世界。

道本来是外在的，只是流贯于我并为我所得，它才成为内在世界，因而从这个意义上说，内在世界与外在世界是重叠的、同构的，所以对内在世界的认识，同时也意味着对外在世界的认识。这样的精神过程，既是向内的，又是向外的。更确切地说，无论是认知、感知，还是觉知，所指向的是同一个目标，这就是太极和道。这就好像空中之月就是万川之月，而万川之月就是空中之月。当你欣赏万川之月时，你所欣赏的同时就是空中之月；同样，而当你欣赏空中之月时，你所欣赏的也正是万川之月。在这个问题上，程朱立足于向外的一面，故认为格物就是穷物之理；陆王立足于向内的一面，故认为格物就是格心。其实，穷物之理和格己之心是同一件事情，并没有什么实质区别。

但是，相对于完备的和无限的道体，次生太极毕竟是一偏的和有限的，而人们认识的对象，也不会仅仅局限于内在世界。如果单纯从认识外在世界的方面看，这只是一个穷物之理的过程，而不是一个格己之心的过程。不过，程朱和陆王的格物之辩，不可在这个层面上加以讨论，因为他们都认为人虽禀受的是一个完整的太极，次生太极和本原太极以及道体是相同的。

人之所异于禽兽者，以其能通。人心的自觉能力，能够打破其次生太极的一偏之限，通向浩渺的外在世界，故曰通则全。对此，程子所见极是：

> 问："人之形体有限量，心有限量否？"曰："论心之形，则安得无限量？"又问："心之妙用有限量否？"曰："自是人有限量。以有限之形，有限之气，苟不通之以道，安得无限量？……苟能通之以道，又岂有限量？"①

在这里，有两点需要进一步明确。一是不但"人之形体"甚至"心之形"有限量，而且道之在人，或者说人所禀受的道也是有限量的；二是心的无限量是相对的，也就是说，相对于绝对无限的道体，心之妙用是非常有限的。任何人乃至整个人类，甚至一切更高级的地外生命（如果存在的话）对道体的体认皆不过以蠡测海，而本文所见，亦仅仅沧海一粟而已。

这就是说，由于道既超越又内在，亦先验亦经验，故既可以从经验世界归纳先验世界，又可以由先验世界推知经验世界。正因如此，我们才可以一方面由万物追溯道体，另一方面由道体推索万物。在这个问题上，西方的传统似乎恰恰相反，如在康德看来，先验性的理念是无法从经验中归纳出来的。

（二）情——情爱本能、生理欲望和情绪

情感是由外部刺激引起的主观体验，出于生物本能，为气之发。具体地说，它发自气之性、气之心。质言之，情感其实就是人和动物生物特性的体现形式，为感知的内在对象。在这个意义上，感知和情感之间构成主体和客体的关系，二者相辅相成，组成感

① 程颢、程颐著，王孝鱼点校：《遗书》卷十八，《二程集》，中华书局 2004 年版，第 204 页。

知—情感结构。

需要说明的是，由于作为觉知对象的值之性和值之心只是人的先天存在形式，并不直接表现为生物形式，或者说值并不存在于主观心，所以在主观心中不存在觉知—值结构。

情感包含三个层面。第一个层面笔者称之为情爱本能，包括人和某些动物生而即有的同情心、人类婴儿和某些动物幼崽对母亲的爱恋，等等。第二个层面是欲望，即食色，现代科学归之于生理因素。第三个层面为情绪，现代心理学归之于心理因素，上文提到的六情、四情、七情都属于这个层面。

情的这三个层面都属于生物本能，其本身是无所谓善恶的，却含有导致善恶的机理和可能性。就其自然情势而言，第一层面易于导致利他主义，第二层面易于导致利己主义，至于第三层面是走向利己主义还是利他主义，则完全取决于其是否“发而皆中节”。如果可以把这种从善趋恶的可能性当作善恶的话，那么我们或许可以说第一层面是善的，第二层面是恶的，第三层面是善恶相混的。

（三）意

意兼心之灵明、心之主宰、心之定向、心之状态诸义。这里的心之灵明，指心之灵处、心之素地，需要用一定的思想、意识、知识等充实之。《大学》云：“物格而后知至，知至而后意诚，意诚而后心正。”诚者，实也。这几句话所强调的是以正确的道德知识（“知”）来充实“意”，如此方可将“心”纳入正确的道路。作为心之主宰的意，古人一般称之为“心”。如荀子云：“心居中虚，以治五官，夫是之谓天君。”（《荀子·天论》）可见，心乃一切行为之主宰。作为心之定向的意，古人一般称之为“志”。如孔子说：“苟志于仁，无恶也。”（《论语·里仁》）后人把意念、动机称为“意”，如王阳明说“有善有恶是意之动”，这也是心之定向。作为心之状态的意，《大学》讨论尤多，如“知止而后有定，定而后能静，静而后能安，安而后能虑，虑而后能得”；“所谓修身在正其心者，心有所忿懥，则不得其正；有所恐惧，则不得其正；有所好乐，则不得其正；有所忧患，则不得其正”。至于今本《中庸》《大学》、帛书《五行》所说的“慎独”和宋明理学家所说的“持敬”，等等，都是对心之状态的描述。

从意之诸义不难看出，意是知觉心的另外两个基本内涵即知和情的主导者。就知而言，意决定着知的方向，也在相当程度上决定着知所能达到的程度。就情而言，意不但决定了情之“发”还是“未发”，也决定了情之“发”是“中节”还是“失节”。此外，知和情又可以反过来对意施加影响。

（四）认知心与生命心

在心的各项功能中，除认知心之外，其他诸项包括觉知心、感知心、情、意，皆为生命体验的形式，所以可以统称为“生命心”。

人们一般称认知心为认识心。在牟宗三的学说中，与认识心对应的概念是道德心，但笔者觉得它只是本文所论生命之心的一个方面或一种因素。儒家讲的“恻隐之心”“羞恶之心”等固然可以归于“道德心”，但《老子》的“愚人之心”、《庄子》的“游心”“心斋”之“心”，以及《坛经》“无诸尘劳之心”，等等，就很难说了。笔者认为，所有这些“心”连同“道德心”一起，都可归为生命之心。所以，“道德心”不足以构成与认知之心或认识心相对应的概念。

认知心和生命心对人的生存状态以及生命的意义是不同的。生命心是存在价值和生命意义的真正承载者，而认知心不过是实现存在价值和生命意义的一个途径和手段。换言之，生命体验是人的存在的目的，而认知只是实现这一目的的一个工具。

在生命心的四项功能即觉知、感知、情、意中，意扮演着指挥官的角色，觉知、感知和情才是生命体验的具体执行者。所以，觉知与感知—情感结构是生命存在的两种基本状态。由于觉所指向的是值世界，而感知—情感结构源于气，亦指向气，为生物本能，所以笔者称由觉知所体现的生命形式为价值生命，由感知—情感结构所体现的生命形式为生物生命。不难看出，人兼备价值生命和生物生命，而动物只有生物生命。

牟宗三先生所说的“道德良知”与这里所说的认知心、生命心的关系如何呢？先让我们来看一下儒家经典对“道德良知”的解释：“人之所不学而能者，其良能也；所不虑而知者，其良知也。孩提之童，无不知爱其亲者。及其长也，无不知敬其兄也。亲亲，仁也；敬长，义也。无他，达之天下也。”（《孟子·尽心上》）在这里，孟子虽然将仁和义都归为“人之所不学而能者，其良能也；所不虑而知者，其良知也”的良能、良知，但还是指出了二者的区别。仁发生于“孩提之童”，意谓人生而即有。但义发生于“及其长也”，意谓并非生而即有。既然如此，义就很难不受后天知识和习染的影响，也很难将其归结为“人之所不学而能者，其良能也；所不虑而知者，其良知也”的良能、良知。其实，在孟子的仁、义、礼、智四德中，礼、智和义一样，也都是后天经过教育形成的道德之心。如果说仁是生命心的产物的话，义、礼和智则是认知心对道德进行判断和选择的产物。因而，在四德中，只有仁是“道德良知”，而义、礼和智皆非“道德良知”。至于作为新外王的民主与科学，显然是无法从作为“道德良知”的仁开出，而是应该从非“道德良知”的智开出。

当然，如果按照牟先生的思路，仁、义、礼、智皆为“道德良知”，皆为“内圣”，也就是说“智”本属“内圣”，那么“内圣开出新外王”的判断无可厚非，只是稍显笼统而已。就此而言，“内智开出新外王”实为“内圣开出新外王”的进一步论证和落实。

（作者单位：韩国国立大学人文学院）

生生之仁：牟宗三与儒家生命哲学的本体诠释*

赖贤宗

一、导论：当代新儒家生命哲学对于虚无主义的超越

“现代之后”的问题是一个当代人类的问题，而不只是儒家当代发展的问题，现代之后的问题是后现代情境与虚无主义及其超越的问题。所谓“面对现代之后的人类生存问题之后新儒家”是指儒家哲学面对此一当代议题的响应，不是儒家哲学内部发展的问题而已，而是涉及当代人类普遍的生存问题与生命哲学的开展，本文就此加以阐明。牟宗三先生《中国哲学十九讲》第三讲：“中国文化在开端处的着眼点是在生命，由于重视生命，关心自己的生命，所以重德。”① 牟宗三常说，中国哲学的特质在于它是生命的学问、生命哲学。因此中国哲学的特质在于它乃是阐释德性生命及其境界的与时俱进的诠释性的实践性的哲学。此中，牟宗三阐释：儒家、道家、佛教三家的生命哲学各有其进路，儒家以生生为宗旨，道家以不生之生为宗旨，佛教以无生为宗旨。在此一当代诠释的意义脉络中，本文在海德格尔哲学所论虚无主义问题的当代语境之中，继承牟宗三先生的哲学本体诠释而以“接着讲”的态度，来进行中国哲学本体诠释之中生命哲学的省思与展望。

二、当代新儒家论现代之后的儒家哲学发展

林安梧、成中英关于当代儒家哲学的开展之讨论涉及所谓的后新儒家、新新儒家、当代新儒家哲学对于“现代之后”的议题之理解，其核心是建构当代人类生存所需的生命哲学，从儒家哲学的内涵与观点来进行生命体验的当代诠释。在当代新儒家哲学学派之外，劳思光以文化哲学对“后现代”的情境如何解决“现代性”所导致的人的异化问

---

* 此文的长稿（《生生之仁：现代之后的牟宗三当代新儒家生命哲学》）发表于《百年儒学走向》，2019 年 7 月，山东大学儒学高等研究院主办。

① 牟宗三：《中国哲学十九讲》，台湾学生书局 1983 年版，第 45 页。

题，同时避免西方的“后现代主义”所导致的虚无主义进行了杰出的研究与讨论。此中，劳思光是牟宗三与唐君毅先生的好友，早期的劳思光以在台湾出版的四册本《中国哲学史》而闻名，在此书中，他以主体性、道德主体的价值自觉作为中国哲学的基源问题，以德行我做为自我境界的最高阶段，十分倾向于新儒家哲学的根本立场。而他又反复强调主体性以致落入现代性思想的主体性哲学的限制之中，劳思光可以说是反对本体诠释进路的当代中国哲学家。但是晚期劳思光的《论哲学基本问题》一书则有所突破，具有从主体性哲学之中突破出来的倾向，此书结合精神主体的“外在化”与观念在社会过程之中的“内在化”，响应伯恩斯坦所说的超越主观主义与客观主义（beyond the subjectivism and objectivism）的问题①，引用了社会学家帕森斯的内在化（internalization）理论以及黑格尔的外在化（externalization）理论，并对两者的不足加以修正。②在此书的第十章《现代性、后现代性与哲学之危机》之中，面对现代性的思想家无法解决各个系统的冲突分裂的问题，产生了后现代对于现代性的种种批评，导致他们要回到一个反对理性的与怀疑秩序的前现代状态，其后果是文化价值的虚无主义。劳思光认为哲学的三种功能——批判、建设与整合仍是当代社会所必需的。劳思光赞成哈贝马斯对于后现代思想家的批评，认为他们是一种“新保守主义，后现代仍然属于现代性的一个阶段，一个混乱、退缩、保守的阶段。后现代否定现代社会，但是却没有说明要肯定的价值是甚么？后现代的哲学思想所做的常常是否定哲学自身的功能与价值。”③

（一）本体诠释学与新新儒学

在当代新儒家哲学的发展中，林安梧的“后新儒家”哲学要批判现代社会虚无主义的价值危机，此一工作是透过反省并重整现代新儒家哲学的思想资源（熊十力、唐君毅、牟宗三先生）来完成的。如林安梧所说的由牟宗三回到熊十力，由熊十力回到王船山。林安梧批判康德的两层存有论，以为他的同辈学者引用康德而会通康德与儒家的逆格义将削弱儒家之生命力，自陷于康德的主体哲学、本质主义。林安梧转而从本源的开显及社会历史的人的存有的总体性入手，这是他所说的由熊十力回到王船山。林安梧提倡，由牟宗三回到熊十力，是从两层存有论回到熊十力的体用不二论，此处的另一个意义是相通于成中英阐述的当代中国哲学的本体诠释学（Onto-Hermeneutics）。由熊十力回到王船山，在后者的人性史学之中来研究历史辩证的存有总体发展，如此甚至衔接现当代西方的政治法律哲学，更是要进而梳理学统、道统、政统在当代华人社会的纠结。

本体诠释学、中国哲学的“本体诠释学”在华人哲学家之中主要是成中英提倡，而

① Bernstein R. J., *Beyond Objectivism and Relativism: Science, Hermeneutics, and Praxis*, Philadelphia: University of Pennsylvania Press, 1983.

② 劳思光：《论哲学基本问题》，台北劳思光研究中心2016年版，第401—404页。

③ 劳思光：《论哲学基本问题》，台北劳思光研究中心2016年版，第431—464页。

由潘德荣、赖贤宗等人加以发挥。如何阐明本体，提倡本体诠释学？宋明新儒家阐明儒家的体用论与心性论，主要在于阐发心体与性体，而又进于先秦儒家哲学。至于阐发心体与性体回环一本的本体，发扬本体的问题意识，尤其是与海德格尔（M. Heidegger）的此有诠释学、伽达默尔（H. Gadamer）的哲学诠释学加以会通，从而建构具有东西哲学沟通意义的讨论，具有中西哲学会通之广度与高度者，则是成中英的创获，可以参看笔者《儒家诠释学》《道家诠释学》《佛教诠释学》《天台佛教的解脱诠释学》《诠释学与意境美学》《道家禅宗与海德格尔的交涉》等专书，继承本体诠释学而又加以创造。笔者尝试对这些缺失加以弥补而开展本体诠释学在儒释道三家以及美学上的各个思想面向。又，本体诠释学不仅是哲学思想的而且也是文化的与实践的，这是笔者在《道家诠释学》第二部象征诠释学以及在《天台佛教的解脱诠释学》一书所进行的实践诠释学（Practical Hermeneutics）的宗旨。实践诠释学讨论价值的实践活动及其所涉及的各项课题，涉及象征者称为象征诠释学，涉及解脱体验者称为解脱诠释学，涉及文化活动者称为文化诠释学。而潘德荣近年来则就此而阐释“德行诠释学”。

（二）走向本体诠释的当代新儒家哲学：海德格尔式的或康德式的儒家哲学诠释

牟宗三对海德格尔哲学的解释有相当多的误解和曲解，例如他以为海德格尔哲学预设了此有的有限性，因此缺少康德所说的智的直觉而不能开显真正的超越的形而上学。其实，本成发生（Ereignis）、物物化（das Ding dingt.）是即有限即无限的。超越的形而上学对于海德格尔并不是问题，问题是如何表现超越必须是用“即有限即无限”的存有方式。超越的形而上学不能异化为独断论的道德的形而上学，道德的形而上学所立基的自由无限心必须是真正开放给道家、佛教与基督教，否则会陷溺在偏狭的独断论之中，如此明显的是还停留在海德格尔所说的存有的遗忘之中。晚期海德格尔讨论无、本成发生，超越了存有的意义的开显活动，而通过“无自无”，进一步到达了即开显即遮蔽的本成发生，是“即有限即无限”的本体诠释之一大发展。

此外，以海德格尔哲学方式的儒家哲学诠释，来对比康德哲学方式的自律伦理学的孟子儒家哲学诠释，也是一条可以发展的道路，此道路如林安梧、袁保新和笔者曾经多次阐发。李明辉只以自律（Autonomie）与形式主义伦理学来解释康德的存心伦理学。此乃失落了许多康德哲学上的诠释内涵的可能开展，尤其是和一些康德哲学的当代诠释是格格不入的。其实，像本体诠释学来发挥儒家哲学与康德哲学的深刻见解，还有颇多可以继续发展的空间。康德哲学当然具有动力论的意义，以及涉及最高善作为辩证的理想具有本体诠释的含义，尤其是在《判断力批判》与后期批判哲学之中，而不是某一些人的康德诠释局限在自律性与先验哲学的形式主义。牟宗三很清楚康德所说道德信仰之中所包含的道德的形而上学的内容的丰富性，来对比于相关于自律伦理学的原理分析所成就的道德的形而上学。但是他将道德的形而上学归属给宋明新儒家的心性论与体用论，而认为康德哲学在此不能进一步加以顺成，牟宗三的原意只是在于凸显儒家哲学的难以取代的优点，并没有将康德哲学的诠释予以窄化的企图。李明辉是对于康德哲学的固有内涵与其诠释可能面向的扭曲与窄化，这样是不能达到真正健康的东西哲学的对话与沟通的。东西哲学的健全的对话与沟通是要回到熊十力、方东美、牟宗三、唐君毅等人的开放性与多元化的诠释传统。因此，对于牟宗三先生的判教或说是中国哲学的诠释是要大体上加以继承，而在局部必须就学术而论学术来加以批评。不可以一味地固守师门。学术开放批评的健康态度是要回到整个儒家哲学的历史脉动来反思，并且站在开放性的当代中西哲学对话的平台来沟通与前瞻，不可以将某个人的说法定于一尊。后来的某些当代新儒家哲学家如成中英、林安梧不满足于牟宗三先生之说法以及其后继者的照着说，而思有以接着说之继续创造，从而创立"新新儒学""后新儒学"。成中英提出新新儒学作为儒学第五阶段的发展。第五阶段的发展要能够整合前面四个阶段：古典儒家的第一个阶段，汉唐儒学的第二个阶段，宋明理学的第三个阶段，清代经学与实学的第四个阶段。第五个阶段是中西融合与形上形下融合之学。① 新新儒学可以不局限在阐明心性论，成中英说："新新儒学并无标新立异的意思。其实它就是更本体化，更实体化，更机体化，更全面化，更充实化，也更实用化的儒学。"② 此处有三个特点：首先，新新儒学强调本体诠释的进路，这当然是回到古典儒学与宋明理学的体用论与心性论，而运用了海德格尔、伽达默尔的诠释学传统及其他哲学家关于本体的讨论而更扩大之。其次，所谓的"更充实化，也更实用化"，儒学本来就重视实践、致用，响应现代社会的民主科学与生态等当代议题，也是经学与实学的复兴。最后，还必须要能够"更机体化，更整体化"是要提出"整合性的理论"，突破"虚无主义"所产生的本体沦丧以及存有神学构成的宰制与冲突。

三、"现代之后"问题与中国哲学诠释对虚无主义的超越

虚无主义问题的讨论背景，循着海德格尔的尼采研究的思路，有如尼采的警语"上帝已死"一语所说的，虚无主义的产生在于人类丧失了作为价值标准依据的最后的实体、终极实在，从而导致价值的沦丧、一切价值与存有的虚无化。又，在现代社会发展的过程之中，自然、自我、超越界成为互相隔绝的系统，乃至于互相冲突矛盾，引生了种种生存危机，产生了虚无主义的心理状态。海德格尔批评西方的形而上学具有存有神学构成（die Onto-theologische Verfassung der Metaphysik），追问第一因与最普遍者，遗忘了存有的意义。具有存有神学构成的西方神学无法响应"上帝已死"之后的价值虚无化，将上帝当作最后的实体来把握是落入海德格尔所批评的存有神学构成之中，而遗

① 参见成中英：《新新儒学启思录》，商务印书馆2008年版，第3页。

② 成中英：《新新儒学启思录》，商务印书馆2008年版，第3页。

忘存有的哲学无法统整现代社会中各个矛盾的系统。超越虚无主义的道路在于跳脱存有神学构成的局限，重新体验存有与思想者的共同隶属，在天地神人的四方域之中，诗性地栖息安居。

中国哲学的“道”“天道”“佛性”就是海德格尔所说的本成发生，通过儒家的寂、道家的无与佛教的空来超越表象性思维，跨越存有的遗忘，通达价值标准依据的终极实在。如此回到天地人神的四方场所之中，人法地法天法道更法自然来发扬人的精神性、心性，统整自然、自我、超越界，重建儒释道的生命哲学超越虚无主义。

德国班堡大学教授亨利希·贝克（Heinrich Beck）在德语世界所阐释的 Onto-hermeneutik 的中文译名为“本体诠释学”，也就是相当于成中英和笔者近年来所发展的本体诠释学（Onto-hermeneutics）。[①] 笔者使用“存有动力”（Ontodynamik）一词来指称“存有本身的即开显即遮蔽的玄奥动力”，生生不息，生灭灭已寂灭无生。如同海德格尔所阐明：“存有动力”在传统西方形而上学对于存有学差异的忽略之中被遗忘了。西方近代以来，工具理性的过度膨胀形成了人与自然、人与人、人与自己的知识旨趣的宰制。在海德格尔的沉思之中，遗忘了存有动力，遗忘了根源意识的玄奥深处，自然、人与神遂肤浅化，而变成互相隔绝的表象，自然、人与神就变成三组机械性的互相隔离的图像，丧失了它们的真性与动力。[②]虚无主义的起源主要是传统哲学受困于人类中心、自然中心以及超越者中心，人类、自然、超越者三种领域之其中一者与其他两种领域没有关联，只封闭地探讨自己的领域所导致的。也就是这种封闭，导致文化不能进一步地往无限展开的方向推进。人类、自然、超越者这三种领域的独自发展，所带来的当代社会最大的危险是自然中心的自然科学、技术的唯我独尊，导致工具理性的宰制和价值标准的沦丧与价值终极根基的崩溃。

四、牟宗三论中国生命哲学——儒家的生生、道家的不生之生与佛家的无生

牟宗三主张中国文化的重心在于“生”“生命”（life），其哲学的出发点是实践生命的德行以及因此而有的省思，而其核心观念是“生”（creativity）、本体的创生性。牟宗三《中国哲学十九讲》第三讲谓：“中国文化在开端处的着眼点是在生命，由于重视生

---

① 关于成中英、潘德荣和笔者近年来所发展的本体诠释学，参见成中英：《论观的哲学涵义——论作为方法论和本体论的本体诠释学的统一》，成中英主编：《本体诠释学》第二辑，北京大学出版社 2002 年版，及《本体诠释学》各辑所收的论文。

② 关于自然、人与神的肤浅化而变成互相隔绝的表象，这里的讨论参见［德］马丁·海德格尔：《尼采》下卷，孙周兴译，商务印书馆 2002 年版，第 697—698 页。Nietzsche, *Zweiter Band*, Pfullingen: Erlag Günter Neske, 1961, pp. 59-60.

命，关心自己的生命，所以重德。”[①] 因此，中国哲学的特质在于它是生命的哲学、探讨生命境界与生命实践的哲学。此中，又可以分为儒家的生生、道家的不生之生、佛教的无生，三家的生命哲学各有其进路。

对比于中国哲学重视生命，牟宗三认为西方文化的重心在于观察自然，哲学的出发点在于实存（existence）、存有（to be），“西方人从实有之路讲形而上学，西方形而上学一开始就从有（being）着眼”[②]。以思辨来追问本质，以掌握规律来控制自然而满足人的欲望需要，虽然西方哲学的开端在先苏期的哲学进路之中就在于追问存有。著名的海德格尔的研究大家珀格勒说：“直到巴门尼德斯那里 eon（存有）才成为思想的基本词，阿纳克希曼德在事实上考虑存有者的存有。对于希腊人来说，存有意味着在场到未隐蔽状态中。”[③] 但是从柏拉图开始却是以海德格尔所说的遗忘了存有（being，sein）的意义的方式来追问，忽略了存有学差异，如此乃是忽略生命存有的本真体验、本体的生。“追问存有”首先变成柏拉图的理型论之中对于最高善与理型的探索，海德格尔认为这已经是一种表象性的形而上学，然后再转变成亚里士多德的实体学、中世纪的追问作为第一因的上帝之神学，以及近代以来的主体性哲学，而希腊思想重视观察自然，重视观物、辨物、宰物的过程，在启蒙运动以后成为现代的科技思维，海德格尔对于这个存有遗忘的西方哲学史的历程做出很多的探讨。

牟宗三在《四因说演讲录》等书阐明老子所说“生”则是“不生之生”，如“道生之，德畜之”“有无相生”“道生一，一生二，二生三，三生万物”之中的“生”是一种“消极型态的境界形上学”之中的“让开一步”“作用的保存”。[④] 对牟宗三此说的评论：“有无相生”的“生”落在作用层面，此中的生是“不生之生”。首先要肯定牟宗三以“不生之生”来解说老子所说“生”所做的诠释工作，他所说的“让开一步”“作用的保存”都能够精确而巧妙地解说老庄哲学之中的否定原理。但是，老庄哲学以无、无为清静的否定原理作为出发点，并非就是停止在这里的消极性原理，而且还要通达积极性原理。“道生一，一生二，二生三，三生万物，万物负阴而抱阳，冲气以为和。”《道德经》四十二章等文本则明显地阐明道之体用，阐释“道化”的过程，这个宇宙化生的过程经历了太一、阴阳二气，以及阴阳二气相合之冲气而呈现为和，此为文本之显说。牟宗三的诠释为了抹杀道的实体义与道体创化，甚至可以无视文本的存在。因此，牟宗三以“消极型态的境界形上学”来说老庄道家思想，未免过于消极，而且失落了大道玄德的本体宇宙论的境界。其实，老子哲学不仅具有消极原理、否定原理，如无、无为，而且也

---

① 牟宗三：《中国哲学十九讲》，台湾学生书局 1983 年版，第 45 页。

② 牟宗三：《四因说演讲录》，鹅湖出版社 1997 年版，第 94 页。

③ ［德］奥托・珀格勒：《海德格尔的思想之路》，宋祖良译，仰哲出版社 1994 年版，第 214 页。

④ 牟宗三：《四因说演讲录》，鹅湖出版社 1997 年版，第 72—73、87、95、119 页。

还能开展积极原理、肯定原理，因此才能讲“无为而无不为”“夫唯道，善贷且成”。①

牟宗三以有无玄来解说一、二、三（“道生一，一生二，二生三，三生万物”）②，他在此处的解说只是就作用的保存一义来解说，这比只从作用层次来讲让开一步。但是，他的解说明显忽略了道的本体义以及本体功能义（体用义）。牟宗三本来就忽略道的实体义，认为道只是功夫实践所呈现的主体境界。一是有，二是以无来达到作用的保存，三则是有与无的统一，显然先有后无是不符合老子思想的，先有再将其弊病无掉，如此解释是硬套上牟宗三自己的解说系统，而且有无及其辩证统一这样的说法也套用得很机械性。此外，牟宗三也引用庄子《齐物论》关于一、二、三的诠释，这里涉及语言的问题。一是无，二是有，三是玄。牟宗三并且说此一解释来自王弼。笔者重新阐释如下：本体自身是道，本体自身的体验不可说是一，而是道之物化。说出来的语言和不可说的本体则是二，所以一旦有所说，不管是运用什么形而上的语言，如一、无、常，等等，就已经是一之外的二。而且这个说出来的语言也已经落入二元性，既然落入二元性就会滋生更多的种种分别判断，因此就是三乃至于无穷了。庄子《齐物论》所铺展出来的一、二、三的诠释，是本体诠释的知识论。

佛家生命哲学的核心观念是无生。既然说空，又如何能够说明存有，成立存有论呢？如何建立佛教的存有论（buddhist ontology）？牟宗三说出三个理由，慈悲、方便、但除其病不去其法。则一开始以业惑缘起来讲存有，但是到了如来藏思想、佛性论的时候，在圣者的境界中，可以解答“去病不去法”，来保住法的存有性③，而其终极关怀是不生。其次，解脱的圣者以“慈悲”之故而入世，即所谓的无住涅槃，并且假借安立相对的世界以作为“方便”，因此，相对世界的存有借着“慈悲”与“方便”便得以保障。

吾人对于牟宗三应加以批判地继承。所谓的批判，包含他评价道家圆教与佛家圆教是“团团转的圆”，如此之讥评带有极大的儒家本位主义的偏见。其实，老庄道家的“生”不只是主观境界意义之下的“不生之生”，在道家的诠释传统主流之中，都是主张本体意义的“玄化之生”“大道玄德之生”。牟宗三所说的“让开一步”“作用的保存”说明了道家的“生”是“不生之生”，只掌握到其消极原理、否定原理，但是并没有同时掌握其积极原理、肯定原理。

对于佛家的“不生”，也可以运用上述的批评，牟宗三的佛教诠释只掌握到“不生”的消极原理，但是并没有同时掌握其积极原理。笔者曾经阐明天台佛教的解脱诠释学，

① 参见赖贤宗：《老子庄子哲学的“道生”与“人法”》，方勇主编：《诸子学刊》第二十一辑，上海古籍出版社 2020 年版，第 83—106 页。

② 参见牟宗三：《四因说演讲录》，鹅湖出版社 1997 年版，第 97 页。

③ 参见牟宗三：《四因说演讲录》，鹅湖出版社 1997 年版，第 128 页。

智𫖮与灌顶根据《大般涅盘经》“四句说无生不可说”而再做发挥，将此搭配于化法四教，生不生是藏教，不生生是通教，不生不生是别教，生生是圆教。① 其实，佛家的“不生”并不是只掌握到其消极原理、否定原理，如“生不生是藏教”乃是将生归宿于不生。它也还要发展出其积极原理、肯定原理，如“不生生是通教”，在般若经之中，不生（空）之否定原理已经发展出生起慈悲与方便（不生而能生，由空出假）的积极原理、肯定原理。甚且，还要到达华严经的别教，“不生不生”重重无尽，在佛性的性起无碍之中，肯定原理与否定原理双超，事理双超。最后，天台圆教即烦恼即菩提，“生生”之奥秘乃是事理双照。

对牟宗三生命哲学的总评：牟宗三提出中国哲学的特质是生命的哲学，又可以分为儒家的生生、道家的不生之生、佛教的无生的不同进路。其阐释条理清晰而且具有系统性。牟宗三也将此对比于西方哲学的重心在于存有，具有对比性。但是，他对于道家的不生之生、佛教的无生的诠释具有偏见，导向于只见到佛道两家的消极性原理，而没有掌握他们的积极性原理，以及达到消极性原理与积极性原理的整体诠释。又，牟宗三认为佛道的哲学是境界型态的形而上学，意思是只达到虚无与空性的功夫境界，乃是作用的保存，而未及生命本体的创生性。吾人认为这样的判断并不公允，不只有失精准也是带有偏见。又，牟宗三的本体诠释学的问题意识虽然已经颇明显，但是他自己还是偏好主体性哲学，他所进行的本体诠释是偏向于主体性哲学的进路。牟宗三在从事宋明新儒家哲学阐释的时候，也能客观地讲出三系说，例如包含心体与性体的回环之一系，从而具有体用论、本体诠释的各种内涵；但是可惜的是当他讲到圆教或是自创系统的时候，却显露出偏向于主体性哲学的进路。

五、生生之仁：儒家生命哲学对虚无主义的超越

牟宗三先生主张中国文化的重心在于“生”“生命”，其哲学的出发点在于实践生命的德行以及因此而有的省思，而其核心观念是“生”（creativity）、本体的创生性。牟宗三先生《中国哲学十九讲》第三讲：“中国文化在开端处的着眼点是在生命，由于重视生命，关心自己的生命，所以重德。”② 因此，中国哲学的特质在于它是生命的哲学、探讨生命境界与生命实践的哲学。此中，又可以分为儒家的生生，道家的不生之生，佛教的无生，三家的生命哲学各有其进路。

虚无主义的产生在于西方世界传统的哲学与神学无法满足人类终极实在的需要，以存有神学表象形而上学的方式来追求神学与存有学问题的解答，终于丧失了作为价值标准依据的最后实体，因为这样的实体观本来就虚幻不真，从而导致生活世界之中一切价

① 参见赖贤宗：《天台佛教的解脱诠释学》，新文丰出版股份有限公司 2010 年版，第 64—69 页。
② 牟宗三：《中国哲学十九讲》，台湾学生书局 1983 年版，第 45 页。

值沦丧、虚无化。

孔子的仁学以及仁的本体学避免了此中的困难。践仁知天，仁是一种智的直觉，可以落实超越的形而上学的真实内涵。仁体（仁的本体）不是落入存有神学构成的最后的实体，而是即开显即遮蔽、显微无间、寂然不动感而遂通。

现代社会、现代性的危机在于工具理性的过度膨胀，自我、自然、超越界在单面向的生命存在之中各自为尊无法统整。启蒙运动之中的人类社会陷于自我、自然、超越界各个系统的冲突矛盾，产生种种异化。在《论语》一书之中，孔子仁学包含：1.共通感；2.自主性与自律性；3.仁为全德与别德；4.天下归仁，仁作为最高善；5.仁体，从主体的仁到本体的仁；6.仁作为生的创造性原理，生生之德、生生之为易；7.仁政等七个方面。孔子仁学的七个面向，对于当代人类生存的种种需求可以加以统整。首先要谈的仁的感通性，弥补了理性的独我性，爱人惜物。其次是仁的自主性，延续了启蒙运动的自律的原则。仁是全德也是别德，成为统整的德行伦理。又，天下归仁是最高善，由主体的仁进而通达本体的仁，此乃贯通于超越世界。最后，仁政包容了致用之学，横摄横列，在这里妥善处理人与自然以及人与人之间的关系。关于孔子仁学的七个面向，请读者参考笔者另外的论文或是本文在研讨会发表的长稿。

仁为儒家哲学的核心观念，本文阐述孔门儒学之中从主体性的仁通达本体性的生生之仁的思想道路，阐明孔门儒学之中仁学的德行诠释学。潘德荣阐明孔子的解经乃是一种“德行诠释学”，他说：“孔子表达了这种诠释理念的原则，其解经意在求其德。孔子之解经并不囿于经文原义，而重在以经文为中介阐发义理（明明德），旨在‘立德’。这种以阐发‘德行’、以伦理教化为主旨的诠释学，我名之为德行诠释学。”① 潘德荣所说的德行诠释学基本上还是可以属于本体诠释学的一个环节，因为自我理解与此在之所以如此存在的规定性也可以包含“德行”（tugend）的观念。但是，应该说他突出了“德行”的观念是相当具有时代意义的省思。虽然自我理解包含了德行上的自我理解与存在抉择，但是一般性的理解之后还要自我引生实践行动从而进行德行与境界的转化，因此有必要提倡德行诠释学，揭示诠释活动的动力性与目的性。此外，潘德荣从纵向前后的关系而非并列的竞争关系来反省本体诠释学与方法诠释学的诤论，颇有见地，复提出以德行诠释学作为诠释学发展的第三个环节，也有其创意，值得注意其发展。德行诠释学的建构应该要能通过对于诸多文本的诠释，达到整合性的自我理解，而能够有助于德行与境界之促进。德行诠释学是以文本为中介而达到自我理解，并且在通过文本诠释与依此而有的实践行动来达到德行与生命境界的提升，从而完善自我理解与生命此有的存在。笔者此文展开孔子《论语》一书之中仁学的德行诠释学，展开原始儒家孔门仁学之

① 潘德荣：《德行诠释学》，《中国社会科学报》2016年4月26日。

中由主体性的仁的实践开始而通达仁的本体诠释的思想道路。

六、结语

成中英所提出的“新新儒学”一词，其实以“走向本体诠释的当代新儒家哲学”来表达比较平实易解，如此也已经凸显了“本体诠释”以及“响应当代问题”（致用实用的，统整的）的特色。林安梧的“存有三态论”等发挥了自己的一套本体诠释，他自己提倡批判儒学而也认可自己在进行本体诠释。其实，熊十力、唐君毅、牟宗三先生的学术研究重点都在儒家的心性论、体用论的阐释，而传统的心性论、体用论的思想内容都是当代哲学用语之中的本体诠释学。又，方东美、李泽厚的中国思想与美学的讨论重视本体，富有当代的问题意识，所以可说虽然没有运用“本体诠释学”这个名词，但仍是中国哲学的本体诠释学的重要代表。方东美、李泽厚都不属于狭义的现代新儒家学派（熊十力、唐君毅、牟宗三先生等人），但是他们所从事的哲学讨论可以说是“走向本体诠释的当代中国哲学”，他们讨论儒家哲学的时候是“走向本体诠释的当代新儒家哲学”。近年来，批判儒学与本体诠释两大流有统整协进之势。而且，双方不仅是思想上的协作，还透过各自所创办的书院及社会，落实文化、社会之实践，人文化成，让儒家文化经过淘洗之后，永远活在当代人的心中。

（作者单位：台北大学中文系）

论牟宗三先生老子哲学之精义

陈德和

一、前言

当代新儒家大师牟宗三先生，精通中西哲学而著作等身，尤于儒道佛思想均有精辟之理解和高明之诠释。牟先生虽主儒宗，然亦不偏弃佛老，一生出入三家学术，既知其共法与不法，并求互证与融通，此较诸宋明儒之以佛老为忌讳，乃益显义理之精纯与气象之恢宏。今即就牟先生所建构之老子哲学，思索探考其底蕴，并揭发其精到之特色。

现存《道藏》所见老子之著述颇多，唯关于老子哲学的研究与证成，学界大都集中在《道德经》一书上，此因其乃信而有征者，若牟宗三先生之论老子哲学亦如是者也。又，牟先生曾言："老子与庄子，在义理体干上，是属于同一系统。"① 且认为王弼《老子注》和郭象《庄子注》皆深得其旨而应合于老子、庄子思想之玄智奥义②，牟先生实以为：凡庄子逍遥齐物之论、王弼崇本举末之说、郭象迹冥圆融之思，皆莫不得之于老子者。若顺牟先生之意而就诠释学观点以言，凡庄子、王弼及郭象诸说，当已包含于牟先生诠释老子《道德经》之"预见"或"前理解"中，且此"预见"或"前理解"亦将影响此后诠释之结果及文本意义之释放。牟先生所建构之老子哲学乃特重经文中"无"之观念，并以"境界型态"之形容而在士林独树一帜，此当与其视老子、庄子、王弼、郭象思想为一脉流传相关联。

牟先生向来认定儒道佛为中国哲学之主流，并以生命之学问或实践智慧学名其义理及性格，且其所重者莫过于"道"与"德"，今即以此为议题，论述牟先生老子哲学之精义。

---

① 牟宗三：《才性与玄理》，台湾学生书局 1978 年版，第 172 页。

② 参见牟宗三：《现象与物自身·序》，台湾学生书局 1975 年版，第 10 页。

二、境界形态形而上学之思考

老子《道德经》中之“道”一向被认定为形上实体而为超越性之存在，然而牟先生对于学界此等之以道为客观实有之普遍说法并不以为然，他主张老子所言之“道”乃是“无限妙用之心境”，是即“境界形态形而上学”之证立。

（一）境界义老子学之理趣

牟宗三先生对于老子《道德经》“道”概念的特殊见解，关键在于他是以“无”为优先而不似客观实有论者之以“有”为优先，牟先生的主要意思，大约可以归纳为下列数个重点：

其一，老子《道德经》中“无”才是首出之概念，老子是通过“无”来了解或定义“道”，凡天地之所以生、万物之所以成，其最后最终最究竟的超越依据，固然可以用“道”来做表示，然而“道”只是通词，若依老子《道德经》之实际内容，其真切义应该是“无”。①

其二，老子《道德经》中之言“无”，多与人之主观修养有关，至若老子之言天道亦以“无”为尚，此天道理体当属实践智慧之向上透显或投射，故虽似客观上超越之真实，终究不离主观之修养境界。

其三，老子《道德经》中之“无”乃遮诠表达下之用语，“无”非正面陈述而示其所以然，若依老子《道德经》之言“无”，乃意在彻底净尽一切人为造作及其所衍生之种种后患病症，盖必藉由此等生命之清理而消解莫须有之障蔽与隔阂，始能让人完全敞开胸襟气度，朗然自在、悠然自若以通向天地人物。

其四，老子《道德经》中之“无”虽为生活实践之概念，然若充分证成“无”之智慧，亦能对天地万物之生成与存在提供理由和说明，因之，其便成功一以“无”为本之“境界形态的形而上学”，而此“无”便是“道”，亦是“玄”及“玄之又玄”者。

其五，老子《道德经》以“无”为“道”之境界型态形而上学，除以“无”以“玄”或以“玄之又玄”名其终极之真实外，其余无一可用，亦无可特殊之决定者，就此而言，道家思想乃最有哲学中逻辑的普遍性或逻辑的空洞性。②

其六，老子《道德经》中的“无”一开始并不适宜用西方哲学中之形而上学或存有论的概念来理解，因为老子所提出的“无”莫不具有人心教化上的启迪作用，这就不像西方哲学式之以知识条件的满足为诉求的抽象概念，老子思想所主张的“无”乃有其具体行动之意义。

其七，老子《道德经》之“无”乃生活实践中去执除碍之工夫，利在生命之清通解

---

① 参见牟宗三：《中国哲学十九讲》，台湾学生书局1983年版，第94、131页。

② 参见牟宗三：《中国哲学十九讲》，台湾学生书局1983年版，第105页。

放，依“无”之工夫所证成之修为，即是面对天地万物而能不将不迎、应而不藏之妙通无碍的境界，此一境界亦可概而名之为“无”，若究其实乃不外乎荡相遣执、虚一而静之完全净空、完全放空的旷达心灵。①

其八，老子《道德经》中，“无”的工夫及其所成之境界，本是心灵之无限敞开而无限解放、无限解放而无限包容、无限包容而无限融入、无限融入而无限自在者，于是在此心灵境界中，乃一虚明而一切虚明之，一解放而一切解放之，一逍遥而一切逍遥之，故其亦相对具足了道生万物之实现义，此乍看之下，或有以为是超越之形而上的道体以其生生不息之作用而能造化天地及繁兴万物，其实不然，盖此“无”、此“道”只是冲虚之玄德。②

其九，老子《道德经》中之以“无”为“道”，即是将荡相遣执、融通淘汰所显之解放心灵当成实现万有之原理，此心灵洵非客观实有之超越实体，故只能言生成万物而不得言创造万物，且此所谓生成万物亦只是消极义之不以生为而使其自生、使其自然的“无生之生”或“不生之生”。③

其十，老子《道德经》中之以“无”为尚的生活智慧或境界形态的形而上学，其既能清通有执有为之禁锢与障碍，以之获得洒脱自在之生活，亦能化解意念造作之固执和意识形态之独断，由此开启宽贷包容之宏大胸襟，藉之而可尊重多元之价值，并愿通向天地人我而共生共荣，如是之精神气象与境界，实可作为自由主义之超越依据，并避免自由主义之庸俗化，且以其尊重差异之涵容，观念和态度上必能乐见对列格局（coordination）之展露，此观念和态度之落实于具体生活中，既可实现开放之社会，同时亦能对民主政治之建立，提供可贵之思考资粮与方向矣。④

牟宗三先生孤明独发的主观境界说，其所以提出的主要原因当然来自他创辟的哲学心灵，其中关键的义理之一该当在于牟先生已然清楚发现老子《道德经》中的“无”，其在语法之使用上本为遮诠属消极性之陈述，若今之持客观实有论者，却置“无”于不顾而直言“道”，并且未曾、或无由对于客观宇宙上之存在进行该有之分解从而获得一可正面描述之成果并完成积极之建构，便即定调老子《道德经》中的“道”当为生化一切之存在的超越实体，如此之率尔以为此“道”为正面表诠之“有”，如此之凭空以此“道”为积极寻获之“理”，实不能符合老子《道德经》中之以“无”为首出之意图，亦不能符合“无”之属乎消极式、遮拨式之规定，是以明显违逆了老子思想中的原本意思。

① 参见牟宗三：《中国哲学十九讲》，台湾学生书局 1983 年版，第 94—95 页。

② 参见牟宗三：《才性与玄理》，台湾学生书局 1978 年版，第 163 页。

③ 参见牟宗三：《才性与玄理》，台湾学生书局 1978 年版，第 161—162 页。

④ 参见牟宗三：《中国哲学十九讲》，台湾学生书局 1983 年版，第 107—108 页。

（二）境界义老子学之启示

牟宗三先生之以老子道概念为境界形态形而上学，自然特别关注老子《道德经》中的“无”，惟“无”之智慧本实为“德”，“德”又完全表现在生活实践中之对负面因素的消融与解除上。牟先生匠心独运而即德为道，其启迪于世亦有荦荦如下者：

其一，牟宗三先生以周文疲弊为先秦诸子产生之历史机缘。若老子即以其“无”之智慧试图救世之弊、解世之纷，以为已然混乱之世界重建应有之理序，恢复黎民百姓原先自在之生活。由乎此义，乃充分确定道家关怀世道人心之实践本色。牟先生乃有效批驳老子为中国古代首位类乎希腊哲学式形而上学家之说，亦充分排除老子乃反文明、反知识之厌世、避世主义者之主张，并让老子《道德经》的诠释，能够堂而皇之地留守在生命的学问中盛发其议论，也充分而有效地贞定了老子《道德经》思想之作为内容真理的地位。

其二，牟宗三先生充分证成老子《道德经》中的实践智慧和人道关怀皆离不开以“无”为尚的思考。“无”又特显其遮拨之作用，是乃属于非积极性与建构性者，则“无”之智慧必当是消融与解构的智慧，由此之意再引发而生者，则此“无”之智慧亦当可为具疗愈性思维之治疗学者。此“无”之智慧所显的治疗学，若就其乃对世界之反省而言，自该能被形容为“文化的治疗学”，老子因而亦足堪作为文明的守护者，然而“无”的实践终必是以对人心、人性之反省为基础。就此而言，老子《道德经》以“无”为尚的治疗学形态，更应属于人心、人性的治疗学，且此人心、人性的治疗学既是立足于生命的学问以发议论者，因而又可称之为“生命的治疗学”。

其三，老子《道德经》既以“无”为尚，“无”又为遮诠之表达，是则不似表诠之能做正面之陈述，且“无”乃意在遮拨一切之执取与标定，亦在拨遮一切之可说、可名而归于不可说、不可名。据此以观，道家老庄之至人、神人、圣人、真人，固皆能本诸生命主体以证悟内容真理，以实现典范人格，以了然于无执之智慧，但此生命实践之主体本为虚一而静之冲虚玄德，其乃无限敞开而无限涵容，洵非把持性之主宰或操控性之主导者。复次，此道家老庄式之主体亦非如儒家之言大爵良知或本心善性，其之为成德之教的内在依据诚然不具实有性与定义性，既缘于如是之有而不有、无而不无之吊诡现象，则此一道家老庄式之生命主体实不得不名之为不主之“主”、非体之“体”也。

其四，牟宗三先生依据老子《道德经》中之《第一章》《第四十章》等经文的义理解读，充分而有效地证明凡最后的“有”一定是从“无”以出而不能从“有”以出。由此可知，天地万物所以生、所以成之超越依据或实现原理，也一定属于“无”而不是“有”，且此“无”既是德，则其之作为实现原理或存在原理之同时，亦为价值之最高原理也。此若相对于客观实有论之能以形上实体为天地万物存在之依据，但无以充分而有效地解释此存在之依据何以又是价值之所从出者，牟先生之说明显具有理论上的明显优势。

其五，牟宗三先生扣紧老子《道德经·第十四章》中“绳绳不可名，复归于无物”之说，而将“无”视为遮拨一切的有。由此以见“无”乃既非客观上之实有（being），亦非客观上之不同、或不类于“有”之“非有”（non-being）。循此而论，“无”最好的理解就只能从“无物”（nothing）、一无所有以论之，此一无所有若不以为是毫无内容或丝毫不能实现之虚无，亦不以为是存在主义所云之意义缺乏的存在空虚，则唯有另辟蹊径改从主观上的工夫和境界加以衡定。凡老子《道德经》中“道”之客观实有性及其创造性于焉即被拆解，而道家思想之殊胜处，亦在此拆解中而朗朗现身矣。

其六，牟宗三先生认为老子《道德经》中的“无”当属于生活实践之概念，既是工夫也是境界。是知若能以“无”为道，除如上文所述已然是将存在之理和价值之理统而为一，同时亦将形上之道和人生之道统而为一，也将实然之道与应然之道统而为一，藉此乃彻底彰显其辨证圆融之义理性格。此不但有效解决来自西方哲学的询问中，作为说明存有的道它又何以能够说明价值的疑惑，同时预留了道家之可为“圆教”之一型的契机，也为德福一致之“圆善”其将以何意义而被兑现，设下可能之思路与线索。①

其七，牟宗三先生认为凡实有形态的道必定是积极的表诠，亦必定是从客观的宇宙中做理性的分析以最后确认生天生地的总原理，但老子之言“无”显然属于遮诠。凡遮诠就不是积极的表述，非积极的表述就无法积极建构，亦即不能积极建构实有形态之形而上学，故老子《道德经》终究只能是境界形态的形而上学。又此境界形态的形而上学本是以无执之心境为天地之大本，故其所含之存有论乃可名之曰“无执的存有论”。

三、境界形态形而上学之体用

牟宗三先生所称之境界形态的形而上学中，诚然主张以“无”为道，由是而拆解老子《道德经》中“道”之客观性、实有性和创生性。然而，老子《道德经》中固曾明言道生万物者，牟先生又特从主观境界说以明其义，此即“不生之生”是也。

（一）不生之生与自然无为

“不生之生”为牟先生藉以区隔“创生”之用语。形而上学自含存有论与宇宙论，若言道生万物便属宇宙论之陈述。牟先生以为老子《道德经》所谓道生万物即《第五十一章》曰：“道生之，德畜之，物形之，势成之。”此乃以不生之方式来生成天地、

---

① 圆善与圆教之说，牟宗三先生后期思想中非常关注的议题，所谓圆善即德福一致的圆满之善，圆教则是使德福一致真实可能之究极圆满之教。牟先生并认为儒道佛三教皆可言德福一致而同属于圆教，他对道家圆教的形容是：“道家义的无限智心是玄智，是道心。……道心玄智一旦呈现，则人的生命虚一而静，亦和光同尘而成全一切，而天地万物亦皆归根复命而得其天常（复命曰常，不知常，妄作凶）。如是，此一无限的道心玄智一旦呈现亦可保住玄德之纯与夫存在之谐和于德（道家义的德）。此亦可开德福一致之机。此亦是纯由实践理性（道家义的实践理性，虚一而静的清明之心即是实践理性）而说圆满，并无思辨理性之虚幻。惟此一实践途径不由道德意识入，而是由‘无’之意识入，故其所成之圆满纯为境界形态之圆满。”（牟宗三：《圆善论》，台湾学生书局1985年版，第263—264页）

衣养万物。

“不生之生”一语，首先可被理解为：“非属创生之另具他义或形态生之生。”① 其次，“不生之生”亦可读成：不扰其生而使之卒遂其生。复次，“不生之生”又能够充分理解为：退让一步而不参与其事，由此释放出绝大的空间和可能，天地万物就在如是之绝对允许和承诺下，无不自己实现自己。

“不生之生”的第一种解释很明显是以遮拨的使用为诉求，由对反于超越实体之发动而豁显出主观心境之展露的义谛。更明白地讲此心境乃无为无执之心境，若此无为无执之心境展露，其于生物上即是“无为故无败，无执故无失”，亦即解除人为造作之障蔽以解放人心、尊重包容万有之意，其功在于补偏救弊、疗伤止痛。

“不生之生”的第二种解释在句法上还是一贯地表现出遮拨对显的方式使用，唯更明白地主张必须排除有为、有事、有执、有欲之不当，以之如如呈现出自由、自适、自在、自得之自然而然义。其之以消融、解蔽为诉求诚有如上文之第一种解读者，是以所显的仍是消极义的生。然而，值得注意的是，此种解读中之所谓“自然”，乃是遮拨一切意计造作而显之洒脱自在之自然。依据此意，则有为就是不自然，“无为”才是“自然”，所以此解读中之“自然”当属于冲虚之境界而非宇宙万象般的自然世界亦明矣。

“不生之生”的第三种解释其实就是“无为而无不为”的直接翻版。当中“无为”依旧属于遮拨的表达，至于“无为而无不为”一整句，首先可以视之为分解说下之一般逻辑语句，在此用法中，“无为”是本、是因、是体。既有“无为”做依据，于是可以展现“无不为”，因而“无不为”即是末、即是果、即是用。是以，若将此一整句对应着“不生之生”观察之，“无为”即是无掉人为造作而不干扰其生，换句话说，“无为”即是“不生”，“无不为”则是因不生之后而能生。如此之生，实即天地万物的自生、自长、自养、自育、自济、自成、自得、自全。又，“无为而无不为”复可视为在非分解说下之辩证性命题，此时“无为”同时即是包含“无不为”，故“无为而无不为”乃即工夫即境界、即境界即工夫的诡辞为用，依此而显者，无乃是道家之圆顿义。

“不生之生”一语的三种不同解读，诚然是和“无为”（亦包括“无执”）、“自然”及“无为而无不为”相关联，而老子《道德经》中凡此三意皆曾言及，同时亦皆与“道”有关，且亦皆与“无”有关。可见，“不生之生”之为主观境界说中之天地万物的生成理由，其于形式上乃充分符合义理一致性的要求。

---

① 牟宗三先生说：“道只是一冲虚之德。冲虚无为，不塞其源，则物即自定自化矣。此自定自化之无不为由乎道而来，即是‘道生之’矣。此种‘道生之’之陈述，完全是消极的表示。”（牟宗三：《才性与玄理》，台湾学生书局1978年版，第161页）牟先生又说：“道家那个‘生’是‘不生之生’，是消极的形态。”（牟宗三：《四因说演讲录》，鹅湖出版社1997年版，第87页）牟先生又说：“道家从‘无’这个地方讲，所以它是消极的。‘道生之，德畜之’这个‘生’是‘不生之生’，这就是消极的形态。”（牟宗三：《四因说演讲录》，鹅湖出版社1997年版，第95页）

“不生之生”之说除了充分满足义理形式上的一致性要求外，在内容意义上更是贴切精准、信而有征，理由是：在主观境界说中，“道”其实就是冲虚之玄德，“无”则是荡相遣执、融通淘汰的工夫，以及由此而显之虚一而静的心灵境界，这也全都是“德”。“自然”亦复如是。它洵不类于自然世界义之实然的自然：如宇宙中之万象森然，如生物性之天生本能，等等。“自然”当为应然义之自然。此“自然”在老子《道德经》中，既非高于道体一层而为道体所从出之实有①，亦非隶属于道体而为道体之本性或运行之规律②。“自然”本是一境界，“自然”之真切义乃不外乎是自在自得、无适无莫，“自然”是自己而然、如其所然，“自然”是冲虚而无所着、无所主之朗然自在，“自然”其实就是道，也是冲虚之玄德，亦为妙通一切之主观心境。至于所谓“不生之生”，无论是偏“无为”（亦包括“无执”）义以立言，或是侧重乎“自然”义而发议论，抑或显示出“无为而无不为”之即工夫即境界、即境界即工夫的辩证性，其实莫非属于品格操守的锻炼与实践，凡诸如此义之即“道”、即“无”、即“德”、即“自然”。这正是纯粹境界形态的形而上学所独具的特色，亦是主观境界说中之所不可不有者。

牟宗三先生独标新义的主观境界说或道家境界形态形而上学，诚然就是即道即德即自然的境界哲学，贯串其中的当然就是“无”的思想、“无”的智慧。它亦即是先秦时期老子首倡言和庄子所绍述之道家的共命慧，继之在魏晋时代为王弼注《老》、郭象注《庄》所阐扬，如今已然为牟宗三先生所确实掌握者。

（二）作用保存与守母存子

牟宗三先生主观境界说中之以“无”为用，此亦可另从其所提出之“作用的保存”再得其意。“作用的保存”兼体与用而言：就体上说，其乃道生万物之意，重点在于“道”，其实就是“无”；就用上言，其仍为道生万物之意，唯重点在“生”，且不外乎“不生之生”或“无为而无不为”，故依然是“无”。

牟宗三先生将道之体和用全归之于“无”，并无混漫不清之疑惑。盖依牟先生境界形态的形而上学之意，老子《道德经》中的道已非客观之实有，因此若言其体或言其本全属虚说，唯言其用始为实论，故所谓以“无”为体、以“无”为本，实乃以用为体、由用当体。又，牟先生常言道家之言“无”乃立足于作用层发议论，若道家又言以“无”为本，此似着眼于实有层，然毕竟只是姿态。凡此诸说皆意义相连属而一贯也。

牟先生明白老子思想之仅有作用层而无实有层，因之认为老子《道德经》中之否定词或带否定性之动词，如绝、弃、去、废、不欲、不知、弗居等，当非实有层上之反对

① 严灵峰先生认为老子《道德经》中的“自然”是比“道”更高的存在。严灵峰：《无求备斋学术论集》，台湾中华书局1969年版，第12—13页。

② 罗光先生乃将“自然”视为“道”之律则和本性。罗光：《中国哲学思想史——先秦篇》，台湾学生书局1976年版，第204页。

或拒绝，而是作用层上拨乱反正之“守母以存子”方式。此方式特征之一就是“正言若反”之吊诡，亦即老子在《道德经·第一章》中所谓之“玄”或“玄之又玄”。

“守母以存子”一语出自老子《道德经·第五十二章》，其文曰：“天下有始，以为天下母。既得其母，以知其子，既知其子，复守其母，没身不殆。”据之可知，“母”乃母始，亦即天下所由出、万物所由成的理由或依据，同时也就是“道”，盖《第一章》既曾曰：“道可道，非常道。名可名，非常名。无名天地之始，有名万物之母。”职此之故，所谓“守母”便是守道或以道为守，亦即依于道、体现道之意，守母守道便能给予天地万物提供存在的保证，守母守道亦能守住生成变化之理而开启天地万物如如呈现的天机。

“守母以存子”如从客观实有论以立言，便无所谓“正言若反”，也看不出诡辞为用之迹象，但若依主观境界说则不然。“正言若反”为老子《道德经·第七十八章》语。所谓“正言若反”先就其语义看，其即用否定的方式以达到肯定的目的，王弼在《老子微旨例略》中曰：“绝圣而后圣功全，弃仁而后仁德厚。”此亦为典型之例证而常为牟先生所论述者。盖此句中之“绝圣”“弃仁”虽然表面上是对圣与仁之否定，然而实际上却是经由如此之否定的同时，反而更真切地肯定此圣与仁，且如此之见地并非知识逻辑的不可通和经验实然的不可能，相反，此乃实践智慧上的高明显现，理由在于：绝圣、弃仁其实就是遮拨了有心有为之对圣、对仁的执着与造作，唯既经此无的工夫以化解一切人为造作，此必将解放了圣的执碍而使得圣之功化益加齐全完足，是之谓“绝圣而后圣功全”，也必能开通了仁的囿限而使得仁之德行益加笃厚真实，是之谓“弃仁而后仁德厚”。

由上可见，所谓“正言若反”洵非实有层上的否定或拒绝，而是属于作用层上之遮除障蔽、拨去阻隔的汰滤与澄清，唯据此遮除与拨去之清通淘汰的作用，最终可以保住圣、保住仁，也最终可以彻底肯定圣、彻底肯定仁。若依牟先生之解读，这实际上也就是以“无”为作用层上之融通的智慧来成全所有天地万物的存在，如是的成全义乃可以名之曰“作用的成全”或“作用的肯定”，亦即是“作用的保存”。

牟宗三先生以实有层和作用层的区别为前提，然后指出道家之胜场是专显作用层上之“无”的智慧，而此作用层上之“无”的智慧，究其实是成全一切、肯定一切和保存一切之智慧。牟先生如是之通透的慧解，实能充其极披露道家思想中以“无”为尚的正面意义，由此乃能有效消除素来将道家当成颓废虚无之说的误解，其大功于道家、大功于老庄不言而喻矣。

牟宗三先生同时也指出，道家以“无”的智慧所成就之“作用的保存”，此本属于儒道佛三教之共法①，唯牟宗三先生更语重心长地清楚点醒世人，道家思想之能够于此三教之共法处尽显精彩，益见其普遍性之不可及，然而道家思想之只有作用层而缺乏真正的实有层，由是乃见其独立性不够、客观性不具，且因如此之不够与不具，终将属于消极之形态，此一往而不复则不免流为虚晃与偏枯，此则不可不慎也。

四、结论

牟宗三先生之老子哲学实即仅就老子《道德经》以言其义，重点则在于道与德之讨论上。老子《道德经》中关于天道之论述固当属乎形而上学者，然牟先生认为老子之天道论本不离人之主观心境以立言，故老子《道德经》中之形而上学当属境界义也。

牟先生意在拆解老子《道德经》中道概念之客观性、实有性和创生性，关键在于他是以“无”为道而非客观实有论者之以“有”为道。牟先生认为老子《道德经》之言“无”首先当从实践论或修行之观点以理解之，“无”是清通化解之作用，亦即荡相遣执、融通淘汰之洗涤工夫，凡老子于《道德经》中所言“去甚”“去奢”“去泰”等，或言“无事”“弗居”“不欲”云云，皆为此拨遮性工夫之展现。至于所谓“无”之境界义，则不外乎心胸气度虚一而静之澄明，朗然洒脱之自在，逍遥解放之自然，等等。若一言以蔽之，即是无限妙用之冲虚之玄德，有此冲虚之玄德乃能玄览天地、观照万物，因而成功一“无执之存有论”及“不着之宇宙论”，成功一境界形态的形而上学。

牟先生既认老子乃以“无”为道，亦以为《道德经》所谓道生万物实不外以“无”为用之意。以“无”为用，其用即不在于创生而在于护持，故可名之曰“不生之生”。“不生之生”含有不干预其生而使之能遂其所生之意，由此乃显自然而然义。“不生之生”最完整的意思则是不以生为而愿谦冲自退、让开一步以使天地自生自成而万物自长自济，如此之意实即老子于《道德经·第三十七章》所言之“道常无为而无不为”。若其非创生义则亦可知也。

牟先生据老子之以“无”为用意而明示之为“作用之保存”，此更能彰显其老子学之精彩与特色。牟先生认为老子之以“无”为用，实乃拨遮一切法执以保住一切法在，此即“守母以存子”，若“守母”即守道，亦即体现道，究其实乃体现无之工夫与境界。

---

① 牟宗三先生说：“魏晋所弘扬的玄理就是先秦道家的玄理。玄理函着玄智。玄智是道心所发也。关于此方面，王弼之注老、向秀郭象之注庄，发明独多。此方面的问题，集中起来，主要是依‘为道日损’之路，提练‘无’底的智慧。主观的工夫上的‘无’底妙用决定客观的存有论的（形上学的）‘无’之意义。就此客观的存有论的‘无’之意义而言，道家的形上学是‘境界形态’的形上学，吾亦名之曰‘无执的存有论’。此种玄理玄智为道家所专注，而且以此为胜场。实则此种工夫上的无乃是任何大教、圣者的生命，所不可免者。依此而言，此亦可说是共法。……夫立言诠教有是分解以立纲维，有是圆融以归具体。‘无’之智慧即是圆融以归具体也。此其所以为共法。焉有圣者之生命而不圆融以归具体乎？分解以立纲有异，而圆融以归具体则无异也。此其所以为共法也。”牟宗三：《才性与玄理·序》，台湾学生书局1978年版，第1—2页。

由此，工夫与境界之“无”即能肯定一切之“有”，如此之“无而能有”“有生于无”实乃“正言若反”之吊诡也。

老子《道德经》无执之智慧乃属儒道佛三教之共法，道家竟以此为殊胜，此虽显其普遍性，唯独立性亦相对不足，是故若仅独擅此一家之言、独钟此一家之义，恐不免流于虚晃与偏枯。牟先生既倡明道家之义理而见其长，复又不护其短以针砭缺失，诚大家之风范也。

（作者单位：南华大学生死学系）

从《圆善论》看“与人为徒”的牟宗三哲学

李淳玲

一、前言

《圆善论》(1983) 是牟宗三先生亲笔书写的最后一部著作。往后种种“讲演录”都是他晚年讲学不断，逐渐圆熟其毕生学问而由学生依录音整理而成的作品。[①] 这些演讲录不离其生前著作，然因口语表述随机兴发，反能松开其紧实的概念展现活泼的思路与丰富的内容。

牟宗三的学问是传统中国儒释道三家之“生命的学问”，具强劲的实践风格。此一风格正是他与康德道德哲学接榫的契机。牟先生曾畅言康德在《实践理性批判》中的“实践的智慧论”正是古希腊哲学原初的本怀，亦是普世哲学的终极关怀。本文将循此脉络藉其在《圆善论》序中以“与人为徒”翻译康德的“宇宙性的概念”(conceptus cosmicus，cosmical concept，[Weltbegriff]) (A838/B866-A840/B868) 说明他与康德哲学会通之基础。

二、宇宙性的概念

在《圆善论·序言》中牟先生节录康德《实践理性批判》辩证部第一章有关西方哲学所向往的“最高善”实为哲学之古义之后有一案语：“所谓哲学之‘宇宙性的概念’(cosmical concept，conceptus cosmicus，[Weltbegriff])，宇宙性是照字面译，很难找

---

① 这些作品有些是牟先生生前校订后出版的，如《十九讲》《十四讲》《四因说》和《宋明儒学的问题与发展》(该书收集了《宋明儒学综述》《宋明理学演讲录》及《陆王一系之心性之学》三书，联经出版事业公司 2003 年版) 等；有些则是牟先生身后才整理出来的作品，如《周易哲学演讲录》(本书由卢雪崑教授整理，杨祖汉教授与王财贵教授校订，联经出版事业公司 2003 年版)，以及近日才出版的典藏版套书《牟宗三先生讲演录》(本套书结集了先生长期以来在《鹅湖月刊》刊载的讲稿，由卢雪崑教授整理、杨祖汉教授编辑及许多师友共同的努力而成，财团法人东方人文学术研究基金会 2019 年版) 等。

一个恰当字眼译之，也许孔子‘与人为徒’译较近之。”[①]（CW22：序言［9］）

这是他思索以“与人为徒”译“宇宙性的概念”之出处。

首先，康德在《纯粹理性批判·超越的方法论》第三章《纯粹理性的建构》中曾对“宇宙性的概念”有一注曰：“所谓‘宇宙性的概念’，在此，是意谓这样一个概念，即它关联到那‘每一个人必然地对之有一兴趣’者；依此，如果一门学问只被视为这样一种学科，即依某种自由选择的目的而被设计成者这样一种学科，则我必须依照［学问］之经院式的概念去决定它。”[②]（A840/B868）

在此康德将“宇宙性的概念”（cosmical concept）的哲学标志成“每一个人必然地对之有一兴趣”者，并将此概念一方面与哲学“经院式的概念”（scholastic concepts）区别，另方面又以其仍属学科（disciplines）的范围而必须符合“经院式的概念”。这类似康德在《纯粹理性批判·导论》中以先天综合命题“如何”可能说明数学与物理学，而仅以“是否”可能说明哲学命题有所不同。亦即，就“学问”的性格言，康德以为数学与物理学已是“既与事实”的学问系统，我们完全可依经院式的学问规则来处理其中的命题；然而哲学不然，向来莫衷一是，事实上我们并无一套完整的哲学系统足以为学者所共认，所以哲学并非数学与物理学，它不是一门“既与事实”的学问系统。只因其仍属“每一个人必然地对之有一兴趣”的学科，所以康德认为这种学科的命题仅能以“是否”可能被讨论而不足以“如何”可能被分析。

康德开宗明义就标示哲学作为一门学科的特殊性格，指明凡学问都必须开始于事实，哲学亦然，虽说它向来莫衷一是，但作为一门学科它必须与数学及物理学的特质分辨，表明作为一门学问的哲学必须另说另讲，遥指哲学实另具一种“宇宙性的概念”的学问性格。换句话说，哲学既属一门学科，它仍必须借合于“经院式的概念”规则表述，然其意涵却与数学及物理学本具“经院式的概念”之学问有所分辨，因为哲学别具另类属于“宇宙性的概念”之意涵。以此，康德指出具“宇宙性的概念”的哲学不只标示“每一个人必然地对之有一兴趣”，还标示当“其似乎已被人格化（已为人所体之），而且其基型已被表象于理想的哲学家中时”才是哲学一词真实的基础。此即康德点出哲学与其他一切学问根本之区别。因此，“依此观点而言，哲学是把一切知识关联于人类理性底本质之学，而哲学家不是理性领域中的一个技匠（artificer），而是其自身就是人类理性底立法者（lawgiver，legislator）”（A838-839/B866-867）。

康德在此所谓理性领域中的技匠是指数学家、自然哲学家与逻辑学家等致力于理性之专技知识者而言，他们仅服膺于经院概念的规则，达成特定学问的目的，只能算是理性的工具而非理性自身的本质。而理性自身的本质是指理性的终极目的，人之所以为人

① 牟宗三：《圆善论·序言》，《牟宗三先生全集》第22卷，联经出版事业公司2003年版，第9页。

② 本段康德的中译文是牟先生的。（CW22：9）

的“全部天职”。换句话说，只有讨论人“全部天职”的学问才算得上是真正的哲学。因此，真正的哲学是直指“道德哲学”而言。

康德在此洞见人类理性的本质，将其从经院式的学问穿透至宇宙性的学问，召唤出理性作为立法者的概念，并谓古人因此常称“哲学家”为“道德学家”，巧妙地将理性专技的学问概念提升至一门具有人格化特质的“道德学家”之概念，指向理性通向实践意义的可能性，并紧密地联结起“哲学”与“哲学家”之另类学问；然后他又在第二批判中点出“道德哲学”所向往的终极目的是“最高善”（summum bonum，highest good），而最高善是指一种“德福配称”的理念，是实践理性的终极对象；康德称此实践理性的立法者为教师，他或她是理性也是哲学（或理想的哲学家）真正的本质。但是他又强调这样作为实践理性立法者的教师在现实中甚难稀有甚至并不存在。他终究仅承认或许只有苏格拉底才担负得起哲学家之称谓，才够资格被称为是唯一的哲学家。① 以此，康德认为“哲学家”一词仅存于理念（idea）之中而非现实具体的存在！

另外，在雅舍本《逻辑学》讲演录里康德对真正的哲学家指向宇宙性的理念也有所说明。他说：

> 哲学是出于概念认知或理性认知的系统。此即这门学问经院式的概念。根据“宇宙性的概念”“普世的概念”（worldly concept）言，它就是人类理性终极目的之学问。此一高度概念赋予哲学一种绝对价值的尊严。事实上也只有哲学具有内在价值并首先将价值赋予其他一切认知。②

在此，康德从认知系统决定哲学“经院式的概念”，以及人类理性对终极目的之关怀决定哲学“宇宙性的概念”出发，当下即将后者提升至另一个层次并赋予其高度的尊严与绝对价值，以为只有这样的学问才具内在价值并足以将价值颁赋予其他一切学问而成为其他一切学问之价值根源。此其所谓“每一个人必然地对之有一兴趣”且“已被人格化”之一门特殊学问的含义。接着康德又问：

> 就哲学本身是一门依止于经院式概念的学问而言，其活动及其终极目的究竟为何？③

① 在雅舍本的《逻辑学》里，康德说：“希腊哲学最重要的时代终究始于苏格拉底，因为是他开始对哲学赋予精神以及对所有思辨心灵给予一个完全崭新的实践方向。同样的，他几乎是在全人类中，唯一一个行为最接近智者理念（idea of a wise man）的人。”（Ak. 16: 29）

② 雅舍本《逻辑学》演讲录的中译文是笔者自译。未出版。

③ 雅舍本《逻辑学》演讲录的中译文是笔者自译。未出版。

他这样答：

> 就词语的经院式意义而言，哲学必须与技术（skill）相关……它算是一种技术学（doctrine of skill），技术学就像是理性的艺术家或苏格拉底所谓的华丽爱好者（philodoxus），他们仅致力于思辨的知识而不在意该门知识对人类理性之终极目的有何贡献，但仅赋予理性规则运用于任何所欲的目的上。①

以此，技术学可以演绎到华丽之极，正如逻辑家之纤巧、诡辩家之思辨或钢琴家之曼妙一般，仅专注于技巧之娴熟，完全属于仅为理性特殊目的服务的“理论理性”或“知性”，不涉及人类理性终极之关怀，所以它们属于理性运用之工具而非理性本质之目的。然而，哲学“宇宙性的概念”则是“一种智慧学（doctrine of wisdom），是理性之立法者（legislator of reason）。在此范域下的哲学家，不只是理性的艺术家（artist of reason），还是立法家（legislator）……实践的哲学家或智慧的导师透过学说与事例才是真正的哲学家。因为哲学是显示人类理性终极目的之圆满智慧的理念”②。因此，“宇宙性的概念”的哲学才是人类理性终极目的之本质与价值。至此，康德已然直指“实践理性”的范域及其优先性。

与牟先生的口述类似，康德的讲演录较诸晦涩的文字，更能生动地表述技术学（doctrine of skill）与智慧学的分际，传达经院意义与宇宙意义的哲学是宇宙秩序与道德秩序纵贯架构的两个层次，具有上下优先之别。以此，从康德强调“实践的哲学家或智慧的导师……才是真正的哲学家”以及“哲学是显示人类理性终极目的之圆满智慧的理念”而言，康德确是紧扣“宇宙性”意义的学问以及“人格化”意义的实践以为哲学之本质。言说至此，不可不谓他与中国儒、释、道三家的学问直接通气。这也是牟先生最终必须在其《圆善论》之《序言》中“畅其本怀”的理由：儒、释、道三家皆指向理性本质的实践教义（teaching，doctrine）。牟先生在此更添一案曰：

> 哲学之经院式的概念其目的有特限，而且只注意知识之逻辑圆满。哲学之宇宙性的概念其目的无特限，只就那与全人类有关每一人对之感兴趣者而言，是一切理性知识之实践存有论的圆满，故似与孔子“与人为徒”义较合。（CW22：10）

点明全人类都对之感兴趣的理性是具有人格化的特质，是透过实践展现的理性质地，其目的的无特限，不但与有特限目的之“经院式的概念”相区分，还紧扣“一切理性知识

① 雅舍本《逻辑学》演讲录的中译文是笔者自译。未出版。

② 雅舍本《逻辑学》演讲录的中译文是笔者自译。未出版。

之实践存有论的圆满”渗透至孔子“与人为徒”之意涵。因此，牟先生才可能以这种人格化的实践理性概念直贯传统儒家实践存有论之圆教，畅谈其所以书写《圆善论》之本怀：以人类理性共通之“人（情）性”（humanity）为本，要求“最高善（德福配称）”之终极关怀，这是他从康德所谓的“实践的智慧学”契接传统儒家道德哲学的轨迹。

三、与人为徒

“与人为徒”源出《庄子·人世间》，语谓：“然则我内直而外曲，成而上比。内直者，与天为徒。与天为徒者，知天子与己皆天之所子，而独以己言蕲乎而人善之，蕲乎而人不善之邪？若然者，人谓之童子，是之谓与天为徒。外曲者，与人为徒也。擎、跽、曲拳，人臣之礼也。人皆为之，吾敢不为邪?！为人之所为者，人亦无疵焉，是之谓与人为徒。成而上比者，与古为徒。其言虽教，谪之实也。古之有也，非吾有也。若然者，虽直不为病，是之谓与古为徒”。这是颜渊出国前与孔子讨论的三种应世原理：

其一，“与天为徒”指人人普遍本具的天性，自然流露的言行，非关他人或彼此同意与否，故以“童子”之天真喻之，谓之“内直”。若借康德的哲学词语言，它似具一种先天的普遍性与无诤的必然性，是普遍价值的根源与判准。

其二，相对于“内直”，“与人为徒”则是“外曲”。外曲涉及种种外在经验学习的知识，如擎、跽、曲拳等人臣之礼，是属于人与人、人与外界“有特限”决定之曲折繁复的经验知识，涉及各类知识之分判及他人同意与否的诤辩，所以外曲的知识或具偶然性或具条件的必然性。以康德的词语言之，则属于经验综合之判断或先天综合之判断。

其三，“与古为徒”则是以古人为镜，延用历史经验有例可循之知识，因此同意或诤议的责任由古人担负。类似康德所谓的历史知识而不是哲学知识：历史知识属于材料性的事实而哲学知识才是透过理性判断的知识。

这样初步的比对似不足以凸显牟先生以“与人为徒”翻译“宇宙性的概念”之全貌。他在《宋明儒学综述》第七讲《寂感真几之生化之理（实现之理）与逻辑定义之形成之理及科学归纳所得之理之区别》一文中说：

> 儒家自始即不分别宇宙论的进路与道德的进路所表现的道有什么不同，这原是一个道的两面说，这里有一种道德意识所贯注的原始而通透的直悟……同时儒家的严整而透彻的道德意识是由践仁尽性而开出，它直下就具有一种“宇宙的情怀”，故其道德意识中的实理、天理因而一直下通天命、天道而为宇宙论的，这就是其形而上的心灵与智慧之所在了，故是道德的，同时就是形而上的（宇宙论的），两者根本顿时一起呈现，并无间隔龃龉处……（CW30：95-96）

这里所说的“宇宙的情怀”似更贴近康德“宇宙性的概念”之哲学意趣，也更可说明牟先生何以在《圆善论》的《序言》中多处引述康德表述哲学之本质意。换句话说，牟先生确实是从康德实践的道德哲学看出一条贯通儒家哲学的大动脉。虽说彼此的哲学进路并不相同：康德为批判他的哲学传统，先从知性的限定来决定现象界的法定相，再从理论理性的背反穿透至实践理性以扩充理性实践底运用，并由此遥契宇宙性概念的哲学意涵；而牟先生则直接从践仁尽性的道德实践体现“宇宙的情怀”，直接与传统儒家的实践境界接榫。

细思康德以前的西方传统亦是一种以“宇宙性的概念”首出的哲学古趣，这应是与“与天为徒”相通的先天普遍性，原具“宇宙的情怀”。只是西方传统向来未及对理伦理性的运用范围设限，任由其思辨奔驰而逼出背反，方才有康德以其批判意识直接挑战理性之丑闻，对哲学摆出“‘是否’可能”而非“‘如何’可能”之批判。而牟先生则依中国实践传统的路数直扣“心即理即性即情”的三合一概念，不但“宇宙秩序即道德秩序”“道德秩序即宇宙秩序”，且“宇宙概念即宇宙情怀”“宇宙情怀即宇宙概念”；也就是说，“心即理即性即情”既可分别说亦可合一说，三者皆具先天的普遍性，皆足以召唤“客观概念的普遍同意与主观情感的普遍感通”。而康德的批判哲学终究决定先扣定“理性与知性的分际”，因此他只有等到第二批判的“道德情感”（moral feeling），甚至等到第三批判的“审美判断”，才得以处理“情感”以及“情感”所涉及的先天性与普遍性的问题。所以牟先生才又说：

> ……并不像西方哲学那样，其初先有对于知识与自然的分析，忽而又有德目之不同……再其次进而始由绝对的善意、自由意志的自律正式接触到道德的当身，如康德那样，最后始注意到道德的决断都是存在的决断，都是有历史性的、独一无二的，如近时海德格尔的存在哲学之所说。（CW30：96）

以此，牟先生在大纲目上标出他与康德由于中西学问不同的传统而展现出不同的进路：

> 在形而上（宇宙论）方面与在道德方面都是根据践仁尽性，或更具体一点说，都是对应一个圣者的生命或人格而一起顿时即接触到“道德当身”之严整而纯粹的意义（此是第一义），同时亦充其极，因宇宙的情怀，而达至其形而上的意义（此是第二义），复同时即在践仁尽性之工夫中而为具体的表现，自函凡道德的决断皆是存在的、具有历史性的、独一无二的决断，亦是异地则皆然的决断……因而儒者讲仁义之具体表现，必曰仁精义熟，由“敬以直内，义以方外”而达至“圆而神”

的境地，方是真实而具体的道德（此是第三义）。（CW30：96）

历历表明中国的学问传统向来直以道德实践为基础，从践仁尽性而知天，从尽性知天触及宇宙的情怀而达到形而上学之宇宙论的境地。因此传统中国自然形而上学的宇宙论是基于道德形而上学之底蕴且同时在践仁尽性的实践工夫上具体呈现出存在，因此才有“凡道德的决断皆是存在的、具有历史性的、独一无二的决断，亦是异地则皆然的决断”显出这样的存有论具有普遍必然性，因而此处所谓的道德的存有论是“具有历史性的、独一无二的决断”更道出儒家透过践行道德意识决定普遍存在与历史存在的纵贯意识，直接从普遍必然性的根芽——道德当身，即康德所谓的“定言令式”（categorical imperative）本身，亦即自由本身——成就一切其他学问的普遍必然性。而这样的普遍必然性是能召唤普遍“人（情）性”之情感感通的。不论这样的情感是道德情操、是法则的尊敬之情、是宗教的庄严之情，或是审美的愉悦之情，甚或是牟先生所谓的“宇宙的情怀”，都算是直接根源于此普遍情感之感通而来。也就是说，传统中国哲学中的自然概念已然带出一种宇宙情怀，这种宇宙情怀正是对自然存在整体发出的形而上的情感与存在意识，与康德哲学以知性为自然立法的自然概念确有扞格，但却与康德在第三批判初版导论中点出之自然整体概念的情感及其后所提出之“共感”（sensus communis）概念互相吻合。

进而，《庄子·大宗师》里还有一段融合“与天为徒”及“与人为徒”的描述：

古之真人，不知说生、不知恶死……不忘其所始，不求其所终……不以心捐道，不以人助天，是之谓真人……古之真人……其好之也一，其弗好之也一。其一也一，其不一也一。其一，与天为徒；其不一，与人为徒。天与人不相胜也，是之谓真人。

说明真人不悦生恶死，出入无系，知生命之原始要终，安之若素。真人不凌越自然，也不自恃助天。真人内直“与天合一为徒”，真人外曲亦“与人不一为徒”，始终体会“天人交感，相互合一”之道，故得以展现“天与人不相胜”之特殊人格。这样的人格似可类比康德所谓具有“人格性”特质的“哲学家”，亦可类比真人的识见正是一种“人人都对之感兴趣的”道成肉身的人格性学问。这正是透过“与天为徒”及“与人为徒”综合为一的一种人格实践才可能呈现的生命存在，具有最高的绝对价值。这也是康德要求哲学具有“经院性”及“宇宙性”双重性格综合为一的意义。

以下即据此双重综合的意义诠释牟宗三的哲学家性格并藉此哲学的本质决定其哲学具有“与人为徒”的普世质地。

四、牟宗三之批判哲学：外曲与内直

牟宗三的哲学十分独特，他与传统儒家及一般专业学者的质地不同。他的学问架构单纯，内容却多元复杂。在《圆善论》最后的颂文中他说：

> 中西有圣哲，人极赖以立，圆教种种说，尼父得其实。(CW22：324)

表明自己究竟皈依儒家的心迹，但他仍精准地分判传统儒家内部的义理。谓：

> 儒圣冥寂存天常，孟轲重开日月光。周张明道皆弗违，朱子伊川反渺茫。象山读孟而自得，阳明新规亦通方。四有四无方圆备，圆教有待龙豁扬。一本同体是真圆，明道五峰不寻常。德福一致浑圆事，何劳上帝作主张。我今重宣最高善，稽首仲尼留宪章。(CW22：325)

琳琅满目地辨明儒家各宗之分际，撷取佛家天台圆教及康德圆善之胜义，分辨佛家内部各宗之系统，批判以康德为首的西方传统。对中西哲学做出全盘独特的判教，安排中西哲学之别圆殊胜，独创自己未曾有的哲学问题，藉此印证其不遑多让的哲学识见！

早在书写《五十自述·架构的思辨》一章(CW32：72-74)谈及他自己写成《认识心之批判》的学思历程后，牟先生就道出康德的《纯粹理性批判》及罗素与怀海德的《数学原理》是西方学统的两大骨干：《数学原理》的内在结构与技巧并非中国学术传统所能有，传统中国不曾产生这样的伟构，他亦自叹弗如并无成就这样伟构的才学；但他却对自己的“哲学器识，则无多让”，以康德《纯粹理性批判》的工巧思辨虽是西方哲学传统难能可贵的成就，但他对此却了无遗憾。他说这两大骨干都是西方“顺希腊传统传承下来的成就，我们的文化生命中没有这个根”，因此他以为要通过这样的训练是十分费力的；又说学者必须“动心忍性，困勉以赴”；还说自己“常私自庆幸”能出入其间，“得以认识人类智力之最高成就”，得以窥见西方哲学的“庙堂之富”，因此他也尝“在苍茫中，常额手称庆”，庆幸上天使他出入其中得有所窥。道出自己“困勉以学”的学思历程并总结说：

> 我常想，康德的三大批判，罗素怀悌海的《数学原理》，圣多马的《神学总论》，佛教的《成唯识论》，宋明儒者的“心性之学”，这些伟大的灵魂(从“学”方面说，不从“人格”方面说)实代表了人类学问的骨干。(CW32：73)

相应康德所谓哲学必须具"经院式的概念"之意，牟先生完全从学问的轨范要求哲学必须依止并运用理性的演绎开展。这可算是一种"与人为徒"的"外曲"工夫：以各门学问各有分际、自有专精，不可一概而论，一如各家哲学或儒、释、道各家教义自有说法一般，曲折各异，莫衷一是。然后他再从"人格"方面做结：

> 人类原始的创造的灵魂，是靠着几个大圣人：孔子、耶稣、释迦。这些从人格方面说的伟大灵魂都是直接的、灵感的、神秘的，简易明白，精诚肯断，而又直下是生命，是道路，是光，又直下是通着天德的。(CW32：73)

相应"与天为徒"的内直，正如"孔子讲仁，耶稣讲爱，释迦讲悲……都不是问题中的名词，亦不是理论思辨中的概念"，他们的生命都不属于康德经院式的学问而属于宇宙性的教义（teaching），是理性的本质、道德的当身，也是普遍性与必然性的根源。所以他继续说：

> 它们是天地玄黄，首辟洪蒙中的灵光、智慧。这灵光一出就永出了，一现就永现了。它永远照耀着人间，温暖着人间。这灵光是纯一的，是直接呈现的，没有问题可言，亦不容置疑置辩。(CW32：73)

表明孔子、耶稣、释迦的生命"都是在苍茫中有'实感'的。他们没有理论，没有系统，没有工巧的思辨。他们所有的只是一个实感，只是从生命深处发出的一个热爱，一个悲悯"。这些从人格的"实感"直下呈现的生命、道路与光"……开出了学问……本身不是学问……开出了思辨……本身不是思辨"，而是"创造的根源，文化的动力"。(CW32：73-74）一旦从开辟洪蒙灵光爆破以后就是永恒的智慧，不增不减，内直而无曲，属于"直通天德"或"与天为徒"的境界。以此"一切学问思辨都是第二义的。但是自从首辟洪蒙，灵光爆破以后，第二义的学问磨炼是必要的。而世愈降，去苍茫愈远，苍茫中创造的灵魂不世出，亦只有通过学问的骨干振拔自己了。大圣的风姿是无典要的，但学问的骨干有典要，典要的丰富是可窥见的，骨干的庄严是可企及的，但创造的灵感，大圣的风姿，其丰富是不可窥的，其庄严是不可企及的。只有靠着'实感'来遥契"(CW32：74)，清楚地勾画第一义"大圣风姿"与第二义"学问振拔"之眉目。学问本身"有典要"，学者只需"困勉以学"仍可窥见企及，"大圣风姿"则是"创造的根源"，只能靠"实感"遥契。诚如他在《五十自述·架构的思辨》中所说：

> 康德的哲学……一般人并没有他那器识，也没有他那学力。一个学哲学的，在

初学阶段，是很难接得上的……学力不及，你不知道那些领域与领域中的问题；器识不及，你达不到那种义理的程度。器识与学力都够了，还有他那架构思辨的工巧方式，即由“为何”而“如何”的方式，也是须要长期学习的……颖悟不够，根器尘下，终生接不上。（CW32：65）

这正是他自道“通过学问的骨干振拔自己”的注脚，也是他毕生“困勉以学”的学思历程，与他晚年常叹学问艰难之实感一致。牟先生至此完全落实他从“宇宙的情怀”贯通学问与智慧的轨迹，两两合一，才成就其特立独行的哲学家人格与曲折丰富的学问风貌。这样的哲学家人格与哲学智慧完全属于康德心中所谓理性的哲学知识，而非历史的材质知识。这或许才是他藉“与人为徒”翻译康德“宇宙性的概念”真正的线索。

五、结论

从牟先生庞大的哲学系统看来，他最终建立的两层存有论正是他从普世诸家学问截长补短撷取养分步步为营的学思历程，并且此一历程是依其学思的问题有机地展开，并非偶然地拼凑。他从 19 世纪末 20 世纪初西方纯逻辑的发展入门，对康德“先天综合判断”的认知进路不解（只承认“目的性判断”是“先天综合判断”［CW18：304］），完全没能体会康德的知性范畴具有存有论的性格，他同时也对康德杂驳古典逻辑与知识论的质地万分不满。他书写《认识心之批判》的原意就是想藉之取代《纯粹理性批判》。此后他从佛家唯识学的“心不相应行法”看出“分位假法”的特质，才豁然明白范畴具有存有论的性格。这算是他藉佛家消化康德的第一回，藉此补缀儒家未曾哲学地开出知性之不足，并藉此建构他的第一层“执的存有论”；亦即他先是藉唯识的“遍计所执性”透过“良知的坎陷”才开出知性而建构认识论的存有论。① 尔后他在《中国哲学十九讲》又捻出“纵贯纵讲”与“纵贯横讲”两大纲目钩稽两层存有论的哲学体系，其中之“横讲”即与学问认知互通一气。

如此，牟宗三的两层存有论是纵贯立体的两层存有论而非横列平铺的存有论。纵贯的上层是“无执的存有论”，相应于康德实践理性具优先性的领域，也遥指哲学“宇宙性的概念”之理性本质与根源。至此，笔者以为牟先生之所以终究在写完《现象与物自身》后仍不容已地再写《圆善论》，实与他消化康德第二批判对康德论实践理性的对象是“最高善”触动了他内心对哲学问题的思索有关，并且他当时正从佛教传入中国历经冗长的判教过程看出天台“圆教”的智慧，才再度（除了从“心不相应行法”开知性之外）汲取佛教的资源，开出他独到的批判哲学。也就是他藉天台“圆教”的概念哲学地

① 这部分是他著《现象与物自身》一书的精华。

展开康德的“圆善”义理，才建构起他哲学纵贯系统上层的“无执的存有论”。由此完备了他名为“判教”却实与康德的批判有别的批判哲学。因此，单从他藉佛教从“知性”之执与“圆教”之无执联结传统中国儒家与西方康德的批判哲学而言，牟先生已然成就了当代中国哲学的伟构，遑论他还藉其别出一格的学力建构起自家独特的批判哲学！毋怪晚年他尝对笔者说未来或许不易再出现像他这样的哲学家了！此未尝不是他为自己哲学家生命的终极定位！

（作者单位：美国中国哲学与文化研究基金会）

试析牟宗三哲学中的观念论*

刘爱军

众所周知，牟宗三先生是以西方哲学来诠释中国传统哲学并建构出一套复杂的极具原创性哲学系统的最为典型的中国现代哲学家，其哲学系统的建构既有以康德哲学为核心的西方哲学基础，也有以阳明心学为重点的中国哲学基础。本文将主要论述牟宗三先生围绕 Idea 与 Idealism 而展开的思想研究，以期客观呈现牟宗三先生在此方面的独特学术贡献，同时探讨其思想阐发背后的理论限制。

一

牟宗三先生从广义上来理解“Idea”一词的含义。这一术语在他的哲学中既可以言说柏拉图的哲学（即理型论），也可以言说康德的哲学（即超越论），更可以言说贝克莱的哲学。牟宗三先生有关 Idea 与 Idealism 的集中论述，主要出现在《现象与物自身》一书第 6 章《知性底形式簇聚之存有论的概念之超越的分解》的附录部分“超越的观念论释义”，以及《中西哲学之会通十四讲》中的第 4 讲“康德的‘经验的实在论’与‘超越的观念论’，此对反于‘经验的观念论’与‘超越的实在论’；由经验的实在论融摄知识范围内一切实在论的思想，由超越的观念论融摄一切关于智思界者的思想”，第 6 讲“经验的实在论开感触界，超越的观念论开智思界：中西哲学对此两界之或轻或重，或消极或积极”，第 8 讲“只康德的经验的实在论与超越的观念论所开的两界可以与中国哲学会通：进一步讲经验的实在论如何使主观的表象涉及对象而可以客观化”。在这些著述中，牟宗三先生对 Idea，以及“经验的实在论”“超越的观念论”等进行了系统性的疏解。此外，针对当时一些人对于观念主义或唯心主义已经达到的不可言喻的误解的现实，牟宗三先生又直接撰写了《说观念》① 这篇短文予以澄清。再有，在《周

* 本文为国家社科基金项目“当代新儒学的民族性、现代性与当代性主题及价值研究”（15BZX059）的阶段性成果。

① 牟宗三先生此篇短文于 1936 年 1 月 29 日发表在《民国日报·哲学周刊》第 22 期，署名“离中”。

易哲学演讲录》的第 17 讲“中国式的自然哲学及西方 Idealism 的三个系统”中，牟宗三先生也对 Idea 与 Idealism 的含义进行了简要的疏解。

牟宗三先生将西方哲学中的 Idea 分为两类。一是康德、柏拉图哲学中的 Idea。柏拉图的 Idea，被牟宗三先生称为“理型”（理念是事物本身的基型［Archetypes］，指的是发自于最高理性的理想的基型）。他认为，康德继承了柏拉图意义上的 Idea，将 Idea 看作理念，即理性的概念，理性所形构成的完整的概念。二是贝克莱哲学中的 Idea。牟宗三先生认为，贝克莱是在觉象（知觉现象）的意义上来使用 Idea 一词的，指的是现实而具体的事物。贝克莱的 Idea 被牟宗三先生称为“事物”“东西”或“觉相”。观念是物（物乃物事之物）而非心。

> 柏克来所说的 idea 却是指所觉知的对象而言，等于现实而具体的事物（thing）。现实而具体的事物不离心觉。故凡感触知觉之所觉知者皆名曰“idea”。因此，在柏克来底哲学里，idea 实只是感触知觉底“觉象”（知觉现象）。因此，只可译曰“觉象”；凡象必有“相”，因此，亦可译曰“觉相”，但总不可译曰“观念”。①

可见，牟宗三先生对于观念的理解不是心理学意义上的，而是认识论意义上的。尽管如此，这种翻译依然是不准确的。对于 Idea 一词，贝克莱所赋予的含义是：任何直接被认知的东西（anything which is immediately known）或直接被感官所知觉到的东西（those things that are immediately perceived by sense）。② 那么，牟宗三先生是如何理解 Idealism 一词的呢？他认为：

> 严格说来，西方有“idealism”，而无真正之唯心论，idea 非心也（无论是柏拉图或柏克莱 idea）。中国人一听到唯心就害怕了；其实中国方有真正的唯心论。但此心非西方 idea，佛家曰真常心，道家说道心，儒家说良知，是于此心而说唯心，这唯心论（一切皆心，心外无物）涵蕴绝对的实在论。③

就牟宗三先生对于 Idealism 一词含义的理解而言，显然也是不准确的。Idealism 尽管被不同的哲学家以某些不同的意义来加以使用，但是我们依然可以将唯心主义的主张概括为：

---

① 牟宗三：《现象与物自身》，《牟宗三先生全集》第 21 卷，联经出版事业公司 2003 年版，第 337 页。

② George Berkeley, *A Treatise Concerning the Principles Of Human Knowledge*, edited with an introduction by Colin M. Turbayne, Indianapolis: Bobbs-Merrill Educational Publishing, 1979, p. 31.

③ 牟宗三：《儒家的道德的形上学》，《牟宗三先生晚期文集》，《牟宗三先生全集》第 27 卷，联经出版事业公司 2003 年版，第 221 页。此文原载《鹅湖月刊》第 1 卷第 3 期，1975 年。

不管什么东西存在，或者无论如何不管什么东西被认为是存在的，这些东西在某种意义上来讲一定是精神的。①

某种形式下的意识，尤其是认知形式下的意识，是存在的一个必要而普遍的条件。②

根据上文所谈 Idea 一词的两种不同使用，牟宗三先生对于 Idealism 的翻译也据此采取了不同的疏解。他认为，在柏拉图的哲学中，Idealism 可以翻译为“理型论”或“理型主义”，其背后含有理想主义的意思，是一种超绝的理型论（transcendent idealism）。我们知道，在《纯粹理性批判》中，Idealism（唯心论）是一个被多次提到的重要的哲学概念。康德对此概念的理解是：

人们必须不把唯心论者理解成为否定感官的外部对象的存在的人，而是理解成为仅仅不承认这种存在通过直接的知觉被认识到的人，但由此就得出，我们通过一切可能的经验也永远不能完全确知外部对象的现实性。③

按照康德的理解，主张唯心论的哲学家，并不否认在我们的感官之外有外部对象存在，而只是否认这些对象可以通过我们的感官直觉被认识。牟宗三先生认为，在康德的哲学中，Idealism 可以直接被翻译为“理念论”或“理念主义”，其背后也含有理想主义，有理想性的意思，因为理念本是理性所形构成的一个理想的完整性的概念，这是一种超绝的理念论（transcendental idealism）。柏拉图与康德此处的区别在于，柏拉图哲学中的理型与理型的实在性之间没有分裂，而在康德的哲学中，理念与理念的实在性之间则存在分裂。

对于贝克莱哲学中的 Idealism 的翻译，牟宗三先生认为情形较为复杂，Idealism 既不能翻译成理型论、理念论，甚至也不能够翻译成观念论，也不含有理想性的意思，其直接的意义只是觉象论或觉象主义。不过，牟宗三先生又认为，我们通常也可以勉强翻译成“观念论”。这是因为贝克莱所说的觉象虽然是从对象方面来说的，等于现实而具体的事物，但是因为是经验主义的，因此被看作是纯粹主观的而建立不起客观性和实在

① Bertrand Russell, *The Problems of Philosophy*, Oxford: Oxford University, 1986, p. 19.

② Ralph Barton Perry, *Present Philosophical Tendencies*, New York: Longmans, Green, and Co., 1919, p. 155.

③ ［德］康德：《纯粹理性批判》第 1 版，李秋零译，《康德著作全集》第 4 卷，中国人民大学出版社 2013 年版，第 230 页。

性，甚至与梦幻没有什么区别。贝克莱意义上的 Idealism 也涉及实在性的问题，但是此处的实在性不是相对于理念而是相对于梦幻来讲的。因为贝克莱并不认为自己所说的觉象是主观的幻象，而是一种客观的实在，是上帝将其呈现在我们的心觉面前的。不过，如果抛开上帝不谈，只从经验主义的觉象来说，贝克莱的 Idealism 也挡不住“主观幻象”的嫌疑，其观念论实际上是一种不具贬义的“主观的觉象论”或“经验主义的觉象论”。

二

牟宗三先生认为，就觉象而言，贝克莱的唯心主义是一种经验主义的觉象论。他正确指出了贝克莱所反对的只是物质实体，而不是我们日常生活所说的事物，也不是哲学家所说的精神实体。他将贝克莱的唯心主义的证明归纳为四个步骤：(1) 知所不知是矛盾；(2) 凡是存在的东西都是在可知世界中的；(3) 凡存在必须被知；(4) 世界是观念的世界。

对于第一个论证步骤，牟宗三先生并不同意“知所不知”这一判断具有逻辑的合理性。因为有些东西虽然不知其为何，但是也可以承认其存在。“知所不知”的真实含义是“知其为不可知而仍存在”或“我知道我不知道它”。牟宗三先生的这种批判是正确的，因为正如罗素等新实在主义者所主张的，现象的世界背后一定有实在的世界，这是我们的一个本能的信念 (instinct belief)，有了这样一个信念，我们在解释这个世界的时候才会变得简单容易起来。贝克莱之所以对于物质实体进行批判，显然是因为采取了认识论中心主义立场，才提出物质实体并不存在这样一个不合理的论断。然而，牟宗三先生却承认，尽管贝克莱的论断在逻辑上不合理，但是于情于理均可通。于是，贝克莱的判断虽然不成立，但并不能说明我们必须承认物质实体的存在。对于第二个论证步骤，牟宗三先生解释道凡存在的东西都是在可知世界中，说的是这些东西都是显现的，都是呈现于此的，都是与主体（或知觉或心）发生关系或可发生关系的。对于第三个论证步骤，牟宗三先生的解释是凡存在绝不能离开心或独立于心之外而不发生任何关系。也就是说，凡存在必须显现或实现，存在而不显现或显现而不存在的东西是没有的。如其所论：

> Idea 是只表示所觉知的存在物（知觉现象，对象）不能独立不依于心觉之觉知而存在，是重在表示存在物之具体性与现实性，此具体性与现实性是一物只在其与心觉发生关系时才获得，此即是“凡存在即被觉知”一语之实义。①

① 牟宗三：《现象与物自身》，《牟宗三先生全集》第 21 卷，联经出版事业公司 2003 年版，第 338—339 页。

对于第四个论证步骤，牟宗三先生的解释是，世界是观念造的而不是心造的，这并不见得离奇。于是他长文引用了贝克莱《人类知识原理》中的第 38 节与 39 节内容来对此进行了说明。在他看来，贝克莱的唯心主义的真实含义是：

> 觉知这观念或物事的世界的是人的心、人的精神；刺激我们，即将观念印在我们感觉上的，便是神的心、神的精神。柏克莱之唯心如此而已。其唯心不在观念也。①

牟宗三先生此处的解释应当说是不准确的。贝克莱的唯心主义不仅仅在于承认心灵的存在，还在于承认只有心灵与心灵中的观念是真实的，其唯心主义显然是与其观念论联系在一起的，而绝对不是牟宗三先生这里所说的与观念无关。

从整体上来看，牟宗三先生对于贝克莱唯心主义的解释，主要是为其哲学进行辩护。在他看来，曲解贝克莱唯心主义的人并不真正了解贝克莱哲学中观念的真实含义，在这些曲解的人看来：

> 观念只是他们自己心目中的观念。他们自己心目中的观念是心。心是看不见摸不着的东西。以看不见摸不着的东西造出看得见摸得着的世界，他们以为这是不可理解的鬼论。②

牟宗三先生对于有关贝克莱唯心主义哲学的曲解的批判，在今天看来完全是正确的。不了解贝克莱唯心主义实质的人，往往站在常识或字面的或主观的理解之上，来武断地缺乏论证地展开批判，而没有以微而辩的理论来批判甚微而辩的贝克莱唯心主义哲学。实际上这种批判并不对贝克莱的唯心主义构成真正的威胁，他们的批判并不是一种真正的批判，他们的嘲笑当然也就不值一提了。

从上文的分析来看，牟宗三先生对于贝克莱唯心主义论证的四个步骤从整体上讲是认同的。他拥有这种认同的原因主要有两个。一是原于他对于哲学系统的理解。他将“存在即是被感知”看作哲学全部系统中的重要内容。

> 哲学的全部系统可以三言尽之：“凡存在的是被知的”，此是观念性；“凡被知

---

① 牟宗三：《说观念》，《牟宗三先生早期文集》（上），《牟宗三先生全集》第 25 卷，联经出版事业公司 2003 年版，第 277 页。

② 牟宗三：《说观念》，《牟宗三先生早期文集》（上），《牟宗三先生全集》第 25 卷，联经出版事业公司 2003 年版，第 274 页。

的是现实的"，此是现实性；"凡现实的是合理的"，此是如理性。①

二是源于他对贝克莱的观念的解说。他实际上是想通过谈论这一概念的意义，来为主观唯心主义者贝克莱的哲学做辩护，以反对唯物主义者的批驳，继而反对唯物辩证法。也就是说，对于贝克莱的唯心主义所主张的不离心、与心发生关系，牟宗三先生为其提供了辩护。不离心是就显现可知而言，在心中则是针对在心外而不可知的物质而言的。于是在他看来，人们将贝克莱的唯心主义归纳为心造世界、世界在心中是错误的。心如何能够容得下世界？心不是一个筐子。牟宗三先生此处的分析，其前半部分是正确的；但是其后半部分则是错误的。作为在常识中生活的我们都很难犯的一个错误，即将世界本身与我们对于世界的认识混淆起来，恰恰是贝克莱主观唯心主义的问题所在。

三

我们究竟如何看待牟宗三先生对于贝克莱主观唯心主义的阐释呢？

众所周知，现代唯心主义的中心动机是为了恢复精神的优先性。贝克莱唯心主义哲学研究的首要目的是为了考察上帝和我们的职责，而这是通过证明上帝的存在和非物质性来实现的，其哲学是为了证明灵魂的自然不灭性。受洛克经验论哲学的影响，贝克莱的知识论依然是从分析 Idea 入手的，因为他同样认为人类知识的对象是观念。在洛克看来：

> 我们的知识有关于我们的观念——人心在一切思想中、推论中，除了自己的观念而外，既然没有别的直接的对象，可以供它来思维，因此，我们可以断言，我们的知识只有关于观念。②

于是，知识便被视作人心对于两个观念的契合或矛盾所产生的一种知觉，即对于任何观念间的契合和联络或矛盾和相违而产生的一种知觉。不过，与洛克将观念分为由感觉经验而来的与通过反省经验而来的这两种类型不同，贝克莱则将观念分为三种类型：一种是印入感官的观念，一种是通过专注心灵中的各种情感和作用而感知到的观念，一种是借助记忆和想象而形成的观念。除了观念之外，还有意愿、想象与回想观念的正在感知的、能动的存在，即心灵、精神、灵魂或自我（Mind，Spirit，Soul，or Myself），它们与观念是完全不同的。Idea 不同于精神（Spirit），一个观念的存在即在于被感知，精神是能思想、能意愿和能知觉的认识主体，是能够感知观念的主体。据此，贝克莱明

① 牟宗三：《我了解康德的经过》，《牟宗三先生晚期文集》，《牟宗三先生全集》第 27 卷，联经出版事业公司 2003 年版，第 45 页。

② ［英］洛克：《人类理解论》下册，关文运译，商务印书馆 2011 年版，第 555 页。

确反对存在着抽象的普遍的观念，反对物质实体的存在。他说：

> 所有天堂唱诗班中的信徒与地上的习以为常的人与物，一句话，构成世界强大骨架的那些全部物体，没有任何独立于心灵的存在，它们的存在即在于被感知或被认知。因此，只要它们不被我所感知，或者不存在于我的心灵之中，或者不存在于其他被创造的精神之中，那么它们便必然或者根本不存在，或者存在于某个永恒的精神之中。①

贝克莱的这种立场，很显然是一种主观唯心主义的立场。主观论者认为："没有主体就不可能有客体，没有对于存在的意识就没有存在。存在就是被感知。"② 贝克莱的主观唯心主义通过承认知者的存在，通过承认知者拥有观念，虽然有效驳斥了笛卡儿和洛克的二元论，但实际上并没有真正建立起自己的唯心主义。那么，贝克莱的主观唯心主义到底错在哪里呢?③ 简单说来，贝克莱的主观唯心主义的错误，即在于混淆了我们所意识到的东西和我们的意识本身或理解事物的精神行为，即混淆了"所理解的事物与理解活动"(confusing the thing apprehended with the act of apprehension)④。正是因为有了这样一种混淆，贝克莱才得出了凡是被理解的任何东西都存在于心灵之中这样一种主观唯心主义的结论。然而，对于贝克莱主观唯心主义的错误论证，牟宗三先生并没有给予应有的批判性分析，反而是为这种观点进行了多次辩护。例如，他在《周易哲学演讲录》所论：

> "存在就是被感知。"这就表示任何东西都在关系中存在，在关系中才是具体的存在。人必须在关系中存在，这很可理解。这种 idealism 有什么错处呢？所以现在的中国人最浅薄无聊。⑤

---

① George Berkeley, *A Treatise Concerning The Principles Of Human Knowledge*, edited with an introduction by Colin M. Turbayne, Indianapolis: Bobbs-Merrill Educational Publishing, 1979, pp. 25-26.

② ［美］霍尔特等：《新实在论》，伍仁益译，商务印书馆 2013 年版，第 8 页。

③ 有关贝克莱唯心主义的典型而有力的批判体现在伯特兰·罗素（Bertrand Russell, 1872—1970）的《哲学问题》（*The Problems of Philosophy*）一书的第四章"On idealism"，拉·巴·培里（Ralph Barton Perry, 1876—1957）的《现代哲学倾向》（*Present Philosophical Tendencies*）的第三部分"Idealism"，以及乔治·爱德华·摩尔（George Edward Moore, 1873—1958）的《反驳唯心主义》（*The Refutation of Idealism*, Mind, 12, pp. 433-453）一文。例如，拉·巴·培里在《现代哲学倾向》中具体地从"借助原初预言来下定义"（definition by initial prediction）和"自我中心困境"（the argument from the egocentric predicament）两个方面展开了对贝克莱主观唯心主义的系统、深入而强有力的批判。

④ Bertrand Russell, *The Problems of Philosophy*, Oxford: Oxford University, 1986, p. 22.

⑤ 牟宗三：《周易哲学演讲录》，《牟宗三先生全集》第 31 卷，联经出版事业公司 2003 年版，第 128 页。

牟宗三先生极力反对将 Idea 看作是心，而是将其看作心的对象，于是才极力反对将 Idealism 翻译成唯心主义或唯心论。我们认为，精神确实不同于精神所感知的对象，一个是感知的主体，一个是被感知的对象，这种区别在贝克莱的哲学中是明确予以严格区分的。但是，二者的区别并不影响我们将贝克莱的哲学定义为主观唯心主义，因为唯心主义有自己的基本主张，这种主张强调世界是精神及其所感知的观念。牟宗三先生此处思想的问题在于：未能准确地把握唯心主义的真义，从而错误地将唯心主义理解成是一种与心或精神相关的主义，是一种与作为对象存在的观念无关的主义。

四

牟宗三先生建构哲学体系所依据的主要西方哲学思想资源便是康德哲学，而在康德哲学中，有关于 Idealism 的论述较为丰富，于是牟宗三先生对于康德哲学中的 Idealism 也进行了比贝克莱哲学更为系统的文本式解读。

与觉象属于感触界的感触物不同，理型或理念都是超绝的理想物，因此属于超绝的（非感触界的）理想物（智思物）。于是牟宗三先生把针对理型或理念而说的 Idealism 称之为 transcendent idealism。就柏拉图的哲学而言，可以称为“超绝的理型论”（理型论式的理想主义）；就康德的哲学而言，可以称为“超绝的理念论”（理念论式的理想主义）。牟宗三先生的解释是：

> 就康德而言，这“超绝的理念论”尚不是其《纯粹理性批判》中所说的“transcendental idealism”，虽然并非无关系，又虽此后者中“transcendental”一词实即等于“transcendent”。①

也就是说，在牟宗三先生看来，“超绝的观念论”是直接就“超绝的理念”来谈的，是一种正面表示；“超越的观念论”则是从现象并非物自身的角度来谈的，是一种负面的表示。

那么，究竟何谓康德的超越观念论（先验唯心论）？康德谓：

> 在空间或者时间中被直观到的一切，从而对我们来说可能的经验的一切对象，都无非是显象，也就是说，是纯然的表象，它们就被表象而言作为有广延的存在者或者变化的序列，在我们的思想之外没有任何自身有根据的实存。我把这种学说称

① 牟宗三：《现象与物自身》，《牟宗三先生全集》第 21 卷，联经出版事业公司 2003 年版，第 339 页。

之为先验唯心论。①

与超越观念论（先验唯心论）或形式的唯心论相区别的经验的观念论（empirical idealism）或质料的观念论（material idealism）主要包括两种：一种是笛卡尔的“或然的观念论”（problematic idealism）或“可疑的观念论”（sceptical idealism），其怀疑感觉的外部对象（external objects，即外物［outer things］，总括起来称为物质［matter］）的存在，仅仅把一个经验性断定即“我在”宣布为无可怀疑的。存疑的观念论并不否认“物质”的存在，只是怀疑我们可以有效地证明它。我们不能通过感触的知觉直接地证明物质的存在，而只能通过知觉产生的原因来间接地推论出物质的存在，但是从结果来推论原因的存在，总是有问题的，而且我们也不能确切知道我们所推论的原因究竟在我们之内还是在我们之外。于是，尽管物质是知觉的原因，但是其存在性是可疑的、或然的。存疑的观念论并不否认物质的存在，而只是怀疑物质的存在，因此隐含着一种超绝的实在论（transcendent realism）。另一种经验观念论是贝克莱的“独断式的观念论”（dogmatic idealism），这种观念论否认感觉的外部对象的存在，把空间连同以空间作为不可分离的条件所依附的一切事物都宣布为某种自身不可能的东西，从而也把空间中的事物宣布为纯然的想象。牟宗三先生深刻地批判了贝克莱对于物质存在的否认。物质是表象于空间中的外部对象（物体）之所以为外部对象的根据，如果消除了物质，那么空间以及以空间为不可分离的条件的一切外物都成为虚幻不实的。我们并不能因为分解地说的物质的抽象性便否认物质的存在。分解地说的抽象的“物质”概念当然是存在于思想之中的，并不是具体而现实的存在，但是分解地说的抽象的物质，也可以消融于具体物中而具有自身的存在性。如牟宗三先生所论：

> 当我们说空间中的物体、现实的存在物时，物质性已在内。所以，若一往否认物质之存在，专诉诸感触的知觉，则纵使说具体而现实的物体，这物体亦成虚浮无实的。是以柏克来之说实不免粗率而武断也。②

康德不是一个经验的观念论者，因而既不赞成独断式的观念论，也不赞成可疑的观念论，他主张一种经验的实在论，以此反对经验的观念论。从经验上来讲，表象于空间中的外部对象（物质）的实在性是直接地被觉知的，而不是间接地被推知的。我们无须走出纯然的自我意识之外便可以承认物质的存在，即物质可以通过我们的感触直觉，在

---

① ［德］康德：《纯粹理性批判》第 2 版，李秋零译，《康德著作全集》第 3 卷，中国人民大学出版社 2013 年版，第 328 页。

② 牟宗三：《现象与物自身》，《牟宗三先生全集》第 21 卷，联经出版事业公司 2003 年版，第 350—351 页。

先验感性的时空形式的表象中和纯粹知性的概念的决定中直接地被觉知、被证明。除了坚持一种经验的实在论，康德还承认一种先验的观念论，以此反对先验的实在论。先验的观念论否认物质具有先验的实在性，而只具有先验的观念性。

牟宗三先生除了对康德的先验观念论与经验实在论展开详细分析，还对康德时空观背后的经验实在性与先验观念性进行了疏解，在此不做赘述。他的基本观点是：我们可以依据时间、空间与现象的"超越的观念性""经验的实在性"来了解超越的观念论与经验的实在论。

五

那么，对于牟宗三先生有关康德的观念论的阐释，我们又将如何看待呢？

牟宗三先生在诠释康德的先验唯心论与经验实在论思想的时候，更多的是文本上的解读和分析，而在这种哲学解读和分析的背后也存在诸多思想上的限制。

其一，在康德哲学中，transcendental 与 transcendent 两个词是有明确区分的。我们可以将 transcendental 翻译成"先验的"，即其存在的理由既不能被经验所证实也不能被经验所证伪，也就是说在存在根据方面与经验无关，但是其使用的范围恰恰是在经验领域而不能离开经验。与此不同，transcendent 可以被翻译成"超验的"，恰恰指的是经验之外的。此处牟宗三先生将其看作是可以互换的词汇，看作是正面表示与负面表示的看法，很明显这是对于康德思想的一种误读。

其二，牟宗三先生对两种不同的经验观念论的区分，尤其是对贝克莱经验观念论不足的批判，显然是具有合理性的。他对于物质客观实在性的承认，显然是一种实在论的立场。当然，他对于物质存在的理由的阐发并不能令我们满意。尽管如其所说，作为物质组成的每一个事物的实在的一面（physical object）都融于这一事物之中，但是其存在的理由到底是什么？牟宗三先生并没有给我们提供更进一步的理由。此外，他对于贝克莱式的经验观念论的理解也并不十分准确。贝克莱的主观唯心主义不是认为这个世界仅仅是现象的，他也承认在现象的世界之外有实在的东西存在，只不过认为这种实在的东西不是物质的而是精神的。贝克莱绝对不是一个纯粹的现象主义者，他也是一个实在论者，即一个承认精神实在的主观唯心主义者。

其三，康德的时空观确实导致他的批判哲学既是一种先验唯心论，也是一种经验实在论。所以，牟宗三先生认为我们应当依据时间、空间与现象的"超越的观念性""经验的实在性"来了解超越的观念论与经验的实在论，来了解康德的批判哲学的观点，这显然是一种真知灼见。当然，我们也应当看到牟宗三先生对于康德的经验实在论与先验观念论的疏解，实际上是为了他的由"一心开两门"、两层存有论（无执的存有论与执的存有论、本体界的存有论与现象界的存有论）来表达的哲学体系服务的。按照他的立场，康德式的观念论与贝克莱式的观念论都是识心之执的结果，都不是真正的绝对的真常心与物自身的绝对的实在性。中国哲学中的心学之心或真常心之心，是直接地就这种作为主体的绝对的真常心的呈现来立论的。

六

综上所述，从牟宗三先生对于观念乃至唯心主义的上述阐发来看，他的哲学视野虽然涉及柏拉图、康德、贝克莱的相关思想并进行了具有一管之见的疏解，但是这些疏解更多的是一种文本式的解读，肯定性有余而批判性不足。造成这种现象的原因是和牟宗三先生哲学研究的重点在于依据儒家的哲学来建构一种道德的形而上学密切相关的。知识论与形而上学相比，在牟宗三先生的哲学系统中并不占有中心位置。更为根本的是，牟宗三先生的道德的形而上学建构主要是依据阳明心学和佛家心学而建构起来的，因此，对于观念乃至观念论（唯心主义）的批判性分析并没有成为其思想关注的中心便是一种必然了。

通观西方哲学历史，唯心主义无疑具有丰富的发展史，在不同的历史时期，往往呈现出不同的唯心主义派别。唯心主义大体上可以分为主观唯心主义和客观唯心主义。主观唯心主义以贝克莱的唯心主义为主要代表。客观唯心主义较为复杂，这一种类型的唯心主义可以具体分为批判的唯心主义与形而上学的唯心主义两种。批判的唯心主义以康德及新康德主义者为代表。康德的先验哲学、批判哲学、观念论强调的是与贝克莱所主张的意识的先在性不同的逻辑的先在性。康德的先验的观念论，显然不是一种形而上学意义上的唯心主义，因为他否认一件事物必须在被认知时才得以存在，但是他的先验的观念论思想又确实为后来的与贝克莱式的主观唯心主义不同的形而上学的唯心主义奠定了基础。形而上学的唯心主义深受柏拉图与斯宾诺莎绝对主义思想的影响，这种唯心主义依然坚持认识是存在的基础或实在依赖于某种心灵这一唯心主义的基本主张；但是，认识已不再是一个个别知觉者的可感受性，而是一个普遍的思维的系统化的活动，于是这种唯心主义成为一种形而上学的或绝对主义的唯心主义（absolute idealism）。形而上学的唯心主义或绝对的唯心主义的主张是：

> 我们以绝对的认知意识来定义实在，这种绝对的认知意识按照唯心主义来理解是先于事物而被认识的，按照绝对主义来理解是一种最高限度或一种完美的存在。①

通过以上对唯心主义思想史的简要梳理，我们可以发现唯心主义确实是西方哲学史

---

① Ralph Barton Perry, *Present Philosophical Tendencies*, New York: Longmans, Green, and Co., 1919, p. 175.

中拥有众多代表人物和派别的一种哲学主张。我们应当承认，唯心主义对于当代思想的发展具有重要的意义。

> 唯心主义对于当代思想具有两个实质性的贡献：它证明了逻辑的根本性效用和道德科学的独自存在权利。[①]

但是，唯心主义的失败也是显而易见的，因为唯心主义不仅要证明逻辑的普遍性，而且要证明逻辑的精神性；不仅要证明道德科学的独立性，而且要证明道德的逻辑性或普遍性。牟宗三先生运用逻辑分析的方法和直觉主义的方法并依据心学而建立起来的道德的形而上学，难道不同样缺少一种合法性的证明吗？难道不同样需要面对唯心主义所面对的众多思想困局吗？

（作者单位：哈尔滨师范大学马克思主义学院）

① Ralph Barton Perry, *Present Philosophical Tendencies*, New York: Longmans, Green, and Co., 1919, p. 192.

牟宗三的生命哲学

——《五十自述》为主

田炳述

一、为何生命哲学？

随着资本主义的急速发展，人类社会出现了孤立化、破片化、原子化的倾向，发生共同体的散开，使现代人的心里涌出离家的漂泊感、疏离感，使生命无安顿处，难找出人生的方向。此外随着现代分子生物学的发展，在生命科学中，生命只被视为持有遗传密码的情报机械。生命终是具有意义的，可是在那边既没有存在问题也没有价值观念。缺乏仁爱之心以及伦理意识、价值观的丧失是这个时代的最终痼疾。经济的繁荣及生命科学对个体生命而言并没有解决任何基本的价值问题。除非我们转向内部，转向自己，否则就没有价值观念的栖息地。牟宗三即以生命为主体，相信个体的自然生命提升可以契合学术生命、文化生命及民族生命，肯认整个人类有共同的价值观和道德准则。

《庄子·逍遥游》曰：

> 北冥有鱼，其名为鲲。鲲之大，不知其几千里也。化而为鸟，其名为鹏。鹏之背，不知其几千里也。怒而飞，其翼若垂天之云。是鸟也，海运则将徙于南冥。南冥者，大池也。

我们的生命藏有混沌的世界（北冥），在由小而大的成长历程中，实现了主体生命的自我转化。牟宗三说，中国哲学的特质就是生命的学问。生命的学问主要是对比于西方哲学而言，为包括儒、释、道三教在内的中国哲学定性。他说：

> 它（儒佛道）是以“生命”为中心，由此展开他们的教训、智慧、学问与修行。这是独立的一套，很难吞没消解于西方式的独立哲学中，亦很难吞没消解于西

方式的独立宗教中。但是它有一种智慧，它可以消融西方式的宗教而不见其有碍，它亦可以消融西方式的哲学而不见其有碍……以当下自我超拔的实践方式，“存在的”方式，活动于“生命”，是真切于人生的。而依孔子与释迦的教训，去活动于生命，都是充其极而至大无外的。因此，都是以生命为中心而可通宗教境界的。但是他们把耶教以神为中心的，却消融于这以“生命”为中心而内外通透了。既能收，亦能放。若必放出去以神为中心，则亦莫逆于心，相视而笑，而不以为碍也。众生根器不一，何能局限于某一定型而必自是而非他？①

牟宗三认为，虽然儒、释、道三教都不像耶教是以神为中心的启示宗教，可是它们都有高度的人生智慧，给人类决定了一个终极的人生方向，孔子、释迦牟尼、老子也取得了像耶稣在西方世界中一样的地位。这意味着儒家也有深厚的宗教精神。牟宗三规定的生命不是指生物学的生命，而是指内在的生命，即精神领域的生命。他说中国哲学特重主体性，具有主体性则意味着不受任何外在规范或启示的命令，自家决断自己实践。他又进一步说明中国哲学的中心是所谓儒、释、道三教，其中儒、道是土生的思想主流，佛教是来自印度。三教都是生命的学问，不是科学技术，而是道德宗教，重点落在人生的方向问题。正是：

察业识莫若佛，观事变莫若道，而知性尽性，开价值之源，树立价值之主体，莫若儒。此即是中国儒家学术之特色，足以善化一切消融一切之学也。故为人间之大本。②

三教之中，儒家把主体性复加以特殊的规定称为“内在道德性”，而其核心在“仁”。孔子把人所具有的各种美德都归属于仁。人必须有仁，否则就不能称其为人。即在人言，充分实现仁，就是充分实现自己的生命。若完整地实现个体生命，最后整体宇宙也会实现本来目的。儒家是心性之学，认为儒家既是学问又是宗教，是精彩的生命哲学。孟子讲“万物皆备于我”，是以超越的天道为前提而论。这天道即作为道德实践之可能根据的道德创造之本体，它是完全地内在于人，而成为道德创造的主体。所以天道是既超越又内在的，这样我们才能尽心知性以至于知天。本心的实践属于工夫，天道则成本体。儒家讲依据超越的本体做工夫，本体通过工夫方能呈显。其关键在实践，所以儒家特别正视实践主体，这个主体以自己的生命作为学问的对象，因而形成了生命的学问。儒家道德实践的穷极目的在实现万物一体。《中庸》中说：“唯天下至诚，为能尽其

① 牟宗三：《中国哲学的特质》，台湾学生书局1990年版，第9—10页。
② 牟宗三：《王阳明致良知教》，台北“中央文物供应社”1954年版，第10页。

性。能尽其性，则能尽人之性。能尽人之性，则能尽物之性。能尽物之性，则可以赞天地之化育。可以赞天地之化育，则可以与天地参矣。”人的身份在《中庸》中被描述为参赞天地化育的存在。再说天道的创造万物的目的和意义全内在于个体生命，并且个体生命道德实践的穷极目的在成己成物，个体生命才能成就安身立命之道。

二、原始生命

牟宗三的生命精神是自少从故乡山东酝酿出来的。山东地区素有“膏壤千里”的美誉，自古以来，就以发达的农业著称于世。广大农民多勤俭力农，风俗俭素，有本来之纯朴，有生命之充塞。程兆熊曾说：“在儒学与农学之间，我不知道什么叫做鸿沟。在儒学与道家之间，我也不知道什么叫做鸿沟。在儒学与禅宗佛学之间，我仍然不知道什么叫做鸿沟。”① 儒学与农学不觉有鸿沟，是因为两者都有表现创造原理。

《周易·坤卦·彖传》曰：“至哉坤元，万物资生，乃顺承天。坤厚载物，德合无疆，含弘光大，品物咸亨。”大地宽厚而能容载万物，它含容一切于自身，并发扬光大以生成万物，顺应节气的变化，使万物亨通畅达繁茂生长。山东地区气候四季分明，在春生夏长秋收冬藏的过程中，感受敏锐的人会感觉到坤德的生命创造性（虽然是模糊的、混沌的）。

牟宗三《五十自述》一开头就说：“生命原是混沌的。”他在村后的牟氏祖茔清明扫墓的时候感觉：“那生命是不隔的，通着祖宗，通着神明，也通着天地……因着通于祖宗之神明一起在生命之长流中而永恒。”配合周围的风景，不知其所以然地也感觉自己的生命有与自然契合的气氛。

春天，是呼吸天地之气、舒展混沌的生命的时节，此时的生命最畅亮最开放。扫墓归来，他复进入自然的春光，纯属人世的春光。春光是万物发育生长的时候，是生之最活跃最柔嫩的时候。他在春光下感觉到尘世纯然、混沌的自然生命的蠢动。他那时只感觉到配置于那种境况里是最舒畅的，而且有一种说不出的荒漠寥廓，落寞而不落寞的浑处之感。他当时是最欣赏那落寞而不落寞的境况的，因为那是混沌。落寞，但个体的我并没有凸显出来，因此那不是孤独的落寞。但毕竟眼前不是所亲所习的人世，而是另一个世界，因此也不免有点落寞。不落寞只是因为个体我之不显。个体我不显，所以那些不同于所亲的另样物事，也不觉其扞格，这就是充实饱满了，这就是不落寞，这是一个混沌的落寞而不落寞。这是在亲与不亲、疏与不疏以外的落寞而不落寞。万物的生长不是直线的，而是回旋氤氲的，这就是春情。回旋氤氲，郁而不发，便是春情之伤。春情之伤却只是混沌无着处之寂寞，是生命内在于其自己之洋溢回旋而不得通，千头万绪放

① 程兆熊：《儒家思想——性情之教》，明文书局1986年版，第4页。

射不出，既不成其为直线条，每一头绪欲钻出来而又钻不出，乃蜷伏回去而成一圆圈的曲线。春情之伤只是生命内在其自己满盈无着之感伤。唯这春情才是生命，才是最美丽的。这是最原始的生命之美、混沌之美。

遂于秋来之时，其生命若虚脱而飘浮，而有悲秋之感。伤春是满盈的，悲秋是虚脱的。秋天是农家最忙之时，所谓秋收冬藏是也。秋收可指农作物之收获言，亦可指生命（个人的、宇宙的）之收敛方面言，于此则无所谓悲秋，生命之收敛使悲秋转而为秋收。秋收冬藏，有春情之满涨，必经过秋收，始见生命能回归其自己而自持得住。生命自持得住，故到冬藏之时，灵明归来，宿根深植，由此则可进而说由灵明做主，而不复再由强度的自然生命之自然膨胀做主。亦即由生命而进入精神之境界，亦即冬藏之意义。春生夏长是开发，秋收冬藏是凝聚。

牟宗三进窥生命之奥秘、性情之奥秘，以及那奥秘之混沌。《庄子·应帝王》说：

> 南海之帝为儵，北海之帝为忽，中央之帝为混沌。儵与忽时相与遇于混沌之地，混沌待之甚善。儵与忽谋报混沌之德。曰：“人皆有七窍以视听食息。此独无有，尝试凿之。”日凿一窍，七日而混沌死。

混沌意谓天地一体，万象未分，没有秩序，而人的生命终是要打破混沌开发自己。生命有“在其自己”之生活，也有“离其自己”之生活。唯农民的生活是在生命中生活，是生命“在其自己”之生活。而我们则是在对象上生活，是生命“离其自己”之生活。生命会有自愿离其自己，也会有被逼迫离其自己。自愿的比较容易找回来。可是被逼迫离其自己之生命，实在很难找回来，过甚则像混沌一样死而为止。

三、生命的开发与凝聚

真正恰当意义的生活，生活如其为生活，当该是在生命中生活。所以是耗费生命的生活，不是保聚生命引发生命的生活。生命由混沌中之蕴蓄而向外膨胀，形成个性科程中，感物而动，见物而迁，生命会泛滥，会遭遇磨难。此外，也会有收摄、凝聚的局面。因为收摄了一下，凝聚了一下，所以灵觉浮上来，原始的生命沉下去。此一过程中，暂时是灵觉用事，而不是生命用事。

> 人间万事由人而作。而人之作事，由于心灵为之主宰。心灵之大德，即在能开发他自己，亦能凝聚它自己。心灵的开发之反面，是心灵的闭塞。心灵的凝聚之反面，是心灵的流荡。闭塞似凝聚而非凝聚，流荡似开发而非开发……大约人通常都是在此心灵之闭塞与流荡中轮转。流荡便不能凝聚，闭塞便不能开发。以流荡为开

发，以闭塞为凝聚，则产生人生之一最大的颠倒见。①

牟宗三说："生我者父母，教我者熊师，知我者君毅兄也。"牟宗三与唐君毅默契之处是对生命有深切的感受，并以此表达其奥义。唐端正说："唐先生的学问，虽然大开大阖，均以我们的生命主体为本，他的学问，可以说都是人的学问，是一个感通无隔的生命主体，面对宇宙人生、历史文化所开展出来的学问。这些学问，必须回归到我们的生命主体、生命存在，才能感受到其真实的意义。"② 我们的自然生命开发自己时，以流荡为开发，个人价值观、感情、意向、希求等，由见物而迁所产生的喜怒哀乐的俗情世念推动则心灵会产生闭塞与流荡，过甚则会导致贪嗔横肆的情形。

我们人类具有基本的并且先天的倾向，其目的是生存或提升而发展各种能力。所以志向成长并发展，超越自然生命提升，也要提升学术、文化的领域。学术生命、文化生命若只知流荡便不能凝聚，没有深度的发展而只有广度的增加或减少，把德性义理的学问置之度外，只会炫博斗富、卑陋无知、庸俗浮薄，实在是一种堕落的地步，他们的生命永远是干枯的、僵化的。外在化于材料中而吊在半空里的，他们永不会落到存在的实现上，所以他们也永不会正视现实。因此应该正视存在的现实，从外在化提升起来而向内转以正视生命。从自然到生命，既须内转，又须向上。因为这样才能由"存在的"现实而契悟关于生命的学问。

若完整体验自己，就可以觉悟到自己是无异于别人的存在。这样的思路正把人看作本质上是伦理的存在，所以觉知到责任意识并且实践时，才可达成自我实现。这正是孔孟以来儒家一贯下来的意识形态。儒家认为人本是关系性存在，因此不能止于个体的自我实现，必须先自觉自己是无异于别人的存在而且连属于他人，才会持有存在意义。再主体地于人际关系中实现自我，才会完成真正的自我实现。所以联结社会至宇宙，实现自我并且扩充自己为终极目标的学问才是生命的学问。这不能只在文字思辨上了解便够，必须下一真实的反躬体会的工夫，方能了悟。自我实现，若只能停留于个体实现自我一个人，就会被批评没有足够的力量扩大到整个社会，只能冷眼旁观充满意识的这个世界。马斯洛特别强调个人对社会的责任意识，主张人通过完成对社会的任务达到人生目标，才是真正实现自己。儒家即本质上主张基于责任意识进行实践，如此一来，个体就可以说是实现自我了。存在的领域，一是个人的，一是民族的。这都是生命的事。所以个体生命应该包括民族生命、文化生命、具体地加以实现才会是完整的。

牟宗三之所以如此正视生命是由一种悲情引起的。当一个人生命破裂之时，家庭、国家、社会一切都在瓦解之时，伦理生活不能成其为存有之时，生命之特殊性无交代而

① 唐君毅：《人生之体验续编》，台湾学生书局 1993 年版，第 35 页。

② 唐端正：《唐君毅先生的生命与学问》，牟宗三等：《寂寞的新儒家》，鹅湖出版社 1992 年版，第 131 页。

成为零件之时、惶惑之时，则虚无怖栗痛苦之感即必然来临。而当虚无之感来临时，整个生命瘫痪软罢了，只想下沉于感性。对于这种悲情，牟宗三认为佛教是坚持“证如不证悲”、判悲如为二的态度。释迦观生老病死无常苦，实有存在的感受，实有存在的悲情。但其悲情只悲无常、无明，此是悲情之定向，由此悲情之定向遂欣趣缘起性空，而证空性之如，以得解脱。缘起性空即不能正视、不能有肯定个体的生命。可是生命仍是个体的生命，而且是个体人格的生命，充满了意义价值的生命。这个生命一定要呈用于现实世界。

四、能所合一的生命

西方人往往把目光投向自身与人类之外去寻找一个上帝，或者通过《圣经》，寄托自己的生命。西方哲学中注重生命、肯定主体的是存在主义。丹麦的哲学家契尔克伽德（Kierkegaard）不但从观解的转到实践的，而且从客观的转到主观的，归到具体存在的个人的实践上。他反对中世纪以观解形而上学为底子的老传统，说基督教是内在的东西，所以必须转至主体上，而真理就是主体性。因为主体才有决断，才有肯定，才有态度。从这里才能见真实的人生，才能保住善恶之辨，是非之辨，因而才能保住价值。可是他究竟还只就宗教情绪而说话。他表现这个轮廓是集中在以下几个概念：不安、失望、痛苦、怖栗、病至于死、放弃、深渊、皈依、教义之为诡词等。这一个轮廓诚足以表示宗教皈依、向上一机中的诸关节。但这些关节犹只是外面的话，尚未能进入心性之骨干以积极地说明并实现此向上一机之超转。这只是从负面的人生以为情绪上的逼显，故谓其尚是外面的话。尚未能进入心性内部以正面实现之。① 这是因基督教本质上的问题起的。

《圣经》里“耶稣说，我就是道路、真理、生命；若不借着我，没有人能到父那里去”（约翰福音 14.6）。所以牟宗三认为耶教是“证所不证能，泯能而归所”。上帝外在，那外在的上帝是这慧根觉情燃烧着的生命之结晶，结晶而为一普遍的爱。他即以其全幅是慧根觉情燃烧着的生命来证他自己之外在化而为上帝，他把在他自己处呈现的慧根觉情推到上帝身上而为“所”。此即所谓“证所不证能，泯能而归所”。

耶稣一方自称为“人之子”，一方亦自认为“神之子”。耶稣的道成肉身而为“人之子”，实在只为消融于“神之子”而向超越方面直线而上升。他为“人之子”，并不能本超越以内在地肯定人、成就人，并不能把超越与内在打成一片，通于一而肯定之。那么生命中即无真实的普遍性，只有激情的特殊性，因而亦无真实的、停得住、润得下的个体性。须先要树立主体性，因为主体才有决断、肯定、态度。由知性尽心，即开价值之

① 参见牟宗三：《王阳明致良知教》，台北“中央文物供应社”1954年版，第3—5页。

源，树立价值之主体，个人自己之最内部心性中树立价值之主体，以开展其自己，生命没有空虚。要不然个人的生命乃会被牵扯分裂以驰舛。一定要从心性上，经由工夫实践上实现主体，把自己的生命全幅呈露于真实世界，完成自己。

儒家根据“既内在又超越，既主观又客观”的心性本体，来进行他们学问的讲论，来展开他们人生的实现，来完成他们价值的实现和创造，这就是“天道性命相贯通”的生命的学问。总括地讲儒家这“生命的学问”：（1）由主观面的纵的实践，要求与天道天德合而为一，这是成就生命之“质”的纯一高明；（2）由客观面的横的实践，要求与天下民物通而为一（连属家国天下而为一体，与天地万物为一体），这是成就生命之“量”的广大博厚。高明以配天，博厚以配地，这两面合起来，人的庄严高贵充实饱满的生命便可以得到真实的完成。①

五、结语

牟宗三说：“每一生命实又通着祖宗生命，通着民族生命，再扩而大之，实又通着宇宙生命。”又说：“学术生命之畅通象征文化生命之顺适，文化生命之顺适象征民族生命之健旺，民族生命之健旺象征民族磨难之化解。无施不报，无往不复，世事宁有偶发者乎?”他的思想境界豁达开阔，品格不落俗套。他说：“惟大开大合者，能通华族慧命而不隔。在以往孔孟能之，王船山能之，在今日，则熊师能之。”牟宗三接着孔孟、王船山、熊十力由存在的实感确然表示强烈的历史意识、文化意识，说个人的尽性与民族的尽性皆是“生命”上的事。如果“生命”糊涂了，“生命”的途径迷失了，则未有不陷于颠倒错乱者。生命途径的豁朗是在生命的清醒中，这需要我们随时注意与警觉来重视生命的学问，所以强调每个人以“德性”润泽生命。从自然到生命，既须内转，又须向上，因为这样才能由“存在的”现实而契悟关于生命的学问。

（作者单位：韩国建国大学）

① 参见蔡仁厚：《了解儒家学问的几个要点》，牟宗三等：《寂寞的新儒家》，鹅湖出版社 1992 版，第 27 页。

论作为“宗教动力学”的儒学

——从牟宗三道德的形而上学与三系说切入

张晚林

若我们认可儒学是宗教，那么是一种怎样的宗教呢？大概“内在超越”一词是可以得到学界普遍认同的。但仅曰“内在超越”，儒学的宗教内涵依然显得过于空泛，人们还是难晓其大义。本文认为，儒学乃是一种“宗教动力学”。其中之大义，可以由道德的形而上学切入，即若我们认可儒学是道德的形而上学，那么儒学亦必然是“宗教动力学”，二者是互为涵摄的。

一、儒学中所说的“天”之实体性

宗教必须有一个先在的超越实体。我们说儒学乃是一种“宗教动力学”，意味着儒学希望通过内在的修养工夫而与一个超越的实体相贯通，觉悟、证会乃至与之合一，即让那个超越实体被人“看到”。因此，心性修养工夫既是一个道德践履过程，亦是一个宗教开启过程。这两个过程实际上是心性修养工夫的两个不同面向，但一般人只看到了道德践履过程，而不知宗教开启过程，这是对儒学的误解及其大义的萎缩。实际上，就儒学而言，道德一定是通向宗教的。

那么，儒学中的超越实体是什么呢？我们一般以“天”说之。但“天”是“实有”还是“虚说”，即“天”是一种外在于人的实体性的存在吗？在此，学界依然有争论。杨泽波就认为儒学是“借天为说”，“天”实际上是不存在的；卢雪崑则认为，儒学所说的“天”乃是人之道德实存之绝对性，并没有一个超越于人之外的“天”。若“天”真如这两位学者之所说，那么儒学就只能是一种道德学，而不可能是一种宗教。因此，要证明儒学是一种“宗教动力学”，首先需要说明儒学所说的“天”乃是一种外在于人的实体。

我们还是回到经典文献中来，限于篇幅，我们只摘录下面两句：

故君子不可以不修身。思修身，不可以不事亲；思事亲，不可以不知人；思知人，不可以不知天。（《中庸》）

尽其心者，知其性也。知其性，则知天矣。存其心，养其性，所以事天也。夭寿不贰，修身以俟之，所以立命也。（《孟子·尽心上》）

关于第一句的理解。朱子释之曰："亲亲之杀，尊贤之等，皆天理也，故又当知天。"（《中庸章句集注》）我们知道，这一句的"思事亲"与"思知人"中的"亲"和"人"俱为实体，为何独至于"天"即不成实体而虚化之耶？朱子谓"皆天理也，故又当知天"，意在表明"天"是实体，是天理之最后根基，我们很难说在朱子那里，"天"的实质等同于天理，然后用一个形式化的"天"描述勒成之。"诚者，天之道也；诚之者，人之道也。"（《中庸》）此明言"天"与"人"不同，不过，通过修养工夫，人可以体现天，让天显现出来而已。

关于第二句的理解。朱子释之曰："心者，人之神明，所以具众理而应万事者也。性则心之所具之理，而天又理之所从以出者也。"（《孟子章句集注》）既谓"天"乃"理之所从以出者"，则表明"天"是实质性的实体，非"天理"所勒成的形式化之虚的实体。"存其心，养其性，所以事天也"，这是极强之宗教意识。但孟子讲"尽心知性而知天""存心养性以事天"，并不意味着"心、性、天"乃本体同一。取消"天"的独立意义，而只是欲在"心"处开启动力，以便人与"天"贯通，从而证成儒学作为一种"宗教动力学"。

宋明儒之诸多语录与论说，亦是承袭了儒学这种"宗教动力学"之精神。明道尝曰："吾学虽有所受，天理二字，却是自家体贴出来。"① "天理"二字，乃常用之言辞，好像其意甚为明确，但若深思，我们并不知道什么是"天理"，更不能准确地定义。"天理"乃意谓人与天之贯通，故程子用"体贴"二字说之。"体贴"意谓人求与天贯通过程中之存养工夫，即是一种"宗教动力学"。因此，聂双江以为"体贴"绝不意味着"揣摩、测度、依傍、假借"②。"揣摩、测度、依傍、假借"用于推究事理可，用于贯通超越之实体"天"则万万不可。是以甘泉先生曰："意者体贴出来之时，方是寻得入头去处，譬如仙家之说，虽是见得元关一窍，更有许多火候温养工夫，非止谓略窥得这个景象，便可以一了百了也。"（《明儒学案》卷三十七）正因为"体贴"不只是认知天理，而是"宗教动力"的开决，于是无有底止。

宋明儒以诚敬之修养工夫，开决宗教之动力，以便上达于天，类似的话头很多。程明道曰：

---

① 程颢、程颐撰，王孝鱼点校：《外书》卷十二，《二程集》，中华书局 1981 年版，第 424 页。

② 黄宗羲撰，沈盈芝点校：《明儒学案》卷十七，中华书局 2008 年版，第 384 页。

尝喻以心知天，犹居京师往长安。但知出西门，便可到长安。此犹是言作两处。若要至诚，只在京师，便是到长安，更不可别求长安。只心便是天，尽之便知性，知性便知天。当处便认取，更不可外求。（《二程遗书》卷二上）

此句似乎最能表示儒学只于“心”处立足，并无外在于人的“天”可言。实则明道只是在圆顿工夫中言“心”与“天”一，非谓本体上“心”与“天”一也，故谓“若要至诚，只在京师，便是到长安，更不可别求长安”；若不能至诚，则“心”与“天”二，这意味着身不在京师，焉能不往长安驰走耶？明道又曰：“若不一本，则安得‘先天而天不违，后天而奉天时’？”（《二程遗书》卷二上）此所谓“一本”，谓“心”之性德与“天”之内容本无质的差别，即牟宗三所说的“内容的意义”相同①，人在圆顿工夫中可显现“天”而丝毫无差池；但须知“心”与“天”在“体”上毕竟有差别，“心”内在而“天”外在，后者客观本体宇宙论地言之，前者主观道德实践地言之。为什么“心”之性德与“天”之内容无质的差别？因为天以“天道之流行而赋予于物”② 也，然毕竟“天”是赋予者，人与物俱为禀受者，故从本体上讲并非一也。若不如此解，而谓“心”与“天”本体是一，进而消解“天”之独立存在，则下面一段文字即不可解：

所以谓万物一体者，皆有此理，只为从那里来。“生生之谓易”，生则一时生，皆完此理。人则能推，物则气昏，推不得，不可道他物不与有也。（《二程遗书》卷二上）

若并无“天”，只有“心”，则万物亦“从那里来”是说不通的。只有肯定一个外在于人的“天”，人与万物皆为“天”所生，才可说“只为从那里来”，从而人与万物皆完具“天”之理，所谓“大哉乾元，万物资始，乃统天”（《周易·乾·彖》），就是这个意思。但人与万物之不同在于人有“心”之大体，此大体之灵觉可体悟印证“天”之于生命中，朗澈自家生命而同于“天”，即可开启动力自觉地与“天”贯通，而万物却因为气昏，故不能开启动力直接与“天”贯通。

王阳明曰：

如今人只说天，其实何尝见天？谓日月风雷即天，不可；谓人物草木不是天，亦不可。道即是天，若识得时，何莫而非道？人但各以其一隅之见认定，以为道止

① 参见牟宗三：《心体与性体》（上），上海古籍出版社1999年版，第24页。

② 陈淳撰，熊国祯、高流水点校：《北溪字义》卷上《命》，中华书局1983年版，第1页。

如此，所以不同。若解向里寻求，见得自己心体，即无时无处不是此道，亘古亘今，无终无始，更有甚同异。心即道，道即天，知心则知道知天。又曰：诸君要实见此道，须从自己心上体认，不假外求始得。①

“知心则知道知天”乃是在圆顿工夫中言，非谓“天”与“心”根本是一个东西。“天”虽然外在于人，欲知之却不可外求，“须从自己心上体认”，开决心性动力始能得之。因“天”是精神性存在，而非物质性存在，唯德性之知能达之，非见闻之知所能及也。

下面一段话，可以为“天”之实存性做一总结：

夫天，专言之则道也，天且弗违是也。分而言之，则以形体谓之天，以主宰谓之帝，以功用谓之鬼神，以妙用谓之神，以性情谓之乾。②

“天”既然可以主宰而谓之“帝”，则很难说这样的“天”不是一种实体性的存在。前人解“知天命”时曰：“‘命’者，立之于己而受之于天，圣人所不敢辞也。……是故知有仁义礼智之道，奉而行之，此君子之知天命也。知己有得于仁义礼智之道，而因推而行之，此圣人之知天命也。”③ 此处释“命”，明明指出是“天”付与而人领受，则“天”之实体性尤显。但“知天命”非只是知晓天之所命而已，须在践履中开显天之性德，所谓“奉而行之”“推而行之”也。此之谓“宗教动力学”也。

二、道德的形而上学与“宗教动力学”之互为涵摄

道德的形而上学作为一种严格的学问系统或理论形态，牟宗三以此而名宋明儒学。宋明儒者虽然没有用此名，但其学问性格就是要证成道德的形而上学，以阐发弘扬先秦儒学成德之教的宏规，宋明儒者的用力全在此；牟宗三以《心体与性体》和《从陆象山到刘蕺山》来诠释此一期六百年之学术，其用力亦在此。那么，为什么这种努力如此重要呢？牟宗三说：

如果“道德的形上学”真能充分作得成，则此形上学即是神学，两者合一，仍只是一套，并无两套。……而宋、明儒者却正是将此“道德的形上学”充分地作得出者。故在宋、明儒，此“道德的形上学”即是其“成德之教”下相应其“道德的宗教”之“道德的神学”。此两者是一，除此“道德的形上学”外，并无另一套

① 王守仁撰，吴光等编校：《传习录》（上），《王阳明全集》，上海古籍出版社 1992 年版，第 21 页。
② 程颢、程颐撰，王孝鱼点校：《伊川易传》卷一，《二程集》，中华书局 1981 年版，第 695 页。
③ 刘宝楠撰，高流水点校：《论语正义》卷二，中华书局 1990 年版，第 45 页。

“道德的神学”之可言。①

道德的形而上学与“道德的宗教”互为相涵，只有一套，并无两套。这是牟宗三所努力证成的，亦是宋明儒者所努力证成的，其义理源于先秦原始儒学，并非凭空独创之新论。本文更愿意把“道德的宗教”命名为“宗教动力学”，因为这样更能表示儒学“道德的宗教”的意涵。道德的形而上学与“宗教动力学”是一回事，也就是说道德的形而上学必然是“宗教动力学”。这是儒家智慧的方向，也是儒学学术之精义，所关甚大。

道德的形而上学乃“宗教动力学”，这种义理形态在《诗经》里就有所展示：

> 天生烝民，有物有则。民之秉彝，好是懿德。（《大雅·烝民》）
> 维天之命，于穆不已。于乎不显，文王之德之纯。（《周颂·维天之命》）

前诗之“天生烝民，有物有则”，表示人既为天所生，则必禀受了天之规则，正因为人禀受了天之规则，故自然地喜好良善、践履德行。这是从上往下看，由天→人的贯通。反之，人若在下开发秉彝，践行良善，必可上达天德。这是从下往上看，由人→天的贯通。后诗之“维天之命，于穆不已”，表示天的“不已”的作用，从而创生了人；同时，人也禀受了这个“不已”的作用，其体现就是德之“纯亦不已”。从上往下看，由“于穆不已”→“纯亦不已”，这是天→人的贯通。反之，“纯亦不已”之不断践行，亦可上达天之“于穆不已”，即由“纯亦不已”→“於穆不已”，这是由人→天的贯通。总体来说，这两首诗体现了天人之间的相互作用、相互贯通。但天→人的贯通，这是天之事，我们不能干预，且一旦我们生而为人，则天的任务已经完成；而人→天的贯通，则是人的事，我们如何在道德践履中达成这种贯通，我们须念兹在兹而不可已，所谓“存其心，养其性，所以事天也。夭寿不贰，修身以俟之，所以立命也”（《孟子·尽心上》）。此“念兹在兹而不可已”者，正是儒者所欲究竟的，若以学名之，曰道德的形而上学可，曰“宗教动力学”亦可。总之，无非通过学问以贯通天人而已，从这个意义上看，“宗教动力学”更能显此学之特色，因“宗教”二字表超越的神圣性，而道德的形而上学常以为不过言道德问题，而超越的神圣性却隐而不显。又，《尚书·召诰》云：“肆惟王其疾敬德。王其德之用，祈天永命。”此亦是以道德实践来贯通天人之“宗教动力学”。

西周以降，孔子作为道之践行者，于此“宗教动力学”并无有意的积极建构，但他

① 牟宗三：《心体与性体》（上），上海古籍出版社1999年版，第9页。

"与命与仁"（《论语·子罕》），又谓"下学而上达。知我者，其天乎"（《论语·宪问》），则在道德践履中开显了此学之理境，即天在道德践履之动力（孔子名之曰"下学"）中证会显现。牟宗三于此论之曰：

> 孔子是由践仁以知天，在践仁中或"肫肫其仁"中知之、默识之、契接之或崇敬之。故其暂时撇开客观面的帝、天、天命而不言，并不是否定"天"或轻忽"天"，只是重在人之所以能契接"天"之主观根据（实践根据），重人之"真正的主体性"也。重"主体性"并非否定或轻忽帝、天之客观性（或客体性），而勿宁是更加重更真切于人之对于超越而客观的天、天命、天道之契接与崇敬。①

在道德践履中证会落实，而不是在论说言谈中拟议，这正是作为圣者的孔子之责任与担当。"一个圣者如孔子则总是多偏重于自实践言道理，很少有哲学家之兴趣去积极地思议存有问题也。即使有洞悟，亦是在践履中洞悟之，因而多言践履之道如仁，而少涉及存有问题如性与天道。"② 此恰如康德所言，为了恩宠，问上帝能为我们做些什么并不是主要的；而是要问，为了配得上上帝恩宠，我们做了些什么才是主要的。孔子不言天，康德不问上帝，并非就是要否定天或上帝之存在。康德作为哲学家，在他的思辨拟议中，确然无法断定，故态度模棱两可；但孔子作为践行的圣者，绝不会是拟议中的模棱两可，而是践行中的证会落实，故"天"之存有对于孔子而言是绝无疑义的。

至孟子，则承袭孔子进一步向内开决，钦定道德实践之主体。但孟子与孔子不同之处在于，逐渐由孔子之圣者的践履转化为孟子弘教者之学之建立。孔子因为是圣者的践履，故一般常雅言践履之体会，如"仁远乎哉？我欲仁，斯仁至矣"（《论语·述而》）。我们常言"仁"就是道德践履之主体，实则并不准确，"仁"实际上是圣者践履时圆融之生命境界。此种圆融生命境界对于切实践履而有力者，自然可证会，以此为主体似乎亦无不可；但对于践履无力者而言，说"仁"即是道德践履之主体，无异于拟议测度。孟子就是要从这个圆融之生命境界中开显出一个真实的实体来，作为人人践行道德的超越根据，其"道性善""言四端"皆是这种用心。也就是说，孟子依据孔子之践履进一步向内开决，终于找到了道德践行的超越根据——"四端之心"。但孟子深知，这个"四端之心"虽然是道德践履之主体，然并不封限于此，其必上达于天成为宗教动力之主体，故云"尽心知性而知天"；只是孟子之用力在下，即若不能"尽心"，于"天"必茫然，但这个"茫然"只是开显不出来，非"天"自身即无有也。

总之，孔子与孟子都重在人→天的贯通。但这种"下学而上达"之路径，对于笃实

① 牟宗三：《心体与性体》（上），上海古籍出版社 1999 年版，第 18 页。

② 牟宗三：《心体与性体》（上），上海古籍出版社 1999 年版，第 22 页。

践行的人而言，天与人的贯通自然没有问题，然若践行工夫不实，即主体之动力不足，则天人之贯通必有阻隔，所谓“宇宙不曾限隔人，人自限隔宇宙”（《象山语录》卷一），乃至以为“天”根本无有。由是，《中庸》与《易传》则扭转了孔孟的这种思路，特别强调天→人的贯通，于学理上加以彰显。《易传·乾·彖》云：“大哉乾元，万物资始，乃统天。……乾道变化，各正性命。”此表示万物皆从“天”或“乾元”那里来，正因为都从那里来，故万物各得正其性命；就人而言，这是人的道德实践所以可能的根基，故周濂溪《通书·诚》云：“大哉乾元，万物资始，诚之源也。”《易传》乃是从原则上断定天→人的贯通，不然，人之道德实践即不可能。《中庸》首章云：“天命之谓性，率性之谓道，修道之谓教。”第二十章又云：“诚者，天之道也；诚之者，人之道也。”此亦是强调由上及下的天→人的贯通，只不过《中庸》的作者又强调人须以道德践履为这种贯通开辟道路而已。无论如何，《易传》与《中庸》都直接由上而下地断定天→人的贯通，奠定道德实践之根基。这一断定之于儒学是纲维性的，奠定儒学形上之客观面，再与孔孟主观面的道德践履相结合，儒学始成为道德的形而上学，因“天”为超越的神圣实体，故儒学亦可称之为“宗教动力学”。更重要的是，《易传》与《中庸》这个纲维性的主断使得人们对于人性之来源有了清晰的认知，而天→人的贯通正是通过人性这个桥梁。

宋明儒者正是执持弘扬儒学这种道德的形而上学或“宗教动力学”之理念，以《中庸》《易传》《论语》《孟子》这四部经典为中心，阐扬其大义与主旨。在此我们需要特别强调，《中庸》与《易传》作为外在地肯断“天”之创造性之经典，乃是宋明儒者一直所执持的典要；若以为宋明儒者只以《论语》与《孟子》为典要，则只能证成儒学为“道德动力学”，而不是“宗教动力学”。牟宗三说：

> 先秦儒家如此相承相呼应，而至此最后之圆满（指“道德的形上学”或“宗教动力学”），宋、明儒即就此圆满亦存在地呼应之，而直下通而一之也：仁与天为一，心性与天为一，性体与道体为一，最终由道体说性体，道体性体仍是一。若必将《中庸》《易传》抹而去之，视为歧途，则宋、明儒必将去一大半，只剩下一陆、王，而先秦儒家亦必只剩下一《论》《孟》，后来之呼应发展皆非是，而孔、孟之“天”亦必抹而去之，只成一气命矣。孔、孟之生命智慧之方向不如此枯萎孤寒也。是故儒家之道德哲学必承认其涵有一“道德的形上学”，始能将“天”收进内，始能充其智慧方向之极而至圆满。①

① 牟宗三：《心体与性体》（上），上海古籍出版社 1999 年版，第 30—31 页。

将《中庸》与《易传》所说的“天”收进孔孟之道德践履中，必是孔孟智慧方向之本质要求；同时，《中庸》《易传》《论语》《孟子》四部经典组成一个上下贯通的完满体系，这个完满的体系之所以为“完满”就是因为其为道德的形而上学或“宗教动力学”。“在此，吾人首先须知：依宋、明儒大宗之看法，《论》《孟》《中庸》《易传》是通而为一而无隔者，故成德之教是道德的同时即宗教的，就学问言，道德哲学即涵一道德的形上学。”① 我们复可说，道德的形而上学就是“宗教动力学”。

三、从“三系说”看“宗教动力学”的义理间架

我们还可以从牟宗三对宋明儒者的分系，来彰显儒学这种“宗教动力学”之义理间架。牟宗三认为，北宋诸儒周濂溪、张横渠、程明道“直接由《中庸》《易传》之圆满顶峰开始渐渐向后返，返至于《论》《孟》”②。为什么呢？因为对于“宗教动力学”而言，“天”是纲维性的，故必须先由《中庸》《易传》入，但若不能由此后返至于《论语》《孟子》以开道德实践，则只是拟议一个外在的超越实体，不能开“动力”以实之，则亦不足以谓之“宗教动力学”。基于此，牟宗三分宋明儒者为三系，除伊川、朱子以《大学》为经典，开出横摄系统以成知识形态的他律道德而不必言外，牟宗三特别分辨了濂溪、横渠、明道、五峰、蕺山系与象山、阳明系之不同，他认为前者才是儒学圆教之嫡系，因为它真正证成了“宗教动力学”，而后者只是孟子学之深入与扩大，只是嫡系之补充。前者之所以是嫡系，因为它能够“客观地讲性体，以《中庸》《易传》为主；主观地讲心体，以《论》《孟》为主。特提出‘以心著性’义以明心性所以为一之实以及一本圆教所以为圆之实”③。实则，此系不但“以心著性”，还须“以心著天”，不然，一本圆教即不能圆。“著”者，朗现既而贯通之谓，非以“心”代“天”，心“实”而天“虚”之谓也。后者之所以只是补充，乃因为它不顺《中庸》《易传》回归《论语》《孟子》之路走，而反以《论语》《孟子》为主，故只是一心之遍润，心之遍润而充其极，虽亦是一圆满，然“客观面究不甚能挺立，不免使人有虚歉之感”④。之所以须如此判教，牟宗三说：

> 须知在成德之教中，此“天”字之尊严是不应减杀者，更不应抹去者。如果成德之教中必函有一“道德的形上学”，则此“天”字亦不应抹去或减杀。须知王学之流弊，即因阳明于此处稍虚歉，故人提不住，遂流于“虚玄而荡”或“情识而

① 牟宗三：《心体与性体》（上），上海古籍出版社 1999 年版，第 18 页。
② 牟宗三：《心体与性体》（上），上海古籍出版社 1999 年版，第 37 页。
③ 牟宗三：《心体与性体》（上），上海古籍出版社 1999 年版，第 42 页。
④ 牟宗三：《心体与性体》（上），上海古籍出版社 1999 年版，第 41 页。

肆”，蕺山即于此着眼而“归显于密”也。此为内圣之学自救之所应有者。而象山于此稍虚歉，故既启朱子之责斥，而复不能顺通朱子之蔽而豁醒之也。①

象山阳明系因客观面之“天”不能挺立，仅以主观面之“心”以尽其极；人若工夫不笃实而不能尽其极，则必因客观面之欠缺而易流于情识之蔽，乃至“一向任私意做去，全不睹是”（《朱子语类》卷一百二十四）。因客观面之不挺立，朱子斥象山为“简易”，非无故也。朱子遂开客观面之理与主观面之心，然其系统只是横摄的认知义（即“心”认知“理”），而非纵贯之贯通义，故象山又斥朱子为“支离”，良有以也。然朱子象山彼此俱不能说服，何以故？盖朱子不知象山简易之弊何在，而象山亦不知朱子支离之差何在也。实则挺立“天”之客观面，以道德实践之本心纵贯而通之。此固是“易”，然亦非“一心之遍润”之“简”也；此固是“离”（离心之外而别所有），然亦非“旁生支节”之“支”也。阳明学之弊亦然，仅立一良知，外在皆虚，终至于蕺山所曰之“猖狂者参之以情识，而一是皆良；超洁者荡之以玄虚，而夷良于贼”（《明儒学案》卷六十二），故蕺山重回《中庸》《易传》《论语》《孟子》通而为一之义理间架，以救王学之弊。

由牟宗三对宋明儒学之梳理与分系，确立《中庸》《易传》《论语》《孟子》通而为一之义理间架，而以濂溪、横渠、明道、五峰、蕺山为先秦儒学之嫡系，象山、阳明只是嫡系之补充，显然与卢雪崑以象山、阳明为嫡系，而以五峰、蕺山为补充大异其趣。之所以要花大篇幅加以辩明儒学之“天”乃不可摈落者，道德的形而上学必是“宗教动力学”，是因为在卢雪崑那里道德的形而上学只是“道德动力学”，“道德动力学”尽其极，虽可至于宗教之境界，然毕竟只是“境界”而非宗教之实也，此必至于儒学义理之减杀，儒学信念之无力，而儒学之于社会生活之宰制力与导持力亦必因之而萎缩。

儒学关涉于天—人之间的双向互动，“天”是目的因与形式因，“人”是形式因、动力因与质料因。天—人之间的双向互动之所以可能，乃因为人之形式因就是天的形式因，是天的形式因流注到人那里，即“天命之谓性”，而人之所以是动力因，乃因人之形式因同于天之形式因故也。故从目的因看，人不可无天，即“思知人，不可以不知天”；从动力因看，天不可无人，即“尽心知性而知天”。不可缺少其中的任何一极。儒学作为探讨天—人之间的双向互动的学问就是道德的形而上学。这种道德的形而上学就是哲学的宇宙性的概念，亦是哲学原型。所谓“哲学原型”是唯一的、最圆满的哲学形态。康德说：

---

① 牟宗三：《心体与性体》（上），上海古籍出版社1999年版，第42页。

> 哲学在该词的字面意义上，作为智慧学说，却具有一种无条件的价值；因为它是关于人的理性的终极目的的学说，这个终极目的只能是一个惟一的终极目的，所有别的目的都必须次于它或者被置于它之下，而且完满的实践哲学家（一个理想）是在自己身上践履这个要求的人。①

孟子所说的“本心”或阳明所说的“良知”就是康德所说的“理性”，这种“理性”与“天”贯通，从而完成无条件的终极目的，这就是哲学；但此时的哲学已不是言说系统（学院性的概念），而是哲学原型（宇宙性的概念）。由此看来，哲学原型只能由道德的形而上学来担当，康德的努力正是要往这个方向趋进，惜乎超越之实体（西方之上帝、儒学之天）在他那里总是一个未能正面开显的存在（因其未能讲心性工夫以存养开决以通之之故也），故最终未能证成。但康德又说“完满的实践哲学家是在自己身上践履这个要求的人”，人一旦践履哲学原型，则哲学原型就是宗教。儒学讲心性工夫就是要践履道德的形而上学，而人一旦践履之，则道德的形而上学就是“宗教动力学”。圣人是那道德的形而上学的实践者，亦是“宗教动力学”的完成者。此时，哲学是理性哲学，宗教亦是理性宗教，哲学就是宗教，故哲学的错误焉可只如休谟所言之可笑而已，亦必极端危险，因为它关涉到宗教。

陈来与杨泽波曾把孔孟的“仁”或“本心”作为一种规则或社会性的伦理生成效果②，从而根本不能建立道德的形而上学，进而完全抹杀儒学的宗教维度而不能正视儒学作为“宗教动力学”之大义，故他们的理论是极其危险的。卢雪崑之所以拒绝承认“天”之实有，就是希望把哲学与宗教完全纳入人之理性完全可以把握之地。但如此一来，道德的形而上学只能是“道德动力学”，尽管她亦认为其中有宗教关切，然因宗教不实，故其力量必不足，是以卢雪崑的理论亦是极其危险的。须知，一旦开决心性工夫之践履力量，天与人贯通，则天即完全为人之实践理性所把握，并非如卢雪崑所言总是不可决定者（“不可决定”是指对思辨理性言，若对实践理性，则为“可决定”者），故道德的形而上学必是“宗教动力学”。

四、儒学作为哲学之原型与宗教之原型

儒学作为道德的形而上学，是哲学之原型；儒学作为“宗教动力学”，是宗教之原型。而这一切端赖在心性存养工夫中完成。牟宗三说：“哲学底原型（宇宙性的概念）

---

① ［德］康德：《1781年之后的论文》，李秋零译，《康德著作全集》第8卷，中国人民大学出版社2007年版，第454页。

② 参见陈来：《“仁者人也”新解》，《道德与文明》2017年第1期。杨泽波则认为，“仁”“心”“性”俱是“境性”的，俱可生长，而无先天性。杨泽波的这种思想，从研究孟子之性善论开始，中经研究牟宗三之思想，最后至构建儒家之生生伦理学俱是彰显这个主题。

不能永停在作哲学思考的人之筹划卜度中，必须在一圣人底生命中朗现。我们即依圣人底生命与智慧之方向……来定然而不可移地而且具体而现实地决定哲学之原型。”[①] 在儒学传统中，孔子是“哲学之原型”之朗现者，亦是“宗教之原型”之朗现者；哲学终结于此，宗教亦终结于此。孔子以降，依据孔子智慧方向，开决人之心性大能，“自天子以至于庶人，壹是皆以修身为本”（《大学》），至孟子而昌言“人皆可以为尧舜”，就是要让人不但是“哲学之原型”之实践者，而且亦是“宗教之原型”之实践者，儒学之义理关切俱在此焉。

（作者单位：湘潭大学哲学系）

① 牟宗三：《现象与物自身》，台湾学生书局 1984 年版，第 465 页。

牟宗三与中国文化发展

Mou Zongsan and the Future Development of Chinese Culture in the International Arena: Towards Chinese Cultural Soft Power*

Alireza Khoshrou

Introduction

Soft power has been considered as a core concept in the Chinese cultural development framework. This concept was captured by the intellectuals and converted into "a new way to conceptualize and exercise power". Soft power in China is interpreted as "using power softly". In Chinese philosophy, there is a strong relationship between soft power and a harmonious world. Confucianism, the dominant Chinese ideology for more than two thousand years, advocates leading with moral authority rather than force. Cultural power forms, Chinese values and the way of living with the natural world.

The Discourse of Soft Power in China

Since the beginning of the new millennium, the Chinese elites and politicians have become increasingly attentive to soft power. As Pang Zhongying pointed out, China's soft power is a completely new project.① The concept of soft power has been eagerly embraced by Chinese political and intellectual elites. The Chinese Communist Party (CCP) Central Committee report adopted at the 17 Party Congress in 2007 stated that China needed to "enhance culture as part of the soft power of our country".② In this

* Senior Research Associate at the Research and Education Department, the Islamic Culture and Relations Organization, Iran.

① Pang Zhongying, "On China's Soft Power", *International Review*, Spring 2006, Volume 42.

② "Full Text of the Resolution on CCP Central Committee Report", at http://www.china.org.cn/english/congress/229158.htm4, accessed 20 May 2008.

regard, former President Hu Jintao made this clear at the Central Foreign Affairs Leadership Group meeting on January 4, 2006: "The increase in our nation's international status and influence will have to be demonstrated in hard power such as the economy, science and technology, and defense, as well as in soft power such as culture".① Hu Jintao himself has called for bringing about a new upsurge in socialist cultural development, stimulating the cultural creativity of the whole nation, and enhancing culture as part of the soft power of China. In the age of modernization, China also has created some of the propositions and policies like "scientific concept of development", sustainable development, harmonious society, and "harmonious world" (hexie shijie 和谐世界) which refers to respect for plurality in values, multilateralism, the pursuit of common interests, and so on.

The political report to the 16th Chinese Communist Party (CCP) Congress in 2002, points out: "In today's world, culture intertwines with economics and politics, demonstrating a more prominent position and role in the competition for comprehensive national power".② According to Chinese officials, cultural soft power has two main purposes: one is to enhance national cohesion and creativity and meet the demands of people's spiritual life; the other is to strengthen China's competitiveness in the contest for comprehensive national power within the international arena.③

Wang Huning published the first Chinese article on soft power in 1993④, believes that culture is the main source of a state's soft power. Therefore, many Chinese writings also point out the values inherent in traditional Chinese culture found in Confucianism, Taoism, Buddhism and other classical schools of thought.⑤

Chinese scholars argue that China has all the elements of soft power, including cultural power, language power, civilization, and intellectual power. They believed within Chinese strategic circles that soft power is an important indicator of a state's international status and influence.⑥ A world power should also be a world cultural

① Li Mingjiang, "China Debates Soft Power", *The Chinese Journal of International Politics*, Volume 2, Winter, 2008, p. 289.

② Jiang Zemin, *Political Report to the 16th CCP Congress*, November 8, 2002.

③ Hu Jintao, *Report at the CCP 17th Congress*, October 15, 2007.

④ Wang Huning, "Zuowei Guojia Shili de Wenhua: Ruan Quanli" (Culture as National Power: Soft Power), *Journal of Fudan University*, No. 3, 1993, pp. 23-28.

⑤ Li Mingjiang, "China Debates Soft Power", *The Chinese Journal of International Politics*, Volume 2, Winter, 2008, p. 289.

⑥ Men Honghua, "Assessment and Report of China's Soft Power", *International Watch*, No. 3, 2007, p. 36.

center, whose ideas, values, social life and beliefs are attractive, and appealing to people of other countries. "If a major power cannot provide any guiding moral or cultural ideals of universal value for the international society, its major power status is unlikely to be acknowledged by other states, and even its development is hard to be sustained".①

Culture and Civilization as Traditional Assets for CSP

From the perspective of soft power, China's biggest source is the culture in ancient times. The civilization of China is the greatest soft power asset.② China for more than five thousand years had some unique advantages in expanding its civilization. The Tang Dynasty (618-906 AD) saw the spread of Chinese civilization to neighboring countries, including Korea, Japan, and Vietnam. In the fifteenth century, Admiral Zheng He's voyages demonstrated the power of the Chinese civilization and established important liaisons between China and other nations. China's status as Asia's traditional central power created abundant reserves of soft power for contemporary use.③ Among the many attributes of Chinese civilization, Confucianism is a core factor that presents Chinese values and vision in a different way from the West. Countries in Asia, especially East Asia, are familiar with Confucianism and Confucian values.④ As the fact that China sponsors "Confucius Institutes" throughout the world attests to the country's determination to expand its soft power.⑤ The rise of China is, however, once again making it possible to pursue Asian values based on Chinese civilization, at least in Confucian East Asian countries. Those values include the importance of family as the focal point of social structure formation; concerns over virtues and ethics; the primacy of the group over the individual; emphasis on unity or harmony and order; and hard work, frugality, and the importance of education. ⑥

---

① Luo Jianbo, "External Cultural Strategy in China's Rise", *Contemporary International Relations*, No. 3, 2006, p. 36.

② Lam Pin Foo, "Only the Tang Dynasty Came Close to Having Influence", *The Straits Times*, 26 October 1996.

③ Gill, B., Huang Yanzhong, "Sources and limits of Chinese 'soft power' ", in *SURVIVAL* 48 (2), Summer, 2006, pp. 17-35.

④ Donald K. Emmerson, "Singapore and the 'Asian Values' Debate", *Journal of Democracy*, 6:4, October 1995, pp. 95-105.

⑤ Pang Zhongying, "Kongzi Sixiang, 'Chukou' he Ruan Liliang de Shiyong" (The Export of Confucianism and Use of Soft Power), *Shijie Zhishi* (World Knowledge), No. 17, 2006, p. 67.

⑥ Min Park and DohChull Shin, "Do Asian Values Deter Popular Support for Democracy in South Korea?" *Asian Survey* 46:3, May/June 2006, pp. 341-361.

In this context, special attention needs to be paid to China's recent emphasis on Confucian values. Since the Jiang Zemin era, various efforts have been made to harmonize socialist ideas and absorb Confucianism as an official semi-ideology in China. For example, in 2001, China enacted the "Outline of Implementation of National Morality", which combines Confucian virtues and socialist collectivism. These efforts have been further strengthened in Administration of Hu Jintao era. From the Confucian version of democracy (minben zhuyi 民本主义), elements have been drawn and recast in terms such as "considering people as fundamental", "close to the people", "harmonious society", and a "socialist view of honor and disgrace" . Confucianism has become an important part of the official semi-ideology.①

China is also extending Confucianism to diplomatic ideas. Diplomatic principles such as "live peacefully with neighbors, bring prosperity for them, provide safety for them" and a "harmonious world" are all taken from Confucianism. China plans to re-establish Confucianism as an inherently Chinese value and vision. Some Chinese opinion leaders have openly revealed this agenda. Zheng Bijian's article in the People's Daily is a case in point: in this article, he clamors for a renaissance of Chinese civilization.②

In order to understand the conceptual framework of official strategies and new Confucianism, first I examines of the below initiatives and then explain contemporary Confucianism in the perspective of Prof. Mou.

Official Cultural Strategies as Assets for CSP

I. The Chinese Dream

In November 2012, President Xi Jinping articulated a vision for the nation's future that he called the Chinese dream. The strategy integrates national and personal aspirations, with the twin goals of reclaiming national pride and achieving personal well-being It requires sustained economic growth, expanded equality and an infusion of cultural values to balance materialism. In advancing the Chinese dream the government is uniting people around a shared mission and driving change, especially people in lower-tier cities and rural areas, as they experience increased affluence and opportunity.③

---

① Gill, B., Huang Yanzhong, "Sources and Limits of Chinese Soft Power", in *SURVIVAL* 48 (2), Summer, 2006, pp. 17-35.

② Zheng Bijian, "Three Challenges in the Process of China's Peaceful Rise", *People's Daily*, April 10, 2006, http://politics.people.com.cn/GB/30178/4283438.html, accessed April 11, 2006.

③ *China Daily* USA, 03/26/2014 p. 1.

President Xi Jinping stated that: since the introduction of the reform and opening-up policy some three decades ago, our Party has begun to ponder the issue of the national governance system from a new perspective, [...]. Today, we are tasked with an important historic mission, that is to make our socialist system with Chinese characteristics more mature and better established and provided a more complete, more stable and more effective system for the development of the Party and the nation, the well-being of the people, social harmony and stability, and the enduring prosperity and stability of the country. Our governance system will become more efficient as long as we focus on improving the Party's governance capacity while raising the moral and political standards, scientific and cultural levels, and the professional abilities of officials [...]. The kind of governance system best suited for a country is determined by that country's historical heritage and cultural traditions and its level of social and economic development, and it is ultimately decided by that country's people. Our current national governance system has been developed and gradually improved over a long period based on our storied heritage, cultural traditions, and social and economic development. [...] A nation's culture is a unique feature that distinguishes that nation from others. We should delve deeper into and better elucidate China's excellent traditional culture, and make greater efforts to creatively transform and develop traditional Chinese virtues, promoting a cultural spirit that transcends time and national boundaries and has eternal attraction and contemporary value. [...] As long as the Chinese people pursue lofty virtues generation after generation our nation will be forever filled with hope.①

Internationally, the Chinese dream can improve the image of China as a fast-growing nation striving to improve the welfare of its people and secure its place as a respected leader of the international community. Besides, the Chinese dream can help elevate the overseas perception of Brand China, the collective reputation of products and services that originate in China. In this regard, President Xi pointed out that on December 30, 2013, tradition is thus the emblem of China's soft power, the strengthening of our cultural soft power is decisive for China to reach the Two Centenary Goals and realize the Chinese dream of rejuvenation of the Chinese nation. [...] To strengthen our cultural soft power, we should disseminate the values of modern China. During its five thousand years of history, the Chinese nation has created a brilliant and

① Xi Jinping, "Improve Governance Capacity through the Socialist System with Chinese Characteristics", in *The Governance of China Beijing*, Beijing: Foreign Language Press co. Ltd. 2014.

profound culture. We should disseminate the most fundamental Chinese culture in a popular way to attract more people to participate in it, matching modern culture and society. We should popularize our cultural spirit across countries as well as across time and space, with contemporary values and the eternal charm of Chinese culture, which feature both excellent tradition and modern spirit, both nationally and internationally.①

So we see that, at least in these presidents' speeches, the growing interest in Chinese tradition within the political elite, and as a real asset to Chinese policy. It seems that China needs not only a strong economy and a stable market but also a competitive scientific culture and broad cultural appeal. It seems this policy has been successful when we see some facts. According to WPP research from The Futures Company, Two-thirds of the Chinese people surveyed said the Chinese dream makes them feel more confident about their future and 61 percent said the Chinese dream makes them feel more confident about the future of the country.② They also rated the dream high for strengthening social cohesion, making the country more energetic and influencing positive social change. When the Chinese people say they support the Chinese dream, they mean it. They take national pride seriously.

II. Building Harmonious Socialist Society

In September 2004, the Fourth Plenary Session of the 16th Central Committee of the CPC decided to list "the capability of building a socialist harmonious society" as one of the five governing capabilities that the CPC endeavors to enhance. The general requirements for building a harmonious socialist society are democracy and law; fairness and justice; integrity and friendship; vigor and vitality; stability and order; and the harmonious coexistence of man and nature. Building a harmonious society has been placed at the top of the agenda of the Communist Party of China (CPC) and the central government. The program is based on the goal of building a well-off society and creating a new socialist situation. Since China introduced its reform and opening-up policies in 1978, profound changes have taken place in the economy and in the domestic and international environments. It is against such a backdrop that the Chinese Government has raised the goal of building a harmonious society. The idea of a "harmonious society" represents one of the core elements of the social ideology in contemporary China. A

① Xi Jinping, "Enhance China's Cultural Soft Power", in *The Governance of China Beijing*, Beijing: Foreign Language Press co. Ltd. 2014.

② *China Daily* USA, 03/26/2014. p. 13.

harmonious society should also see great improvements in morals and education. The strategy of invigorating the nation by education should be followed and elementary education and higher education universalized.①

In addition, a harmonious society is manifested by the gradual improvement of the legal system and standardized social management. It is also a society with the rule of law, where there is ordered market competition, strict market management, and standard market behavior. The concept of social harmony dates back to ancient China, to the time of Confucius. As a result, the philosophy has also been characterized as a form of New Confucianism.

In this regard, Prof. Mou pointed indirectly to the question of harmony and attempts to explain the method of the harmonization (or unification) of happiness and goodness. He also briefly considers the interpretation of the original Confucian phrase "the harmony of balance" (Zhong he 中和); this phrase refers to the ideal foundations of harmony, which are grounded in the completeness of the individual (and integral) moralself.②

"... the existence of my individual life is a completed fact, but it still implies possibilities of improvement. Therefore, it is not a kind of fixed or determined existence." This existence is, according to the Buddhists, a non-defined existence of everything that exists. Everything that exists is in this completed fact of existence, but, at the same time, this existence is non-defined (i. e. It is not a fixed, determined nature). All existence is permeated by reason and grows out of it. The Doctrine of the Mean refers to this: "When the harmony of balance is achieved, Heaven and Earth are in their proper places and everything that exists develops".③

Thus, the harmony of balance is the most basic foundation of each individual, which enables them to achieve/maintain a harmonious co-existence with other individuals and society as a whole.

Contemporary Confucianism as an Asset for CSP

I. The Concepts

Contemporary Confucianism is synonymous with modernized Confucianism and it refers to the philosophical movement initiated by Xiong Shili and further developed by

---

① http://cpcchina.chinadaily.com.cn/2010-09/16/content_13918117.htm under of Harmonious society.

② Mou Zongsan, *Yuanshanlun* (On Summum Bonum), Taibei: Xueshengshuju, 1985, p. 306.

③ Mou Zongsan, *Yuanshanlun* (On Summum Bonum), Taibei: Xueshengshuju, 1985, p. 306.

his prominent student Mou Zongsan, and others (such as Tang Junyi and Xu Fuguan, with only Liu himself and Tu Weiming as the third generation). Further, one of the important events in the history of new Confucianism is that many scholars point to the 1958 "Manifesto for a Reappraisal of Sinology and Reconstruction of Chinese Culture", signed by Carsun Chang, Mou Zongsan, Tang Junyi, and Xu Fuguan, as a landmark for New Confucianism. The document asserts that the problem of China, which argued for the value of Chinese (and especially Confucian) values in the present world, emphasizing that at the core of this culture lies the "learning of the heart, mind and (human) nature" (xinxing zhi xue 心性之学), which emphasizes the importance of personal moral and spiritual cultivation.

Definition of the concept

Contemporary Confucianism by its commitment to promoting Confucianism, based on a belief in the perennial relevance and value of Confucianism, and its strategy of achieving this goal through creative transformations of the philosophy transmitted by past Confucian thinkers with the aid of non-Confucian ideas, especially modern Western ideas.①

According to Bresciani, New Confucianism is made up of three groups in China: (a) scholars who unconditionally identify with the New Confucians of Hong Kong and Taiwan; (b) those advocating the creation of an independent and different group; and (c) scholars who believe that future Chinese culture should be a Confucianism that has absorbed Marxism, a "Socialist New Confucianism".②

II. The Characteristics

In order to understand the New Confucianism, Makeham, explained and identified some important characteristics shared by New Confucian thinking:

—Confucianism is accepted as the orthodoxy and main pillar of Chinese culture. As a branch or school within Confucianism, the New Confucians place a high value on (human) nature (xinxing zhi xue 心性之学).

—New Confucians regard China's historical culture as spiritual reality (jingshen shiti 精神实体) and the flow of this historical culture is where this spiritual reality is manifest.

—New Confucians affirm the notion of daotong as the basis for nationhood and the

① Louie, Kam, *Modern Chinese Culture*, Cambridge, UK: Cambridge University Press, 2008, p. 136.

② Bresciani, Umberto, *Reinventing Confucianism: The New Confucianism Movement*, Taipei: Taipei Ricci Institute for Chinese Studies, 2001.

source of cultural transformation.

—New Confucians emphasize the need to adopt a respectful and empathetic attitude toward China's historical culture.

—New Confucians have a strong sense of origin (genyuan 根源).

—New Confucians evidence a keen awareness of the crisis facing Chinese culture.

—New Confucianism is rich in religious sentiment and has a strong sense of mission to rejuvenate the Chinese culture.[①]

III. Mou's Thoughts

As it is clear, Confucianism is the core of Chinese culture, the origin or at least the most relevant actor in establishing the Classics and the bases of Chinese traditional culture. These characters could enrich our discussion on the contemporary "Chinese dream", and other projects in the context of cultural development in the foreign dimension. Especially two concepts of above a spiritual reality as well as rejuvenate Chinese culture as religious teaching that could rejuvenate the nation. For exploring the Mou's thought in the context of China's cultural soft power, I summarize Prof. Mou's thought which has related to the topic[②] as follows:

—Mou's thought of the history and culture of the Chinese nation as an organic whole, with a natural and knowable course of development.

—Mou understood culture as the manifestation of spiritual life. The study of culture is not about cultural artifacts; it must discern the forms in which human individuality and spirit are manifested among the people. The source of culture, identified in Confucian terms of xin (heart-mind) and li (cosmic pattern or principle), is moral creativity, the source of human goodness; it is universal.[③]

—Mou managed the tension between cultural differences and commonality by combining Zhu Xi's idea of "one principle many manifestations" (liyi fenshu 理一分殊) with Kantian concepts of the universal and the particular.

—Mou believed that man has a direct intuition of reality that derives from his human nature, and that this is shared with the whole of Nature.

—According to Mou, each man is a unique "through-hole" (tong kong 通孔), and

---

① Makeham, John, *New Confucianism: A Critical Examination*, New York: Palgrave, Macmillan. 2003, pp. 29-30.

② *Op*, *Cit*. pp. 141-167.

③ Louie, Kam., *Modern Chinese Culture*, Cambridge, UK: Cambridge University Press, 2008, pp. 143-145.

"through-holes" are the only ways of truth to reveal itself to the world. We can say that men are necessary for truth. Therefore, each man, being thus "through-hole", has direct access to the essence (noumenon) of truth (Dao 道).

—Mou pointed to terms of "inner sagehood" (neisheng 内圣) and "outer kingship" (waiwang 外王). By "inner sagehood", Mou meant the cultivation of moral conduct and outlook—at which he thought Confucianism was unequaled in the world—and he used "outer kingship" to encompass political governance, along with other ingredients in the welfare of society, such as a productive economy and scientific and technological know-how.①

—Mou thought that China's classical tradition was historically weak in the theory and practice of "outer kingship", and he believed that Chinese culture would have to transform itself thoroughly by discovering in its indigenous learning the resources with which to develop traditions of science and democracy.

—In Mou's view, Chinese culture, of which Confucianism is the mainstream, could be expanded to include science and democracy. Mou did not see this inclusion as "Westernization", since he viewed science and democracy as rooted in "universal humanity". While Western culture has developed those aspects of the human spirit, Chinese culture has been dominated by the tradition of the way (daotong 道统), exemplified by Confucius' teachings on personal cultivation and the way of the inner sage.

—Mou's moral metaphysics, which includes the natural and ethical universe, attempts to validate morality through the notion of tiandao, the principle of the natural universe, which, for Mou, equates to the moral principle.②

—Mou uses good consciousness (liangzhi 良知) and intellectual intuition (zhi de zhijue 知的直觉) to identify the substance in his system.

—According to Mou, the Chinese cultural system first apprehends "life" in seeking the way of virtue to enhance the lives and welfare of the people. It develops into a system of "ethical politics" with humaneness (ren 仁) as the highest principle: objectively it attempts to edify transformation through a system of rites and music; subjectively it gives rise to personal cultivation grounded in the learning of the heart-mind and human

① Louie, Kam., *Modern Chinese Culture*, Cambridge, UK: Cambridge University Press, 2008, p. 146.

② Makeham, John, *New Confucianism: A Critical Examination*, New York: Palgrave Macmilan, 2003, pp. 132-145.

nature (xinxing zhi xue 心性之学).

In order to better understand this basic division, since 1990s, some New Confucianism has been focusing on harmony. According to Bresciani,① three examples are the following: (a) Qian Xun develops the idea of "harmony without uniformity" (he er butong 和而不同); (b) Tang Yijie expounds his concept of "universal harmony" (pubian hexie 普遍和谐); (c) Zhang Liwen is the active promoter of "Learning of Harmony" (hexie 和谐), whose point is that certain values are shared by most countries and religions in the world. In the context of New Confucianism and Chinese soft power, could be outlined as follows:

—Harmony is intertwined with a comprehensive humanistic understanding of life, which forms part of universal systems.

—Harmony with the world comes from the capacity to understand reality. For New Confucianism, wisdom and solution of conflicts come from the deep knowledge of reality.

—Harmony means complementary, which overcomes the old and endless discussion about substance and function and Eastern and Western cultures.

—New Confucianism is searching, as its 1958 Manifestoasserts, for intellectual dialogue with other contemporary cultures, complementing and harmonizing them. In short, it seems that Chinese Socialism was from its beginnings a mixture of philosophies. The CCP and New Confucians share, in terms of the harmony, the desire to amalgamate Chinese and non-Chinese cultures, while conserving their own characteristics.

—Harmony as diversity in the context of Chinese cultural power. New Confucianism is competing to recover a role in a pluralistic society.

—The culture of harmony, of which a socialist core value system is the essential element, is a key instrument for fostering people's morality and creativity.

—Education is the core of the Chinese dream; this concept has overlapped with ethic education in New Confucianism.

Concluding Remarks

We can summaries the central arguments of this article in the following manner: (a) The cultural development dimension in the current Chinese administration is a manifestation of "soft power", which could be regarded as part of China's

① Bresciani, Umberto, *Reinventing Confucianism: The New Confucianism Movement*, 2001.

comprehensive national power. (b) Chinese traditional philosophies, as well as New Confucianism contributed to norms of harmony (he 和), morality (de 德), ritual (li 礼), and benevolence (ren 仁). (c) They cover the domain of human activities from state government to self-cultivation, theoretical construction to practice, and the macro view of nature and humans as a whole to individual initiative. (d) All of these philosophies amalgamated to form the characteristics of Chinese society. (e) Mou's view of culture is both "universalist" and "particularistic." He believes that some universal truths and values can be appreciated by the entire humanity. In this regard, his view is that Chinese culture has tended to focus on life as a whole and emphasize moral values that nurture and settle life. He firmly upholds these as values that should be adopted by China. Thus, Mou's interpretation of Confucianism and the hermeneutical problems involved in his reconstruction of Confucian philosophy are of special cultural significance and philosophical purport. (f) The mainland Chinese government has formally acknowledged the importance of moral education. Mou's moral metaphysics has the potential to influence in China. If this eventuates, the Kantian bridge Mou constructed between his system and Western philosophy will assume a new significance for scholars worldwide. (g) Chinese socialist core values include prosperity, democracy, civility, harmony, freedom, equality, justice, the rule of law, patriotism, dedication, integrity, and friendship. So the core values are the soul of cultural soft power; it is the most important factor in building cultural soft power. (h) It seems, the Chinese dream of recent years is closer to the New Confucian project. As President Xi Jinping pointed at Expo 2015 in Milan that "Chinese dream" is a communication strategy for Chinese messages to the world.

Acknowledgment

I gratefully acknowledge the Collaborative Innovation Center of Confucian Civilization & Advanced Institute for Confucian Studies of Shandong University, for the invitation and publish the paper.

References

Bell, Daniel A. (2010). *China's New Confucianism. Politics and Everyday Life in a Changing Society*. Princeton: Princeton University Press.

Bell, Daniel A. & Hahm Chaibong (2003). *Confucianism for the Modern World*.

Cambridge. UK: Cambridge University Press.

Chan Kim-Kwong and Alan Hunter (2012). "Religion, Culture and Confucius Institutes in China's Foreign Policy", for Emilian Kavalski (ed.) Research Companion on China's Foreign Policy.

Bresciani, U. (2001). *Reinventing Confucianism: The New Confucianism Movement*. Taipei: Taipei Ricci Institute for Chinese Studies.

Donald K. Emmerson (1995). "Singapore and the 'Asian Values' Debate", *Journal of Democracy*, 6: 4 (October).

Fan Ruiping (2011). *The Renaissance of Confucianism in Contemporary China*. Springer. Hong Kong: City University of Hong Kong.

Fung, F. C. W. (2006). *Chinese Harmony Renaissance: What the World Must Know*. San Francisco: World Harmony Organization.

Gill, B., Huang Yanzhong (2006). "Sources and limits of Chinese 'Soft Power' ", in *SURVIVAL* 48 (2) Summer.

Hu Jintao (2007). "Report at the CCP 17th Congress", *China Daily*, October 15.

Jiang Zemin (2002). "Political Report to the 16th CCP Congress", https: //www.fmprc. gov. cn, November 8.

Kallio, Jyrki (2016). *Towards China's Strategic Narrative*. Finland. Lapland University Press.

Lam Pin Foo (1996). "Only the Tang Dynasty Came Close to Having Influence", *The Straits Times*, 26 October.

Li Mingjiang (2008). "China Debates Soft Power", *The Chinese Journal of International Politics*, Volume 2, Issue 2, Winter.

Louie, Kam. (2008). *Modern Chinese Culture*. Cambridge, UK: Cambridge University Press.

Luo Jianbo (2006). *External Cultural Strategy in China's Rise: Contemporary International Relations*. No. 3.

Makeham, John (2003). *New Confucianism: A Critical Examination*. New York: Palgrave Macmillan.

Men Honghua (2007). "Assessment and Report of China's Soft Power", *International Watch*. 3.

Min Park and DohChull Shin (2006). "Do Asian Values Deter Popular Support for Democracy in South Korea?" *Asian Survey* 46: 3 (May/June).

Mou Zongsan (1985) . *Yuanshanlun* (On Summum Bonum). Taibei: Xuesheng Shuju.

Nye, Joseph (2004). *Soft Power: The Means to Success in World Politics*. New York: Public Affairs.

Pang Zhongying (2006). "Kongzi Sixiang de 'Chukou' he Ruan Liliang de Shiyong" (The Export of Confucianism and Use of Soft Power), *Shijie Zhishi* (World Knowledge). No. 17.

Pang Zhongying (2006). "On China's Soft Power", *International Review*, Spring, Volume 42.

Tubilewicz, Czeslaw (2006). *Critical Issues in Contemporary China*. Routledge. Hong Kong: The Open University of Hong Kong.

Wang Huning (1993). "Zuowei Guojia Shili de Wenhua: Ruan Quanli" (Culture as National Power: Soft Power), *Journal of Fudan University*, No. 3.

Xi Jinping (2013a). "Right Time to Innovate and Make Dreams Come True", in *The Governance of China Beijing*. Beijing: Foreign Language Press co. Ltd.

— (2013b). "Enhance China's Cultural Soft Power", in *The Governance of China Beijing*. Beijing: Foreign Language Press co. Ltd.

— (2014a). "Improve Governance Capacity through the Socialist System with Chinese Characteristics", in *The Governance of China Beijing*. Beijing: Foreign Language Press co. Ltd.

— (2014b). "The Rejuvenation of the Chinese Nation is a Dream Shared by all Chinese", in *The Governance of China Beijing*. Beijing: Foreign Language Press co. Ltd.

— (2014c). *The Governance of China Beijing*. Beijing: Foreign Language Press co. Ltd.

— (2015). "Chinese President Xi Jinping Gives Welcome Speech for the China Pavilion at Milan Expo", *Accessed January* 10, 2017. http://en.Expochina2015.org.

Yao Xinzhong (2000). *An Introduction to Confucianism*. Cambridge, UK: Cambridge University Press.

Zheng Bijian (2006). "Three Challenges in the Process of China's Peaceful Rise", *People's Daily*, April 10. http://politics.people.com.cn/GB/30178/4283438.html.

如何善读牟书善解牟学

——试探牟宗三先生的思维方式

曾昭旭

一、一座无法绕过的大山要如何跨越

对中国哲学的研究者而言，牟先生毫无疑问是一座无法绕过的大山。由于牟先生是第一位将中国哲学的特质、课题、处理方式，以及由此呈现、展开的各家各派的义理内容，以精确严谨的哲学思维予以一一厘清定位的人，尤其是他由此建立了一系列有关中国哲学的概念、术语，使得后来的学者不管同意或不同意牟先生的意见，都不能不理会牟先生的说法，也不能不或多或少沿用牟先生厘定的概念与术语以与学界沟通。此牟先生所以为哲学宇宙的巨人也！

但也正因为这一点，造成对阅读牟书、研究牟学者的考验：你不能绕过这座大山，但你能顺利跨越过去吗？若不能，那你对中国哲学或义理之学的了解便会出现障碍，包括零碎（不成体统）、偏颇（知其一不知其二）、误解（与义理实不相应）。而障碍的中心，则恐怕是在于对牟先生学问的根本了解不足或有误，这又和对牟先生的思维方式了解不足或有误有极大的关系。

原来，正因为牟先生是哲学宇宙的巨人，其思维方式常凸显严格分析的一面，遂使其思维方式中圆融辩证的一面相对较为隐蔽。以致读者容易错认牟先生是一西方式的哲学家，而忽略他同时也是中国传统中的纯儒。当然，读者之所以容易由此错认与忽略，最主要的原因恐怕不在牟先生，而在读者自己早已只认同西方哲学为哲学，而不知中国哲学或义理之学的本怀何在，有以致之。而这本来也是中国文化反本开新的辩证历程中无可避免的一环，亦无足深怪，但须适时提点而已。

按本人在约三十年前即曾作《论牟宗三与唐君毅在当代新儒学上之互补地位》一文①，略谓唐牟并称，何以牟学先行？即因担负儒学反本开新责任之新儒学具有新儒学

① 曾昭旭：《在说与不说之间》，汉光文化事业公司 1992 年版，第 127—140 页。

何以为新及新儒学何以为儒之二要义。前者为回应西学之冲击而有其迫切性，后者为回归儒学之本怀而有其终极性。而牟学近前者，故必先盛于学界；但之后仍当重心过渡到唐学，然后为圆成。① 换言之：牟学与唐学实为一体之两面，而互有隐显。牟先生为回应西学之冲激，故用力于建构儒学之观念系统，而显分析性格，但亦何尝无适时之辩证？唐先生关注儒学之本怀，故时时流露其恻但之仁，而成其为“道德意识宇宙之巨人”，但其行文亦何尝不在往复辩证之中随时有细密之分析？故无论读牟书抑或唐书，都宜一方面秉道德实践之本心去读，以领略其言外之意；一方面则凭分析思辨之学力去读，以厘清文本每一概念之确义。而二者相互发明，才更能善解与善悟。这应当是研读中国哲学应有的方法与态度。

二、牟先生之为纯儒之思维方式论证

（一）纯儒之内在本质与外在呈现

读牟书、研牟学，最易发生的误解与偏差，依笔者看，就是没能对牟先生这个人予以准确的定位。亦即：人们常易看待牟先生为一善于分析思辨之西方型学者，而不能恳切肯认牟先生亦是一实践型之纯儒。例如，人们不大能察觉牟先生平日有在做什么身心修养的工夫，尤其牟先生有魏晋名士风，偶作青白眼，詈骂时人，似乎和我们心目中恂恂儒者的形象不甚相符。但这其实都是枝微末节，与其人是否为纯儒并无本质之相关；则新儒家所以为儒之本质相关者当何在？

依儒学“以实践为本”之核心义，所谓纯儒应有其内在之心性修养，即孔子所谓“为仁”、孟子所谓“求放心”、阳明所谓“致良知”。而其内涵，则应包含道德生活之内外两要义，即孔子所谓“忠信”（忠于己信于人）或“己立立人”、曾子所谓“忠恕”（忠于己恕于人）、孟子所谓“居仁由义”（人之安宅与正路），于阳明则是其致良知之“招致”与“推致”二义，亦即牟先生所谓“良知以明觉为体，以润物为用”②：总之即其心始终不离儒之本怀也。

但此如实的心性修养与体验，当落实于生活世界以呈现（此即名曰实践）之时，应是如何样态？则实可有多方之不同，无穷之变化；但须万变不离其宗，始终不离儒之本怀，便都可以是实践性的呈现。正如所谓三不朽：立德、立功、立言，亦即三种知道、证道、行道之形态也。虽本质皆属立德，却可采直接地以德显，或曲折地以功以言显而德隐于其中之不同方式以实践之。

---

① 牟先生阅此文，尝云：“曾昭旭也有他的见解。”此据王邦雄先生转告。

② 牟先生尝言：“就事言，良知明觉是吾实践德行之根据；就物言，良知明觉是天地万物之存有论的根据。”（牟宗三：《从陆象山到刘蕺山》，台湾学生书局1993年版，第241页）又言：“仁以感通为性，以润物为用”，“仁有二特性，一曰觉，二曰健。综此二特性而识仁体，则仁以感通为性，以润物为用”（牟宗三：《中国哲学的特质》，台湾学生书局1990年版，第36页；牟宗三：《心体与性体》一，正中书局1991年版，第346页）。

当然，在曲折地藉立功立言以显德之形态，须审察其功其言背后是否果有德为其本。亦即是否果有心性本质之明觉或存心之诚而非妄正而非邪。这在明眼人（真君子仁人）固然是洞若观火，如见其肺肝；即使一般人仅观察其外现之言行，也可以有一定的线索。如周武王之伐纣即以功显德之著例，但其心果无私妄乎？可从伯夷叩马而谏时不文饰逃避其“以臣伐君”“父死不葬”之过而获得证明，故史称伯夷之谏实成全了武王之德也。亦孟子之所谓“知言”：“诐辞知其所蔽”①，以武王无所蔽故，不离仁者本怀故，遂无诐辞也。

（二）藉立言以显德与辩证思维

由此再说到藉立言以显德之形态，则可从如何之线索入手以证此立言不背儒之本怀。这却是比勘验立功者内心是否根于仁义更难的功课。即因立功仍属事为之层面，心性意念随处可能流露，故察知较易；立言则更在抽象之语言世界，感情意念可以杳无影迹，故检验尤难。然则吾人毕竟当如何从人之言说中察知其心呢？

首先可从“言外之意”勘入，即当人不假思索冲口而出或脱稿演出之时，常不经意泄露内心真情。但这多属负面真情，实不足为训；而且当诉诸文字而非腾诸言说，尤其在严谨的哲学论著之中，便不能从行文之破绽中窥见其情，而当更从立言者之自觉设计其言说及思维方式，以察知其中所涵是否有道贯注，或是否果不离儒者本怀了！

而如此之言说或思维之设计，要言之即所谓“辩证思维”，亦即王船山所谓“两端一致之道”。

何谓辩证思维、两端一致？即其人在进行思维与言说之时，其心念兹在兹，无不在道；所有言说思维，无非为恰当表显道之所以为道。于是其心思意念便无可避免地必时时刻刻都横跨道与言两界，以求其相即通邮。这时他必须在心性与道这一层，力求其真实无妄：于存心蕲于大公，于体验求其深刻，于流露辨其疑似，于工夫进于纯熟。而在言语思维这一层，则力求其严密确当，这则不仅是概念明确、逻辑周延、推论合理而已，更须指点当几、分际恰当、义理精熟、着语灵妙。乃因他要表达的不只是结构之理，更是那本质上不可言说的“道”。不可说而仍欲有所说，遂须在道与言之间掌握一微妙之分际。庶几道虽不在言中，亦不在言外；乃能成功地相即为一，令读其言者皤然有悟，或于道更有印证，同时亦反证言说者果属有道之士，才能出此知道之言也。

而尤有进者，则在古人之语言辩证重在机锋，故旋说旋扫，毕竟偏在显道一面，而在语言本身之层层分解，总有不足；遂令其语言所显之道，是否果为真道？抑只是光影之玩弄？未能贞定，换言之，即其辩证思维仍未尽致也。因此今之儒者欲借辩证思维以更有效地指点道，便须在语言一层更充尽其分解而后可。亦即：其分解愈详尽，愈能证

① 朱熹：《孟子·公孙丑上》，《四书章句集注》，鹅湖出版社 1984 年版，第 232—233 页。

其所指点之道为真道；乃因在愈详尽的分解中，愈能检验出言说者是否果属知道也；盖在烦琐之分解行动中，稍有差池破绽即生，道即隐没而不能与言相即，而知其言为妄言也。

当然，能否一眼窥见言说中之破绽，而判定其是否为知道之言，或所言不离儒之本怀，也须赖读者之心性修为。于是遂形成作者与读者通过作品而产生互动与互相启发互相贞定，这也可以算是另一种辩证或诠释学循环。总之即所谓藉立言以显道之更充尽方式也。

（三）牟先生之纯儒形态

据以上所论，我们便可论定牟先生之为纯儒，乃是藉立言以显道的形态，而且是充尽了分解思维以贞定儒学本怀之现代形态，此所以为哲学宇宙的巨人也。当然，牟先生之学较显分解相，以呼应当代新儒学之所以为新，故在言说行文中不甚显辩证相，但不表示牟先生在言与道两端无辩证之相即也！

例如，牟先生曾闻熊十力言及反驳冯友兰之谓良知是一理论之假定，而断言良知是一呈现，而为之震动。[①] 即此已可厘定两者论儒学之根本差异，此即冯氏只是用西方哲学（新实在论）硬套，熊十力及牟先生则实知言说背后或言说中有道也。于是牟先生之所以标举一心开二门、两重存有论，定中国哲学之特质为主体性与内在道德性，肯定人有智的直觉，诠释孟子“尽心知性知天”为“心性天是一”（而非合一），因定陆王为本质工夫程朱为辅助工夫，更在一向区分宋明儒学为程朱理学、陆王心学二系之传统外别订宋明儒学为三系，乃至提出“良知自我坎陷”为认知心之说等，皆可见出牟先生之论儒学，内心实有其一以贯之之定见；而此定见则必不可能只是一理论之预设，而必有其内在恳切之生命体验，亦即于道或儒学之本怀必有所见，而反证牟先生必有其工夫之所至（黄梨洲有云“心无本体，工夫所至，即其本体”[②]），否则不能有此终生一以贯之之定见与睿识也。

其实牟先生自早年著《认识心之批判》始，以至晚年借诠释孟子义理而作《圆善论》，一以贯之地都是在建构一纯粹的唯心论系统。当然，此所谓唯心是指道德心，以理论地开出道德世界。因此必须将认识心纳入道德心以成立此理论之建构，意即所有认识心之活动实皆道德心表现之一环，而构成认识心与道德心，或言与道之辩证相即，即所谓一心开二门也。于是牟先生在论儒学时所做之分解，遂不是如西方所谓客观中立之分解，而是在道德实践的本怀下或辩证思维下所凸显的分解，亦即分解与非分解相即之分解也。于是牟先生为“哲学宇宙中之巨人”之所谓哲学，遂亦不应只理解为西方哲学，而应理解为一种分解性之共法（犹牟先生谓道家之无的工夫是一种共法），可为科

① 参见牟宗三：《客观的悲情》，《五十自述》，鹅湖出版社 1989 年版，第 88 页。

② 黄宗羲：《明儒学案·原序》，《黄宗羲全集》第七册，里仁书局 1987 年版，第 9 页。

学服务亦可为儒学服务者也。牟先生乃运用此分解之共法，理论地贞定道德实践中不可说（分解）之道（即所谓超越的分解），以帮助人在回到生活世界以做道德实践时，心中有一不混漫之义理为定盘针，以避免实践时不自觉之滑失也。此即牟先生之学，先呼应新儒学之所以为新，以有效助人回归实践（即新儒学之所以为儒）之贡献所在也。牟先生既一以贯之地秉持永不离儒者本怀之态度以从事其哲学分解工作，则焉得谓其非纯儒哉！

最后，既言牟先生必有其工夫之所至，则牟先生之道德实践工夫到底是哪一种形态的工夫？遂亦不免引人好奇，盖牟先生于日常生活并不显做工夫之相也。吾人于此略言之，则不妨先说其工夫形态近颜渊不近曾子，偏智以知人不偏勇以行仁。因此较如阳明良知学所谓诚意，即意念方动，如有不正，即时格正也。故凡事慎独，得失自知，而不显工夫相，然非无工夫也。此与牟先生有生活之亲近者当可知之，吾则更有一独得之见可供参考，即牟先生以其深刻准确之自我了解，早已将自我人格，依其才之精擅，画出一精准之范围；凡在范围内之事皆我所长而自然得中，凡我所不擅之事皆在范围外而可置之不理，亦无从犯错。于是为其所能而不能者皆不为，牟先生遂能充分达成其人格之自我实现，此亦其独特的以智为仁之工夫修养之道也。

三、牟学疑议试解

如上所论，牟先生以其明显分解而实涵辩证相即之独特思路，虽一方面表现出其睿见卓识，亦一方面造成读者或左偏（以分解思维衡之）或右偏（以辩证思维责之）之误解，而诤议遂多。依鄙意，其学之主要诤议点可有四：（1）良知坎陷说，（2）孟子心性天是一说，（3）陆王是本质工夫程朱是辅助工夫说，（4）宋明儒三系说。而四点迤逦而下，实有其内在之一贯脉络者也。兹即依上两节之论略予疏通，以见出在当代新儒学之发展脉络中牟学之应有定位。

（一）关于良知自我坎陷为认知心之说

牟先生早年提出之良知坎陷说，可说是学界讨论最为纷纭之说。牟先生后来虽已少提，而学界之诤议依然，则可见此说在当代新儒学实有其重要地位。本文对各家见解不拟细予分疏评议，只欲就其在当代新儒学之地位做一厘定，亦兼为牟学定位。

首先，良知之有坎陷之必要，乃在天道下贯、良知发用于生活经验世界时，必须有此一步乾化为坤之曲成，亦即地道之实践也。于是超越分解下之乾坤，亦须转为乾化为坤之乾、坤中涵乾之坤，亦即乾坤辩证相即为一体也，亦即前文所云：所有认知心之活动皆道德心自我实现之一环也。牟先生提出此说，无关现实上民主科学如何开出，纯为此道德心之自我实现（一心之朗现，一心之伸展，一心之遍润）做一理论之说明耳（即所谓纯粹的唯心论）！

其次，对为何要使用“坎陷”一词（为何不直说良知之呈现或充分之呈现即可）？此则须回到《易经》坎卦：坎，陷也之义。此即阳之进入阴（生活世界），其始用震（一阳初生以震动上之二阴），继之用坎。此时一阳陷于二阴中（心陷物中，无限性陷有限性中），遂生道德实践两可之危（即人心唯危之危，盖不为圣贤便为禽兽也），而须赖心之时时明觉戒慎（终日乾乾夕惕）才能出险者（坎之卦辞曰：唯心亨）。此是道德实践之关节处，亦辩证思维之几微处也。故牟先生直名之曰“良知之坎陷”，盖暗示道德实践之艰危、存在体验之恳切欤？亦正表示牟先生以精敏之分解说贞定儒学之本怀，实因其内心确时时有儒者之本怀为根柢也！然虽心中时存儒者之本怀，却毕竟是以精敏之分解说透露此本怀，则正是在此再一度反本开新之当代新儒学事业中，牟学为呼应新儒学所以为新所必须先行之一步也！

（二）关于心性天是一之说

按《孟子·尽心上》：“尽其心者，知其性也，知其性则知天矣。”① 牟先生早在《心体与性体》综论部第一章便直就体上说心性天是一（虽也说孟子未明显表示心性天是一）。及晚年作《圆善论》，亦是就创造性而说心性天是一，并引明道、象山言以证之。② 在此，牟先生释“知”为“证知义”。其实就一义而言，其说虽完全成立，但若就孟子之全盘义理言，则不免有所粹取，亦有所减损。按“知”之一字，向来涵参与义、主宰义，引申之则可有创造义（在实存情境之参与中，作创造性的主导），综合诸义则可总说为实践义。因此尽心知性知天，当理解为：充尽心之创造性，以实践地创造出人生存在之意义价值（即仁义礼智之性），方为知性（即由仁义礼智根于心进一步予以具体实现也，于此心与性即可姑先说为二然后通过道德实践以合一），且上臻于普遍之天理。必如此全盘照顾，方为不离实存以说创造，或体用相即以说道德实践。今牟先生单就体上说，但粹取创造性之一义说心性天是一（心性天皆实指此同一创造性，唯立言分际有异），于孟子之全盘义理实不免有所减损也！

但牟先生为何采此粹取精义之说？吾人则可有同情之理解，盖此即牟学之主要任务，正在以分解说贞定道德生活之创造性动源（即道德心、创造性）也！在此任务下，当然要先就超越分解之体上说（亦孟子所谓“先立乎其大者”），而未暇就全盘之道德生活说，亦即辩证地说了！但虽如此，牟先生并非无体用相即之意，只是其辩证性隐在其分解说之背后而已。

因此吾人读牟书、研牟学，当时时警觉此夹逼之分际，一方面知其超越分解之厘定，同时亦知牟先生之精确厘定亦未尝稍离实存也！

---

① 朱熹：《孟子·公孙丑上》，《四书章句集注》，鹅湖出版社 1984 年版，第 349 页。

② 参见牟宗三：《心体与性体》（一），正中书局 1991 年版，第 27 页；牟宗三：《圆善论》，台湾学生书局 1996 年版，第 131—135 页。

（三）关于陆王为本质工夫程朱为辅助工夫之说

自牟先生提此说，学界感不安者颇多，即牟先生之入室弟子亦不免。而其不安处，即在对程朱被判为“别子为宗”深感委屈了程朱也！

但其实这是大可不必的，因为评判同一事本来就可以有多方标准。此多方标准可以分别说以凸显其一，也可综合圆融说以各安其位。而牟先生是采分别说以专为凸显道德之本源的，所以克就价值创造之动源而言，当然要强调阳明之致良知为本质工夫（即孟子所谓“求则得之，舍则失之，是求有益于得也，求在我者也”；即对价值实现而言，内求是充分且必要条件），朱子之格物则只是致良知前之摸索，而只能是无保证之辅助工夫也（即孟子所谓“求之有道，得之有命，是求无益于得也，求在外者也”；即外求对价值之实现既非充分条件，亦非必要条件）。

当然，如果要换另一种分别说以凸显道德生活循序渐进之秩序感、道德观念道德习惯之养成与可靠、历史习染之反省与化除、道德理想之超越与庄严，则程朱学自比陆王学为恳切有效。或改采综合圆融说以言，则亦可在厘清本末之后，再补上一句如王船山所云“本大末亦不小”以各居其位。但牟先生所以不重此而重彼，则自有其个人气质与时代使命之因素，亦其自由意志之抉择而当被尊重。而克就其所择，牟先生实称理而言，无可置疑者也。盖牟先生之时代使命，即在回应西方知识之学之冲激，要充分开出儒学分解说之一面，以补足传统儒学之缺漏；亦即凭精确严谨之道德学理论以贞定人之道德实践，以避免道德生活之混漫与糊涂也！此即新儒学之所以为新之所在，儒学必凭此开新始足以反本者也（当然亦必须反本才足以开新，反本与开新实乃相即为一体，此即隐在牟先生分解说背后之辩证思维也）。

（四）关于宋明儒之分系说

分宋明儒为三系（在传统程朱、陆王外，别立周、张、大程、五峰、蕺山一系，说见《心体与性体》综论部第四章），并且以《大学》《论》《孟》《易传》《中庸》分别搭配，应该是牟先生重要的见解。但不免令人略感怪异的是牟先生定陆王系与周张大程系为一往一来之一大圆圈，但克就道德创造而言，即使无周张一系，仅凭陆王系之逆觉体证本心之工夫亦已足，盖周张系自天命下贯说人性，只是一为理论完足而有之需求而已，单就道德生活言，没有也不打紧也。于是周张一系不免虚化为可有可无，而毕竟复余陆王、程朱两系，而实与传统无异。然则牟先生之判分为三系，毕竟意义何在？

以愚观之，其意乃在保留辩证思维之作用，以化除陆王、程朱两系之可能对立，同时亦圆成以主体性开出内在道德性，再进一步开出客观的人文化成规模之道德创造理论也。其步骤为：先虚化周张系以涵于陆王系中（虚涵辩证思维于超越分解中），再以此一往一来之大系（本质工夫）去涵程朱（实涵程朱之辅助工夫于实践生活中）。换言之，牟先生之道德理论虽以凸显逆觉体证良知本心为主眼，而实指向一道德理想与道德生活之全盘落实与开展（此所以为圆教），只是定良知明觉为理论亦是实践之起点耳（犹易经之元亨利贞，一说元即涵亨利贞也，盖元乃乾元创造性自身也）。而于此即必涵一两端互动之辩证性（知行相即、理论实践相即、本质工夫辅助工夫相即）。但诡谲的是一般都是以实践涵理论，以实涵虚；牟先生却是以虚涵实，以理论涵实践。换言之，牟先生乃是以其终生之气力贯注于全盘儒学之理论疏通与建构，以为其道德事业与实践工夫的。于是其精敏分解即涵辩证相即，其著书即处处有心性体验为根柢，而其所著即其体验之具体呈现。孔子直以其实践与体验为事业，以内圣为外王，而成其至圣先师；牟先生则反之直以学术事业为实践，以外王为内圣，而成其哲学宇宙之巨人，实亦一有趣之对照也。

于是反观三系说中之周张一系之自天道下贯说性，则亦可涵新解，实即以明晰严谨之理论贞定儒学之本怀也，盖纯粹理论即一义上之形而上学也（故数学、理论物理学亦属形而上学）。故自天命说人性，亦即以道德理论贞定道德生活也。牟先生一生所做正在于此，只是牟先生所做之道德理论非规范秩序义，乃价值创造义耳。而于此即生一吊诡，即牟先生以极致之分解说说明非分解之道，遂具有即分解即非分解之辩证，此即周张大程五峰蕺山一系之意义与地位，而牟先生实以一非典型（即不以天命而以纯粹理论为形上之道）之形态身当此系也！于是此系或牟先生之理论事业果可有可无乎？则真是有亦可，无亦未尝不可，而其实有无宁更可，而所以说有无宁更可者，盖此乃时代课题（儒学之反本开新）所在，亦牟先生之地位所在（承当新儒学之所以为新）也！

四、结论

以上围绕牟先生在当代新儒学之地位及其特殊的思维方式立论，其或有一得之愚以供时贤参考者约有数点：

第一，牟先生在当代新儒学反本开新事业中之地位，即在承担当代新儒学所以为新之责任，亦即回应西学之冲击，开发出更充分之分解思维，以建立更完整周密之儒学观念系统，以期理论地贞定儒学本怀，以补传统儒学之不足。

第二，牟先生之分解思维，并非西方式之纯分解思维，而是有两端相即之辩证思维隐于其后者。亦即：其分解活动背后，仍有真切之道德实践、存在体验为根柢；虽不显工夫相，却并非无心性自觉之工夫。因此所成就之哲学宇宙中的巨人，非西方哲学宇宙之谓，乃儒学中之哲学宇宙之谓也。牟先生遂亦通过以智为仁之特殊方式而成其为纯儒。

第三，牟先生极其一生之气力，全为建构一以道德创造为核心之纯粹唯心论，盖儒学中立本之学也。故所提出之种种说法，皆环绕此核心而发者。读者亦当全据此核心义理以读牟书、研牟学，庶几不生过或不及之疑议误解，不致衍发莫须有之诤论，而能得其中道确解。若然，始能借牟学以厘清义理分际，避免混漫偏差，而有助于吾人之心性修养、道德实践也。

第四，虽说牟先生之为学，重在承担当代新儒学所以为新之使命；但牟学先行，并不意味其学只属阶段性任务。在后牟宗三时代，吾人固亦宜对牟学“接着讲”而非只是“照着讲”；但亦并非意谓牟学已过时。实则牟先生之所建立，乃是一套具普遍性之义理，实属永远有效者。其在儒学中之地位，亦是永远不可取代之地位（犹孔孟阳明之永不可取代）。在后牟宗三时代，当代新儒学之重心，固当由其所以为新过渡到所以为儒，由凸显分解思维过渡到凸显辩证思维，由以阳明学为中心过渡到以船山学为中心。但仍须是在前者之基础上接着讲后者，正如牟先生之分解说亦实有辩证思维隐在背后也。

总之，牟先生以其精敏之分解思维，辨析不可说之道；构造此一以价值创造为核心之道德理论，以贞定儒学本怀；一扫自先秦道家以来对语言概念分析之忌讳而畅所欲言，实已达到前无古人之高度，而足以不朽，而诚不可及，此所以为哲学宇宙之巨人也。而其所以足为不朽者，则正因其语言非徒属有限之语言，而亦属有永恒之道贯注其中之语言也。虽则贯注其中之道尚非直出于道德实践良知呈现之道，而只是由良知逆觉所支持而显出之义理之确当分解，遂使牟学中之道略显诡谲相（诡谲者，若有若无，非有非无，而闪现于有无之夹逼中也），而非如醇厚之实践者（如孔子）之平实圆融（圆融者，即有即无，有无皆消融于真实之道德生活中也），则因牟先生毕竟是以智为仁、以学术为实践之形态也。但即此而言，牟先生已成为远迈前人之典型而不可及矣！

（作者单位：淡江大学中文系）

“良知的自我坎陷”与“穷智见德”

——牟宗三与劳思光的一段思想交涉

李明辉

2017年5月笔者应邀出席香港中文大学主办的“文化理性的批判与哲学理性的辩护——劳思光教授九十冥寿学术会议”，在会中发表主题演讲《“穷智见德”——劳思光先生的思想纲领》。① “穷智见德”一词是劳思光于20世纪50年代为表述康德哲学的思想纲领而铸造出来的用语。此外，劳思光也根据这个纲领来评骘中西文化，指出双方各自的缺点，并据此指出儒家传统的现代转化之方向，将儒学接榫于民主政治。就此而言，“穷智见德”也是劳思光本人的思想纲领。

劳思光是在两封公开的论学书简中提到“穷智见德”一词的。第一封书简是写给唐君毅的，以《致唐君毅先生》之题刊登于1954年5月16日在台北出刊的《民主潮》第4卷第5期。② 第二封书简是写给王道（字贯之）的，以《论“穷智见德”》之题刊登于1957年7月1日在香港出刊的《人生》第14卷第4期。③ 当时劳思光正在撰写其《康德知识论要义》④，而牟宗三的《认识心之批判》已于1949年大致完稿，但迟至1956年9月及1957年3月才由香港友联出版社先后出版上、下册。在这期间，他们相互将手稿呈示给对方。《康德知识论要义》的《序言》即是牟宗三撰写的。“穷智见德”之说也得到牟宗三的认可。他在《认识心之批判》的《序言》中便写道：

> 承近代学术之发展，会观圣学之精蕴，则康德之工作实有重作之必要。吾兹于

① 这篇演讲稿刊载于香港中文大学编的《中国哲学与文化》第17辑（上海古籍出版社2019年版，第1—16页）。

② 此一书简后收入劳思光：《书简与杂记：思光少作集》（七），台湾时报文化出版公司1987年版，第214—221页。

③ 此一书简后收入劳思光：《儒学精神与世界文化路向：思光少作集》（一），台湾时报文化出版公司1986年版，第226—231页。

④ 此书最初于1957年7月由香港友联出版社出版。

> 认识心之全体大用，全幅予以展现。穷尽其全幅历程而见其穷，则道德主体朗然而现矣。友人劳思光君所谓“穷智见德”者是也。①

可见以“穷智见德”概括康德哲学的纲领，是劳、牟二人的共识。

几乎在同时，港台新儒家提出“儒学开出民主与科学”之说。1958年元月，唐君毅、牟宗三、张君劢及徐复观四人联名发表《为中国文化敬告世界人士宣言》。② 这篇宣言包括十二节。在第八节中，他们承认：“中国文化历史中，缺乏西方之近代民主制度之建立，与西方之近代的科学，及各种实用技术，致使中国未能真正的现代化工业化。”但他们随即又强调：

> 我们不能承认中国之文化思想，没有民主思想之种子，其政治发展之内在要求，不倾向于民主制度之建立。亦不能承认中国文化是反科学的，自古即轻视科学实用技术的。
>
> 我们说中国文化依其本身之要求，应当伸展出之文化理想，是要使中国人不仅由其心性之学，以自觉其自我之为一“道德实践的主体”，同时当求在政治上，能自觉为一“政治的主体”，在自然界，知识界成为“认识的主体”及“实用技术的活动之主体”。

这便是“儒学开出民主与科学”之说的最初表述。为了论证此说，其后牟宗三又提出“良知的自我坎陷”（self-negation）之说。

笔者看来，无论是“儒学开出民主与科学”还是“良知的自我坎陷”之说，都不难理解。但可怪的是，此二说始终不断引起争议，并且受到误解。③ 为此，笔者撰写了不

---

① 牟宗三：《认识心之批判》上册，台湾学生书局1975年版，“序言”，第13页（18：[13]）。方括号内所附的是《牟宗三先生全集》（联经出版事业公司2003年版）之册数及页码，下同。

② 此宣言原刊于香港《民主评论》（第9卷第1期，1958年）及台湾《再生》（第1卷第1期，1958年）；后收入张君劢，程文熙编：《中西印哲学文集》下册，台湾学生书局1981年版，第849—904页，以及张君劢：《新儒家思想史》，台北张君劢先生奖学金基金会1980年版，第375—436页（附全文英译）；亦以《中国文化与世界》之名收入《唐君毅全集》卷4，台湾学生书局1991年版，以及唐君毅：《说中华民族之花果飘零》，三民书局1974年版，第125—192页。本文所引分别出自《唐君毅全集》卷4，第35、35、34页。

③ 杨泽波曾将牟宗三“由良知坎陷开出民主”之说归纳为九种不同的理解方式，可见其争议性之大；参见杨泽波：《坎陷开出民主不同理解九种——关于牟宗三坎陷开出民主论的不同理解的评论》，《天府新论》2014年第1期，第13—33、121页。

少论文来厘清这些争议与误解①，在此不再重复这些讨论②。

如上所述，牟宗三一方面认可“穷智见德”之说，另一方面又提出“良知的自我坎陷”之说。表面看来，此二说的方向是相反的：前者是自下而上说，后者则是自上而下说。然则，我们该如何理解“穷智见德”与“良知的自我坎陷”二说的关系呢？

为了回答这个问题，笔者有必要就自己的理解略述此二说的含义。先说“良知的自我坎陷”之说。此说可以追溯到牟宗三于20世纪40年代末期所发表的《王阳明致良知教》。③ 但顾名思义，这是讨论王阳明思想的著作，而牟宗三在此提出“良知的自我坎陷”之说，是为了说明良知与知识（包括科学知识）的关系，并未涉及民主政治的问题。到了20世纪50年代，牟宗三重提此说时，才将民主政治的问题纳入其中。

牟宗三关于“良知的自我坎陷”之进一步论述主要见诸其《历史哲学》（1955年）、《政道与治道》（1961年）、《现象与物自身》（1975年）等著作中。在《历史哲学》中，他提出“综和的尽理之精神”与“分解的尽理之精神”这组概念。在《政道与治道》中，他又提出“理性之运用表现与架构表现”（functional and constructive presentation）和“理性之内容的表现与外延的表现”（intensional and extensional presentation）两组概念。④ 这三组概念所要表达的是同一个意思，其背后所依据的也是同一套思想间架。他借用《大乘起信论》的说法，将这套间架称为“一心开二门”。为了避免不必要的重复，笔者在此仅引述他论“理性之运用表现与架构表现”的一段话，以概其余：

> 凡是运用表现都是“摄所归能”，“摄物归心”。这二者皆在免去对立：它或者把对象收进自己的主体里面来，或者把自己投到对象里面去，成为彻上彻下的绝对。内收则全物在心，外投则全心在物。其实一也。这里面若强分能所而说一个关系，便是“隶属关系”（sub-ordination）。……而架构表现则相反。它的底子是对待关系，由对待关系而成一“对列之局”（co-ordination）。是以架构表现便以“对列之局”来规定。而架构表现中之“理性”也顿时即失去其人格中德性即具体地说

---

① 这些论文包括《儒学如何开出民主与科学？》《当前儒家之实践问题》《论所谓“儒家的泛道德主义”》《历史与目的》，均收入拙著《儒学与现代意识》增订版，台湾大学出版中心2016年版；此外还有《“实践必然性”与“内在要求”——回应陈瑞麟教授》，郑宗义、林月惠编：《全球与本土之间的哲学探索——刘述先先生八秩寿庆论文集》，台湾学生书局2014年版，第171—198页；《当代新儒家“儒学开出民主论”的理论意涵与现实意义》，*Asian Studies* (Ljubljana)，Volume. 2，No. 1 (2014)，pp. 7-18。

② 对于这些误解的厘清，可参见肖雄：《牟宗三的良知坎陷论》，武汉大学哲学学院博士论文，2016年，第157—171页。

③ 此文原先分两部分先后刊载于《历史与文化》第3期（1947年）及《理想历史文化》第1期（1948年），至1954年始以专书的形式由台北“中央文物供应社”出版。

④ 在《政道与治道》中，“理性之运用表现与架构表现”和“理性之内容的表现与外延的表现”两组概念是可以互换的，但第一组概念之使用较为宽泛，第二组概念之使用则偏重于政治领域。

的实践理性之意义而转为非道德意义的"观解理性"或"理论理性"，因此也是属于知性层上的。①

根据这段引文及牟宗三在他处的说明，他的观点大体如下：儒家的良知属于理性之运用表现，表现为实践理性；而民主与科学须预设理性之架构表现，表现为理论理性(或思辨理性)。实践理性是道德主体，其作用是绝对的，是与物无对的，或者说，它与对象的关系是上下垂直的"隶属关系"。但是当道德主体落实到知识与政治的领域时，它就必须经过自我转化成为理论理性，放弃"绝对者"的地位，而与对象形成水平的"对列之局"，即与物有对的局面。在知识领域，它成为认知主体；在政治领域，它成为政治主体。在民主政治中，政治主体即是公民的身份（Citizenship)；而具有公民身份的人在权利方面是个独立的个体，而不隶属于其他的个体，且与其他个体同处于一个"对列之局"。

依康德所论，实践理性与理论理性是同一个理性在不同领域的应用。② 但两者之间并非并列的关系，而是主从的关系，前者对于后者有优先性。③ 牟宗三在这里的说明基本上符合康德的观点。他也借用康德的概念，将实践理性与理论理性分别归属于"物自身"(Ding an sich）与"现象"(Erscheinung)，并且将实践理性转化为理论理性的过程称为"自我坎陷"(或"自我否定")。笔者在他处曾提过，"自我否定"一词并未直接见诸黑格尔自己的著作中，而见诸黑格尔研究的二手资料当中。④ 牟宗三之所以借用这个黑格尔式的概念来说明良知的自我转化，是因为这个过程是一种辩证的开显，而且是"黑格尔意义的辩证，非康德意义的辩证"⑤。

接着略述劳思光的"穷智见德"之说。此说基本脱胎于康德在《纯粹理性批判》第二版的《前言》中的一句名言："我必须扬弃知识，以便为信仰取得地位。"⑥ 康德在《纯粹理性批判》的《先验逻辑》中区分"理体"（Noumenon）与"事相"（Phaenomenon)，这项区分大体相当于"物自身"与"现象"之区分。他将"理体"视为一个"界限概念"，意在将人类的知识局限于"事相"（或"现象"）。然而，人类的价值（特别是道德价

---

① 牟宗三：《政道与治道》，台湾学生书局 1987 年版，第 52—53 页（10：58)。

② Kant, *Grundlegung zur Metaphysik der Sitten*（以下简称 *GMS*），*Kants Gesammelte Schriften*（以下简称 *KGS*)，Bd. 4, p. 391.

③ Kant, "Kritik der praktischen Vernunft", *KGS*, Bd. 5, pp. 119-121.

④ 参见拙作《"实践必然性"与"内在要求"——回应陈瑞麟教授》，郑宗义、林月惠编：《全球与本土之间的哲学探索——刘述先先生八秩寿庆论文集》，台湾学生书局 2014 年版，第 184—185 页。

⑤ 牟宗三：《现象与物自身》，台湾学生书局 1975 年版，第 122 页（21：126)。

⑥ "Ich mußte also das Wissen aufheben, um zum Glauben Platz zu bekommen [...] ", Kant, *Kritik der reinen Vernunft*（以下简称 *KrV*)，hrsg. von Raymund Schmidt (Hamburg: Felix Meiner, 1976), BXXX.（A=1781 年第一版，B=1787 年第二版）

值）不能求诸“事相”，而只能求诸“理体”（或“物自身”）。但人类如何能通往“物自身”呢？康德在“自由”的概念找到了这个通道。

康德在《纯粹理性批判》的《先验辩证论》中指出：如果我们的理性未经批判，而将时空与范畴应用于超经验的领域，就会产生各组表面看来似乎都言之成理却相互矛盾的命题，亦即“背反”(antinomie)。其中第三组背反是“自然的因果性”（die kausalität der natur）与“先验的自由”（transzendentale freiheit）之背反。换言之，我们的理性一方面坚持因果法则的普遍有效性，另一方面又承认我们的意志具有一种不受因果律法则制约的自由。然而背反并不是矛盾。因为只要我们分别从“现象”与“物自身”的观点来理解“自然的因果性”与“先验的自由”，便可以化解两者之间表面的矛盾，而同时承认它们。

接着，康德在《道德的形上学之基础》中藉由分析道德法则而得到“道德的最高原则”，即“意志之自律（automomie）”。① 在这个脉络中，他进而将“自律”的概念联结上“先验的自由”，而成为“自由”的积极概念。② 随后，在《实践理性批判》中，康德将这个积极的“自由”概念视为纯粹实践理性之第一项“设准”，再藉此提出另外两项“设准”，即上帝之存在与灵魂之不灭，而构成他所谓的“道德信仰”（moralischer glaube)。③

以上简述“我必须扬弃知识，以便为信仰取得地位”一语之意涵，以明劳思光“穷智见德”一词之所本。为了证明这点，我们引述劳思光论“穷智见德”的两段文字：

> 康德《纯粹理性批评》以理解及感性之统一活动范定现象界之全后，乃能透出理性之本；自此而通实践理性，实循此道。盖智境即决定其范限，则无限永恒等义皆不能于此中求之，而此诸义又实出现于自觉中，于是超知识之主体活动乃逼出矣。康德此一途径，实哲学之正途；而其精髓则唯是就主体说法耳。④
>
> “穷智见德”，乃以立进学之阶梯；亦是透现主体性之严格轨道。即展现智性活动之全境（注意，绝非指知识内容讲），以显主体，然后由认知主体上通道德主体。……“穷智见德”，正是由“所”归“能”，牟宗三先生每喜以“逆之则成圣成贤”一语，以状此返归（超越），“穷智”后之“见”即此“逆而成”之关键；所“穷”者是智性活动之全境，“穷”后所“见”者乃“主体性”……⑤

① Kant, *GMS*, *KGS*, Bd. 4, p. 440.

② Kant, *GMS*, *KGS*, Bd. 4, pp. 440, 446-447.

③ *KrV*, A828/B856.

④ 劳思光：《致唐君毅先生》，《民主潮》第4卷第5期，1954年，第217—218页。

⑤ 劳思光：《论“穷智见德”》，《人生》第14卷第4期，1957年，第227页。

在此要特别说明的是：前一段引文所谓的“智境”即康德所谓的“知识”（Wissen），所谓的“理解”即是“知性”（Verstand），劳思光系根据此词的英译 understanding 而如此翻译。劳思光指出：“智境”局限于现象界，但须由此上通于超知识的领域。在后一段引文，他指出：“穷智见德”即是超越“智境”（智性活动之全境），由认知主体上通道德主体（实践理性），或由“所”（对象）归“能”（主体）。他甚至引用牟宗三表达“逆觉体证”的“逆之则成圣成贤”一语来描述这种升进或超越的历程。

劳思光进而指出：道德主体性之彰显涉及最高自由之彰显，进而涉及价值之贞定。故他写道：

> 究本之学不立，则主体之主体性不彰；主体性不彰，则最高自由不显，主客之大本不明；由是自觉必自系执于关系中，而价值必不能安定。①

这段话除了印证康德透过意志自由之设准通往物自身的思路之外，还间接支持牟宗三将康德的“物自身”概念视为一个具有价值意涵的概念。②

然而，劳思光并未停留于康德“穷智见德”的思路，而是进一步指出康德哲学之不足。他写道：“频年于德智本末之义，尝有所论述，大要以循康德之学穷智见德为依归。其实康德论证颇多罅漏，曩读其书，未尝不疑，既而深思，尤见其弱处。”③ 他在何处见到康德哲学的弱点呢？劳思光接着写道：“就主体说法，明主客之分，展示主体之建构性；其始则导智以自照以穷智，其终则明主客之本而归于最高自由；此在康德体系中皆已完成……而另一方面为康德未尝用力者，则是就主体活动以观国家制度也。”④ 这显然受到黑格尔的康德批判之影响。

黑格尔曾提出“道德”（Moralität）与“伦理”（Sittlichkeit）之区别，并据此批评康德伦理学，认为康德伦理学尚停留在“道德”的阶段，而未进至“伦理”的阶段。根据其《法哲学大纲》，所谓“道德”包含“决心与咎责”“意图与福祉”“善与良心”；所谓“伦理”则涉及家庭、公民社会、国家，乃至世界史。由此可见，黑格尔所谓的“道德”与“伦理”大体相当于中国传统所谓的“内圣”与“外王”。因此，劳思光的意思无异是说：康德的“穷智见德”虽然能向上彰显“最高自由”，而达到“内圣”的高度，但未能进一步将“最高自由”落实于具体的制度中，而开展“外王”之道。

然而黑格尔对康德的这种批评其实大有商榷的余地。因为后期的康德有不少关于法

① 劳思光：《致唐君毅先生》，《民主潮》第 4 卷第 5 期，1954 年，第 216 页。

② 这个问题非常复杂，请参见拙作《康德的“物自身”概念何以有价值意涵？——为牟宗三的诠释进一解》，《云南大学学报》（社会科学版）2018 年第 2 期，第 53—62 页；亦刊于《国学学刊》2018 年第 1 期，第 64—73 页。

③ 劳思光：《致唐君毅先生》，《民主潮》第 4 卷第 5 期，1954 年，第 215 页。

④ 劳思光：《致唐君毅先生》，《民主潮》第 4 卷第 5 期，1954 年，第 218 页。

政哲学的著作[①]，例如，其《论永久和平》（*Zum ewigen Frieden*）便包含一套关于国家法、国际法与世界公民权的完整构想，并且特别讨论政治与道德的关系。尤其是其晚年（1797年）出版的《法权论之形上学根基》（*Metaphysische Anfangsgründe der Rechtslehre*，此为《道德底形上学》之第一部分）便包含一套完整的法哲学。[②] 由于黑格尔对康德哲学的严重误解，德国的黑格尔专家施内德尔巴赫（Herbert Schnädelbach）在其《黑格尔的实践哲学》中便质疑黑格尔是否真的读过康德的《道德底形上学》一书。[③] 劳思光对康德哲学的不满其实是沿袭黑格尔的误解，有其时代的限制。

姑且不论劳思光对康德的误解，劳思光也依循黑格尔的思路来说明最高自由之落实。对此，他写道：

> 所谓“客体精神”，即“主体精神”之“客观化”（客体化）。由此，乃必将国家制度、知识建构等皆视为“价值之实现”而立价值之肯定，而此类“实现价值之活动”就其能“生出智性活动”言，必有与“不能生出智性活动之实现价值之活动”有可区分且必应区分之处。为说明此“区分”乃有一对词语提出，宗三先生所提出者为“sub-ordination”与“co-ordination”，由此以说明两种境域；又言理性之二种表现，大致亦指此区分。[④]

“客体精神”与“主体精神”都是黑格尔哲学的术语。如果说“穷智见德”是由知识领域上达至价值领域，乃至最高自由，则所谓“主体精神之客观化”便是反过来将最高自由落实于现实领域，使诸价值体现于国家制度、知识建构等活动之中。劳思光在此甚至引用牟宗三藉以说明“理性之运用表现与架构表现”的用语，即“隶属关系”（sub-ordination）与“对列之局”（co-ordination）。由此可推断：劳思光所谓的“客观化”实即相当于牟宗三所谓的“自我坎陷”。

这个推断还可以由劳思光的另一段文字得到佐证。其文如下：

> 今以主体为立说之径，则上达至最高自由，价值之本义既显；下通至主体各境，而各境中之轨则亦可恃以安立。就国家言，则是众多主体之并立境；于此境中展现主体活动，则国家之本性可明。国家之本性既明，制度之大经以立。故去岁为

---

① 这些论文均收入笔者翻译的《康德历史哲学论文集》增订版，联经出版事业公司2013年版。康德的历史哲学论文与政治哲学论文有高度的重叠。

② 第二部分是同年稍后出版的《德行论之形上学根基》（*Metaphysische Anfangsgründe der Tugendlehre*）。在康德生前，这两部分均被单独出版。

③ Herbert Schnädelbach, *Hegels Praktische Philosophie*, Frankfurt/M.: Suhrkamp, 2000, p. 66f.

④ 劳思光：《论“穷智见德”》，《人生》第14卷第4期，1957年，第230页。

> 文论民主政治编注［按："编注"二字为衍文］即就此义言之；谓民主政治为一应然之制度，而此应然即发根于主体之自由义：盖应然即是价值义也。①

这段文字固然主要在说明建立民主制度的必然性，但也很难不让人联想到本文开头所引宣言中的那段文字："中国文化依其本身之要求……要使中国人不仅由其心性之学，以自觉其自我之为一'道德实践的主体'，同时当求在政治上，能自觉为一'政治的主体'，在自然界知识界成为'认识的主体'及'实用技术的活动之主体'。"在这一点上，劳思光可说是采取了与宣言相同的逻辑。

但值得玩味的是，事隔近半个世纪之后，2004 年年底劳思光应邀出席香港中文大学主办的"香港中文大学的当代儒者——钱穆、唐君毅、牟宗三、徐复观国际学术会议"，发表主题演讲《从当代思潮看新儒家》时表示：

> 就成德之学的核心肯定所在，跟现代文化的特性所在来说，有一个很难逾越的鸿沟。所以在这一点上，某些新儒家里面的先生们，觉得从儒学本身内部可以**直接**开出一个现代文化的路来；我在这个地方是没有那么乐观的。我在儒学和现代文化两边都做了研究以后，我的结论是这种"开出"恐怕不大可能。……针对现代文化讲，我们很难从儒学本身的核心意识里面，去"推出"或"开出"一个现代文化来，因为儒学与现代文化是异质的，所以这样不行。②

劳思光并未明言，他所谓的"某些新儒家里面的先生们"指的是哪些人？特别是是否包括牟宗三？

然而，在这篇演讲词的开头，他就将当代新儒家视为"传统主义者"，并特别声明他与传统主义者不同之处在于：

> 我近年有一句口号，就是"China in the world"，就是说我们要谈中国的文化问题，应把中国摆在世界里面，作为一个在世界里面的中国，而不是一个跟世界对立起来、对分起来的中国。我想这就是我跟传统主义者基本上的差别。③

---

① 劳思光：《致唐君毅先生》，《民主潮》第 4 卷第 5 期，1954 年，第 218 页。

② 劳思光：《从当代思潮看新儒家》，劳思光著，刘国英编：《危机世界与新希望世纪——再论当代哲学与文化》，香港中文大学出版社 2007 年版，第 114 页。粗体为笔者所标示。

③ 劳思光：《从当代思潮看新儒家》，劳思光著，刘国英编：《危机世界与新希望世纪——再论当代哲学与文化》，香港中文大学出版社 2007 年版，第 103 页。

紧接着，他又特别声明："……我现在谈到新儒学时，主要是指唐、牟两人而言。"① 而在该演讲词的另一处，他提到儒家的"开放成素"之治疗功能时说道：

> 大概牟宗三先生会同意这一点，不过他的想法是要从儒学内部、从成德之学开出来，所以就讲"良知坎陷"，但是我相信这些开放成素抽出来以后，还是可能重新进入世界文化的问题里面，发挥一种治疗的作用。②

从这些说法我们可以推断：劳思光在此已明白地质疑唐、牟二人的"儒学开出民主与科学"之说与牟宗三的"良知的自我坎陷"之说。这显然与他在20世纪50年代的观点有相当的距离。

依笔者的推断，劳思光在20世纪50年代并未质疑牟宗三的"良知的自我坎陷"之说，但其后他调整了自己的观点。在《从当代思潮看新儒学》的演讲词中，劳思光在谈到儒学的治疗功能时，有如下的一段告白：

> 我年青的时候，那时牟宗三先生还是中年的时候，我们就常常谈这个问题。那时我们都比较乐观。不过到我后来对于黑格尔模型（Hegelian model）的限制比较明白以后，我就了解到依照黑格尔模式来建立的这种乐观看法，其实本身是非常值得质疑的，所以我就放弃了那个看法。③

劳思光如何调整他的观点呢？他曾于1965年出版《中国文化要义》一书。1998年香港中文大学出版社出版其新编本时，劳思光特别为此写了一个《序言》，并在其中明确交代其思想的调整。他先是指出：文化的"创生"与"模仿"是不同的问题。然后，他回顾其早年的思考模式，承认它属于黑格尔模式。他之所以采取黑格尔模式，是因为黑格尔的"外在化"（externalization）理论可以说明一个文化内部的结构及其"创生"。但是中国文化的现代化并非完全由内部自发的"创生"，同时也是"模仿"近代西方文化的过程。为了说明中国现代文化对西方近代文化的"模仿"过程，劳思光引进了美国社会学家霸生斯（Talcott Parsons，1902—1979，或译为帕森斯）的"内在化"（internalization）理论作为补充，从而形成兼顾"内在化"与"外在化"的"双重结构"

---

① 劳思光：《从当代思潮看新儒家》，劳思光著，刘国英编：《危机世界与新希望世纪——再论当代哲学与文化》，香港中文大学出版社2007年版，第104页。

② 劳思光：《从当代思潮看新儒家》，劳思光著，刘国英编：《危机世界与新希望世纪——再论当代哲学与文化》，香港中文大学出版社2007年版，第115页。

③ 劳思光：《从当代思潮看新儒家》，劳思光著，刘国英编：《危机世界与新希望世纪——再论当代哲学与文化》，香港中文大学出版社2007年版，第114页。

理论。[①] 劳思光所谓的“外在化”即是他在20世纪50年代所说的“客观化”。

根据以上的讨论，我们很有理由相信：劳思光在《从当代思潮看新儒学》一文中质疑新儒家的“儒学开出民主与科学”之说，是其理论调整后的结果，而非其早年的观点之反映。这点也证诸其《中国文化要义》新编本《序言》中的一段文字：

> 我早年原也是寄希望于中国传统的“重德精神”之开拓。但在写出《少作集》中那些理论后，过了几年，我便对这种主张发现根本的疑难。中国文化的改造或路向问题，原以如何吸取西方近代文化成果为重点；但吸取另一异质文化的成果本不是由原有的文化精神**直接**拓展。现在若主张由拓展文化精神以生出近代西方文化成果，实在即等于说：要中国心灵先部份地变为欧洲心灵，然后再复演一次西方近代文化成果的创生过程。这是文化史上绝无之事。就文化史的实际情况看，一个文化传统下的人，若是接受另一文化的成果，必是一个学习活动。学习与自己创造根本是不同的活动。由此，我开始另寻理论出路。结果，我提出“创生”与“模仿”的区分。[②]

这段文字开头提到的“中国传统的‘重德精神’之开拓”显然即是劳思光在其“穷智见德”说中提到的“主体精神之客观化”，因为他讨论“穷智见德”的两篇书简正是收入其早年著作《儒学精神与世界文化路向：思光少作集（一）》中。

现在的问题是：劳思光的这番事后告白是否意谓着其对牟宗三“良知的自我坎陷”之说的否定。在主观意向上，劳思光的思想调整的确是针对牟宗三“良知的自我坎陷”之说，但就客观义理而言，劳思光的“双重结构”理论似乎不足以否定“良知的自我坎陷”之说。我们要注意：在这一段及前面的引文当中，劳思光否定的是“儒学直接开出现代文化”之说。然而，如上文所述，牟宗三“良知的自我坎陷”之说主张“曲通”，亦即，道德主体（良知）首先应藉由自我坎陷将“隶属关系”转换为“对列之局”，进而藉此接纳现代文化（科学与民主）。套用劳思光的说法，第一步是“创生”，第二步则是“模仿”。牟宗三并不否认中国应向西方学习民主与现代科学，只是他又强调：这种学习若要成功，必须先转换思考方式，即由中国文化偏重的“隶属关系”转换为西方文化偏重的“对列之局”。因此，“良知的自我坎陷”之说与劳思光的“双重结构”理论并不抵牾，而是前者为后者保留了理论发展的可能空间。笔者多年来阅读唐、牟二人的著

① 关于劳思光的“双重结构”的理论，请参阅劳思光：《中国文化要义新编》，香港中文大学出版社1998年版，第xi—xix页。其后，在劳思光著《文化哲学讲演录》（香港中文大学出版社2002年版）中，劳思光对这套理论有更详细的说明，特别是第7、8章。

② 劳思光：《中国文化要义新编》，香港中文大学出版社1998年版，第xv页。粗体为笔者所标示。

作，实在很难读出劳思光归诸“传统主义者”的思想特色，即将中国视为“一个跟世界对立起来、对分起来的中国”。① 不论劳思光自己的主观认知为何，在笔者看来，他事后在理论上的调整其实并未脱离“良知的自我坎陷”之说的涵盖范围，只是将后者进一步理论化，也可视为对它的理论发展。

（作者单位：台北“中央研究院”中国文哲研究所）

① 或许在钱穆的思想中可以见到这种特色。

牟宗三与中国文化的道统重建

韩　星

一、问题的提出

道统本来就存在于中国历史之中，但提出道统说的则是韩愈，最早用“道统”一词的是朱熹。中国文化历史悠久、博大精深，以道统为核心形成了多层次的统系，维系着中国文化一脉相承，绵延不断。近代以来西学东渐，中国社会经历三千年未有之大变局，中国文化面临史无前例的挑战，经历了全方位危机，纲常堕毁，礼崩乐坏，学绝道丧。百多年来的中西古今文化冲突与裂变，各种思潮的纠缠与论争，至今还没有形成共识，还存在着中国文化发展道路与方向的困惑与迷茫。

近代以来，儒学遭遇了一系列激进的社会政治革命和一浪高过一浪的思想文化批判，逐步从中国文化的主体滑向边缘，从中国社会母体中游离出来变成了“游魂”，儒学又一次面临“儒门淡薄，收拾不住”的局面，落入“花果飘零”的境地。为此，现代新儒家通过反思儒学发展史，认为要复兴儒学关键是重建道统。通过审视道统传承，挖掘道统内涵，在中西文化的视野中对传统道统进行了新的诠释和发展，形成了多元化的道统观。余英时把现代新儒家的道统观概括为三：其一是由韩愈首先提出，宋明儒进行发挥倡导的主观的、一线单传的、孤立的、脆弱易断的道统观，表现为某种具体的传道谱系；其二是钱穆主张的从历史文化大传统而言的文化大传统，即道统的“思想史家的道统观”；其三是以熊十力、唐君毅、牟宗三等先生对“心性”的理解和体证为标准的“哲学家的道统观”。① 也有学者分为三派：一是熊十力、唐君毅、牟宗三以中华道统之“道”是儒家“心性之学”的心性派；二是钱穆、冯友兰以中国思想学术大传统为道统之“道”的大传统派；三是梁漱溟、张君劢、张东荪、贺麟、徐复观传承发展先秦周、

① 参见余英时：《钱穆与新儒家》，氏著《钱穆与中国文化》，上海远东出版社 1994 年版，第 53、75 页。

孔之礼乐外王一脉，以礼乐为道统之“道”的礼乐派。① 台湾学者詹康把20世纪后半期我国台湾地区和美国的儒学对道统观的态度分为三种：（1）宋明道统观之史学化，以狄百瑞和韩德森为代表；（2）宋明道统观之现代化，以牟宗三为代表；（3）道统观之创新，以钱穆、杜维明为代表。②

二、牟宗三道统观的基本内涵

现代新儒家的道统观主流是“哲学家道统观”。《为中国文化敬告世界人士宣言》由唐君毅、牟宗三、徐复观、张君劢联名发表，是新儒家的思想纲领，也是“哲学家道统观”的集中表述。《宣言》认为，中国历史文化中的道统说源于中国文化的“一本性”，即“以心性之学为其本原”：

> 一本性乃谓中国文化，在本原上是一个文化体系。此一本并不否认其多根。此比喻在古代中国，亦有不同之文化地区。但此并不妨碍，中国古代文化之有一脉相承之统绪，殷革夏命承夏之文化，周革殷命而承殷之文化，即成三代文化之一统相承。此后秦继周，汉继秦，以至唐、宋、元、明、清，中国在政治上，有分有合，但总以大一统为常道。且政治的分合，从未影响到文化学术思想的大归趋，此即所谓道统之相传。③

中国文化多元一体，一脉相传，政治上有政统，文化学术思想中有道统。文化道统并不会因为政治上的分合而改变。正是由于文化道统意识的存在，才使中国文化有五千年的历史传承，才使得中国人有源远流长的文化自豪感。中国现代化建设需要把道统从政统的纠缠中独立出来，成为新时代全民共识的思想理论依据。

牟宗三的道统观在新儒家当中最具有代表性，是“哲学家道统观”即道统论心性派的集大成者，其道统观可以分为广、狭两种。广义的道统如他所说：

> 此尧舜禹汤文武周公孔子孟子一线相承之道，其本质内容为仁义，其经典之文为《诗》《书》《易》《春秋》，其表现于客观政治社会之制度为礼乐刑政。此道通过此一线之相承而不断，以见其为中华民族文化之命脉，即名曰“道统”。④

---

① 参见万国崔：《二十世纪上半叶中华道统论三派概述》，《孔子研究》2012年第6期。

② 参见詹康：《二十世纪后期中美儒学的正统异端论述》，《国立政治大学历史学报》2002年第5期。

③ 唐君毅：《中国文化与世界》，《民主与评论》1958年第1期。

④ 牟宗三：《生命的学问》，广西师范大学出版社2005年版，第50—51页。

自从韩愈提出道统之说以来，到宋明诸儒崛起，基本上都承认并加以发扬光大。这说明道统的存在是一个历史事实，韩愈只不过起了一种点醒作用罢了。牟宗三给道统下的定义是“中华民族文化之命脉”，其承载经典是《诗》《书》《易》《春秋》，其本质内涵是仁义道德，其客观化的政治社会制度是礼乐刑政。这样一线相承，绵绵不断的，就是道统。

狭义的道统是指儒家的心性之学，也称为成德之教。牟宗三认为，中国传统学问的意义与基本精神集中体现在“道”这个观念上。在科学一面说是“学统”，在德性之学一面说就是“道统”。因此，可以说中国德性之学的传统就是“道统”。他又说：

> 根据实践主体而来的，首先是个人的道德实践，表现而为道德实践，表现而为道德宗教的圣贤人格。其在文化文制上的意义，是树立人间的教化，护持人性人道人伦于不坠。此为一本源形态，亦为一笼罩系统。此是“道”之统绪，简名曰“道统”。①

以圣贤人格为载体，以人文教化为展开的统摄文化各个层面的本源形态就是道统。在牟宗三看来，道统是人道之尊的总根源，是一切价值的总根源，有了道统，人的尊严、人格的尊严才能得以确立，人世间的理想与光明才能得以发扬。

三、牟宗三道统重建的学术理路

无论广义还是狭义，牟宗三道统观的主要特点是把道统视为一种“生命的学问”，他以生命的学问发挥道统之说，具体是通过对宋明理学的阐发来构建儒家新道统。

牟宗三认为，“中国的学问以‘生命’为首出，以‘德性’润泽生命”②。“生命的学问”是指什么？他认为生命的学问可以从两个方面讲：一方面是主观个人的，属于个人修养、个人精神生活提升方面的，就像所有宗教所宣扬的；另一方面是客观集团的，关乎一切人文世界，如国家、政治、法律、经济等方面的事。这第二个方面其实也与生命有关，是生命客观表现出来的事。显然，这是传统儒家内圣外王之道的现代表达，主观方面的个人修养犹如内圣，客观方面的人文化成犹如外王，而这两方面结合体现在个体生命上。

牟宗三“生命的学问”直承第一代新儒家梁漱溟、熊十力等。牟宗三对梁漱溟捍卫孔学正统地位复兴儒学的努力表示赞叹，指出梁漱溟维护孔子的人生哲学，“独能生命化了孔子，使吾人可以与孔子的真实生命及智慧相照面，而孔子的生命与智慧亦重新活

① 牟宗三：《道德的理想主义》，《牟宗三先生全集》第9卷，联经出版事业公司2003年版，第145页。
② 牟宗三：《生命的学问》，广西师范大学出版社2005年版，第109页。

转而披露于人间”，甚至“开启了宋明儒学复兴之门。”① 牟宗三对熊十力更为敬佩，说“业师熊十力先生一生的学问是继承儒圣的仁教而前进的”②，熊先生“年长于梁（漱溟），大器晚成，而又一生锲而不舍，念念不忘讲学，从未将其生命局限于一件特殊的事业上，故儒学之复兴，中国文化生命之昭苏，至先生始真奠其基，造其模，使后来者可以接得上，继之而前进。彼之生命，直是一全幅是理想与光辉之生命。”③ 认为熊先生对中国文化生命和儒学的复兴厥功甚伟，他自己也就是理想与光辉生命的典范。

牟宗三“生命的学问”源于孔子。他认为，孔子承前启后集中国文化历史之大成，其学问是“生命的学问”，“孔子直接把住了生命，承当了生命，亦安顿了生命”④；孔子之“道”是对历史文化的反省、点醒而形成的超越时空的常道：

> 中国历史，发展至孔子，实为反省时期。此种反省，吾人名曰人类之觉醒。就史实言，亦曰历史发展之点醒。此种点醒，为功甚大。乃人类之眼目，历史之光明也。经此点要，意义乃显。意义显，则可以明朗过去之潜在，并可垂统于来世。此意义即古人所谓“道”也。
>
> 儒家之道为常道，为时时在实现中，为时时在转进其形态也。⑤

儒家之道既然是常道，具有超越时空的普遍价值，所以在社会中居于最高地位，成为推动社会前进的精神原则。孔子关于“道”的言说是立足于人性、人伦、历史文化而言的，不是悬空的，因此，此道统型范与孔子的个人生命、生活实践以及当时社会政治的批判反省结合在一起，为后儒确立了完整的道统型范。牟宗三指出，孔子的道统是在尧舜三代圣王基础上的创造性发展：

> 自尧舜三代以至于孔子乃至孔子后之孟子，此一系相承之道统，就道之自觉之内容言，至孔子实起一创辟之突进，此即其立仁教以辟精神领域……此一创辟之突进，与尧舜三代之政规业绩合而观之，则此相承之道即后来所谓“内圣外王之道”。此“内圣外王之道”之成立即是孔子对于尧舜三代王者相承“道之本统”之再建立。内圣一面之彰显自孔子立仁教始。曾子、子思、孟子、《中庸》《易传》之传承即是本孔子仁教而展开者……宋儒兴起亦是继承此内圣之学而发展……自孔子立仁

---

① 牟宗三：《生命的学问》，广西师范大学出版社 2005 年版，第 88 页。

② 牟宗三：《生命的学问》，广西师范大学出版社 2005 年版，第 34 页。

③ 牟宗三：《生命的学问》，广西师范大学出版社 2005 年版，第 93 页。

④ 牟宗三：《寂寞中的独体》，新星出版社 2005 年版，第 104 页。

⑤ 牟宗三：《道德的理想主义》，《牟宗三先生全集》第 9 卷，联经出版事业公司 2003 年版，第 7、9 页。

教后，此一系之发展是其最顺适而又是最本质之发展，亦是其最有成而亦最有永久价值之发展，此可曰孔子之传统。①

牟宗三肯定了孔子立仁教承上启下、继往开来的特殊意义。立仁教既是孔子对尧舜三代圣王之道与时俱进的创造性转化，也奠定了其后思孟学派、宋明理学对这一道统创新性发展的基础。

牟宗三主要是通过对宋明理学的深入研究和阐发来构建自己的道统说的。他肯定宋明儒学之所以被称为新儒学因其有两大贡献：其一，针对先秦儒家孔子之后"儒分为八"，多元并进，缺乏确定传法统系的情况，梳理出了一个明确的统系，借此来贞定儒家生命智慧的基本方向，确定了以曾子、子思、孟子及《中庸》《易传》与《大学》为代表的儒家传承正宗统系。其二，改变了汉代人以传经为儒的观念，直接以孔子为标准，以孔子为生命智慧的方向，以成德之教为儒学；或直应孔孟的生命智慧，自觉以道德实践来提升生命境界，发展德性人格为儒学。因此，在儒学发展史上，宋以前的儒学可以说是"周孔之道"，宋以后的儒学可以说是"孔孟之道"。在周孔之道，"孔子只是尧、舜、禹、汤、文、武、周公之骥尾，对后来言，只是传经之媒介"；在孔孟之道，"是以孔子为教主，孔子之所以为孔子始正式被认识"。② 宋明儒以孔子为标准，由周孔并称转变为孔孟并称，是儒学乃至中国文化的一大转折，其主要特征是道统意识的自觉和道统的构建。牟宗三认为，宋儒对孔子之道的传承与发展"首在重人伦，立人极。亦惟因残唐五代太不成话，重人伦，立人极之心重，故宋学之彰显此道乃为纯反省的：由主静，主敬，向里收敛，反显此普遍理性之绝对主体性"③。在人伦的基础上立人极，在内向反省中挺立道德主体性。他通过对宋明理学的深入研究，一反学界对程朱理学与陆王心学之二分，判定孔、孟、陆、王为"正脉"，而其他则都是所谓的"绕开去""歧出"。他提出周敦颐、张载、程颢、程颐、朱熹、陆九渊、王守仁、胡宏、刘宗周是宋明理学的九个代表人物，把陆象山与王阳明归为一系，胡宏与刘宗周归为一系，合北宋的周敦颐、张载、程颢而为"宋明儒学之大宗"，而程颐、朱熹则是所谓的"别子"和"继别子为宗"。

牟宗三的道统重建以经典为基础，他以自己对宋明理学的理解把先秦儒家经典加以重组，指出宋明儒主要对儒家内圣之学的代表作《论语》《孟子》《中庸》《易传》《大学》来进行诠释，并将这几部经典分为两组：《论》《孟》《中庸》《易传》是孔子成德之教（仁教）中在独特生命智慧方向的发展，从中可以看出孔门师弟生命智慧的呼应传

---

① 牟宗三：《心体与性体》（上），上海古籍出版社 1999 年版，第 164—165 页。

② 牟宗三：《心体与性体》（上），上海古籍出版社 1999 年版，第 12 页。

③ 牟宗三：《道德的理想主义》，《牟宗三先生全集》第 9 卷，联经出版事业公司 2003 年版，第 13 页。

承；而《大学》则开出另一方向，形成了一个综括性的、外部形式的、主客观结合的实践纲领。这种重组打破了程朱的四书系统，也打破了程朱以四书构建起来的理学的正统地位。由此他判教说，以《论》《孟》《中庸》《易传》为主是宋明儒的大宗，更切近先秦儒家的本质。程颐、朱熹以《大学》为主则是宋明儒的旁枝，就先秦儒家的本质而言则是歧出。

不过，牟宗三对《大学》的解读似乎未得《大学》深意，他说：

> 是则《大学》之列出一个实践的纲领，只说一个当然，而未说出其所以然，在内圣之学之义理方向上为不确定者，究往哪里走，其自身不能决定，故人得以填彩而有三套讲法。①

其实，《大学》三纲领（明明德、亲民、止于至善）与八条目（格物、致知、诚意、正心、修身、齐家、治国、平天下）是专业一种关系："明明德"与格物、致知、诚意、正心四者相对应，修养途径是知、止、定、静、安、虑、得七证，都是"修身"分内的事，是属于内圣方面的；"亲民"与齐家、治国、平天下相对应，都是"修身"分外的事，是属于外王方面的。"止于至善"是总体目标，"明明德于天下"是最终理想，二者为内圣外王一体两面的统一，义理方向显然很明确，就是以修身为本，贯通内圣外王，以横向为主，其"诚意正心"也涉及纵向的维度。段正元说：

> 今日讲《大学之道》一章书，须先要知道，首节"在明明德，在亲民，在止于至善"三句，是先天之道，性分中的事，所以躬行实践，完性功之量也。"知止"一节，是后天之法，命功上的事，所以保凡躯了凡命。此章书系孔子问礼于老聃，老子举以告之者。至则近道矣，都凡五十八字，由先天说到后天，由后天说到先天，包罗万象，涵盖一切，道蕴无穷。②

《大学》不仅贯通内圣外王，而且贯通先天后天。

在肯定儒学是生命的学问的基础上，牟宗三更进一步阐发中国文化的大生命。他自述发愤从事文化生命疏通的时代动因：

> 自抗战以来，亲炙师门，目击而道存，所感发者多矣……乃发愤从事文化生命之疏通，以开民族生命之途径，扭转满清以来之歪曲，畅通晚明诸儒之心志，以开

---

① 牟宗三：《心体与性体》（上），上海古籍出版社 1999 年版，第 15 页。

② 段正元：《道德学志》，《师道全书》卷五，道德学会总会编印，1944 年，第 3 页。

生命之学问。①

他离开大陆，以流浪天涯的心境，逃难到海隅，于是才能静下心来从事文化生命的反省。作为学者，他“是一无凭依，只是想以生命顶上去，如何能本着儒圣的智慧与道路，来消融这一切，以畅通中国的文化生命”②。对于人格生命与文化生命的关系，他认为，文化都是人创造的，是人的精神活动的外在表现，但不能脱离人而把文化现成地摆在外面。所以，应该把文化收摄进来而内在于人的生命，内在于人的精神活动。换句话说，应该把文化看成是古今圣贤豪杰这些伟大人格的精神表现，而不是与人格生命没有关系的一大堆外在的材料，应该综合起来了解文化。综合起来了解文化就是了解创造文化的生命人格的表现方式，即生命人格精神表现的方式。这种生命人格精神表现的方式也就是文化生命的表现方式。也就是说，文化不是一堆死的材料，而是古今圣贤豪杰伟大人格的精神表现；文化是有生命的，是无数伟大人格生命的创造结晶。

对于中国文化生命，他指出中国文化中特别重视“生命”，《尚书·大禹谟》讲正德、利用、厚生来安顿生命，由此以仁义心性为本，进而一方面在客观上开出礼乐教化的系统，另一方面在主观上开出心性之学，综合起来就是内圣外王之道，构成了具有中国特色的道德政治的文化系统。在这个系统中，仁是最高原则，其他都为仁所统摄，因此也可以说这一文化系统也就是仁的系统。就是说，中国文化以正德、利用、厚生安顿生命，以仁为核心之核心价值观形成了礼乐教化系统和心性修养系统，体现为内圣外王的生命人格理想境界。他进一步解释中国文化生命里正德、利用、厚生时说：

> 正德或修己是对付自己的生命，利用、厚生或安百姓则是对付人民的生命。所谓对付者就是如何来调护我们的生命，安顿我们的生命。所以中国文化里之注意生命、把握生命不是生物学的把握或了解，乃是一个道德、政治的把握。……正德是道德的，利用、厚生是政治的。这就开启后来儒家所谓“内圣外王”之学。正德是内圣事，律己要严；利用、厚生是外王事，对人要宽。③

就是说，道统作为生命形态对应着儒家内圣外王之道。他解释内圣是“内而在于个人自己，则自觉地作圣贤工夫（作道德实践）以发展完成其德性人格之谓也”；外王是“外而达于天下，则行王者之道也”。④ 内圣与外王一体，即是儒家思想的核心结构。

① 牟宗三：《生命的学问》，广西师范大学出版社 2005 年版，第 34—35 页。

② 牟宗三：《生命的学问》，广西师范大学出版社 2005 年版，第 82 页。

③ 牟宗三：《历史哲学》，《牟宗三先生全集》第 9 卷，联经出版事业公司 2003 年版，第 190 页。

④ 牟宗三：《心体与性体》上册，上海古籍出版社 1999 年版，第 4 页。

四、牟宗三道统重建的基本途径

为了开出中国文化发展的途径，以充实中国文化生命的内容，牟宗三在《道德的理想主义》序言中提出了“新三统”说：其一，通过肯定道统来肯定道德宗教的价值，守护住孔孟所开辟的人生宇宙本源；其二，通过学统转换出“知性主体”，来融汇吸纳西方哲学传统，开出学术的独立性；其三，通过政统的延续，由认识古代政体发展的历史来肯定民主政治在今天中国的必然性。

牟宗三从“怵惕恻隐之仁”这一本源观念展开，发展为三统并建的思想系统，并在《关于文化与中国文化》中有详细论证：

首先，道统必须继续传承下来。道统是一个国家立国之本，是人们日常生活规范的源头，是文化创造的根本。具体说道统是以仁教为中心的道德政治的教化系统，也就是礼乐教化系统。在中国古代社会这一系统中的道统、政统、学统是一体的。道统一般就内圣而言，政统一般就外王而言，学统就是这一内圣外王之学。内圣外王是一体的，相当于仁义与礼乐之一体。今天，我们说道统、政统、学统虽为一体，但因为道统的根本性，也可只称之为“道统”。道统就是道的统绪的意思。怎么反思了解道统？必须通过了解二帝三王的政教如何演变为西周礼乐文明，孔、孟又如何在周代礼乐文明的基础上由天道而立人道，宋明儒者又如何由人道而立天道。这其实就是对中国文化生命的梳理。

其次，学统必须由道统开出。内圣之道是道统，相应的学统即应该是“知识之学”的统绪。但在中国文化中，知性的学统始终未能建立起来。原因是内圣之学吸附了人心，使得知性之学始终没有独立出来。在内圣之学中，“智”一直停留在“直觉形态”，没有转换成“知性形态”。直觉形态是圆而神的“神智”，知性形态则是方以智的“方智”。知性形态要遵守数理逻辑，使用概念体系，所以是“方”。“知性形态”必须在内圣之学的发展中开出来，这与内圣之学也没有什么扞格之处，而且也可以相融洽而体现出内圣之学的广大、充实。

其三，政统必须重新反思认识。“政统”是指政治形态的统绪。在反思理解政统过程中，必须了解在夏商周三代质文互变中，如何形成了贵族政治。这种贵族政治又如何在春秋战国的社会变革中形成君主专制。在君主专制政体中，君、士、民的地位及各自特性是怎样的？民主政治为什么是更高级的政治形态？中国古代为什么会形成一治一乱的历史循环？学人为什么直到今天只注意治道而忽视政道？民主政治中的一些基本概念，如自由、权利、义务等的具体含义与价值是什么？像这些都必须有深入的了解，然后才能有信仰并付诸实践，成为政治家式的思想家或思想家式的政治家。

牟宗三认为在帝王专制之下，政统与学统收缩，只有内圣心性之学。近代以来，西学东渐，中国文化面临西方文化的严峻挑战，面临现代转换问题。为此，他提出道统、学统、政统三统并建，其中道统是指内圣，政统是指外王，学统则是指二者结合的内圣外王之学。在今日看来，这三统正好是一个社会主要的三个面向：道统相当于核心价值观体系；学统相当于学术体系，主要指科学体系；政统相当于政治体制，主要指民主政治。三者之关系是道统统摄政统与学统。他将道统列为首建，就是想表明当代中国文化重建首要之务，即是中国道统之重建。他强调以“道统”来接续民族文化生命之大本大源，通过道统重建，可以由儒家“内圣”开出“新外王”，由“道统”开出“政统”和“学统”，具体途径是通过“良知自我坎陷”开出“知性主体”和“政治主体”，从“道德主体”转出“民主”与“科学”。在牟先生看来，“外王”与“内圣”不可分割，新学统——科学与新政统——民主无法从外部“引进”或者“添加”。现代中国科学、民主建设是中国文化的历史要求和必然趋势，必须靠中国文化的自我调节、自我创造才能从民族文化生命中“内生性”地开显出来。就是说，科学和民主的建设要以中国传统民族文化精神为根基。

牟宗三的“三统并建”有别于以董仲舒为代表的汉代公羊家所提出的“王鲁，新周，故宋，绌夏，《春秋》当新王”的“旧三统”说，因而被称为“新三统”说。牟宗三“三统的同时并建，也确实可以打开华族文化生命的症结，而开显一条顺适条畅的新途径”①，其意义是统贯人类生命中的三重价值：人格价值、知识价值与群体价值。这是“新三统”有取于而又有别于传统的三统说的主要贡献②。郭齐勇先生也说牟宗三“三统并建说，意在强调学习西方重视‘知性主体’开发出学术方面之科学与政治方面之民主体制，肯定尊生命、重个体，在体制上对自由、人权加以肯定，可谓抓住了中国走上现代化的根本”③。“新三统”以道统为枢纽，通过开出“民主”与“科学”，实现儒学的现代转换，为中国走向现代化确立基本目标和方向。

五、牟宗三道统重建的主体意识

牟宗三的道统重建有明确的儒家主体意识，以儒家为主流来疏通中国文化生命，以儒家为主体决定来中国文化发展方向，但没有独尊儒术之意，而是以儒为主，融通道佛诸子，接引融汇西学。他说：

儒家是中国文化的主流，中国文化是以儒家做主的一个生命方向与形态……中

① 蔡仁厚：《孔子的生命境界——儒学的反思与开展》，吉林出版集团有限责任公司2010年版，第15页。

② 参见李瑞全：《当代新儒学之新三统论》，《云南大学学报》（社会科学版）2018年第3期。

③ 郭齐勇：《牟宗三先生“三统并建”说及其现代意义——以“开出民主政治”说为中心》，《孔子研究》2016年第1期。

国文化若想最后还能保持得住、还能向前发展、开无限的未来，只有维持他自己的主位性；对于这个文化生命动源的主位性，我们要念兹在兹，把他维持住，才算是对得起中国文化。①

这就是说，在历史上，儒学是中国文化的主流，今天在中西古今文化冲突融合的全球化时代，中国文化还需要维持自己的主位性，即以儒家做主的一个生命方向与形态。如何在现时代保持中国文化的主位性？牟宗三认为需要“判教”：

这个中国文化维持其主位性的问题，在这个时代中，究竟表现在哪些方面呢？就是表现在这个文化的主流与其他几个大教的比较问题上，亦即表现在“判教”的问题上。判教首先对基督教而言，其次对佛教而言，其次对道家而言。这个文化以儒家作主，这个文化生命主要的动向、形态主要是由儒家决定的，在以往几千年中，道家并不能负这个责任，从印度传来的佛教亦不能负这个责任。……我个人并不反对基督教，亦不反对信仰自由，然而，现在每一个中国人在面临这个问题时，都应该有双重的身份、双重的责任。首先，得了解儒家是中国文化的主流，这个主流是不能放弃的。若是基督教能使你的生活得到安宁，当然很好，我也不反对信仰基督教，但是在这信仰的同时，身为中国的基督徒亦当自觉到自己有双重的责任，虽然是信仰基督教但也绝不反对中国文化的主流是儒家。我不反对基督教、天主教，可是我坚决反对他们拿着基督教、天主教来篡夺、改篡中国的文化，更不可把中国历来黄帝、尧、舜、禹、汤、文、武、周公、孔子的传统改成耶和华、摩西那一套……我不像宋明儒那样辟佛，我虽也辨儒佛同异，但并不反对佛教本身的价值，可是我反对以佛教来贬视儒家。以前内学院将孔子列为第七地菩萨，我就反对。②

20世纪西学东渐，中西文化激烈碰撞，他以文化比较的视野来谈中国文化生命问题：

吾常言，西方文化生命，自希腊传统言，首先把握“自然”，以自然为对象而研究之，故顺生命之凸出，才、情、气之奔赴，智之用特彰显……而中国文化生命，则自始即首先把握“生命”，以生命为对象而期有以润泽调获安顿之。自然之为对象是外在的，生命之为对象是内在的。③

① 牟宗三：《时代与感受》，《牟宗三先生全集》第23卷，联经出版事业公司2003年版，第352页。

② 牟宗三：《时代与感受》，《牟宗三先生全集》第23卷，联经出版事业公司2003年版，第352—354页。

③ 牟宗三：《道德的理想主义》，《牟宗三先生全集》第9卷，联经出版事业公司2003年版，第284—285页。

他将道统与中国文化生命相结合，视其为中国文化生命的体现，认为它决定了中国文化的主体性和发展方向。中国文化还需要向前发展，在今天重建道统，应该以儒家内圣之学为根本，重建中国人日常生活的常道，并以这种常道作为中国文化生命的主流，借以发挥文化生命的创造力。“道统”绵延不断也就是中国文化根源的生命能量绵绵不绝，不断向前展开。他以道统的重建为中国文化生命的再生，以道为己任，表现出自觉的弘道意识。

六、结语

牟宗三作为“哲学家道统观”的集大成者，他以生命学问发挥道统说，通过对儒家元典的创造性诠释，对宋明理学思想体系的重新梳理，借鉴康德哲学重建儒家道德形而上学，提出道统、学统与政统三统并建，坚守儒家心性大本，经过“坎陷”开出民主、科学的新外王，实现儒学现代转型，维持中国文化的主位性，表现出自觉的弘道意识。今天，我们面临的是中国社会深层变革、全球一体化、文化多元、不同文明冲突的局势，如何实现中国文化的伟大复兴，道统的重建是核心问题和主攻方向，因此，牟宗三的思想仍然具有重要的现实意义。

如何重建道统？笔者认为基本途径应该是复兴经学，通过对儒家经典的重新诠释，重建儒家道统，进一步以道统为本源和本体构建多元立体的文化统系。中国文化在漫长的历史发展中形成一脉相承的统系和结构，笔者概括为道统与政统、学统、教统、文统、法统、商统，形成以道统为原点的立体网络。道统是价值系统，与政统、学统、教统、文统、法统、商统的应用系统构成了体用本末关系，犹如大树之根与树干、树枝和花朵。道统开出并统摄政统、学统、教统、文统、法统、商统，在动态中相辅相成、相维相济，共同发挥作用。在中国历史上，政统、学统、教统、文统、法统、商统时断时续，道统也有隐而不彰的时候。道统如果断了，文化就没有了一以贯之的根脉，其他各统也会偏离正道，出现混乱。当然，应该看到在历史上也曾道统虚玄，不能上下、纵横贯通，致使文化失调，社会失序，文明衰微。今天我们的紧迫任务是复兴中国文化，其中最重要的是道统的重建，但也不可忽视政统、学统、教统、文统、法统、商统的重建，更需要注意在重建中要有统系意识，注意理清相互之间的复杂关系；在重建过程中不能操之过急、单兵独进、一元独大，不能简单化、绝对化，要像完成一项系统工程那样，推进中国文化的伟大复兴。

（作者单位：中国人民大学国学院）

牟宗三先生对朱子理学思想的诠释特色

梁承武

一、绪言

1998 年 9 月 5 日—7 日，在山东济南舜耕山庄召开了“牟宗三与当代新儒学国际学术会议”。该会议由大陆的中国孔子基金会、山东大学、栖霞市人民政府和台湾的鹅湖杂志社、东方人文学术基金会、“中央大学”、“中央研究院”等联合主办。当时本人出席了会议并宣读了题为《最近韩国东洋哲学界的活动与未来课题》的主题报告，但因当时报告结束后第三天就经由北京返回韩国，所以没能随团访问栖霞牟先生的故里，也没能拜会家属，甚是遗憾。

去年 5 月底在济南参加“梁漱溟乡村建设理论与当代乡村振兴国际学术研讨会”时，颜炳罡教授向朱建民教授提出由山东大学来主办纪念牟宗三先生诞辰 110 周年新儒学研讨会的动议，我也在一旁听取了开会计划，并表示一定要与会发言。仅此向此次会议的主办方山东大学儒学高等研究院暨儒家文明协同创新中心，特别是为了此次会议的顺利召开付出了许多心血的颜炳罡副院长以及主办单位的各位同仁，致以诚挚的谢意。

在洋洋巨著《心体与性体》中，牟宗三先生重新解释了宋明理学。众所周知，不同于对宋明理学原有的程朱系与陆王系二分法，牟先生提出了伊川—朱子系、象山—阳明系与五峰—蕺山系三分法。其主张可以概括为三点：(1) 平常所说的程朱指的是伊川和朱子，而没有对明道予以足够的重视。(2) 明道主张即心即性即天，其学既可以说是性即理，也可以说是心即理，而伊川—朱子则不能说是心即理。因此，将明道与伊川—朱子归为一系并不合理。(3) 五峰的湖湘学继承发展了北宋前三家思想，实为北宋儒学之嫡系。①

牟先生之所以将伊川—朱子系视为“小宗”，主要是因为：(1) 伊川和朱子将知识

① 牟宗三：《心体与性体》(一)，正中书局 1968 年版，第 43—38 页。

问题和成德问题混淆起来，以致道德本性与知识本性都无法彰显。(2) 伊川和朱子将超越的理和后天的心分属形而上与形而下，以致道德成了他律道德。“小宗”与“大宗”的根本区别在于对道德性体之体得上的差异，即伊川和朱子认为理只存有不活动。①

牟先生认为，伊川—朱子系在经典上以《中庸》《大学》《易传》为主，尤其重视《大学》。此系将《中庸》《易传》所言之道体、性体浓缩为一个只存有不活动的“理”，将孔子的“仁”仅仅看作“理”，将孟子的“本心”转化为实然的心气之心。在工夫论方面，伊川—朱子系强调后天的涵养（“涵养须用敬”）与格物致知的横摄（“进学在致知”），以达到“心静理明”“物格知至”的境界。

下面，笔者将主要根据《心体与性体》（三）的内容从中和说、仁说、格物致知论、心性论和理气论共五个方面概述牟先生对朱子理学思想的诠释特色，以聊表对牟先生生前谆谆教诲的感恩之情。祈请诸位方家指教！

二、中和说

由“中和旧说”到“中和新说”的转变，是朱子理学思想成熟的标志。在第二章《朱子参究中和问题之发展》与第三章《中和新说下之浸润与议论》中，牟先生从中和问题的渊源与脉络、“中和旧说”的义理体系、已发未发问题之论辨、“中和新说”的义理内容、“中和新说”定型后之发展等方面，对此一转变进行了详细的讨论。其主要内容如下。

牟先生指出，朱子在24—34岁的11年间，先后4次拜访了李延平。在此过程中，朱子提出了对中和问题的初步思考，此即所谓“中和旧说”。在“中和旧说”中，朱子以天命流行之体来言“中”，即强调在生命活动中，决定性、主宰性的虚灵不昧之本心。此时的朱子以逆觉体证为工夫，从本心来言天命流行之体。换言之，“中和旧说”与胡五峰相近，也与孟子之义理相合。然而此时的朱子没有完全体会到道体的即存有即活动之义，对于天命流行之体，朱子只从气化之迹上讨论，而不区分理气；对于良心之发和喜怒哀乐之发，朱子也将两者混同为一而不加以区分。

朱子经过不断地深入思考，在与张南轩讨论中和问题之后不到一年，便抛弃了“中和旧说”，提出了“中和新说”。在“中和新说”中，朱子通过讨论未发已发问题，分辨了良心之发与喜怒哀乐之情之发。在喜怒哀乐未发之时，寂然不动的心之体“具”天命之性的全体。此处之“具”并非是说心“本具”性理，而是说心能够“具现”性理。换言之，“中和新说”的“中”有“心”和“性理”两个平行的层面。心只有通过用敬涵养、格物穷理才能认识性。此“心”只是合理之心，而非即理之心。因此，朱子最为重

① 牟宗三：《心体与性体》（一），正中书局1968年版，第50—51页。

视庄敬涵养的工夫，并主张必须先涵养后察识，才能在已发之时皆中节。

三、仁说

在第四章《中和新说后关于“仁说”之论辩》中，牟先生从朱子仁说的成立背景与义理体系、朱子与张南轩对《仁说》之讨论、朱子对“观过知仁”与“先知后行”问题之论辩等方面，分析了朱子的仁说。其主要内容如下。

牟先生指出，朱子在与湖湘学派论辩的过程中提出了自己的仁说。他采用了伊川“仁是性，爱是情”的说法，认为仁只是理，而没有具活动性的心的意味，这与明道以不麻木、浑然与物同体释“仁”，以及孔子以“愤悱”“不安”释“仁”，与孟子以“恻隐”释“仁”不同。

朱子的仁说从宇宙论出发，认为“仁”作为天地之心，具有“元亨利贞”四相，其中“元”统摄“元亨利贞”四相；气化流行而成“春夏秋冬”四时，其中“春”统摄“春夏秋冬”；在人则仁统摄“仁义礼智”四德。朱子以此说明仁是“心之德、爱之理”，仁并非心，而是心之为心的根据；仁并非爱，而是爱得以可能之理。换言之，仁作为理，仅仅是超越的所以然之规律，而非人的真正主体，故无法引发道德活动；仁不再是活泼的生生之仁，而只是静态的存有，在人的生命活动面前显得无力。朱子反对杨龟山的“天地与我为一”和谢上蔡“以觉训仁”，因为二人对“仁”的理解基于明道之说，与朱子所依据的伊川之说扞格不入。

在五峰门人中，张南轩背离了师说而转向朱子，胡广仲、胡伯逢、吴晦叔等则严守师说，并与朱子围绕“观过知仁”“知行先后”等问题展开论辩。胡广仲等人主张以仁心之逆觉为工夫之方向，这也证明了五峰之说与孔子、孟子、程明道一脉相承。

结果，朱子所言之“仁”成了“性之德、爱之理”，而“心之德”的说法成了虚说，“性之德”才是实说。朱子反对当时隔绝“仁”与“爱”的主张，但也不像孟子一样以恻隐之情为本心之体现，而是主张通过克己来实现“公”。而且朱子之“公”也过于偏重“义”，强调的是理的内在化过程，而非孟子的直贯式的工夫。朱子通过横摄系统的心来格物穷理，以最终把握理之统体，实现豁然贯通之体证，可以说，朱子的思想体系乃一典型的泜教形态。

四、格物致知论

在第五章《中和新说与〈仁说〉后以〈大学〉为规模》中，牟先生从由居敬穷理到格物致知的过程、格物致知的意义与目的、格物致知与诚意之关系等方面，讨论了朱子的格物致知论。其主要内容如下。

牟先生指出，朱子所言之“心”乃属气之灵的实然之心。敬为心气之贞定与凝聚，要通过外在的庄敬涵养的工夫来收敛凝聚心气。居敬涵养与穷理致知相辅相成、不可分离。敬的“常惺惺”的态度虽然可以贯通动静，但由于其无确定的实质内容，故要达到“豁然贯通”的境界，就必须将居敬涵养与穷理致知结合起来。“穷理”即穷究物之理致，所穷究之物即心之灵，本来心之灵有认知事物之明，若为物欲所蔽，则明不能发，故不能不格物致知。朱子格物致知的目的在于穷究事物的最终根源，以达到豁然贯通的境界。格物致知必须要在为人之道处着手，彻底地把握为人之道即为穷理。能够实现物格、知至、意诚、心正，进而达到修身、齐家、治国、平天下之目的，则能同时实现成己与成物。

格物的对象是物，致知的对象是心。格物是穷究事事物物的存在之理，致知是通过格物穷究心中的一理。《格物补传》说明的就是由格物穷理的工夫到达致“知至”境界的过程与道理。因此，朱子说：“格物便是下手处，知至是知得也。”

朱子将一切事物都看作格物工夫的对象，认为人心之灵莫不有知，天下之物莫不有理，并从具体的事物之然（存在·气）推证所以然（存有·理），将格物致知归纳为“心知之明”与“外在之理”的摄取关系，形成了泛知识的格物论。朱子依据这种泛知识的格物论将仁体、性体与形而上的实体都规定为平面的普遍之理与心知之明的认识对象，因而理就成了作为客体的所，而非作为主体的能，亦非作为创造性实体的心体。此种格物致知论析心与理为二，也失却了“一本直贯”的可能。

心知向上则无有遗漏地通过良知明觉体会万物、完成圣德（与物无对），向下则将良知明觉转成自我知性，并提供了进一步展开为知识之学的可能性。然而朱子即物穷理的目的在于穷究存在之理，而非穷究存在之然的现象。对哲学的、德性的“存在之理”之穷究缺乏积极的知识性意义，对科学的、见闻的“存在之然的现象”之穷究则具有积极的知识性意义。因而主张格物致知的朱子是理学家，而非科学家。

五、心性论

在第六章《以中和新说与〈仁说〉为背景所理解之孟子》、第七章《心性情之形上学的（宇宙论的）解析》中，牟先生从心、性、情三分的体系、心论、性论、情论等方面，讨论了朱子的心性论。其主要内容如下。

牟先生指出，朱子将孟子的“恻隐之心，仁之端也”与“仁义礼智根于心”之说分为三层，即恻隐为情，仁为性，恻隐之心为仁之端。其中情属形而下，性属形而上，心则为贯串性、情的生命主体。

朱子的心论可以分为性情皆是从心、心是气之灵、心具众理、人心道心、尽心知性五个方面。心虽然不是本心，但一切的修养实践工夫都作用于心，心的知觉和明觉使人知晓性理，性与情由心统贯，所以说“性情皆是从心”。心作为依据气而形成的特殊存在，具众理而应万事。心之知以理为内容，带有主宰的意味。心担当了理与气的桥梁作用，心虽为“气之灵”“气之精爽”，但也能明“理”而制“气”。关于心具众理，朱子认为心之具性并非先天的“本具”，而是后天的、认识上的“当具”理。关于人心、道心问题，朱子认为人心虽受到感性欲望的影响，且无法根绝感性欲望，故应当依循作为义理之心的道心的主宰。关于尽心知性，朱子认为知性是认知上的知，尽心是认知上的尽，并主张知性在先、尽心在后。

朱子的性论可以分为性即理、义理之性与气质之性、性命对扬三个方面。性即是纯善的理，而且性只是静态的、不活动的实在理。在工夫上，朱子强调敬心之涵养与已发之察识的后天工夫，道德也就成了他律的道德。朱子所说的“义理之性”指的是不与气相混杂的性理，“气质之性”则是义理之性堕于气质之中，而非纯然的、本然的性。由气而言的命是气命，即命限之命；由理而言之命是理命，即道德之命。理命作为尽性之事，是每个人都能自己掌握的与必须要充尽的当为之命。而在充尽理命时所受到的制约，也是气命之无可奈何。

朱子的情论可以分为心统性情、才的实义、才的禀气三个方面。性为未发而无形，故无法具体把握，必须通过已发之然推证其所以然，才能见得性之本然。在朱子“心性情三分”的体系中，仁义礼智为性，恻隐、羞恶、辞让、是非为情，心与情都为心所统摄。心之统性，是心在认知上统摄并彰显性；心之统情，是心在行动上统摄并发用情。朱子认为，孟子所言之“才”出于性、发于性，是“本然之才”，才之实义即“禀于性”。

六、理气论

在第八章《枯槁有性：理气不离不杂形上学之完成》中，牟先生从理气二分、理气异同与枯槁有性、理气离杂与理一分殊、理先气后与理生气、对太极道体之体会等方面，讨论了朱子的理气论。其主要内容如下。

牟先生指出，朱子通过理气二分的架构，将“理”理解为由事物之然推证出来的形而上的所以然。朱子认为，人与物都禀受“理”以为“性”，故曰“理同”；但人与物所禀受之“气”有所不齐，故曰“气异”。由于性即是理，理遍在于天下，天下不存在无性之物，故曰“枯槁有性”。朱子不同意人有“本然之性”和“气质之性”两种“性”的说法，也不同意物只有“气质之性”而无“本然之性”的说法。朱子主张，“气质之性”与“本然之性”只是一个性，“气质之性”只不过是“本然之性”堕于气质中而已。顺理向下而言，理遍在万物而为体，此体即万物之性；顺物向上而言，万物皆以所以然之理为性。此即朱子独创之见。朱子认为，一方面理与气不相离，不存在无理之气，也不存在无气之理；另一方面理与气又不相杂，理属形而上，气属形而下，二者不可混杂。气虽然可以凝结造作，但必须依理才能运行；理无情意、无计度、无造作，只存有而不活动，因而失却了妙运创生与自发自律的意味。朱子理气论的问题不在于以理与气为二，而在于析心与理为二。因为析心与理为二的做法并不符合先秦儒家与宋代周濂溪、张横渠、程明道之说。“理一分殊”之“一”为真一、整一，故曰“统体一太极”；“理一分殊”之“殊”为假象，理随着事物而显示出“相”，故曰“物物一太极”。“理先气后”之“先”即“本”之义，是形而上的先在，而非时间上的先在。换言之，就时间上而言，理气同时并存，就存有论而言，则理先气后。虽然朱子也说“理生气”，但这是气必须要依傍于理才能生成变化。朱子以“理”来理解“太极”，虽然是超越的所以然而有存在之理的意味，但同时也是静态的所以然，而不具有生化之妙用。实际上，生化妙用都是气的作用，理不过是其背后静态的定然规律而已。

七、结语

《心体与性体》虽然主张在学统上伊川—朱子系为旁系歧出，但实际上，牟先生并非有意挑起孰为正统之争，而只是为了阐明宋明理学发展之本来面目。重视并重新解释朱子乃是牟先生宋明儒学研究之中心，其对朱子理学思想的诠释是十余年间学思历程之硕果。笔者认为，牟先生之观点可谓标新立异，但他并无丝毫标新立异之心，而这正是吾人尤为应当效法之处。

从“中和旧说”到“中和新说”，再到仁说以及格物致知论，牟先生以理气二分和心性情三分的基本架构来理解朱子哲学思想的发展过程与理论结构。这一思路深深地影响了后来的朱子研究者，也为吾人理解包括韩国性理学在内的整个朱子学提供了不少启示。当今学界的宋明理学研究者们，只能选择同意牟先生的观点，或反对牟先生的观点，而绝不可能无视牟先生的观点。可以说，牟先生的朱子研究是学术史上一座不可逾越的丰碑。

笔者从 20 世纪 80—90 年代，在韩国的学术会议以及各种学术刊物上发表了许多篇有关北宋三家与朱子哲学思想的论文。这些论文都是将当代新儒学的研究成果介绍给韩国学术界，以期待积累了丰硕研究成果的韩国学术界能与新儒学的理论相互之间或比较或评价或批评，然而韩国学界对其少有直接地反响。20 世纪 80 年代，蔡仁厚先生等几位当代新儒家赴韩国出席儒学学术会议，在所发表的主题讲演中，提出了朱子是独立开创出一个儒学系统，朱子开出的理论系统与传统儒学并不相同；陆象山和王阳明直接继承孟子的本心良知，及北宋周濂溪、张横渠、程明道的思路。这种以陆王为正宗，以朱子为非正宗的说法，在当时引起了一定风波。后来韩国学术界的老前辈私下跟笔者说，以前笔者发表的那些有关朱子的论文不符合韩国儒学界的说法，并责问笔者为何要如此低估朱子的理学思想。在笔者曾和另外一位更高寿的学界领袖一起去釜山审查有关朱子学的博士论文时，这位老先生指着审查论文所引用的笔者论文中的一句说，笔者对朱子的解释不恰当。韩国学界一直涌动着对笔者关于当代新儒学的论文之不满。笔者认为，这不是不同学术观点之间的争论，而是对否定、破坏自古流传下来的韩国传统儒学和朱子学之恐惧。

在这种氛围中，于韩国发展出当代新儒学的学术思想，绝非易事。这是因为朱子之学对韩国的学术思想界影响甚巨，其他思想家莫之与京。朱子理学在高丽末期传入韩国，而理学也成为朝鲜朝五百年间学术文化、政治社会以及伦理道德的指导纲领。众所周知，自16世纪初至1940年的近450年间，诸多理学家围绕各种命题展开讨论，如李退溪、奇高峰、李栗谷、成牛溪的四端七情论辨与人心道心论辨，韩南塘、李巍巖的人性物性同异论辨与未发心体有善恶论辨，任鹿门、奇芦沙的气一分殊说/理一分殊说论辩，田艮斋与李华西、奇芦沙、李寒洲、郭俛宇的心即理说/心即气说论辨之心说论辨等。如此积累下来的思想成果，对儒学之发展有莫大贡献，吾人当然不能忽视这些成果。笔者认为，传统韩国儒学与当代新儒学之间应开诚布公、心平气和地讨论问题，并互相学习借鉴，勠力同心促进儒学之复兴与发展。

（作者单位：韩国中央大学人文学院）

牟宗三的良知坎陷说及其逻辑思维研究

法　帅

牟宗三的良知坎陷说是现代新儒家在开出新外王事业中所提出一种代表性主张。此说一出，便在学界引起了广泛争论。许多学者认为这解决了传统文化和现代化之间的关联和疏通问题，为中国开出科学与民主的现代化外王事业奠定理论基础。但也有许多学者表达了自己的疑问。其实，坎陷说本身含有一种仁智合一、由仁笼罩的逻辑结构，这是中国古人的一种传统思维形式。如果从这种思维结构出发来加以思考，庶几能够得到对这一重要问题更为清晰的认识。

一

牟宗三的良知坎陷说最早是在《王阳明致良知教》① 一书中提出的，书中认为，良知要转化为认知，需要在致良知过程中为了了别而坎陷自己，从而能够开出并融摄知识。书中写道：

> 吾心之良知决定此行为之当否，在实现此行为中，固须一面致此良知，但即在致字上，吾心之良知亦须决定自己转而为了别。此种转化是良知自己决定坎陷其自己；此亦是其天理中之一环。坎陷其自己而为了别以从物。从物始能知物，知物始能宰物。及其可以宰也，它复自坎陷中涌出其自己而复会物以归己，成为自己之所统与所摄。如是它无不自足，它自足而欣悦其自己。此入虎穴得虎子之本领也。此方是融摄知识之真实义。②

这是牟宗三最早的形诸书面文字的良知坎陷说。随后，牟宗三又在1949年完成的《认

① 此书在正式出版前曾分两部分先后刊载于《历史与文化》（1947年第3期）和《理想历史文化》（1948年第1期）。

② 牟宗三：《从陆象山到刘蕺山》，吉林出版集团有限责任公司2010年版，第160页。

识心之批判》一书中对此说从认识论的角度做了阐释：

> 格度之成立是自理解之陷于辨解中而言之。理解陷于辨解中始能成知识，而陷于辨解中必有成就其辨解之格度。是以格度之立全就理解之坎陷一相而言之。此一坎陷是吾人全部知识之形成之关键，是以论知识者皆集中于此而立言，寝假遂视此为全部理解相状之所在，而不复知其只为一坎陷之相状。①

牟宗三在此讲的是，知识的形成其实是理解自我坎陷于辩解中的过程。随后，牟宗三又讲道：

> 以上所言之辩证是在认识心范围内，就认识心而言之。（坎陷之辨解与跃起之寂照俱是认识心。）尚有一种辩证，则为超越形上学中之辩证，乃顺承本心之呈露及习气执著之破除而表现，此为道德实践中之辩证。此不在本书范围内，将不论及。②

这段话告诉我们，坎陷不只有上述一种认识论的含义，还有另一种含义，这种新的含义是一种道德实践中的辩证。《认识心之批判》在 1949 年完成之时，牟宗三关于坎陷的思想已经比较丰富。

良知坎陷说得到进一步丰富和展开，则是在牟宗三的《道德的理想主义》《历史哲学》和《政道与治道》这“外王三书”中。《道德的理想主义》最早以“理性的理想主义”为名于 1950 年在香港出版，在此书中有一篇文章《儒家学术之发展及其使命》讲道：

> 两汉四百年，为后世历史之定型时期。一经定型，则礼俗传统，于焉形成。魏晋南北朝为混乱时期。学人思想无复儒家宗趣。此儒学之在思想方面之最暗者。隋唐武功跂略匹秦汉，而儒家思想无光彩。王通渐露端倪，韩愈粗能辟佛，李习之稍进精微。此皆以自觉之向往，而其归宗于儒术。……将至残唐五代，则规模尽丧，无复人趣。坎陷至极，觉悟乃切。宋初诸大儒，始确为儒学思想方面之复生。③

牟宗三在这里对儒学发展的过程进行了梳理，这里的坎陷有堕落、下沉之义，特指

① 牟宗三：《认识心之批判》下册，台湾学生书局 1990 年版，第 196 页。

② 牟宗三：《认识心之批判》，《牟宗三先生全集》第 19 卷，联经出版事业公司 2003 年版，第 612 页。

③ 牟宗三：《道德的理想主义》，吉林出版集团有限责任公司 2010 年版，第 3—4 页。

唐人思想无可取，气不终盛，儒学沉沦至极，人们这才彻底觉悟，有了宋代儒学的大发展。这里的坎陷概念较《王阳明致良知教》和《认识心之批判》，已开始运用于历史问题的分析。

牟宗三在1953年出版的《历史哲学》一书中，通过对中国历史所做的一番哲学省察将良知坎陷说做了全面的表述。牟宗三认为，中华民族的历史，按中国古史的记载，是从尧舜历经夏商以至周代开始的，而此一历史之背后则是以“修德爱民”为其首要观念的，此即二帝三王之道。由此，牟宗三认为价值观念是中国历史的一个首出观念、领导观念，必须由此来了解中国历史之发展形态。牟宗三通过对史官职责的追溯，对此观念做了进一步的阐释。中国古代的史官，自始就有政治教化和天文律历这两个主要职责，即“本天叙以定伦常，法天时以行政事”①。此仁智两方面，在中国古人是一种综合之型范，由一虔敬的实践之心而笼罩地涌现之，故成为一超越而普遍的统一体。这一仁智合一、由仁笼罩的仁智之全的精神实体，就是支配中华民族历史的中心观念，“领导华族历史发展之‘光’”②。而中国古人正是因为首先重在修德爱民之政治伦理，所以窥测自然正岁年之事也为道德所覆盖，致使智隶属于仁而为其用，未尝被推出去以客观化成为理解之智。“智只润于仁中，调适而上遂。并未暂离乎仁，下降凝聚，转而为理解。故名数之学及科学，皆不能成立也。”③ 因此，中国文化生命，“在全幅人性的表现上，从知识方面说，它缺少了‘知性’这一环，因而也不出现逻辑数学与科学；从客观实践方面说，它缺少了‘政道’之建立这一环，因而也不出现民主政治，不出现近代化的国家政治与法律”④。对于中国文化“将如何顺吾之文化生命而转出科学与民主”⑤，牟宗三认为，“西方的文化生命虽是分解的尽理之精神，却未尝不可再从根上消融一下，融化出综合的尽理之精神；而中国的文化生命虽是综合的尽理之精神，亦未尝不可再从其本源处转折一下，开辟出分解的尽理之精神。这里将有中西文化会通的途径”⑥。“融综合的尽理与分解的尽理之二精神而成一更高之综合。”⑦ 中国文化之综合的尽理精神实可含分解的尽理精神，不过，此含不是直接的含，需要有一曲折才能转出。

牟宗三在《历史哲学》一书中对其良知坎陷说做了历史的纵贯的阐述，但是理论的说明却因此受限而没有过多展开，所以，牟宗三在1955年正式发表的《理性之运用表

---

① 牟宗三：《历史哲学》，广西师范大学出版社2007年版，第13页。

② 牟宗三：《历史哲学》，广西师范大学出版社2007年版，第15页。

③ 牟宗三：《历史哲学》，广西师范大学出版社2007年版，第14页。

④ 牟宗三：《历史哲学》，广西师范大学出版社2007年版，第172页。

⑤ 牟宗三：《历史哲学·旧序一》，广西师范大学出版社2007年版，第2页。

⑥ 牟宗三：《历史哲学》，广西师范大学出版社2007年版，第157页。

⑦ 唐君毅：《中国历史之哲学的省察——读牟宗三先生〈历史哲学〉书后》，转引自牟宗三：《历史哲学·附录一》，广西师范大学出版社2007年版，第357页。

现与架构表现》一文中，对他的良知坎陷说做了进一步的理论阐释。这篇文章后来收入到20世纪60年代出版的《政道与治道》一书中。牟宗三认为，中国文化生命偏重在理性之内容表现与运用表现，因此，要想改变中国文化生命中政道不立、事功萎缩、科学知识停滞的局面，关键就在于理性之架构表现与外延表现的转出。但运用表现（内圣）却不能直接推出科学、民主政治等架构表现（外王），因为内圣之德性与科学、民主不是直接的关系，科学民主有其独立的特性，这里就需要曲通。牟宗三指出：

> 从理性之运用表现直接推不出架构表现来。然则从运用表现转架构表现亦必不是直转，而是曲转。这曲转即表示一种转折上的突变……没有德性，固不能有科学与民主政治，但有了德性，亦不能直接即有科学与民主政治。即在此义上，我们说这其中有一种转折上的突变。①
>
> 道德理性不能不自其作用表现之形态中自我坎陷，让开一步，而转为观解理性之架构表现。当人们内在于此架构表现中，遂见出政治有其独特的意义，自成一个独立的境域，而暂时脱离了道德，似与道德不相干。②

于是，在此一坎陷中，道德从无所不包的状况中“让开一步”，走向“道德中立”，理性之运用表现遂转出理性之架构表现，理性之内容表现转出理性之外延表现，而科学与民主政治也由此转出成立。不过，牟宗三认为，转出后的外延表现与架构表现，还应以道德理性的运用表现和内容表现予以统摄。因为理性之内容表现虽然在建立民主政体上是不够的，但它是有价值的，因为它把握了社会世界的理性律则、政治世界的坚实可靠基础；理性之外延表现在出现科学与建立民主政体上是当行的，然而又是不够的，因为人的“生活之全”并不只是科学与民主政体所能尽。

二

牟宗三的良知坎陷说在学术界引起了热烈的反应，许多学者都表示出对此说的赞同和欣赏，同时也有许多海内外学者对此表示质疑和批评。质疑和批评主要集中在两个方面：一是从儒家的内圣之学开不出今天的新外王，即科学与民主；二是牟宗三的良知坎陷说没有走出泛道德主义的框架。

如余英时在《钱穆与新儒家》一文中认为，牟宗三的良知自我坎陷说无法说明道统能够开出民主与科学，而且这一说法反映出一种道德主义的“良知的傲慢”。余英时写道：

① 牟宗三：《政道与治道》，广西师范大学出版社2006年版，第48—49页。

② 牟宗三：《政道与治道》，广西师范大学出版社2006年版，第51页。

> 根据新儒家的解释，良知是绝对的道德心，它本身并不以物为对象。但良知在作用的过程中必然引起对有关的客观事物的认知要求，此时良知即须决定“坎陷”其自身以生出一“了别心”，而化事物为知识的对象。新儒家即根据此说而断定一切知识（包括科学知识在内）都依于其高一层次的良知决定“坎陷”其自己而生。故知识必统摄于良知之下。良知是本体界的事，知识则是现象界的事；两者的高下判然。①

余英时认为，在西方现代社会中，政治、宗教、学术、道德、经济、艺术等各个领域都是相对独立的，没有任何一个领域可以凌驾于其他领域之上，而在新儒家这里，这些变成了不过是现象界的事物，一切都处于良知这一世界本体之下。当然这不仅源于中国旧有的传统，还有来自对西方所谓“知性的傲慢”的直接反应，所以余英时称之为“良知的傲慢”。

李泽厚在其《中国现代思想史论》中对牟宗三等现代新儒家评价道：

> 与中国的马克思列宁主义的革命哲学一样，现代新儒家的特征也是强调道德主义，只是它是通过传统哲学（宋明理学）来强调和论证罢了。但是，这种儒家传统的道德主义与现代西方的科学、民主以及个体主义究竟有何关联，它应如何对待它们，现代新儒家未能作出深刻的交代。这种道德至上的伦理主义如不改弦更张，只在原地踏步，看来是已到穷途了。②

李泽厚还说道：

> “外王”，在今天看来，当然不仅是政治，而是整个人类的物质生活和现实生存，它首先有科技、生产、经济方面的问题；“内圣”也不仅是道德，它包括整个文化心理结构，包括艺术、审美等等。因之，原始儒学和宋明理学由“内圣”决定“外王”的格局便应打破，而另起炉灶。③

著名美国华裔学者、现代新儒家的批评者傅伟勋认为，牟宗三使用“自我坎陷”等负面字眼来重建儒家知识论，“仍令人感到，‘自我坎陷’说的形成，还是由于当代新儒

① 余英时：《钱穆与新儒家》，氏著《现代儒学论》，上海人民出版社1998年版，第212页。

② 李泽厚：《中国现代思想史论》，生活·读书·新知三联书店2008年版，第331页。

③ 李泽厚：《中国现代思想史论》，生活·读书·新知三联书店2008年版，第332页。

家为了应付尊重‘知性探求’独立自主性的西方科学和哲学的强烈挑战，而被迫谋求儒家思想的自我转折与充实的思维结果，仍不过是张之洞以来带有华夏优越感的‘中学为体，西学为用’这老调的一种现代式翻版而已，仍突破不了泛道德主义的知识论框架而创造地发展合乎新时代需求的儒家知识论出来”①。所以，现代新儒家的一大缺陷，就在于唯我独尊、排斥异端，以正统自居，缺乏开放性，对于西方思想，“目的无非是要指责西方思想的局限性，籍以标榜中国儒学的优位，或是在借用西方思想及其方法论，当作补充中国儒家放诸四海而皆准的泛道德主义的注脚罢了”②。

以马克思主义研究现代新儒家的方克立认为，传统儒学的价值和现代化的内容（科学、民主）都是具体的，而且属于不同的价值系统，所以现代新儒家根本无法克服“返本”和“开新”之间的矛盾。再者，正统儒学的价值观念如贵义贱利、重道轻器、重人治轻法治、重道德轻知识等，与以科学、民主为标志的近代文化的价值观念大异其趣，甚至可以说在基本的方面都是对立的，所以，用非现代化的“内圣”之学，开出现代化的“新外王”事业是不可能的。方克立认为，良知自我坎陷说在解决从儒家心性之学到现代科学民主的过程中，道德主体必须暂忘其为道德的主体，而退归于认识主体之后，成为认识主体的支持者，在认识主体完成其认识的任务后，然后再施之以价值判断，从事道德的实践并引发其实用之活动。然而，这“都不过是道德良知的自我转化和自我完善。道德仍然优于知识，前者是第一义的，是体，是本；后者是第二义的，是用，是末”③。同样，道德主体转为建立民主制度之政治主体，也须“坎陷”和谦退。其他学者如郭齐勇、李翔海等也都表达出了类似的态度。总之，牟宗三的良知自我坎陷说主要遭受了中体西用和泛道德主义的批评。

通过余英时、李泽厚等人对牟宗三良知坎陷说的分析和评议，可以发现，他们对牟宗三提出的坎陷说颇为关注，并对此说进行了深入的思考和分析，所下的某些论断也是非常深刻。然而，结合牟宗三本人的思想，我们发现上述的质疑普遍存在着这样一个问题，就是他们对牟宗三所描绘和阐述的坎陷说的逻辑前提结构虽有涉及，但仅就坎陷而展开论说，可以说这不是对此说的全然了解。通过对牟宗三良知坎陷说的阐述，可以发现，牟宗三认为中国历史在周初就已形成了一个仁智合一、由仁笼罩的文化系统，即牟宗三所说的综合的尽理之精神。从余英时等人的话语中，可以看出他们对仁笼罩知的观点颇为了解，但对这一仁智合一且由仁笼罩的逻辑结构没有多少涉及。如余英时理解的坎陷说，是良知“坎陷”其自身以生出一“了别心”，而化事物为知识的对象，一切知识（包括科学知识在内）都依于其高一层次的良知决定“坎陷”其自己而生。故知识必

① 傅伟勋：《批判的继承与创造的发展》，东大图书公司1986年版，第32页。

② 傅伟勋：《批判的继承与创造的发展》，东大图书公司1986年版，第112页。

③ 方克立：《现代新儒学与中国现代化》，长春出版社2008年版，第101页。

统摄于良知之下。良知是本体界的事，知识则是现象界的事。余英时将牟宗三坎陷说的理论前提结构归结为本体界的良知和现象界的知识上下两层关系。殊不知，良知有本体界的，也有现象界的，并且是这两者的结合，也就是说，仁智合一、由仁笼罩这一完整结构，余英时在做出上述评语时没有涉及，进而影响到他对此说的完整认识。不仅余英时没有充分认识到这一点，其他批评者也没有谈到牟宗三这一逻辑结构前提。虽然他们批评牟宗三的坎陷说有中体西用和泛道德主义的问题，并对此结构有所涉及，但不是在对此结构完整理解的基础上所做出的批评，所以，笔者认为目前这两项批评并没有击中牟宗三坎陷说的要害，只是就部分而论全体。目前质疑牟宗三良知坎陷说的最大问题所在，其实是对这一逻辑结构前提的忽视，诸多质疑都可以说是由这一点引发而来。当然，出现这种情况也不能全部归因于大家的不了解，因为牟宗三对自己坎陷说的阐释说明也有个逐渐完善的过程，如文章一开始讲到的《王阳明致良知教》《认识心之批判》等，都没有对这一结构加以完全说明，只是谈到了良知坎陷以开出科学与民主，这从后来的叙述看不是坎陷说的全部。直到《历史哲学》一书出版，牟宗三才将这一结构完整表述为仁智合一、由仁笼罩，即综合的尽理之精神，并从这一精神出发来思考科学与民主之未能开出的原因，以及由此如何开出的问题。牟宗三认为这一精神之所以未能出现科学与民主，即知的一面，是由于仁的笼罩作用致使其没有发展起来，所以他提出“坎陷”仁，以让知得以发展，但最后还是要让知接受仁的笼罩作用，也就是说，牟宗三以此精神为出发点，最后还是归结到此精神上，只是中间充分强化了知的一面，这个强化引入了西方为知识而知识的精神，这是一种更高层次上的中西融合，但由此引起的争论却也更为激烈。

牟宗三之所以提出坎陷说，是因为近代中国没有发展出科学与民主，即知的一面，中国发展出的是仁的一面，而且正是仁的笼罩妨碍了知的发展，所以如何处理仁和知的关系就成为开出新外王的关键。仁和知的关系，看似简单，实不容易。仁不仅有现象界的道德之意，即“本天叙以定伦常”，还有本体界的笼罩之意，即“法天时以行政事”。这样它们的关系实包含本体界的仁和现象界的仁、现象界的仁和现象界的知、本体界的仁和现象界的知三种关系，这三种关系形成统一的逻辑结构。牟宗三良知坎陷说提出的前提就是中国文化是仁智合一、由仁笼罩，即牟宗三所讲综合的尽理之精神，这是其从中国历史中所得出的一个结论。中国历史虽然不是这一精神的全部实现，却是在这一精神指导下发展演进的。综合的尽理之精神是中国文化传统的重要部分，这不仅是牟宗三自己从历史中归纳所得，而且它的确弥漫于中国古代的历史之中。这一精神的核心内容就是对仁、知关系的认识和处理问题，既不是简单的两分，也不是单纯的融合，其中还有超越的问题，即仁的笼罩作用。这是中国古代所特有的一种思维方式，与今天西方的为知识而知识的思维大不相同。

三

中国古代这种思维方式是一种整体性思维，这一思维在中国有着古老的历史。老子《道德经》中说："道生一，一生二，二生三，三生万物。"这是老子的一种宇宙创成论，但其中蕴藏的就是这样的思维方式。与此相似，牟宗三在借鉴黑格尔历史哲学论述历史发展时说，历史是一部在发展途程中企求完成的哲学系统。这一哲学系统的完成，须将人性全部领域内各种"先验原理"予以系统陈述。

> 自纯哲学言，人性中，心之活动，首先表现为"理解形态"……而科学知识亦得以说明。其次，则表现为"实践形态"。依此，乃有实践之先验原理之显露。……在纯哲学是如此，转而观历史，则心之全部活动转而为"精神"表现之全部历程。①

出于这样一种历史哲学的思考，牟宗三认为，"西方文化生命一往是'分解的尽理之精神'。（在此有科学、民主与偏至的宗教）中国文化生命一往是'综和的尽理之精神'与'综和的尽气之精神'"②。"综和的尽理之精神"就是一仁智之全的道德实在，就是支配中华民族历史的中心观念，"领导华族历史发展之'光'"③，即中华民族之历史精神。由此可见，牟宗三的历史哲学与老子的宇宙生成论运用了相同的思维方式。

这种由对立双方及笼罩者组成的整体性思维，不是仅有老子所说这段话为证，在中国古代还有很多的例子，如《中庸》云"唯天下至诚，为能尽其性。能尽其性，则能尽人之性；能尽人之性，则能尽物之性；能尽物之性，则可以赞天地之化育；可以赞天地之化育，则可以与天地参矣"等等。可以说中国这种古老的思维源远流长。这与西方主客分裂对立的思维方式是完全不同的。西方这种思维造就了近代以来的科学和民主，并在中西文化碰撞交汇之中，使西方文化凭其先进的物质文明压倒了中国文化，使中国这一传统思维从此黯然无光。中国的整体性思维也并非一无是处，它在今天已日益显出其价值与意义：

> 整体性思维与天人合一，大概是目前最受世人称道的中国哲学思想。……人们倾向于认为，整体地而非割裂地、综合地而非分析地对待世界，有助于克服认知中

① 牟宗三：《历史哲学·旧序一》，广西师范大学出版社2007年版，第2页。
② 牟宗三：《历史哲学·旧序一》，广西师范大学出版社2007年版，第3页。
③ 牟宗三：《历史哲学》，广西师范大学出版社2007年版，第15页。

的许多痼疾。①

需要注意的是，这种整体性思维不是一般意义上的，是需要真正的综合。中西思维方式上的这种差异造成了双方各具不同形态的历史传统。西方的二分法思维是人类思维方式上的巨大进步，但从思维角度说，二分法还不是思维发展的最高阶段，其有待进一步的发展，而其进一步发展的方向就是中国的思维方式。

> 中国式的思维方法不是一分为二的。一分为二只是它思维过程的一个阶段。与分析相对，有综合；中国哲学并不主张用综合去取代分析，而是“综合”其综合与分析，此之谓整体性思维。与天人相分相对，而是“合一”其合一与相分，这才是天人之学。②

牟宗三之所以能提出良知坎陷说，恐怕与中国古代的整体性思维有莫大关系。

可以说，中国这种整体性思维贯穿于整个中华民族历史之中，若不能认识及此，不仅不能正确认识中国传统文化，更不能对牟宗三所据以提出良知坎陷说得出正确的认识。余英时是从本体界和现象界的区别来认识坎陷说，没有谈及现象界的仁与现象界的知的关系、本体界的仁与现象界的仁的关系，三对关系只探讨了一种。难道说本体界的仁和现象界的知就是综合尽理之精神的全部？结合前述，这恐怕不是客观事实。余英时等人之所以如此说，恐怕是过于看重了“坎陷”二字，而未曾注意二字之前之上的逻辑前提。当然这也不能全怪他们。牟宗三虽然从中国这一整体性思维出发，但在思考如何开出现代化的新外王时，也只是思考了本体界的仁和现象界的知的关系，侧重强调了仁的笼罩作用，没有看到知的相对独立，以及现象界的伦理秩序的影响。如果全面地看待这一逻辑前提，将另两种关系也考虑进来，我们就能够对科学与民主等知的一面不能在中华文明中产生出来的原因更为明了。科学之所以产生不出，从中国传统这一整体性思维来看，恐怕不能完全归罪于本体界的仁的笼罩作用，因为从这一思维看，正是因为这一作为体的仁（又称良知）才能产生知，又如何会成为知的阻碍力量。笼罩作用不会妨碍知，因为它是最高的理性，正是这一仁的本体才是产生科学的真正原因。这是一生二的真正内涵。而阻碍科学出现的原因，其实是现象界的仁，即“本天叙以定伦常”，作为本体界的仁的不完全实现，形成中国古代标

① 庞朴：《一分为三——中国哲学的贡献》，原载《东方》1995年第1期，后收入《庞朴文集》第4卷，山东大学出版社2005年版，第266页。

② 庞朴：《一分为三——中国哲学的贡献》，原载《东方》1995年第1期，后收入《庞朴文集》第4卷，山东大学出版社2005年版，第267页。

榜儒术的专制政治。也就是说，道德本体不是阻碍知产生的根本原因，专制政治在一定历史条件下由于不能完全体现本体之义，在过于强调专制统治的时候，就会阻碍知的发展。

在中国历史中，由于本体界的仁在现象界中没有完全实现而影响了知识的发展是一客观事实。中国综合的尽理之精神在历史中没有展现为理想中的圣王之治，相对应的是形成了君主专制的政治传统，虽然自汉武帝以来的政治一直打着儒家的旗号，但作为这一综合的尽理之精神体现的儒家思想没有完全成为专制政治的指导思想，却一直处于与法家相斗争的对立中。后来，在日益强化的君主专制统治下，中国文化最具创造力的知识分子完全走向了科举一条路，导致知的一面不能顺利产生。新儒家代表人物徐复观谓：

> 中国的智识分子，主要精力，下焉者科举八股，上焉者圣君贤相，把整个人生都束缚于政治的一条窄路之中；而政治的努力，又仅在缓和专制之毒，未能发现近代的民主政治，以致人生不能从政治中解放出来，以从事于多方面的发展。这是中国文化的一大漏洞，也是中国文化的一大悲哀。①
>
> 顾扼于专制过久，知识分子之志节不伸，文化之发展受阻，遂长期停滞于道德之主观状态，少客观之成就。②

也就是说，本体界的仁，从化生的角度看，是不会妨碍现象界的知的发展的，若真有阻碍，则即使坎陷以后，知的一面在本体界的仁的压力之下也仍将难以为继。真正的问题在本体界的仁在现象界的表现没有真正完成，导致知的一面没有能够发展出来，甚至影响限制了知的开出。余英时也发觉：

> 新儒家如果仅凭"直觉""证悟"以建立其关于本体界的信仰，那么我们局外人自然完全没有说话的余地。但是一涉及现象世界和它的历史——包括一般的历史和思想的历史——则问题复杂了，不是光凭"良知的傲慢"便能一切迎刃而解的。③

要发展出知的一面，恐怕不是坎陷本体界的良知，而应将矛头直指现象界的政治秩序。

---

① 徐复观：《政治与人生》，《人生》1953年第6期，转载于李维武编：《徐复观文集》第1卷，湖北人民出版社2002年版，第128页。

② 徐复观：《中国知识分子精神之回向——寿张君劢先生》，《人生》1955年第1期，转引自徐复观著，陈克艰编：《中国知识分子精神》，华东师范大学出版社2004年版，第56页。

③ 余英时：《钱穆与新儒家》，氏著《现代儒学论》，上海人民出版社1998年版，第224—225页。

总之，从中国古代这种整体性思维来看，牟宗三得出良知坎陷说的根据并不充分，将本体界的仁坎陷以发展知的一面，这并不符合中国的传统思维，也不符合中国的历史实际。专制政治才是阻碍知的发展的罪魁祸首，这虽是仁之本体的不完全实现，但不能将这种阻碍或扭曲视作仁的笼罩作用。若要实现中华民族的科学与民主，唯有在仁之本体的真正推动下，更加重视仁之本体的现实建构，通过建设更加进步的政治制度，才是合理的解决方案。

（作者单位：山东大学儒学高等研究院）

牟宗三对儒家“内圣外王”之道的接续与重建

俞秀玲

牟宗三先生是现代新儒家第二代领军人物，他在坚持中国文化本位主义的基础上，积极吸收西方哲学的有益成分，提出“返本开新”等学说思想，以解决中国文化的现代化问题，开创中国文化的新局面。牟宗三认为，现代新儒家的使命，就是正确阐发儒学的现代使命以内圣开出新外王，将儒学的现代发展论证为由儒家的道德理性自发地开出知识理性所支撑的民主与科学这样的开新外王事业。在他看来，儒学之于中国文化之现代化不是讲成“适应”或者“凑合”，而是讲成如何“实现”的问题。牟宗三十分清楚现代新儒家的历史责任与使命，对于儒家精神之发扬来说，牟宗三的最大贡献在于他不仅充分张扬了由孔孟荀所奠定的儒家道德理性（内圣），同时强调儒家的当前使命就是“开新外王”，即如何由内圣开出新外王。

一、问题之提出

近现代以来，中国的核心问题就是如何实现现代化的问题，这一问题也是中国在西方文化的刺激下做出的应对模式下的回应。鉴于此，国内学人呼声一片，应接不暇，一部分学人提出全盘西化观点，认为中国传统文化不足复存，应当予以全部抛弃；而到了20世纪50年代，诸多国人对中国传统文化持偏执乃至偏激态度，西方世界更有学人质疑中国文化，以偏见之眼光强调中国文化缺乏宗教性的关怀等。这些争议和探讨导致近现代中国出现激烈的反传统思潮，而儒学作为传统文化的思想核心和主干，首当其冲地遭遇前所未有的冲击，反孔反儒一时间成为当时社会文化的时尚。其实，一直以来关于中国如何实现现代化，就存在着传统文化如何在理论上对现代化做出指导，以提供思想资源上的支持这样的问题，传统文化内生性不足的问题也因此而凸显。关于中国传统文化的一系列问题突出地摆在了新儒家学人面前，传统儒学开始面临深刻的理论和实践危机。正是在这样的学术背景下，一批具有强烈国族意识的读书人挺身而出，起而捍卫中国传统文化的价值，新儒家的几代学人对儒学如何进行现代化进行了不间断地探索，以应对这一思想文化危机。

新儒家创造性地提出了“内在超越”的理论。牟宗三认为，现代新儒家的使命与儒学的使命既有关联也有区别。现代新儒家的使命是正确阐发儒学在现代社会的使命，这显然有别于其他学者关于儒学现代使命的阐发。① 在牟宗三看来，儒学的当代使命关键在于如何实现的问题，也就是说，如何实现儒学现代化的内在要求，积极肩负起儒学的现代化责任，这才是儒学的当代使命，而非使儒学“适应”或者“凑合”现代化。只有从儒家思想内部积极汲取，才能促进“实现”。牟宗三正是从儒学内部探讨儒学何以能促进“实现中国文化现代化”，由此提出由内圣开出新外王。内圣指儒家之常道，以儒家之道德意识、道德理想、道德取向以及道德实践作为道德理性之指向，而新外王则是指西方的科学、民主。也就是说，在牟宗三那里，儒学的当代使命特指儒学有开出西方民主与科学的内在要求。这一路径就其本质而论，是牟宗三对儒家“内圣外王”之道进行重构的一种努力。

二、“内圣外王”一语之儒化

“内圣外王”之语并非源自儒家，更非专指儒家思想。“内圣外王”源于道家思想。《庄子·天下》篇载：“古之所谓道术者”包括“圣有所生，王有所成”之两面，而此两面都是作为整全之道的内容而“原于一”；但是由于“天下大乱，贤圣不明，道德不一，天下多得一察焉以自好”，结果“内圣外王之道，暗而不明，郁而不发，天下之人各为其所欲焉以自为方”。② 从上文中可以看出，由于天下大乱，使得作为整全之道的“内圣外王”之道被割裂为内圣面与外王面。在后来的发展中，不同学派对内圣面与外王面又出现了不同说法，由此而形成了百家争鸣之势，“内圣外王”成为“一察”所在之标准，并以此对各个学派进行梳理以衡定其价值。虽然儒家著作甚多，且流传甚广，然而在此时的儒家思想中并未有以“内圣外王”来进行阐释的具体文辞、语句。反而自《庄子·天下》篇中提出作为道之全体的“内圣外王”后，道家思想中广见“内圣外王”之说法。③

直至北宋时期，儒家才使用“内圣外王”之语，首次使用该语的是程颢（明道先生）。据记载，二程兄弟曾拜访邵康节，并与其探讨学术，程明道评论邵康节之学术是

---

① 学者关于儒学的现代使命问题提出了四种观点：其一，认为儒学有拯救现代文化危机，即“道德危机”“认同危机”“意义危机”“存在危机”的现实价值；其二，认为儒学有适应现代文明的崭新内容；其三，认为儒学可以为现代人的安身立命提供终极关怀；其四，认为儒学可以为现代人类乃至将来的新文化建设提供不可或缺的重要思想资源。可以很明显地看出，这些见解大多都是从外部因素来考虑儒学与现代社会的关系及其意义。

② 庄子撰，陈鼓应注译：《庄子今注今译》修订版，商务印书馆2007年版，第983—984页。

③ 萧汉明：《论庄子的内圣外王之道》，《武汉大学学报》（人文社会科学版）2003年第1期。

"内圣外王之道也"[①]。邵康节曾指出，"性者，道之形体"，"心者，性之郛廓"。[②] 于此，很明显地看出邵康节是以先天易学和后天易学为核心。在他那里，所谓先天，是指自然而然而不假人为，先天之学即为天地之心（太极），先天强调明体，而后天强调明用，二者互相渗透贯通。尽管邵康节由太极而探讨宇宙演化规律，但其思想主旨最终并不在于论证道德的先天根据，反之却在后天之人事，如关于王霸、义利等问题的探讨。在邵康节那里，其学术思想的宇宙论色彩相当浓厚，但他关于个人境界的追求却更倾向于道家，应该说邵康节是儒、道兼备的。这也应该是程明道何以以"内圣外王之道"来评价邵康节学术思想的原因吧。程明道不仅对邵康节的学问进行高度评价，赞美其"内圣外王之道"的道之全体大义，而且还通过这一评价突出邵康节浓厚的道家气象。然而作为北宋时期的五子之一，邵康节的儒家思想倾向更显著。由此我们可以断定，当程明道以"内圣外王之道"之语来对邵康节的思想进行评价时，此语已具有了儒化的思想倾向。

在此后的发展中，明代的黄泰泉曾有针对性的评论。他说："盖去圣日远，而内圣外王之学，老庄颇合吾儒，遂至此尔。"[③] 在黄泰泉这里，《庄子·天下》篇中作为最高之道的"内圣外王之道"已被泛化，道家一直以来的整全的"内圣外王之道"，其至上性与唯一性已消失，儒、道两家各有其"内圣外王之道"，而非专指道家或者儒家之学问。在黄泰泉看来，儒道两家既然都有"内圣外王"之学，那就可以相互通融。后来，"内圣外王"被用作对儒学思想主旨的概括乃至思想建构，并在明末清初时期被大量使用。当时的颜元（1635—1704）直接将"内圣外王"用于指称孔子之学，批评宋儒所注释的儒家经典"流弊四起，致使孔子之'内圣外王之德'日益衰败"[④]。清儒马士琼则以"内圣外王"来点评王阳明学问事功之卓绝。清朝士人李穆堂（1673—1750）以"内圣外王"概括儒学，将其归为"内圣外王"之学："圣人之学，内圣外王，而圣道在于忠恕，平天下在于絜矩，皆不过一心。或乃分心性为二，疑心学为近禅，不知心即性、性即心也。"[⑤] 在李穆堂这里，儒学被提高到最高的整全的"内圣外王之道"的高度。另一大儒李二曲（1627—1705）可以说是第一个自觉将"内圣外王之道"详细地纳入儒家思想体系的学人。在李二曲之前的学人，无论是北宋时期的张载还是南宋时期的朱熹，乃至明朝时的王阳明，尽管他们各有偏重，但其实都是有"内圣外王"之学的自觉意识的；然而，相较而言，李二曲在内圣和外王两方面却都有突破，并进行了积极自觉地调整。从内圣一面来看，李二曲主张将本体与工夫并重，但强调以识得本体为先。他

① 程颢、程颐著，王孝鱼点校：《二程集》，中华书局 2004 年版，第 673 页。
② 黎靖德编，王星贤点校：《朱子语类》第一册，中华书局 1986 年版，第 3 页。
③ 黄宗羲：《明儒学案·诸儒学案》，中华书局 1986 年版，第 1202 页。
④ 颜元：《颜元集》，中华书局 1987 年版，第 77 页。
⑤ 李绂撰：《穆堂别稿》卷二十四，《续修四库全书》第 1422 卷，上海古籍出版社 2001 年版，第 415 页。

初步厘定了程朱与陆王两派长期以来的思想差别，并坚定地认为二者并非相互排斥，而是相互补充。从外王一面来看，李二曲不仅继承了儒学家强调的为政主张，而且站在明清之际大变化的时代前沿，以开阔的心胸积极汲取最新的科技知识以补充儒学外王一面之不足，如在其所开列的书单中就有徐光启翻译的《泰西水法》等科技著作。李二曲此举对儒学在时代学术潮流中保持主体性地位起到了极重要的引导作用。自此，儒家所面临的问题即在于如何既能保持儒学之主体性，又能对外来之科技予以汲取。[①] 站在理学的角度看，李二曲乃是“理学的总结者”[②]。但在经历了明清之际的变故之后，李二曲于中年后由于种种因素“绝口不提经济”，甚至于晚年荆扉反锁、杜门不出。如果说李二曲的思想理论向度有什么局限性和不足的话，也许可以说是“向内深沉，向外局促”[③]。“由于明清之际的时代悲剧、二曲的遗民情怀，使他外王事业上的‘致用’仅限于讲学；就内在的理论来说，区分本末、以本摄末，道德优先于知识的架构，而以‘经世致用’为末的思考，容易导致对下学的重视不足，而不易开展出客观的知识世界。因此，在清代要求客观化、外在化、形下化的时代精神中，二曲影响力的式微，乃至从‘清初三大儒’中退位是可以理解的。”[④] 然而，李二曲所开创的面对新时代要求而做出积极回应的“内圣外王之道”，却是现代新儒家牟宗三重建儒家“内圣外王之道”的先声。

自此，在历史的进程中，“内圣外王”完全被儒家化，道家反而丧失了其独拥“内圣外王”整全之道的至高地位。20 世纪初以来，学界以“内圣外王”对儒家思想进行概括渐成共识，并走向儒学的现代转型，尤其在现代新儒家这里得到凸显。如梁启超说：“儒家哲学，范围广博。概括说起来，其用功所在，可以《论语》‘修己安人’一语括之。其学问最高目的，可以《庄子》‘内圣外王’一语括之。做修己的工夫，做到极处，就是内圣；做安人的工夫，做到极处，就是外王。至于条理次第，以《大学》上说得最简明。《大学》所谓‘格物致知诚意正心修身’，就是修己及内圣的工夫；所谓‘齐家治国平天下’，就是安人及外王的工夫。”[⑤] 梁启超不仅以“内圣外王”之道对儒家哲学之要义进行概括，更对“内圣”“外王”之内涵予以诠释。他的这一解释完全是以儒家情绪来展开的。到了现代新儒家的开山熊十力这里，他“上推孔子所承乎泰古以来圣明之绪而集大成，开内圣外王一贯之鸿宗”[⑥]，以“内圣”“外王”对儒家哲学进行阐述。熊十力弟子牟宗三继承此思想，继续对儒家的“内圣外王之道”进行重建。

---

① 值得注意的是，李二曲还没有上升到理论层面来考察这些内容的变化。

② 刘涤凡：《李二曲体用思想发微》，《孔孟月刊》1994 年第 6 期。

③ 赵吉惠：《李二曲〈四书反身录〉对传统儒学的反省与阐释》，《中国哲学史》1998 年第 1 期。

④ 参见王雪卿：《作为“生命实践”的李二曲思想之研究》（下），《鹅湖月刊》2012 年第 7 期。

⑤ 梁启超：《清代学术概论·儒家哲学》，天津古籍出版社 2004 年版，第 100—101 页。

⑥ 熊十力：《原儒·序》，《熊十力全集》第六卷，湖北教育出版社 2001 年版，第 311 页。

三、牟宗三对儒家“内圣外王”之道的重构

现代新儒家中，熊十力对儒家“内圣外王之道”的开发是非常突出的。他自谓“开内圣外王一贯之鸿宗”，并认为所谓内圣外王，即为“成己成物”：“成己成物是一事，非可遗天地万物而徒为明心之学也。成己成物，是人人所应自勉之本分事。”① 这一观点正是李二曲“明体适用，乃人生性分之所不容已”观点的阐发。也就是说，在李二曲这里，他强调明体和适用的兼具，主张明心见性与开物成务的同时具备，并指出两者都是人人所当具之事。这一见解已超出了宋明理学内圣之趋向。到牟宗三这里，他认识得更为清楚。他也认为“内圣外王”一语“以之表象儒家之心愿实最为恰当”②，更进一步强调儒学在当代发展的主要使命就是依“内圣”开“新外王”。他说：“儒家思想本为‘内圣外王’之教，宋明儒长期讲习乃偏重于其‘内圣’一面之提炼，主要目的在对治佛老，立教意味重。”③ 牟宗三认为，只有儒家之意蕴才真正符合“内圣外王”之整全之道。在他这里，所谓内圣指的是自觉践履道德修养工夫以达至圣境，而外王则是由内圣发而做治国平天下之业。需要注意的是，牟宗三对儒家“内圣外王”之道的重建是以其“返本开新”展现的。也就是说，因为中国文化的复兴被论证为必须返本才能开出新局面、得到新发展，所以返本具有一定的优先性。在牟宗三这里，我们更多地看到的是中国文化之根本生命精神非但永恒不死而且弥久常新。牟宗三认为开新外王④之所以可能，并不是只要“返本”就能完成，它必须经过“辨证的开显”，这一过程是中国文化道德之本的自我否定（自我坎陷）。牟宗三关于儒家“内圣外王”之道的重构，主要是从以下几个方面展开。

（一）关于“内圣”“外王”

一直以来，以孔孟荀为代表的原始儒家倡导上学而下达的一体之学，主张化德性修养于事功学问之中，这是儒学的主旨精神。到了理学时期，其长期发展的结果，固然使得儒家道德的形而上学得以确立并圆融，并解除了外部之理论压力，但其弊端也日渐凸

---

① 熊十力：《熊十力全集》第六卷，湖北教育出版社 2001 年版，第 313 页。

② 牟宗三：《心体与性体》（上），上海古籍出版社 1999 年版，第 4 页。

③ 牟宗三：《政道与治道》，广西师范大学出版社 2006 年版，第 171 页。

④ 牟宗三关于中国文化缺少民主的探讨，只能限于“末”的范畴，而决不应将它联系到“体”来谈。牟宗三的“开新外王”与唐君毅的“开新”说相比，在内容上似无任何差别，二者都将“新”规定为民主、科学，区别仅在何以能“开”的问题。唐君毅似从外因视角入手，将中国文化的现代复兴（开出民主、科学）之动因解释为中国文化之本质（生命精神）的内在要求，而牟宗三认为自己已彻底解决了“内圣”何以开出“新外王”的问题。然而，需要注意的是，牟宗三对“内圣”“新外王”如何在本质上一致，如何从道德理性、知识理性的本质一致的意义上讲明此问题，并未说清楚；同时，牟宗三并没有真正回答“内圣开新外王”之所以能“开”的动力何在。当然，这个疑问的存在并不足以抵消牟宗三“内圣开新外王”说的独特学术价值。然而，这一问题的存在却让我们清醒地认识到，如何在坚守中国文化根本精神生命的同时，找出中国文化何以自发开出现代性的民主、科学，这仍然是一个艰难的学术问题。

显：尽管宋明理学家以复兴儒学为职志，但由于理学家偏重于“内圣”一面的思想特征，而对外王一面有所忽略，使得儒家思想在后期的发展中缺乏对事功精神所应有的工具理性的提倡。而科学的本质就在于知识理性。到了时代巨变的明清之际，因于时局之变幻以及西方文化对中国传统思想的冲击，当时的学界要么谨守程朱，要么提倡陆王之学，亦或直面时代问题提出偏于实学的观点，如顾炎武、黄宗羲、王夫之等。李二曲则本着补偏救弊、康济时艰的责任使命，既强调儒学对往圣之道的传承，又注重对当时急务的解决。他综摄程朱、陆王，主张以陆王之学为体而以程朱之学为用，体用相融，强调内足以明心见性，外足以开物成务，以此重构儒学“内圣外王”之道。然而，尽管李二曲做出了对儒学的重建和调整，但是由于民族大义等原因，未能及时完成外王方面的重构。外王的这个任务，直至牟宗三才有了高度的文化自觉意识和系统的理论化建构。

牟宗三认为“内圣”是儒家之常道，故而具有长久性、稳定性，不属于变革面，变革只限于“外王”的认识。牟宗三强调指出，儒学的当代使命只能从“外王”面展开，而非“内圣”面；也就是说，在牟宗三这里，他主张通过守“内圣”以开“新外王”，且认为这是实现儒学当代使命之入手处。“外王”本意指在政治上行王道之事，然而在牟宗三这里，“外王”并非简单地意指在现代社会如何行王道之治，这是传统“外王”所不能范围的。牟宗三强调从儒家道德理性开出民主、科学，所以称之为“新外王”。就内在结构而言，“新外王”要求民主政治为第一义；就其材质条件而言，民主与科学则为“新外王”第二义。科学知识是“新外王”中的材质条件，但须在民主政治的框架之下才能充分实现，反之，缺乏民主政治这一形式条件，现代化难以真正转型和完成。也就是说，现代化的关键不在科学，而在民主政治，它所涵摄的自由、平等、人权等思想，是现代化实现的本质意义之所在。

（二）由“内圣”如何开出“新外王”

牟宗三指出，儒家的当代使命在于“新外王”的开出。这就意味着两千多年以来的儒学发展都未能开出民主与科学。那么，没有开出“新外王”的原因何在？牟宗三再三强调，如何开出新外王决不能从儒学本身思想的缺失去找原因，因为这并不能得出“儒学本无民主”或者“儒学本无科学精神”等结论，反之，应该从儒学本身思想体系的发展不足而寻找原因。儒学本身的发展不足并不能等同于儒学本身就缺失民主、科学等精神。牟宗三指出，“新外王”的开出是合乎“内圣”之内在目的的要求。之所以如此言说，他认为讲良知、道德重在“动机之善”，然而若有好的动机却丧失知识，则此道德良善动机无以确切表述。就本质而言，良知的“道德动机”内在地要求把知识作为一种中介工具予以传达，然而须以“内圣”作为依据。“若是真想要求事功，要求外王，唯有根据内圣之学往前进，才有可能。”① 故而牟宗三评论说：“然宋明儒者，因偏重内圣一面，对于外王一面毕竟有不足。长期之不足，形成内敛之过度，其弊即显道德意识之封闭，而不能畅通于客观之事业。”② 牟宗三认为，若能继承发扬原儒这一上学而下达的主旨精神，则儒学在近代的“新外王”发展，本应开出民主与科学。正因为长期以来儒学的事功精神未能开出，直接导致儒学在近现代的转型难以像西学那样直接开出民主与科学。

牟宗三以“内圣外王之道”自觉抉发儒学在新时代的意义和使命。他将儒学的历史发展进程分为先秦至东汉末年、宋明理学及现在三个阶段。先秦至东汉末年阶段的主要特征在于，孔孟所开出的“内圣外王之道”是儒家的全体大用，即所谓“内圣外王”，这一思想在《大学》的格致诚正修齐治平学中有深刻的叙述。③ 而宋明理学阶段则由于受外来佛教的思想理论压力，儒学处于严重的式微状态。理学家的当务之急在于建立儒家自己的形而上学以对抗佛老之道，因而理学家更偏于对“内圣”一面的关注，形而上学意味浓重，而于外王一面则有所忽略。从理学到儒学发展的今天则为第三阶段，这一阶段是上承理学之内圣而开出新外王的时期，即如何重建现时代儒家的“内圣外王之道”。在这方面，牟宗三在关于宋明理学的内圣一面做了大量的研究清理工作，并提出了儒家正宗之“纵贯系统”与程朱理学之“横摄系统”的观点。牟宗三认为，程朱对于心性本体的认识是不透彻的，这一点，李二曲早已注意到，但是究竟如何不透彻，李二曲并没有深入展开，故而语焉不详。对程朱理学的认识，牟宗三与李二曲相合，但是如何不透彻，直至牟宗三才明确凝练并提出。④ 牟宗三认为程朱之学的本体乃是“存在之理”，是只存有而不活动的，而正宗儒家的本体乃是即存有即活动的“存有之理”。⑤ 当然这并非意味着程朱理学缺失其积极价值。牟宗三指出，“就个人之生长言，假定先把握横摄系统，则此只为初阶，而非究竟，必上升而融入纵贯系统中始可得其归宿而至于圆满。假定先把握纵贯系统，则必该摄横摄系统始可得其充实。假定两相对立，欲以横摄系统代替纵贯系统，以为只此横摄系统是正道，纵贯者为异端，非正道，则非是。假定两相对立，以为只此纵贯系统为已足（形式上是已足），斥横摄者为支离，为不见道（自究竟言是如此），而不能欣赏其补充之作用与充实上之价值，则亦非是”⑥。由此，牟宗三对理学的整体理论形态做出了判断，认为理学家的义理规模上承《论语》《孟子》

① 牟宗三：《从儒家的当前使命说中国文化的现代意义——〈政道与治道〉新版序》，《政道与治道》，《牟宗三先生全集》第10卷，联经出版事业公司2003年版，第16页。

② 牟宗三：《政道与治道》，广西师范大学出版社2006年版，第172页。

③ 参见牟宗三：《政道与治道》，广西师范大学出版社2006年版，第7页。

④ 参见牟宗三：《心体与性体》（上），上海古籍出版社1999年版，第53—97页。

⑤ 参见陈张林：《从“存有之理”到“存在之理”——牟宗三对朱子天理观的分析》，《陕西师范大学学报》（哲学社会科学版）2009年第5期。

⑥ 牟宗三：《心体与性体》（下），上海古籍出版社1999年版，第46页。

《大学》《中庸》《易传》而来，传承的是儒家所抉发的道德的形而上学这一"常道"，故而特重内圣面，其成就是"道德的形上学"，这是中国人存在的生命智慧。牟宗三将这一生命智慧称之为"常道"，并强调它亘古不变、绝不可舍弃。于此，牟宗三认为儒学"内圣外王"之道的重建正是儒学第三期发展的任务，必须谨守此生命"常道"，并由此而重建适应现代化转型和要求的新外王政治、事功、科学。① 牟宗三指出，传统儒家原则上是将外王视作内圣一面的直接拓展，结果不免流于经验主义、功利主义、历史主义、现象主义、过激主义，并转而为与内圣的对立。

由此可见，在牟宗三这里，外王并不是内圣的直接延长，而是有所转折的，此即"良知坎陷"说。从内圣而外王，其中的转向曲折性，明清之际的李二曲也早有认识，"若惧蹈诵《诗》三百之失，而谓至诚自能动物，体立自然用行，则空疏杜撰，犹无星之戥，无寸之尺，临时应物，又安能中窾中会，动协机宜乎？……故'体'，非书无以'明'，'用'；非书无以'适'。欲为明体适用之学，须读明体适用之书，否则纵诚笃虚明，终不济事"②。他已经清醒地认识到，所谓"诵《诗》三百"属于客观性的学习，是一种科学知识的获取过程，然而这些知识并非"诚笃虚明"，本体明澈就能获得，必须明体而适用才可以实现。

综上所述，从现代新儒家的努力来看，无论是从内圣面对理学内部的梳理，还是从外王面对现代科技的容纳，都无不是现代新儒家的核心课题，也是我们今天进行中国哲学研究的中心话题。这些努力的共同目的都是使儒学现代化。故此，如果说儒学自宋明理学后有转型的话，李二曲实开其先河，而牟宗三作为现代新儒家的重要代表之一，又以其独特的反本开新视域对儒家的"内圣外王"之道进行接续和重建。

（作者单位：西北政法大学哲学系）

① 参见牟宗三：《心体与性体》（上），上海古籍出版社 1999 年版，第 165—166 页。

② 李颙撰：《二曲集》，中华书局 1996 年版，第 163 页。

夫子自道：牟宗三先生性情之自我描绘*

黄兆强

一

孟子曰："颂其诗，读其书，不知其人，可乎？是以论其世也。"（《孟子·万章下》）后世"知人论世"之学，盖本此。中外学人颂读牟先生书，借以阐释、弘扬其学术思想/哲学思想者，多若牛毛；但就"知人论世"而言，则相对不成比例。笔者不揣谫陋，乃钩稽爬梳牟先生本人之文字，藉以窥见其性情①；所谓窥见其性情，易言之，即所谓知人（认识牟先生）也。认知其人，则于认知其人之思想，恐不为无功。本文之撰，区区之意，正在于此。至若论世一项，则从略焉。

忆四十多年前在香港上牟先生课时，牟先生经常说：就儒家之义理而言，"孟子十

---

* 本文之全文3万多字。大会要求压缩至1万字之内。以时间紧迫，不暇大幅修改、删减全文，今仅针对原文之绪论部分"性情与学问之关系：牟先生，真人也"稍做修改，交由大会发表；而论文之原标题：《夫子自道：牟宗三先生形貌、性情之自我描绘》，也改为今题，俾更能反映文章之内容。

"性情"一词，兹取其广义。无论是源自上天之禀赋或依乎后天之教育、修为，乃至客观环境之影响等而来之个人性格、性向之各种表现，皆属之。本文所根据之材料，绝大部分源自牟先生本人之自述，仅少部分源自他人之记载或描绘。

① 牟先生著作等身，恐不下千万言。今钩稽爬梳牟先生性情方面之自我描绘而不得不阅读之文字，盖不及其全部文字（联经出版事业公司出版之《牟宗三先生全集》共33册，尚不含《生命的学问》及近今［2019年3月］出版之《牟宗三先生演讲录》［共10册］）之十一，即此十一，恐亦有不少轻忽滑过而未能悉数钩稽其相关资讯者，甚或误判其无关紧要而不予纳入钩稽范围之内者。敬希读者惠予原谅。说到牟先生的性情，虽探讨或描绘这方面的文章不多，但据阅览所及，也有若干篇，如下：牟先生讲，陶国璋整理：《平生与学问》，《毅圃》1996年第5期；1984年7月14日香港新亚研究所讲座，http：//bbs. gsr. org. tw/cgi-bin/topic. cgi? forum＝27&topic＝633；《牟宗三充盈汉子气的哲学家》，https：//wenku. baidu. com/view/9bc234a10029bd64783e2c16. html；程志华：《牟宗三的风骨》，http：//www. guoxue. com；林月惠：《雨·散步·哲思——记牟宗三先生的燕居》，http：//www. douban. com/group/topic/31359642/。此外，《牟宗三先生纪念集》（台湾东方人文学术研究基金会1996年版）中也有若干文章是牵涉到这个主题的，如余英时先生的一篇便是。文中说到牟先生给他"留下的印象都是率真和洒落，不带半点矜持之态"（见该书第403页）。

字打开，更无隐遁”[①]。先生之欣赏孟夫子，情见乎词。然而，在“知人论世”这个议题上，孟子自孟子，牟先生自牟先生。换言之，牟先生不见得全然首肯孟子之说。当然，直接研读哲学家本身之哲学专著，乃至探讨其本人所经常使用之哲学概念，这对于了解、认识其人之哲学思想是很有必要的。然而，似乎牟先生从来不反对、不排斥以下看法：多了解其人之生平事迹、性情志趣等，对了解其哲学思想，定有所助益。这方面，我们试根据牟先生寄给唐君毅先生（1909—1978）的书信（以下简称“牟致唐函”）[②]，做点说明。1956.12.09一函云：

> 然弟以为思想观念之表现型态（虽是个人的，亦是客观的）俱与个人之气质与生活有关。气质、生活，是些具体的线索，能道说出来，不但于理解个人，即于了解客观道理，亦大有助益。此自是“人生”中最好的资料。……惟（性）情中人，可语性情之事，非性情之人，不可语也。……上星期夜宿旅舍，隔壁梵音忽起，哀感低徊，穷于赞叹，深悟佛之悲情，此是最具体、最真实的，事后亦写不出也。

上引文，细绎之，具以下三点消息：

第一，“道说出来”之后，则听受者或读者固可借着这些具体线索以知悉道说者之气质和生活，此不在话下；此外（或许这更是重点之所在）则为听受者或读者更可借以了解客观道理。[③] 而客观道理，广义来说，自然包括道说者本人的思想观念。[④]

第二，庄生谓：“有真人，而后有真知。”（《庄子·大宗师》）本此，笔者恒转语谓：“有真性情，始有真学问。”换言之，真学问，恒缘自真性情；非真性情，难语乎真学问也。上引文有句云：“惟（性）情中人，可语性情之事。”此所谓“性情之事”，据上引文，乃指缘自性情而来的“客观道理”，即指知性学问而言。牟先生是把“知性学问”，以“事”一语称呼之，盖“客观道理”“知性学问”，亦宇宙中或人世间中之一事耳。

第三，借以“最具体、最真实的”了解佛家之悲情者，非梵音莫属（至少梵音是最重要管道之一）。梵音非佛家悲情之本身，此不必赘言。然而，借之则可了解悲情。然则借人之性情以了解其人之学问、思想，不亦同一道理乎？

同年（1956年）稍早的8月2日牟先生致函唐先生讨论朱子的学问时，也有类似

---

① 原语出自陆九渊：“夫子以仁发明斯道，其言浑无罅缝。孟子十字打开，更无隐遁，盖时不同也。”《陆九渊集》卷三十四《语录上》，中华书局1980年版，第398页。

② 牟致唐函未尝正式发表。唯多年前黎汉基先生（广州中山大学教授）得唐师母同意后，曾经予以汇整。其打字稿藏台湾东海大学图书馆徐复观特藏室。

③ 此所谓“客观道理”，不必然真的是所有人都认同或接受的道理。在这里，牟先生用此词盖以示有别于任一个人主观上之气质而言。按：任何个人的气质都是其人主观上之表现。然而，能够称得上“道理”的，则多少总有其客观性。是以牟先生乃用“客观道理”一词以示区别。

④ 牟先生的用语是“思想观念之表现型态”；但此语应不是仅指“思想观念”之“表现型态”而已，而是当包括思想观念之本身。

的说法：

> 至于朱子，则弟始终闹不清楚，亦由于他本人原有些缠夹。弟曾仔细看《朱子年谱》一遍。由他全部言论、生活之形态，当可规定出他的造诣。

牟先生分宋明儒为三系，此众所周知者。其中朱子被视为别子为宗，其学乃一横摄系统，亦人所共喻者。① 然而，据上函，则知 1956 年时，牟先生对朱子之学问尚未能给出定见。② 唯此与本文题旨不相涉，不赘。笔者要一再指出的是，牟先生上说正可反映其如下看法：了解某人之生活形态对了解其人之学问造诣——哲学思想、学术思想，当有一定的帮助。牟先生甚至用“规定出”一词，则朱子（恐其他宋明理学家亦然）之学问造诣，可借其全部言论③及生活形态而范围之矣。然则其人之言论及生活形态（生活形态，恐大多依其人之性情而呈现）对于了解其人之学问，必能扮演一重要角色无疑。

在这里顺便一提的是，据阅览所及，牟致唐函不仅流露了不少牟先生本人的生活资讯（含性情方面之资讯），同时也揭示了牟先生对生活形态（人在生活上的表现）与学问间的关系的看法。上文所引录之二函，盖可见其一斑。此外，牟先生的《五十自述》在这方面亦深具参考价值。再者，牟先生各专著的《序文》《重印志言》《译者之言》《中译者之言》等，亦或多或少提供了一些相关资讯。《生命的学命》中的若干文章亦然，如《说怀乡》和《水浒世界》即其显例。以上各种文字，其中《五十自述》被视为一部奇书。④ 是以下文针对《五十自述》做点说明。

---

① 参见牟宗三：《心体与性体》(一)，正中书局 1968 年版，第 42—60 页，尤其第 45—49 页。

② 针对宋明理学，不要说 1956 年，其实 1959 年之前，牟先生尚未全然着力。是以对朱子乃未能给出定见。先生尝自白说：“五十之前，未专力于此。”（牟宗三：《心体与性体·序》，正中书局 1968 年版，第 1 页）牟先生之生年是 1909 年，五十岁之前，即 1959 年之前也。

③ 据上引文，此所谓“全部”，其实仅指见之于《朱子年谱》（清初人王懋竑撰）者而言，并非真的是朱子一生中之所有言论或著作。

④ 牟先生高足李淳玲女士尝为文荐介该书若干章，其中一文开首第一句便说该书是“一部奇书”。李淳玲：《生命离其自己——简介英译〈五十自述〉第二章——纪念牟先生逝世十周年》上篇，《鹅湖月刊》第 369 期，2006 年，第 4 页；下篇见《鹅湖月刊》第 370 期，2006 年。《五十自述》，本文所用的是鹅湖出版社 2000 年版。据阅览所及，针对《五十自述》，李女士尚撰有以下二文：《混沌中长成的牟宗三先生》（上），《鹅湖月刊》第 351 期，2004 年，第 11—18 页；《混沌中长成的牟宗三先生》（下），《鹅湖月刊》第 352 期，2004 年，第 20—27 页；《牟宗三先生的存有论意识——从〈五十自述〉第三章“直觉的解悟”谈起》，《新亚学报》第 28 期，2010 年，第 223—238 页。其他研究《五十自述》的文章，兹一并开列如下：尤惠贞、陈彦伯：《牟宗三〈文殊问疾〉章义的现代生死学新诠》，《生死学研究》第 8 期，2008 年；黄冠闵：《寂寞的独体与记忆共同体·牟宗三〈五十自述〉中的生命修辞》，《台大文史哲学报》第 87 期，2017 年，第 119—150 页；裴春苓：《从〈五十自述〉探讨牟宗三先生早期“儒佛融摄”思想进路》，台湾南华大学哲研所硕士论文，2005 年；林瑞生：《牟宗三的生命乐章三部曲——读〈五十自述〉札记》；田炳述：《牟宗三的生命哲学——〈五十自述〉为主》。林、田二先生的文章同见于《“百年儒学走向”国际学术研讨会暨牟宗三先生诞辰 110 周年纪念会论文集》，儒家文明协同创新中心、山东大学儒学高等研究院，烟台，2019 年 7 月 13—14 日。

二

据蔡仁厚先生及曾昭旭先生，《五十自述》一书撰写于1956—1957年。[①] 我们不妨先引录1956年之前一年（即1955年）11月6日的一封牟致唐函的几句话，以见牟先生撰写《五十自述》时或稍前一年时的心境。牟先生说："弟数年来之具体生活已处在断潢绝港中，亦是从抽象转到具体之痛苦的转机中。这几年实未读书，然不是无所用心。"上引文中，"实未读书"一语，乃客气话，不必认真看待。但"不是无所用心"，则完全是事实。[②] 至于"从抽象转到具体之痛苦的转机中"，其过程及内容，参看《五十自述》以下三章，即知其详："架构的思辨""客观的悲情""文殊问疾"。如果说《五十自述》是一部奇书，个人倒认为牟先生不少专著都应该算是奇书；《五十自述》，其一而已。在中国近现代史上，牟先生整个人，根本就是一个奇人。[③] 其仙逝前数月尝写下："……

---

① 蔡仁厚：《牟宗三先生学思年谱》，台湾学生书局1996年版，第24页；曾昭旭：《牟宗三先生全集·五十自述·编校说明》。按：牟先生出生于1909年4月25日，下距1956、1957年撰写《五十自述》时，尚不足五十年。"五十"者，虚数矣。

② 1949年迁台后至1955年年底仅数年间，牟先生所出版之专书计有：《荀学大略》《王阳明致良知教》《历史哲学》《理则学》等，经世致用的单篇论文更不下数十篇。是以其用心，可谓卓矣、巨矣。

③ 这里用"奇"字，好比"奇能异士"中"奇"字的用法，乃取其正面意涵，绝非贬义。牟先生之为奇能异士，以其书见之。其早年著作已见端倪。今举四例。（一）《从周易方面研究中国之玄学与道德哲学》（后改名为《周易的自然哲学与道德函义》）的《自序》说："本书——指出中国纯粹哲学与纯粹科学之问题……"该书撰就于牟先生仍在读大学之际而出版于1935年，乃先生极深研几汉易及清人胡煦、焦循二氏之相关著作，并别出心裁而撰就者。试问中国人中仍在读大学的年轻人，谁有能耐成此专著？（二）《逻辑典范》，"草创于未乱之先，完成于乱离之后。时阅五载，地历南北，未尝一日辍笔"（《逻辑典范·书成志感》）。此中之"乱"，指日寇侵华及国人之抗日战争事。又云，"七七变后，稿之大半存于北平张东荪先生处"，则可知1937年年中，书已完成，或至少接近完成。《逻辑典范》一书，除处理逻辑本身外，尚处理逻辑哲学和知识论问题。按：1937年，牟先生尚未满30岁。试问未满30岁且书成于1937年，则以年岁言，以20世纪30年代言，中国人中，何人能有此制作？（三）《认识心之批判》，"酝酿于艰苦抗战之时，完稿于魔道披靡之日。三十八年来台，本拟束诸高阁矣。……此书要为吾四十以前纯哲学学思之重要结集。……知性之逻辑性格……以先验主义与理性主义解释之"（《重印志言》）。此一解释扭转了罗素与维特根斯坦所理解之数学与逻辑之性格。此书完成于牟先生尚未满40岁之时。试问国人中，又何人具此能耐？（四）《历史哲学》：国人言历史哲学（此指玄思式的历史哲学 speculative philosophy of history，即针对历史发展之本身做出解释，给出一个史观），清以前无过于船山者。民国肇建至20世纪50年代，则恐无人能出乎牟先生之右者。其纵观中国数千年之历史发展，而以"综和的尽理"和"综和的尽气"两概念统摄之，并进一步指出此一理和此一气在历史文化上的意义，此其慧解精识、宏观卓裁，实迥异时贤远甚。以上牟先生完成于早年之四部伟构，非奇书而何？其作者——牟先生，非奇人而何？有关牟先生一生的生平事迹，近现代学人予以探讨者不在少数。牟先生本人亦做过简单的自我描绘。此可参上揭牟先生讲、陶国璋整理之《平生与学问》一文。看过《平生与学问》一文后，笔者觉得牟先生是上天让他活下来为世人做贡献的。其中有云：有人给牟先生算过命，说他活不过十岁。但他早活过十岁了，所以该算命者觉得很奇怪。牟先生便为他道说出以下故事：他三岁时患麻疹，但发不出来，就"憋死"了。乡下人按惯例，把牟先生以草包裹起埋掉。不意麻疹被闷了出来，人就活过来了。牟先生并下判断说："所以这个算命的也有点道理。"要言之，上天就是要把牟先生这个奇人诞生下来，并存活下来。曾被称为儒学大师的郑家栋在其专著中的最后一页这样描绘牟先生："一位布衣儒者、哲学家，完全依靠自己的讲学与著述，能够使这许多人（其中不乏学界中的狂傲乃至桀骜之士）心悦诚服地顶礼膜拜，这在当今社会中实属异数！

写了一些书，却是有成，古今无两”①。牟先生写的书固然不少，但以量（字数）言，则绝非古今无两。先生所撰写之专著，其类别繁多，处理之课题亦多。但这似乎也不足以让牟先生自诩为古今无两。牟先生这句话，当然是自觉的且有所本的。彼所撰著之各专书，以所处理课题之难度言，以挖掘之深度言，以原创性/开创性——发前人所未发言，以会通中西印学术文化言，以一人之力译注康德三大批判言，乃至借学术以经世言（即使命感言），皆足以千古。是以“古今无两”一语，或不免被视为语涉“惊世骇俗”，有失谦逊；但其实绝不过当。②非奇人如何写出奇书？以哲学家、学者言，非奇书又何以显出其人为奇人？是以笔者以为，牟先生，奇人也；其书，奇书也。是耶？难道非耶？

三

说到牟先生的性情，一言以蔽之，真也。其所有性情上之流露、表现，盖全然缘自此“真”字。所以在这里，先来述说牟先生的“真”。牟先生之真性情，其本人是有充分自觉的。于抗战期间，生活无以温饱，食不果腹之际，尝自述其硬铮铮、不屈不挠的表现云：

> 我独来独往，我决不为生存委曲自己之性情与好恶；我一无所有，一无所恃，我黯然而自足，但我亦意气奋发……吾之真性情，真好恶，反在那四无傍依中，纯然呈现而无丝毫之系绊：因此我不能忍受任何屈辱。是则是，非则非，如何能委曲丝毫。③

（接上页）它说明了什么，又象征着什么呢?”（郑家栋：《牟宗三》，东大图书公司2000年版，第258页）郑先生没有给出答案。其实，可能答案可以是很多的。笔者在这里，试着给出其中的一个：就牟先生本人来说（先不论客观环境是温床等等），他根本就是奇才异能之士或所谓奇能异士；简言之，即所谓“奇人”也。

① 蔡仁厚：《牟宗三先生学思年谱》，1994年12月25日条，台湾学生书局1996年版，第92页。但我们也不要以为牟先生很骄傲，依蔡仁厚先生，牟先生曾经说过：“此书之译，功不下于玄奘、罗什之译唯识与智度，超凡入圣，岂可量哉，岂可量哉！然真正仲尼临终不免叹口气，人又岂可妄哉，岂可妄哉!”“此书”指康德的三大批判。详见蔡仁厚：《牟宗三先生学行事略》，蔡仁厚、杨祖汉主编：《牟宗三先生纪念集》，台北东方人文学术研究基金会1996年版，第5页。

② 刘述先先生对“古今无两”一词尝做出解释，颇具卓识，可并参。刘述先：《牟宗三先生临终遗言“古今无两”释》，蔡仁厚、杨祖汉主编：《牟宗三先生纪念集》，台北东方人文学术研究基金会1996年版，第493—498页。李山先生对刘文作了摘要，见李山：《牟宗三传》，“中央民族大学”出版社2006年版，第310页。

③ 牟宗三：《五十自述》，鹅湖出版社2000年版，第96—97页。

牟先生的真性情，透过他上面的自我描绘，是再清楚不过了。行事做人固要有真性情；其实，读书做学问亦然。这方面，牟先生也尝予以着墨。在《为学与为人》一文中，牟先生即指出说，为学与为人要本乎真性情，即要做一个"真人"，一个"真的我"；尝云："现在存在主义出来呼吁，说二十世纪的人都是假人，没有一个真人。这个呼声实在是意味深长的。"① 牟先生又进一步借着孔子"学而不厌，诲人不倦"这句话来发挥这个道理，不赘。

其实，牟先生绝对不只是挂在嘴边，说说做人要做个真人而已。其本人一辈子行事做人，便是本乎"真""率真"这个道理。《五十自述》一书中有不少文字足以反映牟先生"真"的一面。除以上"我独来独往……"的一段文字可资证明外，兹再举一例。先生说：

> 生命原是混沌的，但"生命在其自己"而顺适地发展。只是每一人冲破其混沌，透露其灵光，表露其性情，各有其特殊的途径与形态。这在当时是不自觉的。惟不自觉，乃见真情，事后反省，有足述焉。②

上引文"惟不自觉，乃见真情"一语，最堪玩味。当然，吾人不排斥真情可以在人之自觉下流露出来、透发出来，如自觉应对某人友好而以真心待之，这当然也是一种真情。③ 但因为是感到应如何而始如何，这恐怕多多少少有点强制的味道，或至少不太自然的味道。这似乎便比不上在全不自觉的情况下而自自然然地对某人好了。这种纯出于不自觉而自自然然地为之的一个行为，乃见真情之所以为真情也。本此，上引牟先生语，洵为的论。除牟先生本人外，近现代学者针对牟先生流露真性情的某些行为（含言论），也做了不少论说，其中含有反映其"真"的一面的，兹引录若干则如下。王兴国先生说：

> 宗三的教学与文章备受青年学生与社会人士的赞赏，影响日益扩大，引起了蒋总统介石先生的重视。蒋总统邀请宗三到他的官邸晤谈，嘱咐教育部部长张其昀具体办理。没想到，宗三脱口一句话："我不想被总统召见"，就轻而易举地谢绝了！

---

① 牟宗三：《为学与为人》，氏著《生命的学问》，三民书局 1976 年版，第 126 页。此文首发于台湾《人生杂志》1968 年 3 月，乃源自演讲稿，演讲场地盖为香港新亚书院。牟先生不少文章中也谈到这个问题，其中 1971 年为其高徒李天命先生《存在主义概论》所写的一篇序便是一显例。序中更直接用上"真性情""性情之真""真实的人"等字眼，颇可反映牟先生 20 世纪 60—70 年代对存在主义及对"真人""真性情"之关注。

② 牟宗三：《五十自述》，鹅湖出版社 2000 年版，第 3 页。

③ 上面"我独来独往……"的一段文字，更是自觉下所表达出来的一种真性情的自我描绘。

蒋总统也随缘而处。这可真是难得一见的魏晋风流的再现!①

整个召见事件是不是“魏晋风流的再现”，不必深究。但其为牟先生真性情流露下的一种表现，则不待龟蓍。② 除以上牟先生本人的说法、王兴国先生的说法及见诸《牟宗三：充盈汉子气的哲学家》一文的说法外，樊克伟先生也撰有若干足以反映牟先生性情之真的文字。此等文字概见所编著《真生命·真性情·真精神——牟宗三先生百周年纪念专辑》③ 一书。

四

樊先生一书，其书名连用三个“真”字以描绘牟先生，则书中主旨及牟先生之为“真人”（此取其广义，非道家所说的“真人”），已可见一斑矣。兹引录若干则相关文字如下：

1.“（牟老师）总是不苟言笑。”④

2.“我注意到牟老师谈话时的态度总是那样一丝不苟。”⑤

3. 樊先生1983年9月下旬第一次写信给时居香港的牟先生，向先生请益。次月初

---

① 王兴国编：《中国近代思想家文库·牟宗三卷·导言》，中国人民大学出版社2015年版，第7页。相关描绘，又见《牟宗三：充盈汉子气的哲学家》，https：//wenku. baidu. com/view/9bc234a10029bd64783e2c16. html。其中说到20世纪50年代蒋先生看了牟先生在《中央日报》所写的几篇文章后，拟透过掌握文教的张其昀先生来召见牟先生。牟先生得悉后，乃“轻描淡写一句：‘不想被总统召见’，竟将总统拒之门外了”。

② 针对这召见事件，笔者有如下看法。1954年1月16日牟致唐函有如下记载：“谢幼伟来，做媒介，这（主）要原是因弟在《中央日报》上写了几篇社论，打动了蒋之心意，所以他们来敷衍我……弟意我们那几部稿子，总想法印出……这类书印太难，但若有机会（须有可能）与蒋谈，为印书起见，也要与他谈。平常找他们是无法实现的。”以上两记载（上揭王兴国的《导言》和《牟宗三：充盈汉子气的哲学家》内容相同，所以算是同一记载，另一记载则是本注上引牟先生函）有若干差异，不知是否指同一事而记载上出现差异而已，还是根本上原本就是两件不同之事？按：《牟宗三：充盈汉子气的哲学家》没有说明其中的描绘是根据什么资料而来的。其实通篇文章的各种说法皆未注明资料来源出处！然而依上函的几句话，牟先生是不拒绝往见蒋，亦不会拒绝被召见的。此固然。但“为印书起见，也要与他谈”一语，也多少反映出牟先生是不太愿意跟蒋见面和谈话的；但为了使已撰就的书籍能顺利出版（印书），也只好委屈自己了。这也反映了牟先生虽深感无可奈何（盖非心之所甘，情之所愿也），但有时不得不曲从时势的一面。按：牟先生一辈子的表现，固以“真”为主轴，但儒家处事待人，守经固为原则，但有时也不得不从权（权变、权宜变通），所谓“守经行权”也，否则事必不济，甚至在现代社会中难以生存下去。此乃无可如何者！牟先生尝云：“……熊先生没有这种世故。所以我常有一种感觉，我们一般人都有无聊的时候，什么叫无聊呢？照梁任公的解释说：两个人相见，没话讲，就说‘今天天气很好！哈哈！’这就是无聊，叫做‘俗’。我本人也未能免俗，人都有无聊的时候，也没有一个人天天讲大道理……”（牟宗三：《熊十力先生的智慧方向》，《鹅湖月刊》第125期，1985年，第1—6页，此文源自演讲稿。为了纪念熊十力先生百年诞辰，台湾师范大学和鹅湖月刊社、智仁出版社三个单位联合举办了一个演讲会。牟先生主讲，邱才贵［王财贵］记录）由此可知牟先生本人也有未能免俗的一刻。

③ 樊克伟编著：《真生命·真性情·真精神——牟宗三先生百周年纪念专辑》，离中书院2010年版。

④ 樊克伟编著：《真生命·真性情·真精神——牟宗三先生百周年纪念专辑》，离中书院2010年版，第20页。

⑤ 樊克伟编著：《真生命·真性情·真精神——牟宗三先生百周年纪念专辑》，离中书院2010年版，第29页。

便收到牟先生复函。两年后，即 1985 年 10 月间牟先生到台湾师范大学讲学。克伟乃往蒲城街师大教授宿舍谒见牟先生。

> 临告辞之际，留下联络电话，并向牟老师表示如有需要，非常愿意效劳。出乎意料的是，牟先生当即问我，“可不可以搬过来住?”乍闻此言，对牟老师如此直爽明快的态度，心下忽然有一种十分奇特的感受。我本也是直爽的人，对牟先生如此单刀直入的问法，颇有一种知遇之感，是故也就不假思索地回答老师的问话，“可以”。就这样，第二天即带了简单的行李住到牟先生蒲城街的家中。①

牟先生 1995 年 4 月 12 日过世，即克伟亲炙牟先生共 9 年多。若从通邮起算，便有 11 年多了。按：克伟是牟师母赵惠元女士的义子。② 牟先生、牟师母晚年时，克伟侍奉两位长辈甚勤劳；此值得予以表彰。

4. 1992 年 6 月 8 日克伟尝陪同东吴大学（克伟当时肄业的学校）章孝慈校长往见牟先生。事后克伟忆述说：“校长曾一再地称赞说：‘牟老师的性情非常率真，你看他的态度那么自然随和，一点架子都没有，实在真的非常难得。’”③

5. “在我看，牟先生真正的价值所在，不在于牟先生所写的那些个巨著，而在于他写这么些书后面的那个存心，那个念念相续不绝如缕的存心，亦即孔子所谓不厌不倦、恻怛悲悯、精诚无间的‘仁心’。”④ 克伟这样的一个描绘已近乎唐先生称赞孔子的言辞了，则牟先生在克伟心中的地位可以概见。⑤

6. 1999 年 1 月 2 日牟先生哲嗣伯琏先生（先生次子）曾写信给克伟说：“我父亲一生喜欢独来独往，复有狂者气质，望你努力自修，要有我父亲这种精神。”⑥

7. 樊书封面有如下文字：“牟先生的好恶之感极为强烈，是非对错的价值分判更是绝无含混。子曰：‘唯仁者，能好人，能恶人’。孔子的仁，通过牟先生的好恶之感，充分彰显无遗。”笔者很认同这个说法。其好恶感之表达极为强烈，这当然也反映了牟先生深具真性情。

---

① 樊克伟编著：《真生命・真性情・真精神——牟宗三先生百周年纪念专辑》，离中书院 2010 年版，第 27—28 页。

② 樊克伟编著：《真生命・真性情・真精神——牟宗三先生百周年纪念专辑》，离中书院 2010 年版，第 49—50 页。

③ 樊克伟编著：《真生命・真性情・真精神——牟宗三先生百周年纪念专辑》，离中书院 2010 年版，第 40 页。

④ 樊克伟编著：《真生命・真性情・真精神——牟宗三先生百周年纪念专辑》，离中书院 2010 年版，第 56 页。

⑤ 唐先生对孔子的描绘，可以《孔子与人格世界》一文为代表。该文收录于唐君毅：《人文精神之重建》，新亚研究所 1974 年版，第 204—235 页。相关描绘见第 226—235 页。

⑥ 樊克伟编著：《真生命・真性情・真精神——牟宗三先生百周年纪念专辑》，离中书院 2010 年版，第 60 页。

牟先生之真性情，上文概见其端倪。其各方面之具体表现，容另文再表述，今不予展开。

（作者单位：东吴大学历史学系）

牟宗三的生命乐章三部曲

——读《五十自述》札记

林瑞生

《五十自述》是牟宗三先生唯一的自传性著作。他依据儒家的生命哲学，以亲身体验诠释生命的学问及其意义，将自己的生命历程归结为生命之在其自己、生命之离其自己以及生命之回归其自己三个阶段。我们可以将这三个阶段称之为牟宗三生命乐章的三部曲。

一、生命乐章之序曲：生命之在其自己

作为生命的初始阶段，牟宗三把自己读中学之前的生命定义为在其自己之生命。他认为，“在其自己的生命”是自然而混沌的生命，而人的自然生命的律动是与自然界四时变化的节律相谐和的。“在自然的春光里，纯属人世的春光里，我的自然生命在蠢动，我从那圣洁的春光里之安息永恒的生命而落于那纯然尘世的自然生命。这个是混沌，纯然的混沌。”① 清明时节，春大的嘉祥、喜气、清美使得这个乡间少年感受到一种别样的舒畅和无以言表的情味，这就是他所谓的纯然的混沌。春光明媚，布谷声声，村前小河清流潺潺，两岸平沙细软，杨柳依依，绿桑成行，闲来他横卧沙滩，仰视天空飞鸟，喜不自胜。那是他生命最畅亮最开放的时节。“无任何拘束，无任何礼法，只是一个混沌的畅亮，混沌畅亮中一个混沌的男孩。”在此天籁中，他“有一种说不出的荒漠寥廓，落寞而不落寞的浑处之感”。② 落寞是因为个体的我尚未凸显，面前的存在是一个自己既熟悉又陌生的世界；不落寞是因为即使那些另样事物也并不觉其扞格。落寞而不落寞正是他对混沌的一个注解。

夏天则是别样的混沌与情趣。初夏时节，他和其他孩子一样不知道疲倦，攀树木，

① 牟宗三：《五十自述》，鹅湖出版社 1989 年版，第 4 页。

② 牟宗三：《五十自述》，鹅湖出版社 1989 年版，第 4—5 页。

穿墙角，捉迷藏，捞鱼摸虾——他认为，自己童年的无目标无方向，在天地间无拘无束、无忧无虑的自然生命就是在其自己的生命。

秋天之于少年牟宗三与普通农人一样是辛劳而愉快的。他在十四五岁时，泼皮能干，泥里水里下得去，随顺着数千年延续下来的农耕传统习惯于干农活，其原始的生命力在劳动中得到宣泄，以得到大人的夸赞而感到满足。这无疑也是他自然生命之混沌的另一种表现。

牟宗三的在其自己的生命在冬天里表现得更为淋漓尽致。白天溜冰、踢毽、拍球、打瓦等一切泼皮的玩意儿他都玩得；夜晚向火取暖，听长工们说故事；在自家的骡马店里，听赶马人吃酒闲聊；西风、古道、瘦马，荒村野店，夕阳残照，人困马乏……这一切都在塑造着牟宗三清纯而混沌的心灵以及“不为人世的任何圈套所圈住”的自然情怀。

牟宗三说，自己少年时代有一种高度的直觉力，而这高度的直觉力也是混沌的。其为混沌是因为凭独自运思、想象而亲手去制造一种玩具或是其他什么东西靠的是直觉，是天生的不加训练的本能的自然流露。一个混沌迷离而又极富有强度直觉力的乡野男孩在梦幻般的形构中收获快乐，得到满足。这种直觉力虽是混沌的，但却也折射出他后来的理论建构能力。

牟宗三在其自己的生命状态在空间上表现为由山川河流、田野草木、村庄农舍构成的乡居生活环境，在时间上表现为在凝固不变的生活轨迹中重复与轮回，在人伦上表现为以传统伦理为基础的人际关系。狭小的空间，凝固的时间，充满温情的人伦关系，数千年延续下来的风俗习惯，谐和平静而无暌隔的乡居生活，这一切都是他在其自己的生命在现实生活中的一般表现形态。在牟宗三看来，农民春种秋收夏耘冬藏，日出而作，日落而息，家庭团聚，人伦和谐，即是生命的本义。

牟宗三在生命之在其自己的种种表述中，无不关联着“混沌”二字。在他看来，“在其自己之生命”的基本特征就是混沌。他反复提到的春情就是混沌的具体表现：“春情则是生命之洄漩，欲歧而不歧，欲着而无着，是内在其自己的‘亨’，是个混沌洄漩的‘元’。”简言之，春情是混沌无着处之寂寞，是生命内在于其自己之洋溢而不得通的内在郁结，是“无方向，无着处，无对象”的内在的自然的萌动与生长。在他看来，因春光的转瞬即逝、好景不长而生出的悲伤，是额外的，是观念的歧出，是外在于生命而附加的，不是春情之伤。唯有喜悦的、丰富的、蕴蓄一切的而又什么都不是的春情，才是“最原始的生命之美、混沌之美”。①

牟宗三认为，“在其自己的生命”虽然混沌迷离，但也时时透露出生命之“清光”。

---

① 牟宗三：《五十自述》，鹅湖出版社 1989 年版，第 10—11 页。

那清光显示出其生命发展方向的某些信息和奥秘，这样我们就可以沿着其生命的起点追寻其步入哲学之路的生命背景。诸如他清明扫墓时对祖茔的清爽舒适之感，他的直觉力所表现出来的独自运思的条理性和形构能力，他对乡间秀才的寒碜气、酸气的厌恶，对农夫的朴实稳健以及赶马者的豪爽气象的欣赏，似乎都指示了他的生命和学问的发展方向、路径以及性格特征。所以，牟宗三说："我自然生命在混沌中所放射出来的一道一道的清光，那光源是一个神秘莫测的深渊。每一道清光代表一种意境，是了解我生活形态之线索，是决定我的意识生活之缘由与背景——这是生命之奥秘，性情之奥秘。"① 当他考入北大预科时，当即决定读哲学，这是他那企向混沌的气质、对于"落寞而不落寞"的欣趣、强度的直觉力等生命的奥秘所天然地决定的。

牟宗三"在其自己的生命"向我们展示了一个儒者生命的第一乐章，或曰生命乐章的序曲。这是一曲清新明丽而富有田园风味的生命之歌。自然淳朴，浪漫洒脱，混沌迷离，甚至是泼皮胡闹，这就是生命之真实的存在。然而生命之本质意义上的存在能够持续下去吗？

二、生命乐章之交响曲：生命之离其自己

如果说生命之在其自己是牟宗三生命乐章的序曲，那么生命之离其自己则是其生命乐章的交响曲。20 世纪 80 年代末，他的哲学体系臻于完成，在漫长的历程中，他的生命演绎着一个儒者命定的一切可能的遭遇与磨难，诠释了生命哲学的真实意蕴和人生的全部滋味。

牟宗三说："学是在曲中发展，不断地学即不断地曲。在不断的曲与'曲之曲'中来使一个人的生命远离其自己而复回归于其自己，从其'非存在的'消融而为'存在的'，以完成其自己。"② 牟宗三 15 岁进入县立中学，首先面对的是知识符号系统的束缚。从自然混沌的乡居环境和温馨的家庭氛围走向对象化、符号化、知识化、制度化的学校生活，这是牟宗三生命之离其自己的第一步。在他看来，不管是国文还是外文，都是一套符号系统、一套机括，须用全幅生命贯注之。他深感"这不能免支解破裂之病"，这是在对象上生活，是耗费生命的生活，不是保聚生命引发生命的生活，过这样的生活是一种痛苦。对少年牟宗三而言，这痛苦刚刚开始。

1928 年牟宗三考入北大预科。这年秋天，国民革命军打到北京。当时北大的学生是革命党人争取的对象，他被吸收为国民党预备党员。最初，他赞叹革命党人倡导的西方近代的新思想，产生了从未有的开扩、解放、向上的感觉。暑期回家，他满腔热情地团聚农民，成立农民协会，召开讲习会，训练民权初步。他认为那时自己的浪漫革命精

① 牟宗三：《五十自述》，鹅湖出版社 1989 年版，第 16 页。
② 牟宗三：《五十自述》，鹅湖出版社 1989 年版，第 18 页。

神泛滥。然而牟宗三对国民革命和革命者的向往和美好感觉并没有维持多久。在回乡进行革命活动时，他感到在父老兄弟面前，摆起面孔称同志，“那是太客观了，太政治了，太形式化了。顿然觉得我自己的生命被吊在半空里”。于是他迅速地决定撤离，“让那预备党员永远停在‘预备’中吧！我不要这党员”。他说，这种非生活的生活不仅是生活之自相矛盾，也是人生悲惨痛苦之所在。加之革命的极端、激烈、冲动、冒险犯难的性格以及党人的迅速腐败堕落，都使他迷茫困惑，陷于矛盾纠结之中。他的生命开始在这多事之秋挣扎，被革命潮流所裹挟的苦痛超过以往单纯的知识系统的束缚。

逃离了革命的泛滥浪漫，牟宗三并没有真正回归生命的本义，而是转向另一种泛滥浪漫，即一般思想观念的泛滥浪漫。他开始大量阅读书籍。五四运动前后出版的那些新文化运动人物的书他都找来看，通过读书他觉得生命开了，悟解也开了。这期间吴稚晖对他影响尤深，他“见到了光彩，见到了风姿，见到了波澜壮阔与滑稽突梯的新奇”。其受吴氏影响之深“可谓达泛滥浪漫之至极”，以至于粗野放荡，文字荒谬，不避肮脏。由此而受到父亲的严词训斥：“择其善者而从之，不善者而改之。”父亲的一声棒喝使他如梦方醒、痛悔无地，从而远离吴稚辉之类的知识分子。

从政治的泛滥浪漫到观念的泛滥浪漫，步步转化，步步撤离，年轻的生命在时代的革命狂澜与观念的泛滥中挣扎。一方面被新鲜的东西所吸引所激励，另一方面则被传统观念和生活形态所牵扯所拉拽，他经受着由传统向现代转化所引发的生命之痛，而他对于传统生活方式的留恋与固守更加剧了他的生命之裂变。他原本混沌的在其自己的生命在时代的潮流里起落沉浮，离其自己越来越远。

此后，牟宗三从泛滥浪漫转入直觉的解悟的开启与架构的思辨的探索阶段。他收摄精神，认真读哲学书。西方传统哲学代表人物的著述他都大略地读过，感觉读不懂，有些“隔”，而对《易经》与怀德海哲学则有兴趣，其直觉的解悟由此而开启。他说：“我之爱好《易经》，也正是以‘智之慧照’与它照面，这表现了我的想象式的直觉的解悟。”由少年时代的强度的直觉力转化为想象式的直觉的解悟，必然地与《易经》之智慧相契合。他欣赏怀德海则是因为自己“生命所冒出的较广泛的美感气质与强度的直觉力和他照了面”①，所以倍觉亲切，并无隐晦。但是不久即与之分手。

继而，他又从直觉的解悟转向架构的思辨。他对罗素的数理逻辑、新实在论感到亲切，对罗素的《数学原理》中的复杂数理逻辑问题做了系统的演算，从而步入逻辑学领域，并由此奠定了逻辑理论基础，为其后来的逻辑学和认识论的著述做了充分准备。

牟宗三的直觉解悟和架构的思辨并没有完全脱离其自然生命的混沌气质。这一方面表明他的生命并没有离自己太远，另一方面也可以看出初涉哲学的年轻生命逐步涉足非

---

① 牟宗三：《五十自述》，鹅湖出版社 1989 年版，第 45 页。

存在的纯粹而抽象的理论、观念之中，在哲学的瀚海中自由地漫游、寻觅、探索。他时而感到喜悦，时而感到困惑，迷茫中似乎隐约感到他要寻找的东西应该与生命相关。对西方哲学的隔膜，对《易经》的表层理解，对怀德海从喜爱到分手，正说明了他在探索之路上的曲折与迷惘。

牟宗三一方面从事着数理逻辑和实在论的研究，以求接上希腊传统的“学”，另一方面他也正视着“存在的现实”。促使牟宗三打落到存在领域的机缘是熊十力的一声狮子吼。当听到熊先生拍着桌子对北大教授们严肃地喊道“当今之世，讲晚周诸子，只有我熊某能讲，其余都是混扯”时，牟宗三看到了熊先生的“清气、奇气、秀气、逸气和爽朗坦白，不无聊，能挑破沉闷”的非同凡响的气概，感觉“见了一个真人，始嗅到了学问与生命的意味——这是打落到‘存在的’领域中之开始机缘”①。此后，他常往晤熊先生，成为其入室弟子。

牟宗三说：“我之正视生命是由一种‘悲情’而引起。”这悲情就是“客观悲情”。所谓客观悲情就是由客观现实所引发的悲愤之情。面对文化绝续、道德沦丧、民族危亡、内战不止、民不聊生的混乱局势，他发出了“国家何以如此？时代精神，学术风气，何以如此？”的呐喊。在 20 世纪 40 年代末这一决定中国命运的历史关头，他以前所未有的特别强烈的道德感，甚至以宗教的情感和耶稣自我牺牲的精神，发表议论，参与辩论，开导学生，虽然遭到人们的冷眼与嘲讽，受到孤立，但仍不为所动，四处奔走，大声疾呼。但是最终他还是失败了。他以单薄的一己之力，难以挽回历史潮流，最终选择了逃离，在台湾孤岛做历史反思。

牟宗三激昂高亢的客观悲情受挫后，开始转化为主观悲情，主要表现在“生命两极化”与“病至于死”两种生命状态。

从七七事变到 1942 年，牟宗三成为一个流亡者，居无定所，四处飘泊，靠朋友接济艰难度日，以至于到了近乎绝粮的地步。他说，“此五年间为吾最困阨之时，亦为抗战最艰苦之时”，他的生命陷入极度萧瑟破裂之中，在痛苦中挣扎，因其生命泛滥下坠而不免纵情于酒色，这就是他所谓的“个体破裂”或“生命两极化”，即个体生命在理性与非理性之间挣扎，亦即“普遍性与特殊性趋于两极化”。造成这一切的原因，在他看来是这个充满着罪恶的正在破裂的时代。他说“整个时代在破裂，吾之个体生命亦在破裂。此是时代之悲剧，亦是吾之悲剧”。将个人的命运与时代的命运联系起来，这是没有错的，但是牟宗三的命运和境遇自有其个人的原因。其特立独行的孤傲性格和不能忍受屈辱，把骄傲当作人格防线的做人准则，也是他遭受厄运的重要原因。

尽管个体生命在破裂，但是牟宗三认为自己还是有所向往而不至于完全颓废、堕

---

① 牟宗三：《五十自述》，鹅湖出版社 1989 年版，第 86 页。

落。原因就在于"熊师那原始生命之光辉与风姿，家国天下族类之感之强烈，实开吾生命之源而永有所向往而不至退堕之重大缘由。吾于此实体会了慧命之相续"①。在生命离其自己的孤悬中，牟宗三所能做的大概就是像熊先生那样坚守儒者所特有的生命光辉与风姿以及家国天下族类之意识，让儒家的慧命相续而不绝。

1949年赴台后，牟宗三对中国的历史与现状进行了系统的文化反思，反思的结果是《历史哲学》《道德的理想主义》以及《政道与治道》这所谓"新外王三书"问世。然而在文化反思基本完成之后，他"病"了，而且"病至于死"，一种无名的荒凉空虚之感突然来袭，"吾重起大悲，个人的自悲，由客观的悲情转而为'主观的悲情'"。他说，客观的悲情是悲天悯人，是智、仁、勇之外用，而主观的悲情是自己痛苦之感受。他认为，在由"非存在的"转而为"存在的"，在存在由客观的转而为主观的、个人的存在的过程中，任何思辨的、抽象的普遍之理都不能解答，不能安抚个人情感的困惑。此前自己所做的一切就是普通所谓学问或成就，但是这一切"永不能达到具体、周匝、备天地之美、称神明之容的境地"。由于外在的普遍性既不能做生命寄托之所，也不能内在于生命中以统一生命，外在抽象的非存在的普遍性一旦反照自己之现实生命，则只剩下一些无所交代之特殊零件，全成孤零零的飘萍。此即为特殊与普遍性之破裂，亦即个体生命之两极化，这是"病至于死"的根由。

牟宗三生命之破裂与两极化还与他的人伦生活的缺失有直接关系。他认为自己多年来一直过着非生活的生活。"人伦生活是维持'生命在自己'之生活之基础形态，亦是良知本体之具体表现而为主观之润之最直接而生根之凭借。但是我在这里全撤了。"②据他回忆，抗战时期，他卧病不起的年迈父亲饱受日寇折磨而死，而流落异乡的他却未尽人子之责。从1937年离家到50年代末，20多年来，他远离家乡和亲人，音信断绝，亲人生死未卜，而自己仍然独自生活，缺失了家庭的温暖。所以工作之余倍感孤独悲凉怆痛。到了晚间，他经常似睡非睡似梦非梦地想到父亲和家人，感到自己犹如横陈于无人烟的旷野，只是一具偶然飘萍的躯壳。不免泪洗双颊，发出深深一叹。"这一叹的悲哀苦痛是难以形容的，无法用言语说出的。彻里彻外，整个大地人间，全部气氛，是浸在那一叹的悲哀中。是真可谓'悲叹三昧'了。"③这种非生活的生活感受在当时的台湾恐怕绝非牟宗三一人所独有，他的感受代表了那个特殊时代的特殊人群的精神状态。

生命之离其自己是牟宗三生命和学思发展的必经阶段。我们不能仅仅视其为消极的无益的，相反，那曲折的道路、多舛的命途正是构成其多彩人生的重要元素。这些复杂坎坷的经历是牟宗三学思发展的重要资源，是其攀登高峰的一道道台阶。

---

① 牟宗三：《五十自述》，鹅湖出版社1989年版，第102页。

② 牟宗三：《五十自述》，鹅湖出版社1989年版，第149页。

③ 牟宗三：《五十自述》，鹅湖出版社1989年版，第147页。

牟宗三的生命之离其自己是其生命乐章的交响曲。这一乐章的旋律气势恢宏，跌宕起伏。他试图挣脱命运的摆布，从一切外在的虚幻的非存在中解放出来，找回在其自己之生命。在经历了漫长的苦苦探索的历程后，牟宗三的生命乐章将翻开新的一页。

三、生命乐章之圆舞曲：生命之回归其自己

牟宗三说："生命离其自己，过一种非生活的生活，究竟是生活之自相矛盾……是否还可以有另一种方式或意义的'在其自己'呢？这是正视人生的究极问题之所在。"① 因此，他要探索实现生命之回归其自己的真谛，从对儒、佛、耶三教综合的分析判别入手，找一条终极的生命或灵魂的自我救赎之路，确认生命的新方向，在更高层次实现生命之在其自己。

关于佛教，在个人悲情达至"病至于死"的时候，牟宗三也曾对佛教有所感悟。他说：在一个寂静的夜晚，忽然听到梵音起自邻舍，抑扬低徊，似乎将整个宇宙最深的抑郁哀怨一起摇曳而出。牟宗三虽然不是佛教信徒，但是那梵音确实让他哀怨的心静下来，体悟"悲情三昧"。其全部的悲情一时间在梵音中消散、融化而归于平寂。不过对牟宗三而言，在这特定的环境下，通过梵音而体悟"悲情三昧"毕竟是暂时的、偶发的，并不能真正由此而走出悲情。

在佛教能否解脱悲情的问题上，牟宗三的结论是：释迦之原佛教是"证如不证悲，悲如判为二"，因而并不能达到消融一切的仁教境界。这里的"悲"就是原佛教所说的"生老病死无常苦"之人生悲情；"如"即解脱无常苦之"悲"而达到的"真如"，也就是空、寂灭、涅槃境界，此即表明人得到解脱。佛教把生命看作只是流转，万法皆是缘起幻化而无自性，体性本空，根由无明，而以空为性。牟宗三认为，释迦观生老病死无常苦而生悲情，但是"其悲情只悲无常、无明，此是悲情之定向，由此悲情之定向遂欣趣缘起性空，而证空性之如，以得解脱。此则心思由悲情之'能'而转向空性之'所'。只是以空之所代有之所。其为舍能证所则一。"② 在牟宗三的言说系统里，"能所"关系就是主观与客观的关系。"能"是指人的心能，即人的能动性，而"所"是作为心能之对象的客观事物。在佛教，"悲"是"能"，而"空"是"所"。依牟宗三，"能所"虽可相对而言，但不能为二，因为"悲情自身即是明，亦即是如，即是有，亦即是动，即是实，亦即是虚（无），即是能，亦即是所"③。释迦以空为性，以缘起性空证涅槃、真如，则"所"成为"空之所"，而非"有之所"。"悲"被空无之所化除，而没有被证明。这就是所谓"证如不证悲"。因此佛教之"证如不证悲，悲如判为二"并不能达到"消

---

① 牟宗三：《五十自述》，鹅湖出版社 1989 年版，第 21—22 页。

② 牟宗三：《五十自述》，鹅湖出版社 1989 年版，第 169 页。

③ 牟宗三：《五十自述》，鹅湖出版社 1989 年版，第 169 页。

融一切，成就一切之仁教”的境界，“悲情”之解脱因此而成问题。

关于耶教，在“客观悲情”昂扬的年代，牟宗三曾经被耶稣的精神感动、激励过，欣赏耶稣之直线向上升，以身殉道的精神。他也曾像耶稣那样“站在价值之源、生命之源的纯精神实体之肯定上”，以“以身殉道”的气概呐喊过、抗争过。然而这只是其悲情之一时的宣泄，而并非对耶稣的信仰。

牟宗三把基督教归结为一句话：“证所不证能，泯能而归所”。这是因为耶稣顺其历史文化传统将其“全幅是慧根觉情”的生命推出去，自上帝处说“普遍的爱”。牟宗三认为，让生命中本体性的内在而真实的普遍性，即慧根觉情之心灵之“能”跑到上帝那里而为“所”，生命便失其主宰而为空虚的、祈求的、在激情中摇摆激荡的心灵，其精神是眩惑、混沌而迷离的。“基督教‘证所不证能’的个体性，乃至整个西洋人的个体性，是在激情激荡中的个体性，悬空吊着的个体性，时而向上昂扬时而向下沉沦的个体性，这个体性总在过程中而始终停不下的。”① 牟宗三指出，耶稣一方面自认为是“人之子”，另一方面则是“神之子”，而最终是前者消融于后者而向超越方面直线上升。耶稣的这个直线上升是“往而不返的动相”，对“人身”不能做无穷尽的表现，故也只是一个特殊的形态，一个权法。由于超越之后不能返回来，不能表现生命之无穷相，则耶稣只是破裂。基督教把个体和生命交代给那外在的、总是攀缘不上的“父”，“此之谓骑驴找驴，乃是永远打旋转而找不着的”，因为“这驴原来是在自家身边，不在外边”。无论你怎样祈求它（上帝），它是无能为力的，是永无回应的。

不同于佛耶二教，牟宗三领悟的“悲情三昧”是“证苦证悲证觉，无佛无耶无儒”。在他看来，释迦之“证如不证悲，悲如判为二”和耶稣之“证所不证能，泯能而归所”都是将“悲如”或“能所”截然分开，互相隔绝而难以达到圆满的境界，因此人生之悲剧性永不得克服。他认为，只有孔孟之“仁”、天命与心性的观念，才从根本上对“悲如”“能所”问题有一圆满而彻底的解决。

牟宗三认为，只有孔子之仁体可以润泽人的生命，消解人的心病或悲情。“孔子之生命纯是一‘于穆不已’之仁体，故能渊渊其渊，浩浩其天，取得无限而永恒之意义，转而为 有无限性之存在，而为大圣也。”② 也就是说，仁者之生命贯通于天地之间，具有永恒的价值，超越了个体的存在感受。

牟宗三指出，孔子和孟子承认天命观，但同时又强调“命也，有性焉，君子不谓命也”，即人生虽有“命”之限制，但只需尽性，“则限定而不限定，以期至乎大成”。孟子强调“存心养性”，人只有在“存心养性”中“事天”，才能由“知命”而达到“立命”的天人境界。这样人就可以由生物性的“实有”而达至价值性之“存有”，从有限

① 牟宗三：《五十自述》，鹅湖出版社 1989 年版，第 184 页。

② 牟宗三：《五十自述》，鹅湖出版社 1989 年版，第 135 页。

达至无限，从而突破悲如、能所的对立，实现生命的上下贯通，圆满无碍。

牟宗三认为，要证悟“悲情三昧”，消解人生的悲剧性，从悲苦中解脱出来，使生命回归其自己，首先，要基于孔孟的基本立场，通过“慧根觉情”而证悟之。在牟宗三看来，“慧根觉情”之“慧根”是人生而有之的根器，是人之善的本性，而“觉情”是由慧根所生发的崇高情感，即人的善良心性的具体呈现。生命要回归其自己，解脱悲苦，靠的是“慧根觉情”，而“慧根觉情”就是“天心仁体”，亦即“良知天理”，因此“慧根觉情”是“悲情三昧”的真实依据，“悲情”的解脱离不开“慧根觉情”。其次，“悲情三昧”还要由自己存在的实感而来证悟。他说，当虚无怖慄痛苦之感来临，生命往往陷于沉沦之途，而于沉沦中自悲自怜。在他看来，这自悲自怜即表示一种战斗，“你就让他惶惑无着吧！你就让他含泪深叹吧！一无所有，只有此苦，只有此怖，只有此叹”。由“苦怖叹”可慢慢滋生一种无所悲而自悲的悲情。“此时一无所有，只有此悲，此谓悲情三昧。”牟宗三认为，“悲情三昧”之浮现虽然是消极的，但它是消除可悲情境的根芽，含着对于可悲情境的否定，由此可以“转生为满腔子是悱恻恻隐之慧根觉情”。“到此方真是积极的，你所要求的‘真有’即在这里。这是你的真主体，也是你的真生命。”① “此‘慧根觉情’不但是亦慈亦悲，亦仁亦爱”，而且是“无”亦是“有”，是“存有”或“实有”。而此“存有”“使一切执着消融浑化而为觉情之朗润”，使一切“事”之存在成为“天心仁体”一理所贯通而为“依理”之“存有”。“慧根觉情”既为无限的有，那么它是悲，同时亦是如。所以牟宗三认为，“凡真见道者，必须证‘有’”，离开“悲有”而言“如”，就是佛家之“证如不证悲，悲如判为二”。同理，“这慧根觉情之为无限的有，同时是‘能’，同时亦是‘所’。个个有情，归根复命，各归自己证其天心仁体，朗现慧根觉情，此是‘能’，而天心仁体、慧根觉情润遍万物，使之成为‘有’，此是‘所’”②。离开觉情之为“能”而言“所”，是耶教之“证所不证能，泯能而归所”。

至此，可以说牟宗三已经从理路上证成了“悲情三昧”。

最后，他做了如下的结论：“凡我所述，皆由实感而来——证苦证悲证觉，无佛无耶无儒。消融一切，成就一切。一切从此觉情流，一切还归此觉情。”③ 消融孔子之仁、佛之悲以及耶之爱的分判和争论，一切皆归于“慧根觉情”之朗现与润泽。这样，个体生命可以摆脱怖慄、空虚等一切烦恼和悲剧，超越自然生命的必然性，达到自由的境界，即可由离其自己而回归其自己。

牟宗三认为，依据个人的存在感受对生命之回归其自己的证悟，仍然是纯理的、静

---

① 牟宗三：《五十自述》，鹅湖出版社 1989 年版，第 187 页。

② 牟宗三：《五十自述》，鹅湖出版社 1989 年版，第 168 页。

③ 牟宗三：《五十自述》，鹅湖出版社 1989 年版，第 188 页。

态的，而“心觉之成全生命为存有，最基本的是伦常生活”。基本的伦常生活应该包括父子、妻子、师友、国家与事业等，个人的悲情常与这些基本伦常生活的缺失或变故相关。因此存在的证悟尚需伦常生活的建立来实现，这样回归其自己的生命才是动态的、鲜活的，具体而真实的现实的生命。

1958 年，年近五十的他建立新的家庭，结束了二十多年的单身生活。1962 年，得知栖霞老家的情况，稍得宽心。1974 年，正式与家人通信。从 1984 年开始，父子、祖孙多次在港团聚。在与家人的往来联系中，从孙辈书信的字迹语言到读书、婚事，他无不关心，亲自过问。这些人们习以为常的家庭琐事，对牟宗三来说是恢复生活之为真实的生活所必需的，缺少了这些琐事，生活就是干枯而孤寂的。他原来的空虚、怖慄之感，全被这些活生生的现实生活氛围驱散。

从自然生命之在其自己，经过生命之离其自己，再到生命之回归其自己这样的生命的否定之否定，牟宗三的生命最终升华而为一纯粹而真实的仁者，而不仅仅是一位学者。现在，我们可以说，牟宗三的生命乐章已经由交响曲转换为节奏舒缓、庄重典雅、华丽多姿的圆舞曲。摆脱命运的控制，从自悲与沉沦中解放出来，心如止水，风平浪静，如闲云野鹤，自由自在而无所羁绊。少年时代在其自己的“混沌”与“落寞而不落寞”重新回到感觉中来，牟宗三实现了生命中属于自我的那个“圆”，恰如他的封笔之作《圆善论》之“圆”。

（作者单位：威海职业学院马克思主义学院）

从牟宗三的现实关怀与圆善论建构生命伦理学理论*

李明书

一、前言

牟宗三作为港台新儒家的代表人物之一，对于当代中国哲学的发展有重要的贡献，无论如何批判其理论的瑕疵，或如杨泽波、林安梧等人试图取代其学术地位，皆已无法抹消其对于当代中国哲学的影响。然而，牟宗三在《时代与感受》中显示出的强烈的时代关怀，不禁令人思考一种情形，就是牟宗三的理论是为了回应时代问题而提出的，在时代变迁之后，这样的理论是否还能够回应后来的问题？如果答案是肯定的，则牟宗三的理论对于现今的意义与价值是什么？是作为历史性的研究对象？还是其中有些内容能透过时代性的关怀而提出具有普遍性意义的解释？从牟宗三对于许多问题的探讨中，我们可以发现在人性、理性、德福一致、圆善、圆教等的论述上，都是试图为人类诸多方面的意义找到普遍的理解与解释。若是如此，即使时代变迁，牟宗三的理论依然可以持续回应不同时代的问题，只是如何从其庞大的理论体系中整理出适合且有系统的论述，是需要谨慎处理的。本文即从牟宗三的关怀与圆善论体系，对应于当今的生命伦理学理论，以证明牟宗三的理论足以回应当前的问题，并且可建构出具有中国特色的生命伦理学理论。

二、牟宗三的现实关怀

牟宗三在《时代与感受》与《时代与感受续编》等书中皆强烈表现出对时代问题的关怀，有迫切想要解决问题的态度与情怀，于是在思想与理论上提出尖锐的观点。牟宗

* 本文初稿，以《从牟宗三的现实关怀与理论建构生命伦理学的尝试》为题，发表于儒家文明协同创新中心、山东大学儒学高等研究院主办的“百年儒学走向”国际学术研讨会暨牟宗三先生诞辰 110 周年纪念会（2019 年 7 月 13—14 日），几经参考会中讨论的意见后，修正为现稿。笔者感谢会中热烈的提问与建议，对于本文的修改帮助颇多，特此致上诚挚的谢意！

三透过对西方哲学与中国儒、道、佛三家的判教，指出最能解决当时问题的即是儒家思想系统。立基于当时中国面临西学东渐的思潮，冲击中国的思想与文化，熊十力、牟宗三等新儒家学者有感于中国哲学在这过程中所可能受到的伤害，遂试图全面且系统性地建构中国哲学体系，以回应西学的冲击。牟宗三透过全面地翻译康德与梳理中国思想经典，建立中国哲学的体系与发展脉络，展现中国哲学的主体性与特殊性，不仅足以与西方哲学分庭抗礼，并且有西方哲学所不能及的面向。

在这样的背景下，牟宗三指出中国哲学起源于先秦时期的"周文疲弊"①，一路到宋明理学的发展，而有三系说的提出。在中国哲学的发展脉络中，儒、道、佛三家各有其背景与走向，并且在历史的长河中不断交融、对话、会通。三家之间的互动是既定的事实，但彼此之间的区别也必须清楚地认知，以避免系统上的混淆。就牟宗三的分判而言，儒家与道家同属于"纵贯纵讲"系统，佛家则为"纵贯横讲"系统。"纵贯纵讲"指的是由形而上的本体创生道德主体，如儒家的天命、天道，以及道家的道，为人作为理性的存有者找到根源性的依据与说明。道家的创生为"不生之生"，道虽有本体的意义，却在创生之后不再对人的理性与道德发挥影响的作用，是故只具有存有的姿态，而不如儒家的天道不断对人产生根源性的影响。佛家则不建立形而上的本体，万物存在的意义并非透过创生而得，而是任凭自身的因缘而发展，藉此说明一切法存在的依据，故仅是纵贯横讲系统。康德哲学在牟宗三的理解下，地位更是不如中国哲学的任一系统，因为康德的理论必须透过上帝存在的预设才能保证理性的实践，即使是纵贯横讲的佛家，都不需要透过上帝即能为成佛建立理论的依据。

除了三系说、纵贯纵讲、纵贯横讲等各种问题的探讨之外，牟宗三也意识到纯理论的建构至多只能回应理论问题，而对于现实情况难以改善，于是他认为在儒家内圣与外王的基础上，应开出民主与科学，才能解决其所认为的问题。② 牟宗三重视民主与科学的程度可见一斑，即便在实践上的影响有限，但仍无碍其对于时代问题的感受与回应。本文不拟评价牟宗三对于内圣与外王的分判是否合理与正确，而是要指出他为回应一个时代所做的努力，时至今日，是否也可以对于吾人回应当今的问题提供一些参考的思想材料与框架。

基于不同的关注视角与时空背景，从牟宗三的材料中可以进而挖掘的议题也相当多样，而在我国近来备受瞩目的哲学议题之一，即是生命伦理学方面的探讨，尤其是2018 年贺建奎基因编辑事件与 2019 年邱仁宗、翟晓梅、雷瑞鹏与朱伟共同于《自然》

① 参见牟宗三：《中国哲学十九讲》，台湾学生书局 1996 年版，第 260 页。

② 参见牟宗三：《时代与感受》，《牟宗三先生全集》第 23 卷，联经出版事业公司 2003 年版，第 337 页。

期刊（*Nature*）所发表的“Reboot Ethics Governance in China”①，对于新技术生命伦理更有重要的影响。这表示我国未来面对生命伦理议题，不仅只是理论的探讨，还有个案与政策的考虑，而这也是伦理学从理论走向实践之后，又紧密结合政策考虑的一个新方向，标示着生命伦理学在这一个时代，对于哲学甚至全人类将产生重大的影响。

就此而论，如果牟宗三的理论要继续回应未来的问题，其对中国哲学的理论建构，是为中国哲学进行普遍性的解释，而中国哲学亦是对人性、世界、社会、实践等方面提供普遍性的解释，则应为牟宗三思考其理论如何回应在他之后所产生的问题，而不是仅止于理解其思想内容而已。或可换个方式询问牟宗三，如果在当今之世，出现了如生命伦理一般的问题，而生命伦理亦密切与人性、世界、社会、实践等方面相关，则圆善论、纵贯纵讲、纵贯横讲等如何为生命伦理提供判断的依据、实践的参考呢？既然牟宗三因对于其时代的重视，产生了庞大的理论建构，则今人若重视牟宗三，亦应如其重视自己的时代一般，也关注今日的问题，才能使牟宗三的研究走出时空背景的限制。

三、牟宗三的圆善与圆教理论

诚如前述，牟宗三的理论有着相当丰富的内容，如杨泽波即将其分成“坎陷论”“三系论”“存有论”“圆善论”与“合一论”五大部分②，事实上，这五个理论之中还包含诸多的问题可更细致地探讨，甚至可能还有些论述不能归属于这五个理论之中。然而，如果要将牟宗三的理论进行一个整体性的把握，或者说是其论述最终所要完成的目标，即是圆善论的提出。因为终其一生，不论是对于康德、儒、道、佛，还是中国各哲学家的阐述，皆是要证成最圆满的善如何可能、是否可能等相关的问题，其中即涉及各家的系统与论述方法的完整性与圆满性，亦即圆教的问题。而圆善与圆教的论述，与生命伦理学的基本论述进路有着不谋而合的高度相似之处，关于此点则容后再述。是故若要整体性地把握牟宗三学说的理想形态，及其与生命伦理学的相关性，则应理解牟宗三的圆善与圆教内容。

牟宗三在《圆善论》《中国哲学十九讲》《时代与感受》等书中皆对圆善与圆教的内容进行了阐述。依照《圆善论》，圆善字面上的意义即是“圆满的善”。但是什么才是圆满？总而言之即是“德福一致”。而使圆善能够成就的即是圆教③，也就是圆满之教、圆实之教。如牟宗三所言：“凡能启发人之理性，使人运用其理性从事于道德的实践，

---

① Ruipeng Lei，Xiaomei Zhai，Wei Zhu & Renzong Qiu，“Reboot Ethics Governance in China”，*Nature*，Volume. 569, 2019，pp. 184-186.

② 参见杨泽波：《贡献与终结：牟宗三儒学思想研究》，上海人民出版社 2014 年版；杨泽波：《走下神坛的牟宗三》，中国人民大学出版社 2018 年版。

③ 参见牟宗三：《圆善论》，台湾学生书局 1996 年版，第 271 页。

或解脱的实践，或纯净化或圣洁化其生命之实践，已达至最高的理想之境者为教。圆教即是圆满之教。圆者满义，无虚歉谓之满。圆满之教即是如理而实说之教，凡所说者皆无一毫虚歉处。故圆满之教亦曰圆实之教。”① 圆教可在理论与实践上证成圆善的可能，只要教法圆满而无虚歉，理论与实践皆完美地达成，则导致的结果，亦必然是善的。当然这必然的善，不表示现实环境、实际生活的改善，而是境界、心境上的完善。

牟宗三进而区分了康德与中国哲学的差异，指出康德与中国的儒、道、佛三家系统各有其圆善与圆教的论述。牟宗三的论述进路，是先从康德的圆善入手，接着依序转入中国佛教、道家，最后则是儒家。在康德，“圆满的善（圆善）是纯粹实践理性之对象与最后目的”②，但必须透过上帝存在与灵魂不灭才能达成。

佛教在华严宗的发展并未达到真正的圆满，至天台宗依《法华经》而确立了圆满之教，透过“即”将看似相对的概念衔接起来，如“烦恼即菩提”“生死即涅盘”，牟宗三称为“诡谲的即”。③ 由于天台宗不立根源性的说明，也无建立本体、主体的论述，故两者并非独立体，亦非在一个独立体中所形成的两种对立的概念，所以可以如此相即而成立。虽然天台宗言“一念三千”，藉此说明世间存在（“一切法”）的依据，但由于并未建立本体、主体的论述，“一念”亦无根源的依据，则也相当于未对“一切法”进行根源性的说明，于是牟宗三将佛教判定为纵贯横讲的系统，“可达至佛教式的‘德福一致’之圆善”。④

道家的教法类似于佛教“诡谲的即”，因为道家多从否定的“无”以肯定“有”，如牟宗三所举的“绝圣弃智，绝仁弃义，绝学无忧”（《道德经·第十九章》），却能达到人民、社会、修养上的提升。⑤ 道家虽言创生的意义，如“道生一，一生二，二生三”（《道德经·第四十二章》），但是由于道家未从正面肯定创生的意义，而是从否定以肯定正面的“有”，故较之于佛教，似已有对于存有的根源性说明，但却只是作用上的保存，而非如儒家一般，从正面的道德意识入手。

牟宗三定位儒家为圆善与圆教的最理想形态。相较于康德、佛教与道家，儒家直接从道德意识入手，不需要透过上帝存在与灵魂不灭的预设，可由人的无限智心创造万物的意义。儒家从正面肯定万物的存在，不像佛教仅是透过因缘解释万物的存在，却无根源性的依据，因为儒家的根源即是人的无限智心，亦可上推至天道直接下贯于人心；也不像道家仅是作用的保存，虚化实体的意义。儒家的圆教显得直接而正面，又能落实到具体的人伦日用，不像佛、道那般迂回（“诡谲”），即可证成圆善的完成。《圆善论》

① 牟宗三：《圆善论》，台湾学生书局1996年版，第267页。
② 牟宗三：《圆善论》，台湾学生书局1996年版，第186页。
③ 参见牟宗三：《圆善论》，台湾学生书局1996年版，第273—274页。
④ 参见牟宗三：《圆善论》，台湾学生书局1996年版，第278页。
⑤ 参见牟宗三：《圆善论》，台湾学生书局1996年版，第281页。

中有多处将儒家与佛教、道家列举，而指出差别之处，例如下面两段文字：

> 儒家义理之圆教不像佛道两家那样可直接由诡谲的即，通过“解心无染”或“无为无执”之作用，而表明。盖它由道德意识入手，有一“敬以直内，义以方外”之道德创造之纵贯的骨干——竖立的骨干。①
>
> 在心意知物浑是一事之情形中，好像不是纵贯纵讲，而是纵贯横讲，这样便与佛老无以异。实则仍是纵贯纵讲，只因圆顿故而“纵”相不显耳。因为此意知仍是创生一切存在之心意知，而且亦仍是以“敬以直内义以方外”为其基本底子，并非只是“无为无执”之玄智，亦非只是“解心无染”之佛智。此后两者皆是无创生性之无限智心也。……在道家只是玄德，在佛家只是清净德。此只是消极意义的德，非正物，润物，生物之积极意义的道德创造之德。故仍非大中至正保住道德实践之真正圆教，实只是解脱之圆教。②

从这两段话以及前文的论述，可明显地看出牟宗三对于三教的定位与优劣分判，即从康德作为西方哲学代表，提出了具有普遍性意义的哲学问题，以中国哲学面对这个哲学问题时，如何建构回应的理论。

这样定位与分判固有许多再议的空间，学界也有许多的讨论与反思，例如牟宗三对于康德、中国哲学的理解是否正确，其语言概念之间的模糊性导致后人理解的困难，等等。诸如此类的问题，固然造成认识牟宗三理论体系一致性的困难，却也是研究一个庞大哲学体系的重要材料。然而，若同情地理解牟宗三的现实关怀，则或可暂时不须对其理论的正确性与一致性进行太过严厉的批评，而是应看到其理论的有效性，是否确实为其所关怀的现实问题，提供了具有影响性的回应。若从牟宗三在学术上的影响而言，自其以后，引发了我国学界在许多理论层面回应西方哲学问题，以及国人至西方取经之后丰富了我国研究成果，确实是达到了一定程度的影响与效果。就此而论，牟宗三的圆善与圆教理论是否还足以回应今日的问题，是其理论价值是否得以延续的关键。

四、生命伦理学的两种论述路径

诚如前述，不论是牟宗三的理论体系，或是当今丰富多样的哲学问题，本文自是不预设牟宗三的理论足以回应所有的哲学问题，但是从众多的问题中挖掘到密切相关的部分，却是吾人可以尝试的工作。

从上一节的梳理可知，圆善是透过圆教而达成的理想形态，各家各有其圆善与圆教

① 牟宗三：《圆善论》，台湾学生书局 1996 年版，第 305 页。
② 牟宗三：《圆善论》，台湾学生书局 1996 年版，第 327 页。

的形态，彼此之间虽可比较高低优劣，但牟宗三并不否认各家可自行证成自己圆满的系统。圆善与圆教之间的关系，则是各家透过不同的教法而证成的理论上的圆满，进而在实践上亦可达成圆满的境界形态。在这种关系架构与生命伦理学的证成关系之间，有着可相呼应的联结，并且可能从牟宗三的圆善与圆教论述中，提供生命伦理学以一种中国哲学系统性的建构。

自汤姆·比彻姆（Tom L. Beauchamp）与詹姆士·邱卓思（James F. Childress）撰写《生命医学伦理原则》（*Principles of Biomedical Ethics*）① 以来，其中的生命伦理四原则，以及伦理学理论与生命伦理议题之间的思考和应用关系，引起重大的回响。其中不乏支持、修正与增补的讨论，如李瑞全从儒家的立场出发，在尊重自主原则、不伤害原则、有利原则与公正原则的基础上，加上“各尽其性分原则”与“参赞化育原则”，作为儒家有别于西方观点下的生命伦理原则，更能彰显儒家特色，以及实践上的应用。② 在《生命医学伦理原则》中，伦理原则与理论的建构皆需导向伦理议题的应用与实践层面，因为生命伦理议题所要解决的，不单是理论问题，而且是必须达到一定程度的应用效果，因此在理论的完备程度上，也许不如传统的理论建构，但在生命伦理的讨论上，是可适当地被允许的。尤其生命伦理议题推陈出新，过往的理论本就不是为了新兴的议题与情境而准备的，是故势必在理论上有所调整，以达到最大的解决效力。

在《生命医学伦理原则》第九章中，作者探讨生命医学伦理原则的方法和道德论证，提出“自上而下”与“自下而上”两种模式，“上”指原则、理论，“下”指案例、个人判断。由于生命伦理案例与情境的独特性，新议题的产生往往是由少数个案受到重视而形成，因此不能仅止于理论的套用，故必须兼顾伦理原则与案例的对应，于是形成了从原则演绎地推论个案的解决方法（自上而下模式）③，或是从归纳案例推论出适合某一案例类型的伦理原则（自下而上模式）④。这两种方法各有利弊，前者是伦理原则难以处理所有的、细化的案例，却能为相似的案例整理出一种可供参考的模式；后者是可逐一处理不同的案例，却因不同案例之间的差异，而可能无法归纳出一致性，于是每个案例都只能个别处理。为了解决这两种模式的困难，比彻姆与邱卓思提出了一致性理论与公共道德理论，指出伦理原则之间以及伦理与个案之间冲突时，决策者可以提出一

---

① ［美］汤姆·比彻姆、［美］詹姆士·邱卓思：《生命医学伦理原则》第 5 版，李伦等译，北京大学出版社 2014 年版。

② 参见李瑞全：《儒家生命伦理学》，鹅湖出版社 1999 年版，第 63—66 页。

③ 参见［美］汤姆·比彻姆、［美］詹姆士·邱卓思：《生命医学伦理原则》第 5 版，李伦等译，北京大学出版社 2014 年版，第 374—380 页。

④ 参见［美］汤姆·比彻姆、［美］詹姆士·邱卓思：《生命医学伦理原则》第 5 版，李伦等译，北京大学出版社 2014 年版，第 380—386 页。

个尽可能符合不同原则与案例之间的方法。①

本文于此暂不细究比彻姆与邱卓思的解决方法是否得当，以及至今是否还须进一步调整，还有这些原则在中国文化背景中的适用性如何。无论如何，生命医学伦理四原则，以及在西方伦理背景下提出的自上而下与自下而上两种模式，都标示着这是生命伦理学面对案例时的基本思考模式。当我们举出任何案例时，即会依据四原则的架构，对应案例的情境，评估处理的方法，进而在原则与方法之间进行调整。如果案例常见，或已有藉由某些原则得以解决的先例，则从既有的原则演绎推论处理方法，可达到一定程度的效果；如果案例特殊，或是首例，则以个案本身可被解决的程度为评估的基础，逐渐归纳出相似案例的解决方法。

生命伦理学因考虑案例，而有别于一般的伦理学理论，至少从抽象程度或解释效力而言，不如效益主义（utilitarianism）、义务论（deontological theory）之类来得普遍。然而，这种理论在问题的解决上却较为及时，并且富有较强的实践意义与价值。就这一点而言，与中国哲学较强的实践性格相似，在建构理论的过程中，两者皆不断与实践紧密地关联在一起，而不仅只是抽象地思考哲学问题而已。牟宗三提出圆善与圆教理论，即是为了回应康德实践理性而立论，藉由圆教而达成圆善，不仅有理论上的证成，更有实践上的完成。原善与原教之间的关系，即有如生命医学伦理的自上而下与自下而上两种模式，使得牟宗三的理论可以在回应当代生命伦理问题时，提供一种崭新的思考。

五、从圆善与圆教建构生命伦理学理论

经由以上两节分别论述牟宗三与生命伦理学的理论内容，这一节即将两者之间进行有机的融通与对话，以证明牟宗三的理论若进一步延伸，将有助于回应当代的哲学问题，继续实现其对现实的关怀。

在《圆善论》中，虽然可见牟宗三对于康德与儒、道、佛三教的分判与评价，但同时他也保留了一种态度，即在各家系统中，可以自圆其说达到自身系统的圆满。如其在《圆善论》中解释“迹本圆融”所说：

> 迹本圆融亦名曰“体化合变”，会通万物而无隔。故“至高之所以会者为下”。“会者”即那“能体化合变会通万物而无隔”者。会通无隔，则在视听之表者亦在视听之内，最高者亦最低，亦“当下即是”之义也。此在儒家名曰“极高明而道中庸”，在道家名曰“和光同尘”，在佛家名曰“烦恼即菩提，生死即涅盘”，一是皆

① 参见［美］汤姆·比彻姆、［美］詹姆士·邱卓思：《生命医学伦理原则》第5版，李伦等译，北京大学出版社2014年版，第386—397页。

可以迹本圆（迹本相即）表达之。①

“迹本圆融”在儒、道、佛三家皆有表现，只是各自使用概念与具体行为不同。而在牟宗三设定的以道德创生、道德意识作为标准的前提下，能满足要求的，才是他认为的最高级、圆满的系统。纯就理论的标准而言，此点固有待商榷，事实上也已有许多讨论，本文就不在此处深论。然而，就其同意各家理论的圆满而言，其实满足了生命伦理学在理论与实践上的某些要求。

牟宗三在《时代与感受》中，落实到文化与实践层面时，更显示出其对不同文化与思想系统之间的包容。其言曰：

> 你可以信仰佛教，信仰基督教，或是其他的宗教，但不管你信仰那种宗教，总要肯定普遍的人道。……中华民族的圣贤历代都自觉地有这种各部门各归其自己的要求，他们有一凌虚的理性，使得各部门各得其所。这凌虚的理性不能对象化，也不能特殊化。家庭、社会、国家等都各有客观的地位，各有特殊的意义，理性却在此之上，使各部门各得其恰当的地位，各得其所。再扩大来说，理性就是《中庸》所谓的“致中和，天地位焉，万物育焉”。②

在不违背人道、理性的要求下，牟宗三认为各种文化与思想系统有其适用的范围，可安立个人与家国天下各得其所。亦即即便可订定一些标准而评判不同的思想系统，但是只要这些思想系统不违背人道或理性的基本要求，则并无绝对的对错可言。如同儒、道、佛在牟宗三看来虽有优劣，但也只是理论上的圆缺，并非道、佛系统有什么逻辑证成上的谬误。既然承认三教系统各有其价值，则其价值体现在理论的深度与实践的应用上，也就是三教的圆善与圆教理论。理论之于实践究竟提供了回应当前问题的什么贡献？

再从圆善与圆教的关系来看，圆善所要保证的是理论上的圆满，圆教则是证成圆善的方法；一个系统的理论圆满形态通常只有一种，但是圆满的教法可依据特定的情况、个人而异。如孔子是儒家理想圆满的圣人形态，但是如何成为圣人，在实践上可以透过一些原则而把握，却不能执守于固定的方法。即使有些方法是常道、常态，但是遇到特殊的个案时，亦须有所调整或通融。儒家常言的经、权关系，佛教的随缘示现，以及道家的自然，皆是在表达这些道理。一旦个案情况特殊时，在实践过程中更需要时刻检视这样的方法是否有违各家的基本原则。孟子的“嫂溺援之以手”（《孟子·离娄上》），

---

① 牟宗三：《圆善论》，台湾学生书局 1996 年版，第 294 页。

② 牟宗三：《时代与感受》，《牟宗三先生全集》第 23 卷，联经出版事业公司 2003 年版，第 116—117 页。

目的在于“仁”的体现，即便一时有违社会风俗，但“仁”才是更高的、更普遍的原则。在生命伦理上，救人是医生首要考虑的目的，而不是以既定的风俗或个人名誉、利益为优先，再考虑救人与否。

进而从生命伦理原则而言，上一节论及生命医学伦理的自上而下与自下而上两种模式，前者是以一种原则、理论的把握以应对所有相似的案例，后者则是以案例为基础，逐渐归纳出对于同一类案例的应对方法。在圆善与圆教的理论建构下，儒、道、佛的圆善，或者最基本而不可违背的原则，即相当于生命医学伦理的自上而下模式，如同我们认识并学习儒家的“仁”“圣人”之表现，可以理解儒家的理想形态，可由人的道德意识直接发用而使所有行为圆满而无虚歉。若这是对于人的普遍性解释，则今人在面对新出现的生命伦理案例时，亦应朝这个方向而实践，才能达到儒家的圆善。然而，古人毕竟未能经历现今的时空，所以新出现的各种案例，在分析与归纳时，须检视应对的行为是否有一定的模式，或相当程度的一致性，甚至无形之中契合于某种文化背景，当相似案例累积到一定的数量时，对于某种案例的行为亦将可能越来越圆满。

虽然圆善与圆教理论可与生命医学伦理学两种模式对照，而提出具有中国哲学或牟宗三哲学特色的生命伦理学理论，但不可忽视的是两者之间仍存在明显的差别。生命医学伦理的自下而上模式尤其明显，此模式的提出，即是在不具有任何理论背景的情况下，优先考虑案例的决策实践，重视案例本身的处理及其问题的解决。① 相较于圆善与圆教的关系，即使在圆教上可接受各种不同的方法，并且可因时因地制宜，但皆是在既定、已承认的理论系统下而提出的教法，势必带有对于一种理论预先的理解，以此理论为背景，再思考所有的决策实践行为是否符合于这种理论。若是如此，在圆善与圆教的关系上，并无纯粹的圆教可言，而是必须以圆善为基础，进而思考是从圆善下贯而来的圆教，还是受到圆善影响之后再不断强化的圆教实践。前者固是较为接近自上而下模式，后者则事实上并非一般生命医学伦理上的自下而上模式，而是有本质上的改变。

这种本质上的改变，虽与比彻姆、邱卓思的观点有别，但无碍于以圆善与圆教建构一种具有中国哲学特色的生命伦理原则。因为，中国文化影响所及，中国传统思想对于国人的影响甚为深远，很难说有一个中国人是从未接受过任何一种思想的影响，只是影响的深浅与复杂程度不一而足，需要自身反思才能够进一步厘清。一旦稍加厘清，即可自觉自己的行为是受哪一种圆善系统的驱使，而可一一导向圆善而实践。

六、结语

本文从牟宗三的现实关怀论起，认为可以从其理论中回应现今的问题。因生命伦理

① 参见［美］汤姆·比彻姆、［美］詹姆士·邱卓思：《生命医学伦理原则》第5版，李伦等译，北京大学出版社2014年版，第380—381页。

学是今日重要的理论与实践问题之一，并且在形式上有与牟宗三圆善论相似之处，故本文分别论述两者的理论内容，进而论陈其相似之处。圆善与圆教的关系，有似于生命伦理学中的自上而下模式与自下而上模式，但圆善论涉及对于一个思想背景的基本认识后才能提出的实践模式，相较于自下而上模式并非全然地对应。虽是如此，却是牟宗三哲学中别具特色的一环，可用以建构出具有圆善论色彩的生命伦理原则。本文之作只是初步的构想，还须理论的细化与案例的补充，才能更为充分地展现牟宗三与生命伦理学之间的特色，尚待未来持续完成。

（作者单位：浙江大学哲学系）

试论牟宗三道德形而上学的易学

千炳敦

一、导言

牟宗三先生（1909—1995）是目前在中国最有影响力的现代新儒家之一。最近关于他的哲学思想的研究，不仅在他生前活动的港台地区广受瞩目，而且其研究浪潮跨越中国还扩展到欧美各国。关于牟宗三先生学思历程，蔡师仁厚先生曾经说明：

> 一、对“儒、道、佛”三教之义理系统，分别以专书（《心体与性体》《才性与玄理》《佛性与般若》）作通盘之表达者，先生是古今第一人。二、先生所著新外王三书是（《历史哲学》《道德的理想主义》《政道与治道》）真能贯彻晚明顾、黄、王三大儒之心愿遗志，而开出外王事功之新途径者。自古迄今，亦不作第二人想。三、以一人之力，全释《康德三大批判》，先生乃二百年来世界第一人。其所加之译注，尤其慧识宏通。而又履及剑及，随译随消化。此亦古今译书者所未能也。四、先生对中西哲学会通之道路，亦达到前所未有之精透，并持续从事基本之讲论与疏导。五、对中国哲学所涵蕴之问题，进行全面而贯通之抉发讨论，使中国哲学得以真正进入世界哲学之林，此项工作亦未见甚匹。六、先生于北大毕业之前，写成周易哲学书稿，至八十五岁而出版汉译康德第三批判下册，正式著述之岁月逾一甲子，此亦古今稀有者。①

这是对牟宗三先生学术贡献做了全面性的解释。在以上所引述的解释当中，蔡仁厚先生关于《周易》哲学，只提到作为一部哲学书的《周易》，并没有说明牟宗三先生易学前期与后期之间的相异之处。牟宗三先生的易学可分为前期与后期。前期易学研究主

① 蔡仁厚：《牟宗三先生学思年谱》，台湾学生书局 1996 年版，第 90—91 页。

要以焦循易学和胡煦易学为主。汉易是通过卦爻象数之路以观阴阳气化之变。胡煦崛起仍是走汉易阴阳气化之路，不过讲得更自然、更妥帖、更通贯。从这方面讲，他们所展示的理境是卦爻象数下中国式的自然哲学，而兼示出人事方面之许多道德含义。至焦循则是直接由卦爻象数之关系而建立其"旁通情也"的道德哲学。就易经卦爻象数而言，汉易与胡煦所达成的自然哲学是正宗，而焦循所达成的道德哲学是工巧的穿凿，但穿凿得很一贯，故牟宗三先生亦有兴趣展示之。其所建立的道德哲学，若视作人们所希望的生活境界则可，若当作一种道德哲学认为可以解决道德分解中的诸基本问题则非是。① 这就是前期易学。后期易学就是《易传》。这是牟宗三先生真正的易学哲学。他把《易传》视作孔门义理，以形成儒家的道德形而上学，这是他后来的工作，此并非他当时所能了解，且亦根本不解，故亦没有兴趣。② 后来牟宗三先生没有写出关于《易传》道德哲学。可是他的《易传》道德哲学在他的专著，如《心体与性体》《才性与玄理》中可以找到。

本论文以牟宗三的道德的形而上学观点看他的易学。那所谓"道德的形上学"是什么？儒家是"内圣外王"的学问。"内圣之学"也说成德之教。此成德之教就是道德哲学（moral philosophy）。此道德哲学亦函一"道德的形上学"。道德哲学意即讨论道德的哲学，或道德之哲学的讨论，故亦可转语为"道德底哲学"（philosophy of moral）。但自宋明儒观之，就道德论道德，其中心问题首在讨论道德实践所以可能之先验根据（或超越的根据），此即心性问题是也。由此进而讨论实践之下手问题，此即工夫入路问题是也。前者是道德实践所以可能之客观根据，后者是道德实践所以可能之主观根据。③

为了说明牟宗三先生的《易传》道德形而上学，笔者先讨论其《易传》之天道论。

二、天道论

在"道"的形式意义上，即作为形而上的存有而是万物生成的终极根源这意义上，王弼与《易传》是相同的；但在其内容意义上，由于体证途径的歧异，王弼与《易传》就有显著的不同。牟宗三先生从这个观点来解释《易传》所说的"一阴一阳之谓道"。

牟宗三先生认为韩康伯对"一阴一阳之谓道"的注解全错，说明如下：

> 其所以解一阴一阳为无阴无阳，形成语意上之乖谬，主要关键乃在其不能了解孔门天道性命贯通之义理。一阴一阳之谓道，朱子解之甚谛。阴阳是气，是形而下

① 参见牟宗三：《周易的自然哲学与道德函义》，文津出版社 1988 年版，第 5—6 页。
② 参见牟宗三：《周易的自然哲学与道德函义》，文津出版社 1988 年版，第 6 页
③ 参见牟宗三：《心体与性体》（一），正中书局 1985 年版，第 8 页。

者，不是道。一阴一阳乃见道。“一阴一阳之谓道”与“一阖一辟谓之变”，为同一语法。阖辟只是变之两动相，而不是变本身之意义。“一阖一辟谓之变”，即由一阖一辟乃见变之意义。朱子即由此而比类“一阴一阳之谓道”。言由一阴一阳之变化过程乃见道。可见此“一”字为副词。阴、阳是气，这是分解地表出成变之因索。一阴一阳则是综合地表变之过程，由之以见道。道不是此现象的变化之过程本身，乃是所以成此过程而亦带着此过程而见者，从所以成此过程言，则道是“所以然”之理。①

“阖辟”只是变的两个动相，而非变本身。如果偏滞于阖，或偏滞于辟，则只能说“阖”或“辟”，不能说“变”。所以“变”本身不偏滞于阖或辟。同样，“阴阳”也只是“道”的两个动相，而不是说“阴阳”即是“道”本身，如果偏滞于阴或阳，则不能说“道”。《系辞上传·第一章》有云：“鼓之以雷霆，润之以风雨。日月运行，一寒一署。”这是举雷霆、风雨、日月、寒暑为例，来说明自然的变化。自然的变化不只是这些，这些只是自然变化的具体说明而已，即以具体的物象来说明自然的整体变化。如果死板地执着于这些具体的物象或词语，恐怕不够解释整个自然的现象。这点大家都肯认的，而且足以证明“阖辟不是变本身”“阴阳不是道本身”。因此《易传》作者想到比这些更抽象的词语，比如往与来、屈与信（伸）、凝聚与扩散、柔与刚、健与顺，等等。这在思想发展上是自然合理的。抽象程度越高，对于事物的概括性越大。这些比雷霆、风雨、日月、寒暑抽象得多，因此这些可包涵雷霆等。《易传》为何用阖辟来概括它们呢？依《易传》，乾、坤是《周易》的门，而以阖来喻乾，以辟来喻坤。② 因此《易传》以阖辟来概括它们。但阖辟不是“变”本身，所以《易传》用副词的“一”，即“一阖一辟”，来说明“变”。“道”也是一样的道理，即在“一阴一阳”的过程当中，“道”就会呈现出来。这就是牟先生说的“一阴一阳则是综合地表变之过程，由之以见道”的意思。

阴阳不是道，一阴一阳也不是道。《易传》“一阴一阳之谓道”的意义如何了解？《系辞传》作者从道生成万物的两种功能观念上来谈阴阳，即阴阳是道在生成万物的大用流行中所显示的二相。

八卦是八种自然事物的象征，卦爻就是事物之结合方式的象征，由此可说，卦爻所处的位，就代表事物所处的情况。事物在此种种情况中彰著了自己的体性。事物所处的情况与事物的体性是由阴阳决定的，这与由刚柔决定卦位、爻位相同。因为卦位、爻位代表事物所处的情况、事物的体性，刚柔在《系辞传》中以阴阳代替。那么事物中的阴阳应该就是道内在于事物的表征。因此道不是虚悬在那里，而是具体地在我们眼前，因

---

① 牟宗三：《才性与玄理》，台湾学生书局 1985 年，第 115—116 页。

② 《系辞上传》云：“是故阖户谓之坤，辟户谓之乾。”（十一章）又：“乾坤，其易之蕴邪？”（十二章）

为道作用于万物而内在于万物，特殊化而为事物的体性。“道”用什么方式而内在于事物呢？依《系辞传》，道乃以“一阴一阳”或“阴阳合德”的方式内在于事物。所以牟先生说：“‘一阴一阳之谓道’，当然不必是说阴阳即是道，但乾道或诚体之具体流行亦不能离乎阴阳，不能不凭借阴阳以表现，而‘一阴一阳’即是阴阳之气之无间畅通，而道即因之而无间朗现，故‘一阴一阳之谓道’，其语意当是就道之所资以显其自己者而说道，并非说阴阳即是道也，甚至亦并非说‘一阴一阳’即是道也。故此语非界定语，乃借显语。”① 道以“一阴一阳”的方式内在于事物，这个方式又微妙又不可测度，所以只能是“借显语”来形容道的存在样相。

牟宗三先生在解释“一阴一阳之谓道”时，就说朱子所解释的“甚谛”。这是否代表他认同朱子的解释？牟先生认为“一阴一阳之谓道”此语并不是“截得上下最分明”的。② 朱子的解释才是分解的解释。所以牟先生说：“所谓进一步予一分解表示者，是如此：一阴一阳之谓道，总说，阴阳不是道，所以阴阳者才是道。克就此语而说，依伊川，‘一阴一阳’并不是道，所以‘一阴一阳’才是道，依朱子，阴阳不是道，所以阴阳才是道，而‘一阴一阳’之‘一’字即表示‘所以’也。此便是对于此语作一分解表示，而成为‘分解地截得上下最分明’。”③ 也就是说，牟先生认为“一阴一阳之谓道”不可理解为分解的方式，应当理解为圆融地“截得上下最分明”。朱子理解的方式正是分解的，这就是牟先生批评朱子的原因。

道在我们眼前，这不是说事物即是道，而是从事物那里直悟道的生生作用，即用见体。所以《系辞传》说“生生之谓易”。此“生”是“天地之大德曰生”的“生”。此“生”不是生产的“生”，为了避开这种误解，加“创”而说“创生”。创生就是“大德”。道只是以创生万物为它的本质的作用。此创生是不间断的，所以重叠地说“生生”。因此“生生”就是“于穆不已”的另一种说法。在《易传》是以“一阴一阳”而表现此“生生”。“一阴一阳之谓道”就是指点生生的道，所以说“生道”。④“生道”即是“于穆不已”之体。此“体（理）”即是“动理”，而不是“只存有而不活动”的静理。

《易传》认为，一切事物的生成发展都与对偶性因素的相互感应或配合有关。此对偶性因素的词语，在《易传》有种种名称，即阴阳、乾坤、刚柔、动静、往来、屈伸等等。事实上这些词语都是事物的象征，但其象征的重点不在事物本身，而在事物的功能与作用。此功能与作用，如果用具体的词语，会使我们局限于其物。比如“日月运行，

---

① 牟宗三：《心体与性体》（一），正中书局 1985 年版，第 327 页。

② 参见牟宗三：《心体与性体》（二），正中书局 1985 年版，第 43 页。

③ 牟宗三：《心体与性体》（二），正中书局 1985 年版，第 44 页。

④ 牟宗三先生说：“‘一阴一阳之谓道’即是指点的这个道，‘一阴一阳’亦犹‘生生’。”详见牟宗三：《心体与性体》（二），正中书局 1985 年版，第 49 页。

一寒一暑”，这只是举日月、寒暑为例，谈事物的对偶性因素而已。《易传》着眼于此点，用最抽象的词语即阴阳来概括出其他词语。此“阴阳”不是气化宇宙论的词语，而是儒家本体宇宙论的词语，即把阴阳从气的意义上提升到概括性极高的功能观念，再说天道的两种相对功能。此两种功能的展开过程，《易传》有时以“一阴一阳”来表现，有时以“阴阳合德”来表现。所以“一阴一阳”是形容道体的动态性。此动态性以“生生”来概括。这样，“一阴一阳之谓道”就是道体的动态的陈述。道体必藉具体的阴阳变化而具体地实现其自己。但如果没有道体自身的活动性以妙运阴阳气化，则亦不能实现其自己。故道体不仅是实有，而且有活动性，合而言之，是“即存有即活动”的实体。如此的实体，《易传》以“即用见体”的方式来表达。

牟宗三先生认为《易传》之“道”是“即存有即活动”的“道”。然而朱子则主张《易传》之“道”是“只存有而不活动”的。这就是牟先生反对朱子解释“一阴一阳之谓道”的根本所在。①

道不仅内在于事物，同时它还是决定事物体性的超越根据。因此道对于事物来说，不仅有宇宙论的意义，同时也有本体论的意义。合而言之，则是本体宇宙论的意义。所以“一阴一阳之谓道”不是独立的或纯粹的宇宙论，而是连着本体而言的本体宇宙论。这个道不是“只存有而不活动”的，而是“即存有即活动”的。这就是牟宗三先生所说的《易传》之“道”。形而上的道，在《易传》里有种种名称，如乾道、易道，这都是“即存有即活动”的本体。②

我们再看《易传》之人性论。

三、人性论

前文天道论讨论的道体，是指即存有即活动的形而上的实体。这个道体是动态的实体，且为现象界宇宙万物之必然性法则。此法则性的道体，同时亦说明人类行为规范的根源。但对于人的行为而言，此道体缺乏必然性以及保证性意义，即道体只是外在的而已。而人的行为则必须由内而行，才有主动的地位。《易传》的目的不仅在以变化来说明宇宙生化的情形，而且要在宇宙变化的大法则中，发现人生价值的根源。人的生命的根源，由仁、性而来，因而人之性，即与天道连在一起。那牟宗三先生如何解释《易传》所言的“性”呢？

关于《系辞上传》第五章“一阴一阳之谓道，继之者善也，成之者性也。仁者见之

---

① 《朱子语类》云：“然以意度之，则疑此气是依傍这理行。及此气之聚，则理亦在焉。盖气则能凝结造作，理却无情意、无计度、无造作。”如此依朱子，理是无情意、无计度、无造作，只气才有实际作为，即有情意、有计度、有造作。所以理不可言动静。

② 参见牟宗三：《心体与性体》（二），正中书局1985年版，第23页。

谓之仁，智者见之谓之智，百姓日用而不知，故君子之道鲜矣”，牟宗三先生的解释如下：

> 一阴一阳之谓道，把这道继续下来而不断绝就是善，此是善之宇宙论的规定，是动态地说；同时，能成就或完成此道的便是吾人之性，言性复能成就此道也，此是实践地言“性之义用”，不是物具有斯道以为性以示“性之存有”，故下文即继之曰：“仁者见之谓之仁，智者见之谓之智，百姓日用而不知，故君子之道鲜矣。”性何以能成就此道？性是道德创造之真几（先天而超越的根据），能尽性即能成就此道，或完成此道之生化于一己之生命中，此是重现此道于一己之道德行为之纯亦不已中也。此显是“率性之谓道”义，不是“天命之谓性”义。后者是说“性之存有”，前者是说尽性之实践。虽说性能成道，然人大都不能充分地圆满地尽其性，故有下文仁者智者云云而结之以“故君子之道鲜矣”。此解似是较顺，可能较合原意。①

以上牟先生的解释，其重点如下：第一，“一阴一阳之谓道”是描写道的动态性。②第二，“成之者性”的“性”不是性之存有义，而是性之实践义。“成之者性”的“成”，就是成就之“成”，即形著或具体实现的成就，不是“本来没有而今有”的成就。言能完成或成就此道者则是“性”。这就是“性之实践义”。第三，性不但是道德创造的根据，而且是道。这样的观点，一直贯通到“乾道变化，各正性命”的解释中。

> 此语字面的意思是：在乾道变化过程中，万物（各个体）皆各得正定其性命。此语本身并不表示所正定的各个体之性命即是以理言的性命，亦可能是以气言的性命。但首先不管是以理言的性命，抑还是以气言的性命，此总是从“乾道变化”说下来，此即是性命之本体宇宙论的说明。③

《乾》卦象征天道，故《彖传》以天道之德释卦辞。牟先生认为“乾道变化，各正性命”这句为本体宇宙论的陈述。问题在“变化”句上。即实体虽是一创生的实体，虽是不已地起作用，而其自身实无所谓“气化”。④ 乾道是创造性原理，是纯一、整一的

---

① 牟宗三：《心体与性体》（二），正中书局 1985 年版，第 45—46 页

② 朱伯崑也把“一阴一阳”看作道。参见朱伯崑：《易学哲学史》第一卷，蓝灯文化事业股份有限公司 1991 年版，第 89 页。金景芳、吕绍纲：《周易全释》，吉林大学出版社 1989 年版，第 473 页。

③ 牟宗三：《心体与性体》（一），正中书局 1985 年版，第 33 页。

④ 参见牟宗三：《心体与性体》（一），正中书局 1985 年版，第 33 页。

绝对的普遍性。① 这是不可否认的。形而下的万物有变化，形而上的乾道没有变化。那这里所言的“变化”如何理解？依牟先生，“变化”者是带着气化以行，故假气化以显耳。② 就是说，乾道借气化而显现。乾道的变化过程就是乾道之元亨利贞。所以《乾·文言》说：“乾元者，始而亨者也。利贞者，性清也。”“亨”是内通，“利”是外通。利而至于个体之成处，即是其“贞”相，所以于个体之成处见“利贞”也。③

万物变化的超越根据是在乾道，即由乾道之妙运的作用而有万物的变化。乾道作为形上的存有，不可能凭感官来把握。这纯粹而精的乾道，通过万物生生不息而展现其刚健中正的德。此为本体纵贯创生之体用关系，因此乾道的刚健中正之德创生大用流行，即生成万物而有变化。这就是“所以于个体之成处见利贞”。由此亦可总持地说“乾道变化”。所以此“变化”是指动而无动、静而无静的乾道之神化，即须以神化来理解才合于作为形而上的乾道。这样理解才符合乾道的形而上意义。

关于“性命”，牟先生在上面引文说，“以理言的性命，亦可能是以气言的性命”。那么牟先生的意思是以理言性命，还是以气言性命？牟先生在说明周濂溪所作的《通书》时说：“然通极于‘体’而言性命，衡之以儒家之道德意识，此性命不会是以气言的性命，历来亦无人作如此理会者。是故必是正面的、超越面的、以理言的性命。……然言道德实践之先天根据（超越的根据），却无人以此性命为气之凝结处之气之性命，却必须视为超越面的性命。”④ 从《易传》的观点来看，此性命是以气言的性命，还是以理言的性命，无法确定。但以儒家的道德意识来看，这个性命是从乾道下来，所以应该把这个性命看作超越面的性命，这样才符合儒家的道德意识。这就是牟先生真正的意思。

总之，《易传》本体宇宙论言道体之为超越的客观性原则，以乾道为首出，并以乾道规定道体之实义。此超越的客观性原则，《易传》作者由道德的主体而透至其形而上的与宇宙论的意义。由此，将此本体宇宙论的实体，又名为道德创生的实体。“乾道变化，各正性命”“利正者，性情”都是从本体宇宙论意义上说“性”。这与孟子所言的“性”不同。依孟子，直接以人之内在道德性为人之真性，此内在道德性之性除了人之外，其他物不能有。依《易传》，作为“道德创生的实体”之乾道、道体，虽是创生地妙运万物而为其体，然并不函着其内在地具于每一个体之中而为其性，亦不函着每一个体真能具有之以为自己之性。其创生地、超越地为其体之义与内在地为其性之义是两回事。但如果内在之真性之实义同于作为道德创生的实体之天命流行之本体实义，则此两

① 《乾·文言传》云：“纯粹精也。”

② 参见牟宗三：《心体与性体》（一），正中书局1985年版，第33页。

③ 参见牟宗三：《心体与性体》（一），正中书局1985年版，第33页。

④ 牟宗三：《心体与性体》（一），正中书局1985年版，第34页。

者会通而为一。人有此内在道德性之性为真性，即等于有那作为道德创生的实体之一天命流行之体为真性，此只限于就人说，即此实体既超越地为人之体，复内在地为人之性。故其他有生无生之物还是不能有。所以牟宗三先生说："在'乾道变化'中，万物各正其性命，此并不函说万物皆能以乾道之元（道德创生的实体）为自己之性也。"①所以"乾道变化，各正性命""利贞者，性情"与由道德实践而言的"性"义，其内容意义是同一的。更重要的是，在《易传》也有由道德实践而言的"性"义②，所以只由"乾道变化，各正性命"而论《易传》没有由道德实践义而言的性，则不对。这就是牟宗三先生对"乾道变化，各正性命"的看法。

四、结论

《易传》可说是《易经》之最早的注。此书所表达的整体内容是道德创造的存有论，即由道德的主体而渗透至其形而上的宇宙论的意义。③ 这应该是对《易传》地位之定评，亦为理解《易传》之纲领原则。唐君毅先生说：

> 其思想似纯为以形上学为先，以由天道而人性之系统。（中略）《易传》之文，尤似皆为结论，而未尝言其何以得此结论。阴阳乾坤等名所实指者为何？何以先道而后善而后性？更难得其实解。此则仍须有入路以通之。此入路，吾意是仍须先在吾人之道德生活之历程上，及吾人如何本此心之神明，以观客观宇宙之变化上，有所取证。④

如此唐先生也对《易传》思想的脉络不够确定，但他认为须从道德实践而理解《易传》，才能体证《易传》所表达的意义。牟先生的易学就是从这里入手的。依牟先生，《易传》是由道德意识之进路，而透至形而上的意义以言宇宙论，故其具有儒家教义之必然性，乃是道德的形而上学之必然性。

《易传》和《中庸》之理境是由《论语》《孟子》一根而发展。《易传》《中庸》自"于穆不已"之最根源上的智慧，并本之以积极地展示天道为生物不测之创生实体，并由此实体以言性体，而与孔子的仁、孟子的心性打成一片，积极地呈现出主观面的仁、

---

① 牟宗三：《心体与性体》（三），正中书局 1985 年版，第 493 页。

② 道德实践义的"性"是由尽性、复性之道德实践而说的。《系辞上传》云："天地设位，而易行乎其中。成性存存，道义之门。""易行乎其中"即是"乾道变化"。在易道流行中，万物于其个体形成时，即自形成其性，而又存存不让它泯灭，那就是道义之所从出。如果这样解释的话，与"乾道变化，各正性命"一样，是从本体宇宙论的直贯顺成义说"成性"。但从"存存"及"道义之门"来看，却函摄尽性、复性之道德实践义。详见牟宗三：《心体与性体》（二），正中书局 1985 年版，第 145 页。

③ 参见牟宗三：《心体与性体》（一），正中书局 1985 年版，第 332 页。

④ 唐君毅：《中国哲学原论·原道篇》，台湾学生书局 1984 年版，第 165 页。

本心与客观面的《易传》《中庸》天道性体之内容意义之合一。此在表面上虽似进路上之不同，但其实是一种融贯不隔之圆满发展，就是说依道德主体的无限性而证立万物的无限道德价值与意义。所以可说道德秩序是宇宙秩序，这就是“道德形上学”之必函，亦为儒者之所共许。虽然价值与存在物属于不同范畴，但我们可以对存在物做道德价值之解释，即以道德价值而规定存在物之真实意义。儒家就是以道德价值来规定存在物的，而不是从自然实然的存在物而论道德价值，即不是对道德价值做存有论的解释。在这方面，先秦儒家经典当中，《易传》最出色。①

牟宗三先生没有撰写易学道德哲学（道德的形而上学）的专著。可是牟先生在《心体与性体》中处处提到自己的易学观点。其观点主要是《易传》之道德形上学。这道德的形而上学不仅是易学的宗旨，同时也是正宗儒家的核心观念（不包括程朱哲学）。

（作者单位：韩国大真大学校中国学系）

① 笔者认为，《易传》说明卦辞、爻辞，在每卦先说的虽然都属于具体的个别自然现象或个别自然事件，而接着所论都从道德价值方面加以发挥。这样的说明方式在《论语》《孟子》《中庸》里面很难见到。《易传》作者们从个别自然现象或自然事件那里导出道德价值，这样的心智作用，不是认识心或艺术心或宗教心，而是道德心（道德的形而上学），所以《易传》与《论语》《孟子》《中庸》其终极点是一样。

从当代新儒家人文主义精神到“学统”的现代开展：儒家生命伦理学的确立*

周琬琳　李瑞全

一、港台新儒家人文主义精神之文化含义

清末民初，是中国传统文化在现代化的过程中居于劣势的开始。从道光二十年（1840）鸦片战争开始，西方带着船坚炮利来到中国，也带来文化与政治上的冲击，清朝大败。1898年，张之洞整合魏源“师夷长技以制夷”的态度与沈毓桂“为华人计，宜以中学为体，西学为用”的主张，在其著作《劝学篇》中，正式有系统地提出“中体西用”的观点。“中体西用”可以说是洋务派与保守派妥协的结果，它失败的同时也铸下了后来五四运动全面西化反传统运动的苗火。

反中国传统的火苗势如破竹地一路蔓延到20世纪初，中国传统文化处于极度劣势之中，不但西方科技挟带着船坚炮利强势入侵，中华民族本身也对自己的文化质疑、批判、反对甚至排拒，因而有一连串的反对传统文化以至全盘西化的行动出现。因此，对中国文化的辩解与重新诠释和发展，乃成为“当代新儒家”① 的最主要和最全面的课题。

李瑞全认为儒者以人为本，对于文化的论述，乃出于对人对生命的关怀，这种人文的关怀即是一人文主义之论述。唐君毅先生更连篇详论中西文化与人文主义，申论儒家

---

* 本文首次发表于“牟宗三与中国文化的重建国际学术研讨会暨牟宗三诞辰110周年纪念大会”，山东大学儒学高等研究院主办，山东烟台，2019年7月13—14日，原标题为“从儒家人文主义精神到‘学统’的现代开展：儒家生命伦理学的确立”，感谢与会专家指教。会后，笔者进行补充修改，另将标题稍做调整，点明本文仅从港台当代新儒学视角进行阐述，未竟之处尚须精进学习。

① 刘述先先生将现代新儒家按区域区分，大陆地区称“现代新儒家”，台湾地区称“当代新儒家”，指从熊十力开出，以唐君毅、牟宗三、徐复观先生为主所开展的儒学系统。参见刘述先：《儒家哲学的典范重构与诠释》，万卷楼出版社2010年版，第4—5页。

对文化与人文主义的重建与发展，纂成几部相关的大书。① 统整地说，唐先生界定的“人文主义”一词，核心概念当是“尊重”二字：“从最宽泛的意思讲，即尊重人类与其文化的一种观点，一种思想，一种态度，一种信仰。……本来一切人只要尊重人与文化之一方面，即都是人文主义者。”② 唐先生《人文精神之重建》一书针对人文主义的意义列出九点加以论述，其中以“尊重”为核心概念的意义包含六点：

1. 对人与人之各种关系，即各种人伦关系之尊重；
2. 对人类文化之各方面之尊重；
3. 对历史之尊重；
4. 对人之人格价值的尊重；
5. 对学问上之通识与专门知识专门技能，均加以尊重；
6. 对各种不同学术思想之尊重与宽容。③

“尊重”二字不仅彰显儒家对于所有生命及文化的包容与共存共容的和平意识，也间接反映对于西方那种建立在个人自由主义与资本主义下霸权吞并他人的批判。

唐先生指出，中国传统赋予“人文主义”的意义与西方文化自文艺复兴以来所说的“人文主义”（Humanism）的含义不同。西方的“人文主义”早期是相对于“神本”而使用的，近代科技发达以后，又倾向于“物本”的论述。但是在中国传统中，“人文”一词具有天道、人道相贯通的天、地、人三才并举的意义，与西方有所不同，因此对“人文主义”也有不同诠释与发挥。④

此外，李瑞全也指出，英美流行的逻辑实证论、语言分析哲学以至经验主义等，都只以感官经验所能接收和认可的为真实，其他一概都被加以排斥或不予以承认。因此，近代西方哲学的主流是经验主义，它只就感触直接的经验或语言之分析来说明人类的各种行为动机。以生物学观点看人类的流弊是完全看不见也不能说明文化之价值和价值的创造。⑤ 当前，随着科技的发展，整个西方世界乃至受西方文化影响的全球，日趋物化，化约主义盛行。牟先生当年将此种现象称为“科学一层论”，视其为人文思想之

① 参见李瑞全《人文主义之内在超越性：儒家人文精神之文化意涵》一文。此文初稿宣读于第四届天地之中（嵩山）——华夏文明与世界文明嵩山论坛，河南登封，2015 年 9 月 10—14 日。本文有关人文主义之论述皆参考自此文。

② 唐君毅：《人文精神之重建》，新亚书院研究所 1974 年版，第 594 页。

③ 唐君毅：《人文精神之重建》，新亚书院研究所 1974 年版，第 590 页。

④ 参见李瑞全：《人文主义之内在超越性：儒家人文精神之文化意涵》，第四届天地之中（嵩山）——华夏文明与世界文明嵩山论坛，河南登封，2015 年 9 月 10—14 日。

⑤ 参见李瑞全：《人文主义之内在超越性：儒家人文精神之文化意涵》，第四届天地之中（嵩山）——华夏文明与世界文明嵩山论坛，河南登封，2015 年 9 月 10—14 日。

僵化。

二、牟宗三学统观及其现代开展

（一）第三期儒学使命与新三统观①

牟先生于1952年完成《历史哲学》一书，阐释中国文化从三代到两汉的发展，以见出中国传统文化之发展的方向与特色，以为今天进行文化与国家建设的基础。因应于传统文化在现代之崩溃，牟先生乃提出第三期儒学的发展与课题。

第一期儒学。春秋时代是周文疲弊的时代，孔子所承担的是回应此时代的课题。孔子以点醒周文之价值，摄礼归仁，不但恢复周文的礼乐精神，同时建立以仁为教义的儒家思想，奠定了中国文化的走向。

第二期儒学。东汉演变而为魏晋南北朝，道家思想成为主流，及隋唐，东传的佛学吸收了魏晋玄学，发扬为隋唐的思想文化的主体。但在社会政治结构上，文化仍然延续两汉的体制。由于残唐五代的社会风气败坏，宋儒乃起而重建先秦儒学，深化人文。

明亡，清人入关，士人只能从事考据训诂之学，当清末西方列强以强势武力和文化入侵时，传统文化软弱无力，因而有中华民族被殖民，中国文化更遭被自家扬弃之厄运。牟先生深感时政败坏，民风已变，心灵失向，忧怀奋发，以求开出新局，因而提出第三期儒学的使命。牟先生指出："第三期儒学之建构必须有纯学术之从头建立，此即返本开新之议。而这必须与西方文化相激荡，吸收西方文化之所长。此有两面：一是学术上名数之学，二是国家政制之建立，此两者正补充中国传统文化之形上境界和精神之极高表现，而得以下贯于今日的社会群体。"②"科学一元论"与"西化派"可说是自五四以来批评中国文化的取向，因而牟先生更严加反击。在《关于文化与中国文化》一文中，牟先生综合地明确化第三期儒家所要建立的三方面，即为"新三统"之说。③

牟先生在《道德的理想主义》之序言即提出"新三统"之说：

> 1. 道统之肯定，此即肯定道德宗教之价值，维护住孔孟所开辟出之人生宇宙之本源；
>
> 2. 学统之开出，此即转出"知性主体"以融纳希腊传统，开出学术之独立性；

---

① 此小节参考整理自李瑞全《人文主义之内在超越性：儒家人文精神之文化意涵》及《当代新儒学之新三统论》两篇文章。《当代新儒学之新三统论》初稿在2015年10月22—25日宣读于第十一届当代新儒学国际学术会议——纪念牟宗三先生逝世二十年，台北和中坜，东方文化财团法人东方人文学术研究基金会、台湾师范大学国际与社会科学学院、"中央大学"文学院、华梵大学、香港中文大学哲学系共同主办，经修改后刊登于《云南大学学报》（社会科学版）2018年第3期。

② 牟宗三：《道德的理想主义》，东海大学1970年版，第2—3页。

③ 参见李瑞全：《人文主义之内在超越性：儒家人文精神之文化意涵》，第四届天地之中（嵩山）——华夏文明与世界文明嵩山论坛，河南登封，2015年9月10—14日。

3. 政统之继续，此即由认识政体之发展而肯定民主政治为必然。①

“新三统”是本于中国传统文化发展中只具足“综和的尽理精神”而未能发展出“分解的尽理精神”而来。此一继承即是一“返本开新”的发展，指以孔孟所开出来的“仁义之统”而往前发展，使民族文化生命得以畅通无碍，人人得以各尽其性分，真正达到“大同世界”的理想。这一返本开新的完成即是一“道德的理想主义”，是儒家“人文主义”的完成。

依牟先生的论述，当代新儒学的使命是建构“新三统”，而“新三统”具有的合法性是依于中国传统精神以孔孟荀的核心义理的开展，以上继先圣，下开群伦，自然具足文化发展上的合理性与开创性。“新三统”主张吸收消化西方文化的优点，以畅发民族文化的生命。孔子本明言礼乐制度是可以“兴革损益”的，是可以和应当因时因地制宜的。礼乐文化都只是为人性人情服务，是以使人（仁）能畅通条顺为目的。如此，生命才能畅通四达，才真能有各尽其性分的真实的生活和生命。②

（二）“学统”的诠释及扩充诠释

继提出新三统之说后，牟先生在《政道与治道》一书当中提出“三统并建”概念。进而又在《生命的学问》一书《略论道统、学统、政统》一文当中明确阐明他所说的“学统”之“学”，指的是西方学科的分类之意，也是“知识之学”，是相对于“德行之学”的“道统”来说。依照此区分，现代新儒学固然有延续“德行之学”的“道统”之使命，也当有开展“学统”之志趣。③ 文中，牟先生称：

> 说中国只有道统而无学统，此“学统”一名之提出，实为解答科学一问题而提出。说中国本有学统，这当然是真的。但为的彰显科学之为学的意义及其基本精神，遂把“学”之一词现在科学一面，即“知识之学”；而中国本有之学的意义以及其基本精神则限于“道”一方面，亦即“德性之学”。④

中国一直以来并没有发展出科技，主要是因为儒家重视“实践理性”而忽略“理论理性”。牟先生说道：“中国的哲人多不着意于理智的思辨，更无对观念或概念下定义的

① 宗三.《道德的理想主义·序》，东海大学1970年版，第4页。

② 详细分析论述请参见李瑞全《当代新儒学之新三统论》一文。《当代新儒学之新三统论》初稿在2015年10月22—25日宣读于第十一届当代新儒学国际学术会议——纪念牟宗三先生逝世二十年，台北和中坜，东方文化财团法人东方人文学术研究基金会、台湾师范大学国际与社会科学学院、“中央大学”文学院、华梵大学、香港中文大学哲学系共同主办，经修改后刊登于《云南大学学报》（社会科学版）2018年第3期。

③ 周琬琳：《华人文化的醒觉：现代新儒家的方向与开拓》，《鹅湖月刊》第509期，2017年。

④ 牟宗三：《略论道统、学统、政统》，氏著《生命的学问》，三民书局2004年版，第68—69页。

兴趣。希腊哲学是重知解的，中国哲学则是重实践的。……希腊哲人之以自己生命以外的自然为对象。”整个西方思想受到希腊哲人的影响，形成纯粹理智思辨的传统，追求自然的客观真相，并且擅长建构理论系统。

黄光国借用了泰勒的三层诠释学来说明此种现象。泰勒在英国社会学者纪登斯将诠释学分为科学的诠释和日常的诠释的基础之下，进一步加入了文化语言的诠释这一概念。在这三层诠释中，日常诠释是第一层，文化语言的诠释是第二层，科学的诠释是第三层。第一层诠释是原初的（proto-），也是科学的源头。它固然有因人而异之处，但是因为有第二层文化语言的诠释，故能使生活于相同文化中的人们异中有同。第三层诠释则以前两层诠释的整体作为对象，在文化差异之处寻求普遍真理。① 这也表示，在“概念界定”和“理论建构”这方面，还是需要借助源于西方科学哲学训练的长处来帮我们建构自身文化系统的主体性。

（三）“中体西用”与“学统”差异

牟先生所言“三统并建”之“学统”，指由中国文化生命自身所开展出来之科学，并非全面移植西方学统之意。西方学统有其古希腊学术思想精神及基督教思想根源，非中国文化所有，如果只是直接照搬过来使用，无疑是学术自我移植，本质上与严复所批评的清末民初张之洞所推行的中体西用一样，实是犯了“牛体马用”之误。

1902 年，严复在刊于光绪二十八年的《与外交报主人书》当中直接驳斥中体西用论时提到，不同的文化传统自会有其体与用，体与用是一脉相承的，不可分割，如果只是一味地将不同文化的体与用分割后嫁接，就如同将牛的身体放在马身上一样荒谬。②

刘述先认为清末由张之洞所提出的中体西用观，对于西学只是停留在实用层次，即技术的部分，没有深入去了解西方的技术来自科学，而科学又源自科学哲学，进一步追溯其根源，是来自哲学。刘述先在其著作《儒家思想开拓的尝试》中说道：

> 当代新儒家并未排拒五四以来所倡导的民主科学的理想，但在人生意义的追求方面则仍然坚持传统的睿识，而强调人人与生俱来的超越心性根源。通过生命的自我扩大的历程，这样至少在理论上找到道学政三统的有机综合的线索，而不只是在实用的层次上杂糅中西，停留在呼喊“中学为体，西学为用”的口号的肤浅的了解的层次之上。③

哲学是一切思想的统称，以“体用”来区分的话，如果西方技术是“用”，“体”就

① 黄光国：《儒家文化系统的主体辩证》，五南出版社 2017 年版，第 78—79 页。

② 转引自高大威：《严复的思辨进路及其意义之分析》，《政大中文学报》2004 年第 1 期。

③ 刘述先：《儒家思想开拓的尝试》，中国社会科学出版社 2001 年版，第 11—12 页。

是科学了；如果科学也是“用”，那么科学哲学就是“体”。而科学哲学再往上追溯，思想的根源则是哲学。换句话说，相对于西用，西方有自己的体，先有思想，再慢慢演进成为科学乃至技术。如果硬是要以中学为体西学为用，无疑是“牛体马用”，这也是严复对于当时的中体西用给出的评价。然而，如果只是要追技术作为用其体为何，追到科学哲学也就够了，为何还要追溯到哲学这个最根本的体呢？这是因为，使得西方当年可以横扫亚洲，搭配船坚炮利的姿态强猛地击破中国的大门，狠狠冲击中国传统文化的，不只是在器物层次上的顶尖发展，更重要的是使得西方国家在经历十字军东征的黑暗期之后，文艺复兴一直到启蒙运动以来，西方国家背后的整个思潮，正像滔天大浪猛烈地向世界袭来。例如亚当斯密的经济学理论、牛顿的物理学理论、哈维的医学还有培根的哲学方法论等，都是支持近代西方崛起的思想力量。

严复撰写《原强》一书当中，关注斯宾塞“群学”观点，提出群学应以“睿智慧，练体力，厉德行三者为之纲”，其中应以“睿智慧”为优先，也就是提升“民智”。又说：“学问之士，倡其新理，事功之士，窃之为术，而大有功焉。故曰：民智者，富强之原。”① 依照严复之意，“学”是“体”，是基础理论；“术”是“用”，是理论的应用。这里所说的“学问”，指的是“科学”。严复身为洋务派的代表人物，对于清末中体西用的失败自然有严厉且一针见血的批判，但是对于张之洞提出“中体西用”概念，严复应该还是要有同情的了解的。至少在某种程度上，张之洞还是肯认当时西方的技术是远远超过中国的只是身为洋务派第一届船政学堂优等毕业生的严复，除了继承左宗棠与沈葆桢对于振兴中国的热忱意志和行动力之外，曾经留学英国及在欧洲游览阅历的经验，让他看见要振兴中国不能只是停留在表面的技术学习层次，还必须从根源处做起。这个根源之“体”，是西方文化脉络所传承下来的思想体系——科学，发而为“用”——技术，才能相得益彰。如果以中国文化之体，要想移花接木发而为西方之用，只能是徒劳无功。

然而，凡事过犹不及。从历史的发展来看，严复当年批评张之洞等人所主张的中体西用，提出全面西化自然有其时代的考虑与需要；然而，总体来说，严复主张移植西方学术之体才能真正行器物之用，此西方文化之体本来就与中国文化有所不同，要落实到实处总是情感上有隔，依照当时知识分子所受传统文化影响，恐怕连理解都是困难的。牟先生评论严复说道：“严复翻译了好多书给当时的知识分子看，但是……他没有以全幅的生命来担负起这个理想。……这当然有个人的根器问题，亦因时代的限制使然。”② “学统”之学，按牟先生原意，主要是要从中国文化自身转出知性主体，以容纳希腊传

① 《严复集》，中国哲学书电子化计划，https: //ctext. org/wiki. pl? if= gb&res= 683630。以下严复引言皆出处于此。

② 牟宗三：《略论道统、学统、政统》，氏著《生命的学问》，三民书局 2004 年版，第 56 页。

统，开出学术之独立性，强调中西文化之对话与会通，并且指出建立学统须具备两个条件：一是需要借助西方名数之学（逻辑、几何与纯数学等）与科学（自然科学），二是需要国家政制之建立。牟先生特别重视名数之学，主要由于名数之学乃是科学知识建立的基础。王兴国在《三统并建之再省思》一文中也论述到，中国传统文化多德性体，知性主体较为欠缺甚至贫乏，所以必须引进西方名数之学，以弥补中国文化之不足，并且通过中西文化的会通，开出属于自己的知性主体，由此建立自己的学统，保证学术的独立与自由。①

综言之，学统蕴含两要点：一是进行中西文化沟通与会通；二是需借助他山之石，借鉴西方文化优点与长处，构建自身文化的学统。如果加上儒家人文主义与第三期儒学的使命与课题一并思索，除了传统人文学诠释系统中所开展出的“返本开新”的学术路数之外，因应当代重要课题还能开出另一条学术路数，即从儒家的智慧与视角来因应当代重要的生命伦理学议题。

三、儒家生命伦理学的缘起与确立

（一）儒家生命伦理学的缘起②

生命伦理学主要概念源于第二次世界大战之后，从反省二战期间诸多不人道的人体实验始，于 1947 年建立《纽伦堡法典》（*Nuremburg Code*），自此，生命伦理学研究的主流论述多以西方主流学术为主。在生命伦理学的讨论中，西方的主流理论是非主流文化所必须加以学习和应用的理论，但是生命经验并非整齐划一，生命伦理会因不同的时代与文化而有不同的核心价值与对待方式。特别是中西文化存在本质上的差异，不加思索而全面照搬套用可能会适得其反。儒家作为中华传统文化的代表，其伦理学理论和经验的反省不但不下于西方伦理学，实有超越西方伦理学的地方。港台新儒家第三代李瑞全先生，因长期从事当代新儒学的研究工作，极关注当代哲学与社会文化的发展，于 20 世纪 80 年代开始意识到，除了应继承唐先生与牟先生所呼吁的中国哲学现代化之外，更应当进一步往后现代哲学开展，遂而展开将儒学应用在现代应用伦理学及生命伦理学上的一系列学术研究。儒家生命伦理学不仅是发挥儒家哲学的所长——对于生命的人文关怀——以应世，同时也是深化前辈师长们在现代化中所含藏的后现代的义旨，包含儒家人文主义的落实与学统的扩充诠释。③

李瑞全指出，每一文化在因应本土的时代问题上，自然有多种取向和方式。在生命

① 参见王兴国：《三统并建之再省思》，《云南大学学报》（社会科学版）2018 年第 1 期。

② 详细论述可参考李瑞全《儒家生命伦理学研究的回顾与前瞻》一文。该论文初稿宣读于政治大学华人文化主体性研究中心在 2018 年 12 月 4 日举办之“华人文化主体性：研究回顾与前瞻”学术研讨会。

③ 有关李瑞全先生建构开展儒家生命伦理学的构想，可以参见李瑞全：《儒家生命伦理学・前言》，鹅湖出版社 1999 年版。

科学和技术与医学和医疗研究应用上，如何与本土的文化价值结合，也有多种的可能性。因此，如果以西方主流的生命伦理学为典范的论述，作为全盘处理当前中国文化之下的社会或地区的生命伦理问题，明显地会产生价值冲突及西方的分析和结论是否能适用的问题。①

而众多的案例足以证明，采用西方生命伦理学实有难以疏解在大中国文化区之下的许多生命伦理的课题。当代新儒家则立根于当代儒学的义理，兼采中西哲学与伦理学之长，建立儒家的生命伦理学体系，发展出可以处理当前争议的基本原理和道德规则，以使科研在发展和应用上取得伦理的正当性，使中国的生命科学和技术能更好地发展，同时能促进医病之关系和帮助医疗决策，使人民可以养生送死无憾而生死两相安。②

（二）儒家生命伦理学的基本义理

根据当代新儒学的理论，儒家生命伦理学自是以三期儒学的共同义理核心为基础，采取西方生命伦理学的优点，将之有机地融摄于一整体的理论之中。其中有关道德的根源及其普遍性，可以《孟子》一书中著名的一段申论“不忍人之心”的论证③，加以现代的诠释，转化为当代新儒学的生命伦理学的架构。此段论证的论述自是继承孔子以“仁心”为道德价值根源而开展为人人皆有“不忍人之心”的论证。孟子由此论证“性善”，即人人皆生而有如是之不忍他人受伤害之心。这是儒家道德根源所在，也是儒家生命伦理学的基础。

此外，孟子由此而展开仁、义、礼、智四端，正是生命伦理学的基本道德原则的架构，此即是表明由“不忍之心”可以开展为四个重要的面向，即仁、义、礼、智四重道德原则。仁、义、礼、智在根源上是“不忍人之心”或道德本心之就生命的道德特殊面相的表现，此四者可以是就不同的面向而显现为四重道德原理。此四重道德原理乃是“不忍人之心”的进一步分解，可由此以论述道德情境中的一些重要的道德原则的核心意义。分述如下④：

1. 仁：可指对其他人的不幸遭遇之“怵惕恻隐之心”，因而有同情共感，以使所对之他人或物解脱痛苦和加以仁爱对待的原则。

2. 义：是对于道德上当为的即义不容辞去做，此即含有一公义的意思。

---

① 参见李瑞全：《儒家生命伦理学研究的回顾与前瞻》一文。该论文初稿宣读于政治大学华人文化主体性研究中心在2018年12月4日举办之“华人文化主体性：研究回顾与前瞻”学术研讨会。

② 一个最能呈现当代新儒学的典型例子是李瑞全先生依儒学所成的儒家生命伦理学，请参见李瑞全：《儒家生命伦理学》，鹅湖出版社1999年版。

③ 《孟子·公孙丑》上2A：6，更进一步的论证与阐述可见李瑞全《儒家生命伦理学》第二章（鹅湖出版社1999年版，第25—29页）。

④ 整理自李瑞全《儒家生命伦理学研究的回顾与前瞻》，论文初稿宣读于政治大学华人文化主体性研究中心在2018年12月4日举办之“华人文化主体性：研究回顾与前瞻”学术研讨会。

3. 礼：泛指一切对待他人的合情合理和尊敬谨慎的规则，使他人在身心上都不会受到伤害。

4. 智：指人类心灵中所具有的知是知非、好善恶恶的良知良能，是人类发动道德判断和行动的能力。

此一架构可与西方主流的"原则主义"（Principlism）做比较。① 后者是在理论结构上以四大道德原则，即尊重自律、仁爱、不伤害、公义等四原则，作为中层原则，以进行伦理分析的结构。两者实有相应相类的同构形式。

孟子之四原则的内涵自然与西方的原则主义的四原则有重叠又不完全相同的意涵，但此可作为儒家生命伦理学架构之中可用以进一步分析道德境况的原则。② 此原则可以用于回答在许多道德两难的情境中，如亲人在临终之时生不如死的痛苦中如何做出道德判断，儒家之"孝"义如何可以支持我们接受亲人在不可减轻和避免死亡的情况下，不延长其受苦的生命历程，不致因为看着亲人受苦至死而留下痛苦的回忆和永远的遗憾。以儒家数千年的道德反省和实践，实有许多在生命上的洞见，有助于我们面对日常的各种生命伦理的道德两难，可以切合人性人情之常，而使我们在做出道德判断和行动时，能够免去西方某些个人自由主义而来的不合人情的判断，而让生死两相安。

四、结论："开新"与"返本"再诠释

"学统"的扩充可以以本土心理学作为参考。本土心理学家黄光国先生于 20 世纪 80 年代开始致力于提倡心理学应该回归文化传统自身来谈论。2009 年，黄光国将其所做关于心理学本土化的相关研究加以整理，出版《儒家关系主义：哲学反思、理论建构与实征研究》一书，开始有系统地发展华人本土社会科学理论系统建构，并于 2014 年召开一场含摄儒家文化的正向积极心理学的国际学术研讨会，聚集国内外心理学界的学者共同研讨如何让正向心理学从西方学术脉络走出，发展华人文化的修养心理学系统。

黄光国指出："在西方，从文艺复兴运动发生之后，各门学科的发展和科学哲学的发展之间，便存有一种'互为体用'的关系。随着各种不同科学的发展，总有一些哲学家不断地在思考：到底什么是科学？而成为所谓的'科学哲学'。科学哲学的发展又可

---

① 西方主流的生命伦理学体系自是以汤姆·比彻姆（Tom L. Beauchamp）与詹姆士·邱卓思（James F. Childress）合著之《生命医学伦理原则》（*Principles of Biomedical Ethics*, Oxford: Oxford University Press, 1979）一书为代表，此书自 1979 年出版以后即成为"原则主义"的经典代表，历经三十多年，不断更新，2019 年已出了 8 版。

② 参见李瑞全：《儒家生命伦理学研究的回顾与前瞻》，论文初稿宣读于政治大学华人文化主体性研究中心在 2018 年 12 月 4 日举办之"华人文化主体性：研究回顾与前瞻"。

以回过头来，引导科学研究的方向。”① “然而，19 世纪以来，华人留学生在吸收西方文化的过程中，大都只专注在学习各种不同的‘科学’，而很少注意科学哲学的演变；更少有人严肃思考科学哲学的发展和科学研究之间的关联。长期盲目移植西方学术研究典范的结果，便使得国内各门科学研究的发展显得既空洞、又盲目。……结果就形成华人学术界普遍存在的‘学术自我殖民’现象，大家只会盲目套用西方的研究典范，陷入‘典范移植’的困境。”②

本土心理学在发展的过程中，从以实证研究为主的“科学心理学”，经反省回归到“人文主义心理学”，海峡两岸有许多心理学专家正在努力地从华人本土文化中淬炼，试图将中国儒家传统对于心性之学的智慧转换进而建构出有别于西方典范的华人本土心理学典范。

总结地说，从“学统”扩充发展的角度来看，本土心理学可以说是从西方主流理论“返本”到儒家思想，儒家生命伦理学则可以说是“开新”，将儒学从传统人文学诠释跨到生命伦理学领域。儒家生命伦理学不仅继承了唐先生儒家人文主义之精神，也充分融合并开展出牟先生所主张的“新三统”之“学统”的深意，确立其在儒学乃至于港台当代新儒学“道统”上的合法性与地位。

（作者单位：福建医科大学健康学院，中国哲学研究中心）

① 黄光国：《儒家文化系统的主体辩证》，五南出版社 2017 年版，第 14 页。

② 黄光国：《儒家文化系统的主体辩证》，五南出版社 2017 年版，第 15—17 页。

圆教之模型：牟宗三诠释的程颢“生生之仁”

孔令宜

一、前言

相较于先秦儒学，宋明理学被称为新儒学。宋明理学以先秦儒学《论语》《孟子》《中庸》《易传》《大学》五部经典为主要依据。宋明儒学究竟有何“新”之处？如何继承与发展宋明理学？牟先生将宋明理学分为三系。第一系为五峰蕺山系：由濂溪、横渠，而至程颢，世称明道先生，客观地讲以《中庸》《易传》为主，主观地讲以《论语》《孟子》为主。第二系为象山阳明系：以《论语》《孟子》摄《中庸》《易传》，而以《论语》《孟子》为主。第三系为伊川朱子系：以《中庸》《易传》与《大学》合，而以《大学》为主。① 第一、二系可会通为一大系。究竟程明道有何理论之提出以居于宋明理学的关键地位？牟先生何以称明道为圆教之模型？斯为本论文关切之所在。

二、生生之谓易的宇宙创化

二程以天理作为其哲学体系的最高范畴，为宇宙最高的本体、万物的根源。② 天理是一切之总名，分别自各分际上而言，有种种名。明道曰：“言天之自然者，谓之天道。”③（《二程遗书》卷十一）又曰：“天者，理也。”（《二程遗书》卷十一）天理并非人为主观的造作，而是客观的道理，是天地万物的本体。明道曰：“所以谓万物一体者，皆有此理，只为从那里来。”认为万物都有此天理，都是从此本体而来，天理是天地人物共同之理。明道的天理是个具体的概念，具有能动性。

明道有形上与形下的观点，道器不可分离。《周易·系辞传上》曰：“形而上者谓之

① 参见牟宗三：《心体与性体》（一），正中书局 1996 年版，第 49 页。

② 对于二程语录之考辨问题，本文以牟宗三著《心体与性体》（二）（正中书局 1996 年版），以及庞万里著《二程哲学体系》（北京航空航天大学出版社 1992 年版）的分判为主。

③ 本文所引用的二程语录版本，程颢、程颐：《二程集》（一、二），汉京文化事业有限公司 1983 年版。

道，形而下者谓之器。”明道曰：“‘形而上者谓之道，形而下者谓之器’。若如或者以清虚一大为天道，则乃以器言，而非道也。”（《二程遗书》卷十一）无形的为道，有形的为器。

明道以为辩证思想乃事物生成变化的原因与本质，继承“一阴一阳之谓道”的《易传》辩证法思想。明道曰：“万物莫不有对，一阴一阳，一善一恶，阳长则阴消，善增则恶减。斯理也，推之其远乎？人只要知此耳。”（《二程遗书》卷十一）天理是宇宙不断运动变化的规律，天道就是宇宙万物生生不息的过程。天理、天道的内容就是“生生”(creative creativity)。

明道以生生之易为宇宙本体，天行之健，创生之不息，易体为创造之实体(creative reality)。明道曰：

> “生生之谓易”，是天之所以为道也。天只是以生为道，继此生理者，即是善也。善便有一箇元底意思。“元者善之长”，万物皆有春意，便是“继之者善也”。“成之者性也”，成却待佗万物自成其性须得。（《二程遗书》卷二上）

《周易·系辞传上》曰：“生生之谓易。”天就是道，天以生为道，天道就是创化不已的“生道”。“生道”亦曰“生理”，为生生不已的超越之理。由生生不息指点易体。宇宙生生不已的过程，即形上即形下的创化过程。本体必然流行发用，天理体现事物的运行变化。能把此生道、生理继续下来而不断绝就是善，超越的生道、生理乃万善之源。内在于万物为性，“春意”就是“生意”，以春意、生意指点生道、生理，呈显出一个生机洋溢的世界。

明道曰：“‘天地设位，而易行乎其中矣’。‘乾坤毁，则无以见易。易不可见，则乾坤或几乎息矣’。易是个甚？易又不是这一部书，是易之道也。要不将易又是一个事，即事尽天理，便是易也。”（《二程遗书》卷二上）易与乾坤虽不可分离，但是易之所以为易道，不仅为乾坤之气化的形而下，更有其形而上之理，而不离形而下的实际事物。

明道以生生不已的易为宇宙本体，易与神相关。《周易·系辞传上》曰：“阴阳不测之谓神。”明道曰：“天理云者，这一个道理，更有甚穷已？不为尧存，不为桀亡。人得之者，故大行不加，穷居不损。默而识之处，故谓之神。”（《二程遗书》卷二上）说明天理的自然性、自足性，及其无穷无尽的流行。《周易·系辞传上》曰：“神无方而易无体。”明道曰：“冬寒夏暑，阴阳也；所以运动变化者，神也。神无方，故易无体。”（《二程遗书》卷十一）寒暑的气候变化是阴阳的气化运动，呈现气化的过程。神是阴阳之气运动变化的所以，神无固定的方所，所以易也无一定的形体。神用遍在无方所，易体遍运无形体。明道曰：“‘穷神知化’，化之妙者神也。”（《二程遗书》卷十一）神是运行变化的动力，无法解释。明道曰："天地只是设位，易行乎其中者神也。"（《二程遗书》卷十一）易的变幻在于神，变幻莫测。易体是生生不已的过程，神体是运行不已的动力。易体能起生生之妙用，神用即是易体，生化不测之妙可见易体之神用。

明道言易时，讲神，讲寂感真几（creative feeling）。明道曰：

> "寂然不动，感而遂通"者，天理具备，元无少欠，不为尧存，不为桀亡。父子君臣，常理不易，何曾动来？因不动，故言"寂然"；虽不动，感便通，感非自外也。（《二程遗书》卷二上）

天理具足完备，本无少欠，不会因人的是非善恶而有所增减，说寂然不动，相当于《定性书》静亦定的本性、本心；但作为寂感真几的本体，说感而遂通，相当于《定性书》动亦定的本性、本心。寂感之不动，不是不易之不动，而是动而无动，静而无静的神用。父子君臣之理永存，当吾人之性寂然不动时，此理寂然于性体隐而不显；当吾人之性感而遂通时，灿然明备。本性、本心与物感通无隔无对，在全体大化流行之中，万物一体，在本质上与外物无内外之别。

"天地设位易行其中"，天理流行于一个宇宙生生不息的大化之流。明道曰："'天地设位而易行其中'，何不言人行其中？盖人亦物也。若言理言诚亦可也，而特言易者，欲使人默识而自得之也。"（《二程遗书》卷十一）易、理、诚流行于天地之间，非人流行于其中。明道曰："《中庸》者言诚便是神。"（《二程遗书》卷十一）《中庸》讲诚的哲学，至诚就是神。明道以为理、易、神、诚皆是道体。

明道以本体生化为整个宇宙生成变化的历程。道体即体即用地生化万物，乃一无始无终无间断的自然过程。《周易·系辞传上》曰："一阴一阳之谓道，继之者善也，成之者性也。仁者见之谓之仁，知者见之谓之知，百姓日用而不知，故君子之道鲜矣。"明道曰：

> "一阴一阳之谓道"，自然之道也。"继之者善也"，出道则有用，"元者善之长"也。"成之者"却只是性，"各正性命"者也。故曰："仁者见之谓之仁，知者见之谓之知，百姓日用而不知，故君子之道鲜矣。"如此，则亦无始，亦无终，亦无因甚有，亦无因甚无，亦无有处有，亦无无处无。（《二程遗书》卷十二）

"一阴一阳之谓道"，"继之者善"的意思是能把此道继续下来而不断绝就是善，相当于"四因说"的目的论，善的目的论，宇宙论是动态而善的创生。"成之者性"的意思是能完成此创化之道的是吾人之性，"之"指的是道。"性"是吾人道德实践可能的超越根源，尽性就能成就此道，完成此道于一己之生命中。一般人无法充分地尽性实践，所以“君子之道鲜”。对于道虽然有见仁见智之不同，但是道的生成变化却是无始无终，道的存有是自存而有，不因其他事物而有，也不因其他事物而无，无所谓有无。

明道圆顿地表示道器为一：

> 《系辞》曰：“形而上者谓之道，形而下者谓之器。”又曰：“立天之道曰阴与阳，立地之道曰柔与刚，立人之道曰仁与义。”又曰：“一阴一阳之谓道。”阴阳亦形而下者也，而曰道者，惟此语截得上下最分明。元来只此是道，要在人默而识之也。（《二程遗书》卷十一）

分解地说，道是形而上，阴阳之气是形而下，道体现在阴阳之气化中。道亦器，器亦道。明道圆融的智慧，消融于圆顿之中。“元来只是此道”，道不是阴阳，亦不离阴阳。牟先生以为顿即函圆，故总曰圆顿。“一阴一阳之谓道”，并不是指阴阳所以然之道。并认为“惟此语截得上下最分明”一语十分诡谲。朱子有言：“明道说话浑沦，学者难看。”故不是分解地“截得上下最分明”，而是圆融地“截得上下最分明”。道器有上下之分，但上即在下中，下即在上中，诡谲难说表示圆顿的智慧。①

明道的天道论，以《易传》《中庸》为核心。明道曰：

> “忠信所以进德”，“终日乾乾”，君子当终日对越在天也。盖上天之载，无声无臭，其体则谓之易，其理则谓之道，其用则谓之神，其命于人则谓之性。率性则谓之道，修道之谓教。孟子去其中又发挥出浩然之气。可谓尽矣。故说神“如在其上，如在其左右”，大小大事而只曰“诚之不可掩此夫”。彻上彻下，不过如此。形而上为道，形而下为器。须着如此说。器亦道，道亦器。但得道在，不系今与后、己与人。（《二程遗书》卷一）

《周易·乾·文言》：“九三曰：君子终日乾乾，夕惕若，厉无咎。何谓也？子曰：君子进德修业。忠信所以进德也……”“君子终日乾乾”以“进德修业”。“上天之载”本身“无声无臭”，此创造的实体为易体，“神用无方”，“不诚无物”。易体即是神用，虽不离阴阳变化，但亦不即是阴阳变化。阴阳变化可通于气化上说，亦不离易体。牟先生认为可有形而上、形而下之分与理气之分，问题在于如此分解后，形而上之理是否只是理？心神是否只是气？以为“即”可以分为概念断定的“即”和圆顿化境的“即”。

① 参见牟宗三：《心体与性体》（二），正中书局 1996 年版，第 43—44 页。

心性为一、心理为一与理气圆融并不同。心性为一、心理为一，是在分解道德实体之概念上所建立者，是体之概念本身就是如此。理气圆融之一，是尽性践形之化境，并不碍理气之在分解表示上之有分。此“一”是混融一体之一，不可分是化境上之不可分，并不是概念上之不可分。心性为一、心理为一，此“一”是概念断定上之一，不是混融一体之一，而不可分亦是在体的概念断定上不可分，并不是化境上之不可分。明道所谓“道亦器，器亦道”，“即”不是概念上的不可分，而是圆顿化境上的不可分。①

易、理、道、神、性、心、天命、诚、寂感真几等，都是“上天之载”形而上实体的内容。本体指精神实体，明道有时以之讲神用，故本体包含功用。明道的本体与功用是一如的，形而上与形而下为一，动态的生生之理，天理即是生生之易道。

三、学者须先识仁的道德创造

明道以为道德精神源自生生之易的道体。明道以生生之易为道体，道体的内容即为“生生”。无论是万物之性，还是其化生之春意流行，都是来自此彻上彻下的生道、生理。明道的道体是宇宙生生之易，易为道德本性的来源。《周易·系辞传下》曰：“天地之大德曰生。”明道曰：“‘天地之大德曰生’，‘天地絪缊，万物化醇’，‘生之谓性’，万物之生意最可观，此元者善之长也，斯所谓仁也。”（《二程遗书》卷十一）天理“生生之谓易”，生生之易乃“天地之大德”，万物品类流行于大化之中。超越的天地生生之德，内在为万物之性，仁源自易之生生之德。道德仁心的创造不已，即是源自天地的创生不已，故“生生之德”，可谓“生生之仁德”，可名曰“生生之仁”。

> 《识仁篇》曰：“学者须先识仁。仁者，浑然与物同体。义、礼、知、信皆仁也。识得此理，以诚敬存之而已，不须防检，不须穷索。若心懈则有防，心苟不懈，何防之有？理有未得，故须穷索。存久自明，安待穷索？此道与物无对，大不足以名之，天地之用皆我之用。孟子言‘万物皆备于我’，须反身而诚，乃为大乐。若反身未诚，则犹是二物有对，以己合彼，终未有之，又安得乐？《订顽》意思，乃备言此体。以此意存之，更有何事？‘必有事焉而勿正，心勿忘，勿助长’，未尝致纤毫之力，此其存之之道。若存得，便合有得。盖良知良能元不丧失，以昔日习心未除，却须存习此心，久则可夺旧习。此理至约，惟患不能守。既能体之而乐，亦不患不能守也。”（《二程遗书》卷二上）

仁是明道的最高道德范畴。仁是一种浑然与物无隔的精神境界。仁是总德，可包括

① 参见牟宗三：《心体与性体》（二），正中书局 1996 年版，第 26—27 页。

义、礼、知、信四德，仁是体，其他四德是用。明道亦云“仁体”“仁之体”。仁者致力于个人融合于天地万物之中，而达到万物一体的境界，就能与物无对，廓然大公。仁的最高境界是本心的如实朗现，万物是同一本体及其流行。万物一体之仁是宇宙自然的状态，人只要去除自私的旧习，当下就可觉知仁体。人固有的先天良知良能不会丧失，只是受旧的习心所遮蔽，涵养久后可以去除习心，让良知本心呈显出来。本心即是天地之本体，本心与外物无隔，达到主体与客体浑然为一体的境界。体仁可以感受到大乐。仁是人自觉与万物一体，人本心的自然呈现，生道的开展，万物一体之仁的体验。主客兼摄，一本无二。

明道以觉训仁。明道曰：“医书言手足痿痺为不仁，此言最善名状。仁者，以天地万物为一体，莫非己也。”（《二程遗书》卷二上）仁是觉知与万物为一，知觉麻木不能感受万物为一就是不仁。虽然万物一体，是为共相；然万物的殊异是宇宙生生变易的过程中所产生的，是为殊相。天地人物莫非天理之流行，万物一体之仁。由医家麻痹不仁指点“仁体”的实义。明道曰：“切脉最可体仁。”（《二程遗书》卷三）此是“仁体”的指点语。

《周易·系辞传上》曰：“……显诸仁，藏诸用，鼓万物而不与圣人同忧，盛德大业至矣哉。”明道曰：“‘鼓万物而不与圣人同忧’。圣人人也，故不能无忧。天则不为尧存，不为桀亡者也。”（《二程遗书》卷十一）天道显之于仁，隐之于生化之用。圣人之忧就是圣人之仁。天道无声无臭，从圣人仁心的化育可见天道的化生，证实天道显诸仁。以仁体的创造等同天地的创化，天道即仁体，所谓的“一本”。牟先生说：“此明道之所以能首先正视孔子之仁而谓‘学者须先识仁，仁者浑然与物同体’，又能正视孟子之尽心知性知天而谓‘只心便是天’也。”①

陈来著有《仁学本体论》，以仁为本体，可曰“仁体”。② 牟宗鉴提出“中期仁学是生的宇宙哲学”。③ 宋明儒学作为儒家中期的哲学，宋明儒家仁学可称之为“生”的宇宙哲学，用“生”深化先秦儒学“爱”的内涵，使人道之仁提升为天道之仁。

孟子与明道的心都是先验的道德本心，明道主张心即理，人的本心就是宇宙实体。明道曰：“只心便是天，尽之便知性，知性便知天。”（《二程遗书》卷二上）人的本心即是天，就是天理本体。明道曰：“理与心一。”（《二程遗书》卷五）人的本心就是天理。

---

① 牟宗三：《心体与性体》（二），正中书局 1996 年版，第 52—53 页。

② 陈来说：“本书之宗旨，是欲将儒家的仁论演为一仁学的本体论，或仁学的宇宙论。在此意义上，本书的目的亦可谓将古往今来之儒家仁说发展为一新仁学的哲学体系。此新仁学哲学之要义在‘仁体’之肯定与发扬，从而成为一仁学本体论，或仁体论哲学。”陈来：《仁学本体论》，生活·读书·新知三联书店 2014 年版，第 1 页。

③ 牟宗鉴指出：早期仁学是爱的伦理哲学，中期哲学是生的宇宙哲学，后期仁学是达到以通为特征的近代哲学，世界需要新人道主义仁学的重建。请参阅牟宗鉴：《儒家仁学与新人道主义》，《儒学价值的新探索》，齐鲁书社 2001 年版，第 59—75 页。

主体的心与客观的天，都是同一实体，能指与所指为一，是一元的。明道认为心、性、天是同一本体，尽心知性知天，穷理、尽性以至于命三事，只是同一事。

明道为学的要约处在于以敬涵养本心。明道曰：

> “天地设位而易行其中”，只是敬也。敬则无间断，体物而不可遗者，诚敬而已矣，不诚则无物也。《诗》曰：“维天之命，于穆不已，于乎不显，文王之德之纯”，“纯亦不已”，纯则无间断。（《二程遗书》卷十一）

天、地、人为三才之道，立人极以彰太极。就天地而言，天命之体为“于穆不已”的创生之道；就人而言，本心之德为“纯亦不已”的道德创造。天道的幽深无穷，就是文王之德的精纯无息，文王之德由文王的诚敬之心而发。心之明觉而自律自主，以成就道德行为之“纯亦不已”。孟子通过孔子之仁点出仁心本性。“于穆不已”的易体，既是真实无妄的诚体，亦是寂寂惺惺的敬体。收摄于“纯亦不已”的本心本性，即工夫即本体。易体、诚体、敬体、性体、心体、仁体皆是“不已”，都是不停止地起命令作用，体物而无有穷极。生生之谓易的天道，等同于道德意识的诚敬。

本心流行充满无限盎然的生机、春意、生意，皆是“仁体”的指点语。仁来自易道，是宇宙本体的生生之道、生生之德，仁呈显出盎然的生机。明道的实体观念，继承《易传》《中庸》对天道面的理解，而回归《论语》《孟子》对心性面的结合。

四、程明道圆顿的一本论

明道从其具体的本体观点，主张“一本”。明道认为人要契会天地之化，是要对天地生化之心有所体。明道曰：“言体天地之化，已剩一‘体’字，只此便是天地之化，不可对此个别有天地。”（《二程遗书》卷二上）非人去体认外在的天地之化，犹是天人二本，天人原来就是一本，人自身就是天地之所化。所谓的“体”，是以吾人的本心体会、体悟、体证天地生化之心。明道曰：

> 观天理，亦须放开意思，开阔得心胸，便可见，打揲了习心两漏三漏子。今如此混然说做一体，犹二本，更堪那二本三本！今虽知“可欲之为善”，亦须实有诸己，便可言诚，诚便合内外之道。今看得不一，只是心生。除了身只是理，便说合天人。合天人，已是为不知者引而致之。天人无间。夫不充塞则不能化育，言赞化育，已是离人而言之。（《二程遗书》卷二上）

直观天理，将有障蔽的漏习心收拾，天理呈现。说混然一体，犹有二本之嫌，仍是彼此有所差别，方需要混然而为一。真正的一本，天理如如地呈现，通体为一。分解地说，身与理有所分别；圆顿地说，身即是理，理即是身。此理推扩充塞出去，至诚尽性，通体是诚体性体之流行，即是天地之化育，超越的天理内在于人的心性，天与人本来就是不二的，因此不必再多言“合”天人，而是浑化为一。明道较《中庸》更进一步，不必言合言赞。内与外、天与人、上与下、下学与上达、极高明与道中庸，皆是体用一源而一本的。

《定性书》曰：“苟以外物为外，牵己而从之，是以己性为有内外也。……而不知性之无内外也。既以内外为二本，则又乌可遽语定哉?”（《二程文集》卷二）定性就是定心。明道认为心无内外，外物不在心之外，而就在本心之中，反对主体与客体分为内、外二元，强调万物同体的一本。明道曰：

> 道，一本也。或谓以心包诚，不若以诚包心；以至诚参天地，不若以至诚体人物，是二本也。知不二本，便是笃恭而天下平之道。（《二程遗书》卷十一）

明道以为，无论是以心包诚，抑或以诚包心，都有一种“包”的关系。甚至以至诚参赞天地，犹是二本的关系，这是分解地说；圆顿地说，只心便是诚，道体本身就是一。宇宙仅有一个存在根源，区分心与诚、天与人的不同，犹为二本，明道的思想为一元论，即是所谓的一本。

天、道、理、易、神、诚、敬、性、心、仁、寂感真几，概念上是可分的，本体却是一体的，都是同一本体的不同方面。宇宙间一切均是同一本体及其流行，即体即用，彻上彻下，即存有即活动。明道视此为同一本体及其发用，因此是一元的，明道主张一本论。在创生义与直贯义之下的一本，道亦器，器亦道，非道器不分，非形而上、形而下不分，非体用不分，而是彻上彻下、体用不二的圆融说法。

仁是生道，仁体即天命流行之体。牟先生评判明道说：“据此，则其言‘形而上的本心’义似亦不弱，然究不如明道之显豁。盖以其客观面之比重过重，遂使主观面为其所掩盖，而不甚能凸出挺立也。此其所以为弱而不显豁。亦由其毕竟尚未至十分以孔子之仁与孟子之本心为主也。主观面特强而挺立自象山始，象山又比明道为强而显豁。惟其于契接‘于穆不已’处则有不足。为此之故，遂以明道为圆教之模型。”① 真正的一本是在通体达用上显，此即圆顿化境的一本论。牟先生说：“‘一本’义即圆顿表示。”②

① 牟宗三：《心体与性体》（二），正中书局 1996 年版，第 238 页。
② 牟宗三：《心体与性体》（二），正中书局 1996 年版，第 8 页。

五、牟宗三圆教模型的本体宇宙论

明道体用不二的思想为圆顿的一本论。牟先生以明道为圆教之模型，判定的标准在于客观面的天道天理与主观面的仁心本性皆是创造的实体，均饱满而无虚歉。牟先生由明道的一本论，建构其“本体宇宙论”(onto-cosmology)。牟先生说：

> 明道毕竟犹处于濂溪横渠北宋开始时先着眼于《中庸》《易传》之学风，故明道究非纯以《论》《孟》为提纲者也。天道性命客观面之提纲犹十分饱满而无虚歉，此则为象山所不及，而妙在主客观两面之提纲同样饱满而无虚歉，而以圆顿之智慧成其“一本”之论，此则明道之所以为大，而为圆顿之教之型范也。所谓“一本”者，无论从主观面说，或从客观面说，总只是这“本体宇宙论的实体”之道德创造或宇宙生化之立体地直贯。①

作为本体宇宙论的实体，无论是客观面的天道、天理、易体、神体、诚体、敬体、寂感真几、于穆不已之体，抑或是主观面的性体、心体、仁体等，皆是本体宇宙论实体的不同名称，总名为天理或理 (categorical reason)。此理为既超越又内在的动态的存在之理、生化之理。存在之理是言“使然者然”的存在性；生化之理是言创生万物的实体。就动态的理而言，此“本体宇宙论的实体”(onto-cosmological reality)，既是本体论的存有，亦是宇宙论的生化，即存有即活动；就静态的理而言，偏于本体论的存有，寂然不动，感而遂通，动而不动，静而不静。若专以本体论的实体而言，容易以为只是静态的实有，只是理，只存有而不活动。本体宇宙论的实体，亦是道德创造的实体。

宋明理学以先秦儒学五部经典为主要依据，而宋明理学之所以称为新儒学，因其把道德创造的实体提升至宇宙生化的实体高度。当代新儒家的牟先生，亦把道德创造的实体提升至宇宙生化的实体高度。牟先生以为宋明儒据此五部经典，皆有其“新”意。②颜炳罡简别牟先生对宋明儒学六百年理学发展的四点贡献：一是宋明儒学之定性与定位；二是宋明儒学对先秦儒学之发展；三是宋明儒学之三系，即伊川朱子系、陆王系、胡刘系；四是宋明儒学义理之进展。③

宋明理学继承天道性命相贯通，通过“性”来契悟人与万物的真自己，以及天道实体，其中含有“心”的问题，通体达用使道德创造为定然而必然。牟先生以康德为会通中西的桥梁，以康德的自由意志来契悟“物自身”；牟先生用天台宗“一心开二门”的

---

① 牟宗三：《心体与性体》(二)，正中书局 1996 年版，第 18 页。

② 参见牟宗三：《心体与性体》(一)，正中书局 1996 年版，第 17—18 页。

③ 参见颜丙罡：《整合与重铸——当代大儒牟宗三先生思想研究》，台湾学生书局 1995 年版，第 150—193 页。

理论，分为执的存有论与无执的存有论，建立“两层存有论”的方法论架构。牟先生说：

> 真正历史继承地而且是义理地由明道开出者是胡五峰，并非象山也。特客观言之，象山之孟子学心性是一，心即是理，更能契合于明道之一本论，而明道之一本论亦更能保持先秦儒家本体宇宙论的实体之创生义与直贯义。①

牟先生由明道圆顿的一本论，建构其本体宇宙论，由实体的直贯创生，将道德创造的实体等同于天道创生的实体，强调实践的智慧学，道德仁心本性实践不已的道德行为。牟先生以为此实体是道德的、形而上的，为“道德的形上学”（moral metaphysics），宇宙生化的宇宙秩序与道德创造的道德秩序，其内容的意义相同，宇宙秩序即道德秩序，道德秩序即宇宙秩序。

六、结论

宋明理学中，明道最早指出仁体。明道继承先秦儒学的本体论，将《易传》《中庸》言客观面的天道、天理、易、神、寂感真几、诚、敬，与《论语》《孟子》言主观面的仁、心、性会通为一，上承周敦颐、张载等人，下启陆九渊、王守仁等人。明道首先能正视孔子之仁与孟子之本心，为圆教之模型。《易传》“天地之大德曰生”，“生生之谓易”，“生生之德”，无穷无尽的动力，体仁继善，继善成性，才能实现人之所以为人的意义，进行永恒无限的创造。降及宋明儒，提升至“生生之仁”的本体论高度。孔子哲学中“生”的创造性原理，以“生生之德”来阐明孔子的仁学，也就是以创造性原理的“生生”来阐明孔子的仁。“生生之德”就是“生生之仁德”，即是“生生之仁”。以“生生之仁”而言，更能彰显出“仁”的主体义与本体义。“生生”就是生命的创造历程，即人生价值实现的历程。牟先生以明道圆顿的一本论，建构其本体宇宙论、道德的形而上学。

（作者单位：淡江大学中国文学系）

① 牟宗三：《心体与性体》（二），正中书局1996年版，第4页。

朱熹对程明道“仁”的思想之诠释

——试申论牟宗三先生的观点

金美华

一、前言

学者一般所谓程朱、陆王以区分宋明儒学两大走向者，大抵皆言程朱是以“道问学”为先，陆王则是以“尊德性”为本。唐君毅先生指出此一泛说并不真切。朱、陆二家早年鹅湖之会时，于“尊德性”与“道问学”之间，只略有轻重先后之别，不能说是根本上的不同，此意甚明确。唐先生说：“朱子固重温故知新，博学多闻，然观其书札语录，大皆以心性工夫与友生相勉，其所尊在德性，志在为圣贤，又复何疑。”① 成为圣贤确是宋明儒家之共同课题。若要追究朱、陆之异同处，唐先生亦云：“此同异固不在一主尊德性一主道问学，二家固同主尊德性也。此同异亦初不在二贤之尝形而上学地讨论心与理之是否一，而初唯在二贤之所以尊德性而学圣贤之工夫上。”② 也就是说，二家之别端在“尊德性”之工夫之差异而已。牟宗三先生进一步说道，宋明儒大宗“自始就有一种通透的、具体的圆熟智慧，而把那道德性之当然渗透至充其极而达至具体清澈精诚恻怛之圆而神的境界”；他们皆能共契先秦儒家所开发的原始智慧，并依之为矩镬，承接且多方阐发之。具体说明，便是在形而上（本体宇宙论）方面与道德方面的践仁尽性之工夫中都能发而为具体的表现③，在此所着重的也是道德实践的工夫。是以，本文欲通过牟宗三先生的观点，申论朱熹对程明道实践工夫理路之理解，特别是“仁”之思想的诠释，以阐明其未能切合明道思维之处，并朱子另为一家之言的发展，进而分判出两者不同的实践工夫理路。

---

① 唐君毅：《中国哲学原论·原性篇》，台湾学生书局1989年版，第549页。

② 唐君毅：《中国哲学原论·原性篇》，台湾学生书局1989年版，第552页。

③ 牟宗三：《心体与性体》（一），正中书局1968年版，第116—117页。

二、朱子早期思想与明道思维相异之处

朱子思想之渊源可追溯至二程子，然世人所称“明道开象山、伊川开朱子”之谓，亦仅是笼统地说。牟宗三先生尝言，朱子实开自伊川，而象山之学却并不由钻研明道而得。他指出：“特客观言之，象山之孟子学心性是一，心即是理，更能契合于明道之一本论，而明道之一本论亦更能保持先秦儒家本体宇宙论的实体之创生义与直贯义，而亦并未以心神属于气，认太极或天命实体只是理，性只是理也。”① 以牟先生的观点来看，孟子继承孔子仁学，已开儒家圆盈之教的规路，而明道继承之，是最能将先秦儒学经典体会得透彻并阐发得最圆熟的。依上引之言，可以看出牟先生认为，能显示出“心性”与“天道”合一之意味、契合孟子“天道性命相贯通”之思维者，是明道与象山，而朱子汰虑后所成之定局，则不能保持此义。对于程明道，朱子曾言：“明道说话浑沦，煞高，学者难看。”② 又谓：“程门高第，如谢上蔡、游定夫、杨龟山辈，下梢皆入禅学去。必是程先生当初说得高了，他们只睥见上一截，少下面着实工夫，故流弊至此。”③ 朱子认为明道说话“太高”，又尝谓“识仁篇乃地位高者之事”，所以编《近思录》时不收录《识仁篇》，因怕后学“流入禅学去”，不能切实读书，故转而重视《大学》之格物致知，以“下学”抵御之。由此可见，朱子所重的始终是工夫的问题。

朱子虽得力于伊川，对明道之学未必尽得其传，然曾师事李延平。延平“默坐澄心，体认天理”，又“危坐终日，以验夫喜怒哀乐未发之前气象为如何，而求所谓中者”。④ 这是延平之基本入路，此步工夫含有一种本体论的体证，牟先生称之为“超越的体证”，并指出延平虽无理论的分解，然其超越的体证所体证之“中体”，当即是通于“天命流行之体”之“性体”，他所体认之天理，亦当是明道所说“天命天道”中之天理。⑤ 而朱子早年问学于延平时，所关心的确确实实是工夫实践的问题，只不过朱子当时对先秦经典的诠释已有相当一贯的看法，却不是明道之“心性天是一”的路数，因此亦接不上延平超越体证与冰解冻释的境界。兹略引《延平答问》中讨论《孟子》夜气工夫的段落以说明之。⑥

朱子以为，人心之放失如木之既伐，虽似荡然无存，然而只要仍具有“性”之体，能在夜间得到休养生息，则平旦时，好恶、礼义之心自然萌露，犹如木之有性，虽已遭

---

① 牟宗三：《心体与性体》（二），正中书局 1968 年版，第 4 页。

② 朱熹：《朱子语类》，《朱子全书》第十七册，上海古籍出版社 2002 年版，第 3106 页。

③ 朱熹：《朱子语类》，《朱子全书》第十七册，上海古籍出版社 2002 年版，第 3358 页。

④ 参见朱熹：《晦庵先生朱文公文集》，《朱子全书》第二十五册，上海古籍出版社 2002 年版，第 4517—4518 页。

⑤ 参见牟宗三：《心体与性体》（三），正中书局 1969 年版，第 4—5 页。

⑥ 朱子与延平对此一问题多次书信往来、反复讨论，李瑞全教授对此有详论，请参见李瑞全：《从延平答问分析朱子早期工夫实践之纠结历程》，郑宗义主编：《中国哲学与文化》第十四辑，漓江出版社 2017 年版，第 69—85 页。

砍伐，只要有雨露滋养，就可以萌生新芽。言下之意，心与性为二，就算心已几近丧失，只要有性，还是可以通过休养让心再萌发。朱子喜分解，讲得似隔截尔，延平以为不必如此理解孟子之“放心”之说。延平指点朱子云：

> 大凡人礼义之心何尝无，唯持守之，即在尔。若于旦昼间不至梏亡，则夜气存矣。夜气存，则平旦之气未与物接之时，湛然虚明，气象自可见。此孟子发此夜气之说，于学者极有力。若欲涵养，须于此时守可尔，恐不须说心既放、木既伐，恐又似隔截尔。如何如何？①

言下之意，礼义之心持守即可，直言存养，则心自在其中。只要不失，则本心通过夜气存之，平旦初起未与物接之时，心自然呈现湛然虚明的气象，此时涵养之道是持守此心即可。延平进一步提醒朱子：“由此持守之久，渐渐融释，使之不见有制之于外，持敬之心，理与心为一，庶几洒落尔。”② 到这一步，实涵“即本体便是工夫”之义。然而，朱子显然并未全盘接受或了解延平的说法，日后反而循伊川论敬之说，由外以制心。虽说是用“敬”来克制己心之私，却含“以敬养心”之意，在此心不即是理，心于是丧失其自为主体性的地位。至此心与理为二，与延平所谓“理与心为一”已截然有差矣。实则，顺着延平的路数做工夫绝非易事，他曾说：“今学者之病，所患在于未有洒然冰解冻释处。”然真要能做到如先生般“称心而发，有洒然冰解冻释的体验”则更加困难，朱子对于“洒落自得”的境界便不得真切体会，由以下延平之答问可知：

> 某尝以谓遇事若能无毫发固滞便是洒落。即此心廓然大公，无彼己之偏倚，庶几于理道一贯。若见事不澈，中心未免微有偏倚，即涉固滞，皆不可也。未审元晦以为如何？为此说者，非理道明，心与气合，未易可以言此。不然，只是说也。③

延平说“心与气合”，可见心不同于气，即心不是气之灵。心与理一，而工夫则在使气与心合，气受心之指引，此即仍表示心为主体。朱子主张心与理合，则心外于理，故工夫即以心合乎理为主，此朱子之不同于延平之工夫入路可见一斑。进一步说，依延平之学，“理道明，心与气合”，须践履纯熟方可达至此境（此中延平所谓“心与气合”之“心”即“体”，不同于朱子之“心”为“理气合”）。然而在此之前，须明白此一超越体证所必含之义理程序并循此而往。依牟先生之言，超越体证中即含有一超越察识，

---

① 朱熹：《延平答问》，《朱子全书》第十三册，上海古籍出版社 2002 年版，第 320 页。
② 朱熹：《延平答问》，《朱子全书》第十三册，上海古籍出版社 2002 年版，第 321 页。
③ 朱熹：《延平答问》，《朱子全书》第十三册，上海古籍出版社 2002 年版，第 323 页。

重在“先识本体”，真正的道德行为应当如此。[①] 也就是说，首先要识得本体（此即明道所谓之“先识仁”），再由此持久践履，才可望达至廓然大公无私我，无“意、必、固、我”之弊，即无所偏倚（中体之中），而一言一行皆自然合于理，从心所欲不踰矩，自是洒然不固滞，然后呈现“洒然自得，冰解冻释”之气象。亦即，先确立了超越性体作为大本，并于日用伦常具体生活中渐证渐养，以期达至自然与纯熟，如此才能遇事无所固滞，方是洒落。但朱子当时对本体的理解与延平有差，未能真切体会道体、中体，或即便有所认识，其所认取之中体亦只停留在抽象之中，于践履上恐怕远未能至，“只是说也”，并无实见。换句话说，所谓“洒落自得、冰解冻释”，不能只有理论之分解，更不能停于此而耿耿于此，重要的是能够在日用上发挥出来，倘能在此两处上用心用力方可言“心气合”(体用合)，实际上若真已达至此一境界，亦可不必言说了。从此书最后数语可见，延平当时认为朱子在日常生活的实践上远未能及，此所以延平殷殷告诫朱子之处。

综上所述，以刘述先先生数语来归结：“延平所爱是明道的浑沦，灵光显处，便要当下把握住。此非知解事，过重知解，乃转生疑虑。夜气之存养，要做到践履工夫。故戒朱子之强探力索。但朱子终不喜浑沦，虽因推尊二程而对明道未有微词，后来对于明道门下诸人，却深致不满之意。”[②] 确是如此。朱子此时在成圣工夫上，似乎无法接上源自明道的两种工夫实践的入路[③]。后来延平去世，朱子自谓若穷人之无归。后虽与张南轩论学，得知胡五峰之湖湘学派的义理，因而发展出“中和旧说”，但不久朱子又自疑，推翻之前的体悟，最后归宗于伊川之学，采分解的路数成立“中和新说”，并由此确立了自己的义理方向与学说。

观《延平答问》的内容，可以看出朱子早年求教于李延平时所遭遇到的工夫实践之纠结历程，及其困扰与不能自安之处。此时其成圣工夫之主要课题表现在他对心体的理解与发展上，由此亦可探知他何以“凑泊”不上延平、明道思维的原委了。以下，笔者将通过朱熹对程明道“仁”之思想的诠释，阐明其未能切合明道思维之处，却能承接伊川思惟之契机，以说明朱子与明道对仁（仁体）的体会与实践方法究竟有何差异。

三、程明道“仁”之思想核心与朱子对“仁”的理解

如前所述，大抵宋明儒家为学的重点皆摆在“如何成圣”的实践工夫之课题上。唐君毅先生认为，宋明儒学史乃是儒家工夫论的发展史，诸家之异主要都是从实践工夫上

---

① 参见牟宗三：《心体与性体》（三），正中书局 1969 年版，第 6 页。

② 刘述先：《朱子哲学思想的发展与完成》，台湾学生书局 1982 年版，第 55 页。

③ 牟宗三先生分判出源自程明道的两种工夫实践入路，即李延平之超越体证与胡五峰之内在体证。详阅牟宗三：《心体与性体》（三），正中书局 1969 年版，第 1—30 页。

的困境所体会出的不同成果；首发其端者，是由明道所兴发之圣人之境界与他所论及的相应的工夫体悟。唐先生指出：

> 大约自明道以其天资之高，学养之粹，指出圣人之心普万物而无私，仁者浑然与物同体；后之学者即向慕于此境。伊川承明道而言“百理俱在，平铺放着”“性即理”“冲漠无朕之中，而万象森然已备”，以说圣人之心之寂然不动，感而遂通，其心之所发者之无不中节；而后之学者即更欲求有一当下之工夫可用，以使其心之所发，亦能中节，以识得此心之仁体，而直契于圣人之心。由二程以降，诸儒者之言之异，皆不在此一究极之理想上，而唯在工夫之讨论上。①

程明道首先建立圣人境界之理想，然而，后之学者欲从其中求一当下可用之工夫却不甚明确，致使伊川承明道言讲学，以其分解的路数打开对工夫问题的讨论，这才给出了一工夫实践上较为明确之展示与说明。论及为学作圣的工夫，若要积极地说明其内容，明道尝以“仁者与天地万物为一体”的圣人境界示之，又进一步说圣人“其心普万物而无心，其情顺万物而无情”，以此心、此情顺应万物，而此心、此情即所谓“仁”也，故为学者须先识仁。盖“先识仁”是道德实践所以可能之本质的关键，即首先要端正、确立其行道之方向，如此，物来顺应，随其分限应之，虽不中亦不远矣。笔者以下先就程明道所指点“学者必先识仁”之方向，疏解其所言“仁”之思想核心。

首先，依循牟宗三先生所罗列程明道言“仁”之纲领如下②：

> 1.“仁者浑然与物同体”，“仁者以天地万物为一体，莫非已也”；
> 2.“医书言手足痿痺为不仁，此言最善名状”；
> 3.“学者识得仁体，实有诸己，只要义理栽培”；
> 4.“切脉最可体仁”，“观鸡雏，此可观仁”，“观天地生物气象”；
> 5.“万物之生意最可观，此元者善之长也，斯所谓仁也”。

牟先生分析道：明道所言之仁乃相应“仁体”而说者，其对于仁体的体悟正如其对于“于穆不已”之天命流行之体、心体的体悟一般，他所体悟的仁是理、是心，亦是情。而此心是本心，不是心统性情之心；情是本情，不是喜怒哀乐之以气言之情。而仁体之特性曰觉曰健，是以感通为性、以润物为用。上文所引既说“手足痿痺为不仁”，那么“仁”之义便是“感通无隔，觉润无方”了。仁体感通遍润本无隔阂，如此方可言

① 唐君毅：《中国哲学原论·原性篇》，新亚研究所1968年版，第557页。

② 参见牟宗三：《心体与性体》(三)，正中书局1969年版，第231页。

“仁者以天地万物为一体，莫非己也”“万物皆备于我”“仁者浑然与物同体”之境。此一仁体与“于穆不已”“纯亦不已”之天命流行之体意义完全相同，是一道德创造的实体，亦是一创生万事万物之实体。①

然而，对于上述明道所言“仁者浑然与物同体”之义，乃至对“仁体”的体会，朱子始终“凑泊不上”或另有他解。朱熹早年《答许顺之书》之第一书中即表示：“……熹《论语》说方了第十三篇。小小疑悟时有之，但终未见道体亲切处。如说‘仁者浑然与物同体’之类，皆未有实见处。反思茫然，为将奈何?”② 可见，朱子早期思路与明道已有距离。牟先生曾指出，朱子早年自然也想从明道《识仁篇》所说悟入，然始终“未有实见处”，对于《论语》中孔子多方指点之“仁”亦无相应之感悟而“终未见道体亲切处”，以至于最后舍明道而从伊川。他多年后所理解体会、建构而成之义理系统，其背后的间架，实来自伊川而非明道。③

朱子后来根据伊川思想发展出来的一条理路极为明澈，他尝说道：“谨按程子言仁，本末甚备。今撮其大要，不过数言。盖曰：仁者生之性也，而爱其情也，孝悌其用也。公者所以体仁，犹言“克己复礼为仁”也。学者于前三者言，可以识仁之名义，于后一言者，可以知其用力之方矣。今不深考其本末指意之所在，但见其分别性情之异，便谓爱之与仁，了无干涉；见其以公为近仁，便谓直指仁体，最为深切。殊不知仁乃性之德而爱之本。因其性之有仁，是以其情能爱。”④ 由此以往，朱子日后言“仁”，大体皆循伊川。伊川说：“爱自是情，仁自是性。”⑤ 又云：“仁之道，要之，只消道一公字。公即是仁之理，不可将公便唤做仁。公而以人体之，故为仁。”⑥ 首先，朱子根据伊川所言之“爱自是情，仁自是性”，把“仁体”支解为心、性、情三分和理、气二分。如此便把仁说成理，仁不活动则成不能动之死理了（明代诸子即有谓朱子在此之说乃“死人骑活马”）。朱子承接伊川分解的方式，进而提出仁为“性之德、爱之本”，为仁、爱之间重新找到关联，界定仁为爱之理。如上文朱子所指点：“仁者生之性也，而爱其情也，孝悌其用也”，此三者“可以识仁之名义”。朱子循伊川分解的路数而开展，确实有别于明道学问之感悟，此由《朱子语类》记载其与学生讨论“仁”的相关问题时便可见一斑。举例如下：

> 问：“（仁）‘偏言则曰爱之理，专言则曰心之德’，如何?”曰：“偏言是指其一

---

① 参见牟宗三：《心体与性体》（三），正中书局 1969 年版，第 232—233 页。
② 朱熹：《晦庵先生朱文公文集》，《朱子全书》第二十二册，上海古籍出版社 2002 年版，第 1735 页。
③ 参见牟宗三：《心体与性体》（三），正中书局 1969 年版，第 230—231 页。
④ 朱熹：《晦庵先生朱文公文集》，《朱子全书》第二十一册，上海古籍出版社 2002 年版，第 1411 页。
⑤ 程颢、程颐著，王孝鱼点校：《遗书》卷十八，《二程集》，中华书局 2016 年版，第 182 页。
⑥ 程颢、程颐著，王孝鱼点校：《遗书》卷十五，《二程集》，中华书局 2016 年版，第 153 页。

端，因恻隐之发而知其有是爱之理；专言则五性之理兼举而言之，而仁则包乎四者是也。”①

伊川云：“四德之元，犹五常之仁，偏言则主一事，专言则包四者也。”此义实由明道谓“学者须先识仁。仁者浑然与物同体，义、礼、智、信皆仁也”而来的引申发挥。朱子对伊川之发挥大表赞同，称：“若不得他〔伊川先生〕如此说出，如何明得？”而更进一步分解道：仁包四者，就比如人“心”只是一个，就里面可分为四；本只是这恻隐，遇当辞逊则为辞逊，不安处便为羞恶，分别处便为是非。又譬如天地间流转之四季，本只是一个春气，发生之初为春气，发生得过便为夏，收敛便为秋，消缩尽便为冬。明年又从春起，浑然只是一个发生之气。② 究其意，所谓“仁包四者”，统是一个生意。仁，若浑沦言，则浑沦都是一个，义、礼、智都是仁；若相对言，则仁、义与礼、智一般。即，偏言之，则仁为四德之一，统言之，则仁乃为全德。然而，依循明道的思路，其言仁之纲领是相应于仁体来说的，则仁体即性体、心体、诚体。仁体显露即表现为诸德，其本身就是全德，是一切德之源，故能即本体开工夫，即工夫是本体，不必局限于爱而仅为爱之理。

牟先生认为，朱子顺着伊川抽象的、分解的思路如此理解“仁”，自然其所了解的“仁”也是抽象的、理智的，既不具体活泼，亦不亲切浃洽，不仅与明道所言之“仁”有差异，与《论语》之“仁”亦不相应。③

至于朱子对“仁体”的理解与诠释，试分析如下：

问：“生之理便是体（仁之体）否？”（朱子）曰：“若要见得分明，只看程（伊川）先生说‘心，譬如穀种，生之性便是仁’，便分明。若更要真实识得仁之体，只看夫子所谓‘克己复礼’；克去己私，如何便唤得做仁。”曰：“若如此看，则程子所谓‘公’字，愈觉亲切。”曰：“公也只是仁底壳子，尽他未得在。毕竟里面是个甚物事？‘生之性’，也只是状得仁之体。”④

上述所谓“仁之体”，并非明道所言之“仁体”。朱子将程明道所言之“浑然与物同体”，只解作“仁之量”；又说“仁者以天地万物为一体”一语，只可见“仁之无不爱，而非仁之所以为体之真”，认为明道说得太深，无捉摸处。牟先生谓朱子根本不喜欢

① 朱熹：《朱子语类》，《朱子全书》第十七册，上海古籍出版社 2002 年版，第 3183 页。

② 参见朱熹：《朱子语类》，《朱子全书》第十七册，上海古籍出版社 2002 年版，第 3179—3180 页。

③ 参见牟宗三：《心体与性体》（三），正中书局 1969 年版，第 232 页。

④ 朱熹：《朱子语类》，《朱子全书》第十七册，上海古籍出版社 2002 年版，第 3183 页。

“仁体”一词，其认取的“仁”之含义在伊川，他赞同伊川言“生之性便是仁”“公者，所以体仁”“仁只消道一公字”等义理；另外与此类似的含义还有《易传》所记“仁者天下之公，善之本也”，朱子对此亦称道云：此处说仁，说得极平实，学者当精看此等处云云。然“公也只是仁底壳子”，“公”不是“仁”，而是以公作体仁之方。如上引朱子言，于“公者，所以体仁”一言，吾人“可以知其用力之方矣”，至于其具体做法则是“克去己私”。对于此说，牟先生指出：“此公字既来得无根，且使仁落抽象而干枯之境，只能表示其客观义、形式义，此实稍近于‘义道’，（由公字而逼限者），而不类于仁体之觉润。”① 实则，朱子与明道道德实践工夫有别，自然两者对于仁（仁体）之体会与感悟就会有所不同。以下探究明道道德工夫的基本型态与朱子对其实践工夫的诠释。

四、程明道所指之道德工夫的基本型态与朱子的诠释

明道道德实践工夫如何开出？

《识仁篇》云：

> 学者须先识仁。仁者浑然与物同体，义、礼、智、信皆仁也。识得此理，以诚敬存之而已，不须防检，不须穷索。若心懈，则有防；心苟不懈，何防之有？理有未得，故须穷索。存久自明，安待穷索？此道与物无对，大不足以明之。天地之用，皆我之用。孟子言“万物皆备于我”，须反身而诚，乃为大乐。若反身未诚，则犹是二物有对，以己合彼，终未有之，又安得乐？《订顽》意思，乃备言此体。以此意存之，更有何事？“必有事焉而勿正，心勿忘，勿助长”，未尝致纤毫之力，此其存之之道。若存得，便合有得。盖良知良能元不丧失。以昔日习心未除，却须存习此心，久则可夺旧习。此理至约，惟患不能守。既能体之而乐，亦不患不能守也。②

《识仁篇》为明道答吕与叔所问之言。先识得仁后，就容易下工夫了，工夫只在“诚敬存之”、在“勿忘、勿助长”之间、在“随事精察力行之中”而已。③ 确切地说，“仁”落实下来，就在吾人日常生活之庸言庸行中。于是，义、礼、智、信皆是“仁”之具体表现，道德价值也必在日用伦常中展现。“仁”可以本体论地言之，也可从道德

---

① 牟宗三：《心体与性体》（三），正中书局 1969 年版，第 234 页。

② 程颢、程颐著，王孝鱼点校：《二程集》，中华书局 2016 年版，第 16—17 页。

③ 蕺山曰：“程子首识仁，不是教人悬空参悟，正就学者随事精察力行之中，先与识个大头脑所在，便好容易下工夫也。识得后，只须用保任法，曰‘诚敬存之’而已。而勿忘、勿助之间，其真用力候也。”参见黄宗羲著，全祖望补：《宋元学案》（上），世界书局 2013 年版，第 316 页。

实践上肯定，肯定吾人真能做成此一道德创造。所以，蕺山释明道《识仁篇》道：

> 诚只是诚此理，敬只是敬此诚，何力之有！后人不识仁，将天地间一种无外之理，封作一膜看，因并不识诚敬，将本心中一点活泼之灵，滞作一物用，胥失之矣！良知良能是本心，昏昧放逸是习心。向来不识此理，故种种本心为习心用；今来既识此理，故种种习心为本心转。又何患不存之，又存而不能期月守也？此程子见道分明语也。①

"良知良能是本心，昏昧放逸是习心。"仁心吾本有之，当下便认取。进一步说，诚敬存之，只是诚此仁（仁心），此诚即是仁，识仁也同时即识诚。而敬所致也只是仁，故即是诚。先识仁，识仁即是让良知警觉。识得仁后，仁自起诚敬，诚敬乃是以良知明觉与仁之感通作主。此时心自警觉灵明，发而中节，当下即是而即存之。由此起用，故无须去防检（它本自是仁体之起用），亦无须穷索（它自身就是仁体/诚体，真实无妄），不须用力（外力），直接发用，即是工夫（识仁是工夫之始，发用乃工夫之行）。如此仁心不断推扩，即可直成圣位。另一面的对治工夫只显在对治不良之"积习"，以仁心之诚敬存于心，则旧习亦可日日而除。而此诚敬存心即是识本体，同时也即见于用。积极面成就仁之大用，消极面去除积习、转化积习而为心之用，如此即是纯粹的道德行为。这种承体起用、体用不二，即是一本。

吾人若不能先识此理，则本心不起用（不识仁），则习染流行，即为不道德行为；若能识得此理，则种种积习为本心转，如此一来，何患仁之不能存？既存之，又何患不能期月守也？用明道的话来说："既能体之而乐，亦不患不能守也。"因乐（仁心本自乐）而具有动力以推行仁行，故不须忧虑不能守此仁。明道又言："敬则无间断。"在此道德实践过程中，敬与乐、理与情同时推动，则纯粹的道德行为或本心之发动，沛然莫之能御，自是可日日见之于行而无间断。

至于朱子对明道实践工夫的诠释，以明道言"医书言手足痿痺为不仁，此言最善名状"一段为例。朱子针对此段义理主要之理解如下：

> 明道"医书手足不仁"止"可以得仁之体"一段，以意推之，盖谓仁者，天地生物之心，而人物所得以为心，则是天地人物莫不同有是心，而心德未尝不贯通也。虽其为天地，为人物，各有不同，然其实则有一条脉络相贯。故体认得此心，而有以存养之，则心理无所不到，而自然无不爱矣。才少有私欲蔽之，则便间断，

① 黄宗羲著，全祖望补：《宋元学案》（上），世界书局 2013 年版，第 316 页。

发出来，爱便有不到处。故世之忍心无恩者，只是私欲蔽锢，不曾认得我与天地万物心相贯通之理。固求仁之切要，只在不失其本心而已。①

如前文所述，朱子本伊川“仁性、爱情”之分，将仁以“心之德、爱之理”解之。仁亦是生道，生生不息之理便是仁，人心同于此天地生物之心，有一条脉络相贯，故言（人）心（天）德未尝不贯通也。由此朱子将人心分为内具理为性、外显理于情之二面，而以“心”为统摄理气之枢纽。是以，朱子的道德实践工夫，端在于“体认得此心，而有以存养之”，去除私欲蔽锢，工夫不间断，“则心理无所不到，而自然无不爱矣”。心在道德活动中所展现的功能，主要在它的主宰性上，它可使理呈现或不呈现；它可就人之气质所长加以发展，亦可就人之气质所短加以变化。因此，朱子最重要的道德实践工夫，意在对治气秉物欲之杂。然而，此一诠释只能说是朱熹承袭伊川思维而来的自家体会，实则明道并非此意。

五、结语

前文尝言，程明道之一本论是真能相应于孔孟圆盈之教之规模者。他以“仁者”之境界表“仁体”之实义，其目的本在说“仁”，只不过是以“仁者境界”示之而已，此即牟先生借用佛家语所说的“以人表法”之义。因此，明道凡言“仁者浑然与物同体”“仁者以天地万物为一体，莫非己也”“医书言手足痿痺为不仁，此言最善名状”者莫不如此，可见仁之义便是“感通无碍”。这就是说，以“天地万物为一体”的“圣人之境”，必须通过仁体之遍润性与创生性而建立，此中含有一本体宇宙论的原理，能使一切存在为真实而有价值意义的存在，并能引起宇宙生化而至生生不息之境，此一工夫型态是一纵贯系统。朱子工夫之路既异，其言心、言性、言仁自然就会不同。由上文可知，延平所承乃明道以下直下把握天命流行之体的直贯型态，用牟先生的话来说，其所循者乃是“逆觉体证”之路，此则相应于孔孟之做工夫；而朱子不契于这样的线索，于是顺伊川的思路前进，遂不自觉地走上歧出之路，而与孔孟原有之规模不相应，此一工夫之路，牟先生名之曰“顺取之路”。朱子用分解的方式虽说歧出，然而其歧出特彰显而成就一横摄系统。

（作者单位：台北“中央大学”哲学研究所）

① 朱熹：《朱子语类》，《朱子全书》第十七册，上海古籍出版社2002年版，第3189—3190页。

论聂双江对王阳明思想的歧出

——以牟宗三先生的诠释为中心

陈志杰

一、前言

明代最重要的儒者，莫过于王阳明，其思想发展上承陆象山，或根本上继承孟子学，其著名思想有知行合一、致良知、四句教。阳明之徒在明代相当广泛，故在阳明身没之后，有“王学分化”的现象。①

王学分化，依地域分别，可以大致分成浙中王门、江右王门、泰州王门之三大分派。浙中王门的代表人物有钱绪山和王龙溪，江右王门的代表人物有聂双江和罗念菴，泰州王门的代表人物有王心斋和罗近溪。

由于阳明之徒众多，故何者能符合阳明之学而发展自身的学问，就成为“王学分化”的议题之一。黄梨洲的《明儒学案》曾提及王龙溪非属于阳明学，所以判龙溪为“儒者之矩矱，未免有出入”②；而言双江之时则说，“先生亦何背乎师门？乃当时群起而难之哉”③，即认为双江是属于阳明学的。

此议题之中，当代新儒家的代表人物牟宗三先生亦对龙溪和双江之学进行分判。依牟先生之见，龙溪是承继阳明学而无误④，但双江则非是阳明学⑤。因此，阳明后学之儒者之思想定位问题，仍是值得深究之问题。

为了方便探讨，本文将讨论的重点聚焦在牟先生批判双江非以阳明思想为主轴，厘清牟先生批判双江之理据。依本文之研究，牟先生批判双江之论据，至少有两点，一为

① 参见林月惠：《良知学的转折：聂双江与罗念菴思想之研究》，台大出版中心 2005 年版，第 3 页。
② 黄宗羲：《明儒学案》，世界书局 1973 年版，第 102 页。
③ 黄宗羲：《明儒学案》，世界书局 1973 年版，第 151 页。
④ 参见牟宗三：《从陆象山到刘蕺山》，台湾学生书局 2011 年版，第 281—282 页。
⑤ 参见牟宗三：《从陆象山到刘蕺山》，台湾学生书局 2011 年版，第 298 页。

双江的“良知”思想不同于阳明，另一为双江的“致良知”思想亦不同于阳明。而本文在探究的过程中，发现双江的心性关系亦不同于阳明思想。因此，本文依此三个架构，分别论述双江思想不同于阳明思想。

二、聂双江对王阳明“良知”的歧出

虽然双江自谓师承阳明之思想，即将自身的思想视为阳明后学之一，然而究竟其思想是否能依循阳明思想之规定，则不能不细究之。依本文之见，双江之思想不免与阳明思想有异，此种讲法，大抵在双江提出主静归寂说，就被阳明后学者所非之。① 在当代中国诠释当中，牟先生亦分判双江思想不同于阳明思想。牟先生说道：“双江之一切辩说其主要根据是在此第三难中所说之义，即以独知之知为已发，属于睹闻，此不足恃，必致虚守寂，别求一个虚明不动之体以为之主。此而分歧，一切皆异。但此点却是错的，即对于阳明所说之‘良知’未有了解也。”② 在《致知议辩》当中，双江的第三辩说道：“独知是良知的萌芽处，与良知似隔一尘。”③ 双江认为独知非是良知或良知之萌芽处非是良知，因为独知或良知之萌芽处皆是属于已发，所以若说良知非是独知或良知之萌芽处，则是说良知为未发。简言之，双江的良知是以未发来规定，而不以已发来规定，所以双江之工夫只能是主静归寂，而不能致良知于事物上而磨炼之。但为什么双江不认为可以从感处说上说良知？依唐君毅先生之见④，双江之所以只从未发处上说良知，乃因为在已发处容易流于感性欲望的夹杂，所以从感处上说良知，此良知就不能纯粹。而因为未发，不会有感性欲望夹杂的问题，此时的良知是纯粹的，无一毫人欲于其中。因此，双江才认为只能从未发处上说良知。但双江这样的看法是否与阳明相同呢？本文先梳理阳明的良知的体用观以便说明之。依《传习录》记载：“体即良知之体，用即良知之用，宁复有超然于体用之外者乎？”⑤ 此段是阳明以体用的观念说明良知，或阳明的体用观即是良知的体用观。体即本体，用即作用，所以有良知之体与良知之用，但是此体用并非二者，实则一也。阳明说道：“即体而言用在体。即用而言体在用。是谓体用一源。”⑥ 体用的关系，并非体自体、用自用，而是体自是用、用亦是体，所以体不离用，用亦不离体，此即是体用一源之意。熊十力先生亦引阳明此段说明其“体用不二”⑦。体用之所以不二，因为用离体而不能存，此体是用的根据义；因为体离用而

---

① 参见王龙溪：《王畿集》，凤凰出版社 2007 年版，第 10—11 页。

② 牟宗三：《从陆象山到刘蕺山》，台湾学生书局 2011 年版，第 352—353 页。

③ 聂豹：《聂豹集》，凤凰出版社 2007 年版，第 377 页。

④ 参见唐君毅：《中国哲学原论 · 原教篇》，台湾学生书局 2004 年版，第 373—374 页。

⑤ 王阳明：《传习录》，大夏出版社 1989 年版，第 88 页。

⑥ 王阳明：《传习录》，大夏出版社 1989 年版，第 49 页。

⑦ 熊十力：《体用论》，台湾学生书局 1987 年版，第 105 页。

不能成，此用是体的呈现义。所以体用关系为不二，亦即是体用一源。依是阳明的良知之体与用，亦是如是。良知之体即是良知之用的根据，故良知之用亦不离良知之体；良知之用即是良知之体的呈现，故良知之体亦不离良知之用。

然而，所论至此，阳明的良知的体用观与双江所言的未发已发的关联性何在？依据《传习录》记载："盖体用一源。有是体，即有是用。有未发之中，即有发而皆中节之和。"① 阳明认为良知的体用关系是一，而非二，所以体即是用，用即是体。此论述方式亦用来说明未发与已发的关系，即阳明认为未发之中即是已发之和。换而言之，良知在体用的关系上是即体即用，在未发已发的关系上亦是即未发即已发。因此，阳明的良知观就与双江的良知非已发的说法不同。于是牟先生说道："但依阳明，这独知之一知即是良知，即是虚明不动之体，即是寂，即是即寂即感，寂感为一而无分于寂感的，即是主宰，而不能再为之求主宰，它即是最后的，现成的，具足的：它不允许再被分拆拉开。王龙溪所说皆阳明义也，可谓得之矣。而双江之思路则全不相应，可谓愧对师门矣。"② 牟先生认为阳明之良知无分于寂感，因为阳明有言，"良知无分于寂然、感通也"③，即是指良知即寂即感，所以不能说良知只是感或只是寂。此如同上述所言的体用关系，即阳明的良知是体用不二，良知既是体亦是用。若再进一步说明，良知之所以为体，乃因良知作为知善知恶之根据或标准，本身不能是相对的善或恶，而是绝对的至善之体；良知之所以为用，因为良知本身是心体之活动，即知善知恶本身是良知自身在进行知善知恶，而非有另一心在进行知善知恶之活动。但是双江的良知的体用是分割的，双江的良知只能是体，而不能是用。简言之，双江将良知限于未发之中之规定，即是将良知只限于寂而规定。因此，双江之良知之说明显异于阳明思想。

我们区分了双江与阳明在良知观念上的不同，接着要探究双江的良知观念是否能成为一套学说，即是否无理论上的问题。换言之，虽然双江的良知观念不同于阳明的良知观念，但若具有理论上的合理性，即无理论上的问题，双江的良知观自可成为一套系统。但是牟先生认为，双江的良知观念不仅异于阳明，且理论上有根本的问题。牟先生说道：

> 依阳明，"无声无臭独知时"，此独知之知即是人所不睹不闻之真良知。把这知视为已发，而又别求未发，这根本是不对的。假若在别求未发，则那无知，无觉，无照的寂体究竟是什么呢？若还名之曰良知，则自相矛盾，因为既是良知，必有知故。若真可名之曰良知而必有知有觉，这又成已发，又须另为之求未发，这便成无

① 王阳明：《传习录》，大夏出版社 1989 年版，第 25 页。

② 牟宗三：《从陆象山到刘蕺山》，台湾学生书局 2011 年版，第 354 页。

③ 牟宗三：《从陆象山到刘蕺山》，台湾学生书局 2011 年版，第 89 页。

穷追溯。是以把良知与觉照分开，这是不通的。①

双江认为人在已发处会受到欲望夹杂，所以求良知于未发。但是牟先生认为，既谓之良知，即是知觉（非感官知觉，而是指道德心灵自身的明觉），既是知觉，即是已发，又何以能是未发？即“求良知于未发”本身就是自相矛盾的概念，因为未发之寂体不能是良知。尤其双江又区分未发不能是已发，所以此寂体是无知觉的寂体，依是不可谓之良知。

其次，本文认为若更严格地说，求良知于未发，本身的“求”之意，就已不能是未发，因为凡有所“求”，皆是指已发，所以不能是未发。因此，双江的良知观念实则具有理论上的问题，即自相矛盾的问题。依是，双江的良知观念自不能成为一套系统。

三、聂双江对王阳明“致良知”的歧出

阳明的思想重点是“致良知”。阳明说道：

若鄙人所谓致知格物者，致吾心之良知于事事物物也。吾心之良知，即所谓“天理”也。致吾心良知之“天理”于事事物物，则事事物物皆得其理矣。致吾心之良知者，致知也。事事物物皆得其理者，格物也。②

“致知在格物”原是《大学》之语，而朱子尤其重视，其“格物穷理”之说法可以追溯至此一语中，即以心之认知活动探究事物之理。但阳明反对朱子的说法，所以用“致良知”重新解释“致知在格物”，认为致知格物不是心在认知事物之理的活动，而是致心之良知于事物，即将良知之天理致于事物之中。具体到致良知的工夫之显现，阳明说道：“盖良知只是一个天理自然明觉发见处，只是一个真诚恻怛，便是他本体。故致此良知之真诚恻怛以事亲便是孝，致此良知之真诚恻怛以从兄便是弟，致此良知之真诚恻怛以事君便是忠。只是一个良知，一个真诚恻怛。”③ 阳明的致良知是致良知于事物，所以致良知于事亲，有孝的表现等之类，此是致良知的工夫之显现。此致良知非是朱子的致知，因为朱子的致知是探究事物，所以朱子对于事亲、从兄、事君，乃重于何谓亲、兄、君，以及如何事亲、从兄、事君的问题上，但能否有此事亲、从兄、事君之行为，却已超出朱子的致知工夫的范围。但阳明的致良知，即一定有事亲、从兄、事君之行为，否则不能谓之致良知。

① 牟宗三：《从陆象山到刘蕺山》，台湾学生书局 2011 年版，第 317 页。

② 牟宗三：《从陆象山到刘蕺山》，台湾学生书局 2011 年版，第 69 页。

③ 王阳明：《传习录》，大夏出版社 1989 年版，第 112 页。

由此，我们可以看出阳明的致良知工夫的两种含义。首先，致良知是使自身的良知推扩至事物上，所以阳明的"致"是向前推致之意[①]；其次，阳明的致良知之工夫必定为道德实践，所以阳明的致良知之工夫即是道德实践。前者为致良知的形式含义，后者为致良知的实质含义。然而，双江有不同之看法。双江说道：

> 窃谓知，良知也，虚灵不昧，天命之性也；致者，充极其虚灵之本体，而不以一毫意欲自蔽……知譬镜之明，致则磨镜，格则镜之照。妍媸在彼，随物应之而已，何与焉？是之谓格物。圣学本自简易，只求复性体，知善知恶，不知从性体上看，亦只随念头转。[②]

双江认为良知是"虚灵不昧"之"天命之性"，大抵阳明也可以如此说；但是其言致，明显就不是阳明义。其"致"是充其虚灵本体，使之不为私欲所蔽。故双江的"致"不是将良知向前推致于事物，而是相反地后退于心中，使心之本体不为私欲所蔽，故明显与阳明的"致"不一。双江说道：

> 无欲然后能寂然不动，寂然不动，天地之心也，只此便是喜怒哀乐未发时气象。然岂初学之士可一蹴能至哉？其功必使于静坐。静坐久，然后气定，气定而后见天地之心，见天地之心而后可以语学。即平旦之好恶而观之，则原委自见，故学以主静焉。[③]

双江在此虽无言"致良知"，而是言主静工夫，然而依前段文献，其言致知，乃是充其虚灵本体，使之不为私欲所蔽。故对双江而言，此充其虚灵本体之所以可能，起始乃为主静之工夫。换言之，双江所言的"致良知"，已非阳明的致于事物之意，而是致于无事物之意，因为主静工夫是闭关静坐。依是，双江的致良知不是向前推致于事物之意，而是向后退以离开事物的工夫，非如阳明致良知工夫向前进以正对事物，故双江的致良知不符合阳明致良知的形式含义之规定。牟先生说道：

> 双江是以后返的归寂为致，而阳明则是前进地扩充以为致，故必须必有事焉在格物上用。龙溪之解说本阳明而来，不误也。后返归寂以为致，则致知者是闭关离物单显寂体自己也。双江以为必如此始可说致知工夫。……然从实践上说，闭关离

① 参见牟宗三：《从陆象山到刘蕺山》，台湾学生书局 2011 年版，第 229 页。

② 聂豹：《聂豹集》，凤凰出版社 2007 年版，第 318—319 页。

③ 聂豹：《聂豹集》，凤凰出版社 2007 年版，第 255 页。

物单显寂体自己，此只是抽象的隔离，从嗜欲混杂中显出寂体自己来。这是寂体之在抽象状态中，在悬隔状态中。若停于此，即在光景中。单显寂体之明，这明只是一个概念，并非天明。及其应事接事，并不真能自然照，手忙脚乱者多矣。①

牟先生认为双江的致良知之“致”与阳明的致良知之“致”不同之外，还有一个工夫上的问题。如上文提到唐先生说明为何双江要强调良知只能在未发处说，因为在已发处上说容易有感性欲望的夹杂，而良知既是纯粹的至善之体，就不能有感性欲望的夹杂，且因为未发处无感性欲望的夹杂，所以双江认为只能从未发处上说良知。双江对良知的如此理解，也产生了不同的工夫，即工夫只能是主静，只有主静才能够回归寂体自身，所以才有主静归寂说。但是，牟先生认为，此种主静工夫看似能够隔离欲望，实则不能杜绝欲望，因为主静工夫是让我们与生活的事物隔绝开来。与事物隔绝开来确实能够隔离欲望，但问题是我们根本不可能与生活事物隔绝开来，尤其是儒学的工夫精神重在待人处事，更不可能与之隔绝开来。因此，在主静工夫中，我们确实可以与欲望隔离，但是一旦需要进行待人处事的活动，就必定会产生问题。因为在主静工夫中，欲望本身并没有被杜绝，而只是被隔离开来。阳明的致良知的工夫就没有双江主静工夫的问题，因为致良知的工夫是致良知于事事物物，并非与生活上的事物隔离开来，即不会有做得到工夫却不能与生活事物相接的问题。因此，牟先生认为双江的致良知之“致”异于阳明之外，还存在着与事物相接的问题。

双江之所以有这样的问题，依本文之研究，就是双江的致良知之工夫亦不符合阳明致良知的实质含义之规定。阳明的致良知之工夫即是道德实践，但是双江的致良知之工夫是致良知之工夫，道德实践是道德实践，二者隔了一层。故双江即使能做到主静工夫，也不能必然保证能做到道德实践。因此，双江的工夫才会被牟先生批判。此亦是双江的工夫与阳明的工夫之差异。

四、聂双江对王阳明“心即理”的歧出

依本文之研究，双江除了“良知”与“致良知”不符合阳明思想之规定外，其对于心性之间的理解，亦不是阳明的“心即理”之型态。因为双江对于心性之间的把握，走上的是心非性即心性不一的想法。本文先略论阳明的心即理之思想。牟先生说道：

如果把仁义视为理，例如说道德法则，则此理即是此心之所自发，此即象山阳明所说之“心即理”。“心即理”不是心合理，乃是心就是理；“心理为一”不是心

① 牟宗三：《从陆象山到刘蕺山》，台湾学生书局2011年版，第334页。

与理合而为一，乃是此心自身之自一。①

牟先生区分了两种心性关系，一为心即理，另一为心合理。前者是指此心即是理，理非在心之外，后者是指心不即是理，而理是在心之外，但心与理可以合而为一。

众所周知，心即理的型态，依牟先生的三系说，可以说是指象山阳明系与五峰蕺山系。但象山阳明系是直此之意而发扬，五峰蕺山系则是绕了一圈说此意，因为心性分设，而言以心着性。但此两系最终都是心即理的型态。而心合理的型态，则是三系说的伊川朱子系。伊川朱子系虽然依其文献上仍有"心即理"的字面意义，但因为伊川朱子认为心是气或理气合，所以伊川朱子认为的心只是气心，不能是理，因此伊川朱子所言的心即理，只是心合理，此"即"只是心关联地即于理，而非此自身的"即"。牟先生的诠释是否符合王阳明的思想呢？阳明说道：

或问："晦庵先生曰：'人之所以为学者，心与理而已。此语如何？'曰：'心即性，性即理。下一'与'字，恐未免为二。此在学者善观之'"。②

有人向阳明询问朱子所言的"人之所以为学者，心与理而已"一语，阳明在此即表达出对心与理的关系的看法。阳明认为朱子所言的"心与理"，把心与理的关系划分开来，即心不是理，所以言心与理。因此，阳明认为朱子的心与理的关系是心理二分、心性二分。那么，阳明所言的"心即理"又是什么含义呢？阳明说道：

问："延平云：'当理而无私心。'当理与无私心，如何分别？"先生曰："'心即理也。无私心，即是当理。未当理，便是私心。若析心与理言之，恐亦未善。'"③

有人询问延平"当理而无私心"之意，而认为"当理"与"无私心"分别的问题。在此阳明笼统地说心即理的内涵，即当理即是无私心，而非当理与无私心有别，所以未当理即是私心。但此无私心之意并不能明确表达心即理之意，很有可能走向"气心"的型态，所以本文认为此只是阳明笼统表达心即理的内涵，在此仍是强调心与理的关系是一。又据《传习录》记载：

心即理也。此心无私欲之蔽，即是天理。不顶外面添一分。以此纯乎天理之

① 牟宗三：《从陆象山到刘蕺山》，台湾学生书局2011年版，第216页。
② 王阳明：《传习录》，大夏出版社1989年版，第21页。
③ 王阳明：《传习录》，大夏出版社1989年版，第40页。

心，发之事父便是孝。发之事君便是忠。发之交友治民便是信与仁。只在此心去人欲存天理上用功便是。①

所谓的心即理，依王阳明之意，心在无私欲的情况下，即是理，所以理不在心之外，即是无私欲之蔽的心。或可以说，心本是理，只是有时会被私欲遮蔽，在此时则心不能是理。虽然心有时会有被私欲遮蔽的情况，即心不能表现为理，但不否认心即是理。因此，此心在无私欲之蔽的情况下，即表现为理，所以此心一发即是理。发于事父，即是孝理；发于事君，即是忠理；发于交友，即是信理；发于治民，即是仁理。

在此阳明所言的“心无私欲之蔽”，在表意上，明显进于上段引文之“无私心”。因为私心可以说有两个意思：（1）心即私欲，（2）心被私欲遮蔽。但此段引文则明确表达在于后者之意，即心不是私欲，而是会被私欲遮蔽。

然而，此段引文也不是无问题，即虽然解释了私欲与心的关系，所以要求“去人欲存天理”。但此“存天理”又是何意？因为依阳明，“此心无私欲之蔽，即是天理”，又何须再存个天理？所以后来阳明再次修正此说。根据《传习录》记载：

黄勉叔问：“心无恶念时，此心空空荡荡的，不知亦须存个善念否？”先生曰：“既去恶念，便是善念，便复心之本体矣：譬如日光被云来遮蔽，云去光已复矣。若恶念既去，又要存个善念，即是日光之中添燃一灯。”②

黄勉叔问阳明此心去除恶念之后是否需要存个善念，此即是“去人欲存天理”的另一种表意。阳明认为，此心去除恶念，即是善念，即此心已恢复本来样貌。在此阳明又用日云的关系说明心、理与人欲三者：日光即是心、即是理，云即是人欲。日光固然会被云所遮掩，所以心会因为私欲而不能表现为理。但此遮蔽只是遮蔽而不能改变日光，日光固是日光。因此，在云散去之后，日光恢复，在此无须再添燃一盏灯。即恶念既去，即是善念，无须再存个善念。因此，依阳明之意，只是恢复此心本来面目即可，因为此心即是理，此心若能恢复本来面目，其表现即是理，所以无须再存个理。

以上是略述阳明心即理的思想，而双江虽以阳明学自居，但其心性关系是否亦是心即理的型态，即心性是一的系统，则不能不探究。双江说道：

今曰寂本无归，即感是寂，是为真寂，语意甚玄。夫寂，性也；感，情也。若

---

① 王阳明：《传习录》，大夏出版社1989年版，第3页。

② 王阳明：《传习录》，大夏出版社1989年版，第134页。

> 曰性本无归，即情是性，乃为真性，恐不免语病也。性具于心，心主乎内……①

依本文之研究，双江论学的特色，其实很重视分解的论述，上文对于良知的分判，明显将良知归于寂，所以良知不能感。此条文献亦看得出其分解的论述。双江言“今曰寂本无归”，是指有人反对其归寂之说，即有人认为良知是即寂即感，所以不以归寂为良知，且谓即寂即感乃为真寂。双江言为“语意甚玄”，即双江根本不能认同这样的说法，因为其认为寂是性、感是情。此段实有四种区分：（1）寂不是感，（2）性不是情，（3）寂不是情，（4）性不是感。由此可知，双江论学实重于分解的论述。其接着说“性具于心”，此明显不是“心即理”之规定，因为性是具于心中，所以性不是心，性只是存在于心里面而已。然而，双江说道：

> 惟仁、义、礼、智根于心，方可语此。根字极有力。心即性，性即心，浑成一片，不须臾离，根之谓也。②

双江解孟子仁义礼智之数语，却言“心即性，性即心”，此似乎表示双江认为心即性，若此则与上文之“性具于心”之义矛盾，实则不矛盾。因为字面意义上，双江确实是说“心即性”，但并不是真的认为心即是性体本身，此有两点原因。第一，其言“根字极有力”，即有一根源性所在，即是性根源于心中，所以其言“仁义礼智根于心”，此表达方式与“性具于心”是一样的；第二，其言“不须臾离，根之谓也”，我们从根本上去思考，假若心即是性，会说心与性可有离之言乎？其言不离，实则表明心与性不一，故须强调不离。因此，“根”即指性根于心中而未尝离也。依是，其字面上虽言“心即性”，实则此“即”，只是关联的“即”，而非真即。因此，双江对于心性关系的分判，即心性不一之意，明显异于阳明之说。

然而，双江对于心性关系的把握虽然不同于阳明思想，但我们亦可说此是另一个思想系统，即心性二分的思想系统。因此我们不得不加以省思，是否此心性二分的思想系统就无问题？依本文之研究，双江的心性二分的思想是有问题的，即他律道德的问题。首先，牟先生说道：

> 凡是涉及任何对象，由对象之特性以决定意志，所成之道德原则，这原则便是歧出不真的原则，就意志言，便是意志之他律。意志而他律，则意志之决意要做某事便是有条件的，是为的要得到什么别的事而作的，此时意志便不直不纯，这是曲

① 聂豹：《聂豹集》，凤凰出版社2007年版，第296页。

② 聂豹：《聂豹集》，凤凰出版社2007年版，第589页。

的意志，因而亦是被外来的东西所决定所支配的意志，被动的意志，便不是自主自律而直立得起的意志，因而亦不是道德地、绝对地善的意志，而它的法则亦不能成为普遍的与必然的。①

道德上的自律和他律，原是康德对于两种道德的分别，而牟先生将此自律与他律的概念判教儒学中的思想定位。所谓的自律，即意志自我立法而起的道德实践，他律即意志是依靠意志之外的条件所起的道德实践。前者指道德实践本身是无条件的，所以在此情况下，意志是纯粹的。后者指道德实践本身是有条件的，所以在此情况下，意志是不纯粹的。而自律和他律道德的核心问题就在于，探讨道德实践的必然性与普遍性。

若我们要做出一个道德实践，依据自律道德，则我们会无条件地做出道德实践，因此在任何情况下，都具有道德实践的必然性与普遍性。但是，他律道德则无法实现，因为他律道德是指我们做出道德实践是有条件的，若无此条件，则我们不会去做出道德实践。因此，他律道德不具有道德实践的必然性与普遍性。

双江的心性二分的思想，即是一种他律道德。因为其心不是性理，性理只是根于心中，而非即是心，所以其心性关系就只能是他律道德。就此而言，双江心性关系是跟伊川朱子系一致的。因此，双江的心性关系就具有他律道德的问题，即不具有道德实践的必然性与普遍性。

五、结论

简单回顾本文的核心讨论：

第一部分，探讨了双江对于阳明良知思想之歧出。阳明的良知是即体即用、即寂即感、即未发即已发，但是双江对于良知的把握，只能将良知认定为未发、寂、体，而不能视良知为即体即用、即寂即感、即未发即已发。因此，双江的良知观明显异于阳明的良知观。

第二部分，探讨了双江对于阳明致良知工夫思想之歧出。阳明的致良知之致是前进的致，是致良知于事事物物，且致良知工夫即是道德实践，但是双江对于致良知的把握，只能是主静归寂，所以其致是后退的致，是静坐而反求其心，且工夫是工夫、道德实践是道德实践，两者不能一也。因此，双江的致良知工夫明显异于阳明的致良知工夫。

第三部分，探讨了双江对于阳明心性关系之歧出。阳明的心性关系是心即理的型态，但双江对于心性关系的把握，却是性根于心中，所以性不是心，是心性二分的型

① 牟宗三：《心体与性体》（一），正中书局2009年版，第131—132页。

态。因此，双江的心性关系明显异于阳明的心性关系。

虽然双江自谓阳明后学，但其工夫与阳明皆异。若异而有进者，或许无妨，可自成立一套系统；但异而有退者，而又是屡称阳明后学，则不能不辩驳。因此，双江的理论就有了三种问题：

第一部分，双江有理论矛盾的问题。双江认为良知是未发，所以我们要求此未发或明觉此未发，但既是求、既是明觉，则明显是已发，不能是未发。因此，双江的良知之理论有矛盾的问题。

第二部分，双江有工夫与道德实践分隔的问题，即做了主静归寂的工夫不必然保证能做到道德实践。主静归寂工夫本身就不是道德实践，但阳明的致良知工夫本身亦是道德实践。因此，双江有工夫与道德实践二分的问题。

第三部分，双江有他律道德的问题。双江的心性关系不是心即理，而是心性二分，所以不是自律道德，而是他律道德。因此，双江思想有他律道德的问题。

（作者单位：台北“中央大学”哲学研究所）

从“生命的学问”到“生命的教育”

——“生活儒学”视域下的儒家生命教育观探析

房秀丽

一、引言

近几十年来，我国青少年自杀率明显升高，弑母、投毒等极端事件时有出现，而隐性的价值迷失更成为一个不可忽视的社会问题，这些都揭示了我国近几十年生命教育的严重缺失。生命教育作为一个现代学科，是一种起源于西方的教育思潮，我国引进生命教育已有三十余年的历程，为何国内的生命教育没有收到很好的效果？笔者以为，主要的原因可能是从国外引进的生命教育不契合中国民众的深层文化心理，且缺乏对生命的深层理解，从而限制了研究的深入及实践的展开。所以，当前的生命教育首先要做的是回到中国的语境，挖掘并激活传统的资源来解决时下中国人的生命问题。

回到中国的传统解决中国人的生命问题，其实也是当代新儒家一直坚持的方向。杰出的现代新儒家代表人物牟宗三先生在比较中国哲学与西方哲学两大传统的不同时，早就敏锐地指出：“中国文化之开端，着眼点在生命，故中国文化所关心的是‘生命’，而西方文化的重点，其所关心的是‘自然’或‘外在的对象’。”① 牟先生此言，点出了中国哲学的特质——对生命问题的关注。而中国哲学的核心在儒家，所以牟先生一直致力于开掘儒家的“性理”（道家的“玄理”与佛家的“空理”同时作为儒家的补充），疏通国人的历史文化意识，弘扬传统的人文理性，来应对当时国人生命中“拔了根，挂了空”② 的问题。

牟先生所讲的“拔了根，挂了空”的生命问题，其实还是致力于解决从传统到现代

① 牟宗三：《中西哲学会通之十四讲》，上海古籍出版社1997年版，第11页。

② 牟宗三先生在《说怀乡》一文中谈到，“现在的人太苦了。人人都拔了根，挂了空”，说明中国人在经历了西学的冲击及现代化的异化而导致的对自己文化传统、历史生命的疏离与相隔。参见牟宗三：《生命的学问》，广西师范大学出版社2005年版，第2页。

化这一过程中的问题，而我们时下早已处于“现代的社会”之中。所以，有后新儒家之称的林安梧先生接着牟先生的“生命的学问”，往前推进而讲“生活世界”的儒学——公民儒学。本文受此启发，也愿接着牟先生的“生命的学问”，进而讲“生命的教育”，从而开启“生活世界”儒学的另一个重要面向——“生命教育的儒学”，以解决时下国人生命教育缺失的问题，推动现代生命教育的理论研究与实践探索。

二、西方生命教育思想的引介及国内生命教育理论实践的推进

作为严格的现代学科意义上的生命教育是一种起源于西方的教育思潮。1968 年，美国学者詹姆斯·唐纳德·华特士（James Donald Walters）在生命哲学、人本主义心理学及其独特的“生命成熟”观的基础上，首次提出了生命教育的思想。1979 年，澳大利亚特德·诺夫斯基金会（Ted Noffs Foundation）成立了生命教育中心，致力于对药物滥用、暴力与艾滋病的防治。自此，生命教育的理念受到人们高度重视，并在较短的时间内波及世界许多国家和地区，逐步形成一种新的教育思潮。

国内关于生命教育理论的引进及研究始于 20 世纪 90 年代。中国香港、台湾地区于 20 世纪 90 年代引入生命教育，在理论研究和课程实践上都取得了显著成绩。香港生命教育实践的初心重在对治药物滥用，并逐渐引入了宗教对生命的理解。1994 年，香港成立了生活教育活动计划慈善组织，以协助预防药物滥用，这可以说是香港生命教育的萌芽。从教育系统的实践来看，1999 年，香港天主教教育委员会推出爱与生命教育系列；2002 年，香港教育学院又明确提出以生命教育整合公民教育及价值教育。台湾的生命教育在时间上基本与香港同步，在内容上则偏向于对治青少年的自杀问题。被誉为“台湾生死学之父”的美籍学者傅伟勋将临终精神医学、死亡教育与生命教育联系起来，对台湾生命教育研究的启动影响甚大。据台湾学者郑崇珍分析，台湾生命教育主要缘起于青少年颓废及自杀这一不健康的行为取向。在此背景下，陈英豪于 1997 年率先提出“生命教育”的概念与愿景。总结港台的相关研究可发现，起源于西方着重于生命安全与两性健康的生命教育思潮，在进入中国的港台地区后逐渐获得了更丰富的内容，哲学、人类学、宗教学开始融入其中，生命教育与人性论、人生观、终极关怀联系起来。

大陆的生命教育研究同样起步于 20 世纪 90 年代。不同于港台地区的是，大陆最初对生命教育的接纳源于对应试教育的反弹——素质教育的兴起。20 世纪 90 年代开始，致力于新基础教育的叶澜教授开始关注生命及其与教育的内在关系，主张用关注生命的方式构建新的课堂教学观。此后，大陆生命教育的研究与实践渐次展开，主要沿着两个方向发展。第一，中小学教育的实践，此方向又表现为二：一是为对治应式教育而展开的生命化的课堂，二是致力于保障学生生命安全的安全教育体系。第二，理论的研究，从事该研究的学者多有西方哲学、教育学、马克思主义哲学的背景。段德智提出死亡哲

学的概念，将死亡教育与生命教育联系起来。刘慧提出了生命德育论的概念。冯建军指出人是“种生命”与“类生命”的和合体，倡导自然、精神、社会三维生命的全人教育。除以上学者之外，更有大批从事高校思想政治工作与理论教学的教师，着重从实际操作的角度探讨高校生命教育的问题，但鲜见有理论深度的文章。

总结以上国内外生命教育的研究，大多数基于西学的视野。概括说来，哲学界多基于西方哲学的或马克思主义哲学的视角，研究生死哲学、生命哲学、人生哲学、价值哲学等；伦理学主要从“生命教育”的哲学意蕴、教育对生命本体的深切关怀的角度进行探讨；教育界则主要从教育的基本原理、价值取向、现实落点及德育和思想政治教育的视角出发，强调教育应该关注生命。结合传统资源对生命教育进行的研究还不够系统而深入，对生命的理解、对生命与教育之关系的界定还比较笼统。

三、从“生命的学问”到“生命的教育”：开启传统资源与现代教育的对话

通过前文的分析，笔者以为，要推进生命教育的研究，不仅需要回到中国的语境挖掘传统的资源，而且需要借助研究视角的转换，那就是沿着牟宗三先生开出的“生命的学问”，开启儒学“生活的学问”的研究，进入“生活世界”。这恰是近十几年来儒学研究的热点问题。

（一）牟宗三先生的“生命的学问”

牟宗三先生作为承先启后的文化巨匠，给我们留下了许多珍贵的哲学遗产，其中尤以“生命的学问”发人深省。在牟先生看来，中西哲学是人类两大哲学的骨干，西方哲学是“知识的学问”，中国哲学是“生命的学问”，它以生命为主导。在牟先生看来，“征服世界容易，征服自己困难。人最后的毛病都在自己，这个时代的灾难最后也都在人本身，并不是在原子弹”①，“征服自己就是对付自己的生命。这个最深刻最根源的智慧发动处，实是首先表现在中国的文化生命里”②。牟先生理解的生命是纵贯的、立体的，照顾、调护、润泽这一生命，就需要一个完整的学问系统，用牟先生的话说，是“生命的全体大用”。由此，牟先生的圆善论、两层存有论、三统并建说、良知坎陷说，都可以在“生命的学问”中得到安顿。

自西学传入中国，在中西文化的碰撞中，当代新儒家皆有非常强烈的问题意识。熊十力先生曾言：“清季迄民国，后生游海外者，其议国学之根本缺点，略有三：一曰：无科学思想。二曰：无民主思想。三曰，持论无系统。又据张灏说中国当代由于道德迷

① 牟宗三：《中西哲学会通之十四讲》，上海古籍出版社1997年版，第13页。

② 牟宗三：《中国哲学的特质》，上海古籍出版社2007年版，第148—149页。

失、存在迷失及形上迷失凝聚成一严重的意义危机。”① 熊十力所言的三种缺失与张灏所言的三种迷失基本构成了新儒学的问题域，新儒学之理论与实践大略依此展开。因此，熊十力与牟宗三等当代新儒家都试图在传统中建构一形而上的主体，作为新儒学的形而上基础，这是对三种缺失与三种迷失的回应。牟宗三先生作为新儒家理论体系的集大成者，归宗宋明理学的“心性之学”，借鉴西方哲学体系化的代表——康德哲学发展出一套道德主体性形而上学，以此为基点，从“良知的自我坎限”开出“知性主体”，从而在理论上疏通了中国传统开出民主与科学的可能。

（二）“生活儒学”及后牟宗三时代的学术转向

作为一种有深刻的现实关切并全面地安排现世人生的学问，儒学本身是完全生活化、与生活不隔的。梁漱溟先生早在 1921 年出版的《东西文化及其哲学》中就敏锐地指出，文化其实就是民族生活的样态，“宇宙实成于生活之上，托乎生活而存”。在此理念指导下，梁先生还于 20 世纪 20—30 年代进行乡村建设实践，接续了传统儒学的生活实践品格。虽然儒学本身具有生活实践的性格，但由于近现代西学涌入、社会文化变迁加剧，儒学逐渐退出家庭、社会特别是政治生活，儒学的研究也开始进入高校象牙塔，成为研究的对象。对于这种儒学已成为“游魂”且“魂不附体”的社会现实，美籍华人余英时就曾指出儒学的现代出路在于日常人生化。

特别值得注意的是，1995 年牟先生去世以后，台湾新儒学进入后牟宗三时代，牟氏后学除了“护教”派继续做理论的拓展深化外，“生活的新儒学”与“批判的新儒学”两派其实在把儒学引向生活化这一点上殊途同归。林安梧先生甚至提出了“后新儒学的向度”，主张超越牟先生所开出的心性论式的道德实践，走向生活世界，重视“社会历史总体”。② 在林先生看来，牟先生所代表的当代新儒学所针对的是传统社会过渡到现代社会这一过程中所出现的问题，强调从理论上疏通传统如何开出民主、科学的问题；而后新儒学的问题是“如何在已经现代化了的社会中，重新让儒家经典的智慧释放出来，参与到现代人的生活之中，开启互动交谈，让它有一个新的生长可能”。由此，后新儒学从牟先生的以接续宋明理学为特征的“心性儒学”③，走向具体的生活儒学④。

---

① 转引自林安梧：《儒学革命：从新儒学到后新儒学》，商务印书馆 2011 年版，第 16—17 页。

② 参见林安梧：《儒学革命：从新儒学到后新儒学》，商务印书馆 2011 年版，第 102 页。

③ 其实牟先生对于自己学问主要停留于观念而缺少具体生活化的特点，是有他的自觉的。牟先生在《说怀乡》一文的结尾处说：“我以孤峭乏润泽之生命，只能一往偏倾，求其生命于抽象之域，指出时代症结之所在，凸出一思想系统之再造。甘愿受此痛苦而不辞，则亦安之若命也。我们这一代在观念中受痛苦，让他们下一代在具体中求生活。”牟先生此语一方面体现了他“为天地立心，为生民立命，为往圣继绝学，为万世开太平”的担当，另一方面也对自己的思想体系做了反省，并为以后的学术发展指明了方向。

④ 笼统地说，从生活哲学的角度接续儒学的都可以称为生活儒学。具体说来，“生活的儒学”以龚鹏程先生为重要代表，“生活儒学”以黄玉顺教授为重要代表，两个概念之间也有很大的差别。其他如颜炳罡教授推广的“乡村儒学”事业，林安梧先生所倡导的“公民儒学”，其实都是在实践的层面上落实生活儒学的学术主张。

(三) 从“生命的学问”到“生命的教育”

在“生活儒学”的向度下，林先生开出“公民儒学”，颜炳罡教授推广“乡村儒学”，包括其他学科的学者提出的“儒商”，其实都是将生活的儒学落实到具体的领域当中。而在笔者看来，儒学既是“生活”的儒学，更是“教化”的儒学，激活儒学传统的资源，开拓出“生命教育”的儒学，将是一个非常有价值的致思方向与实践方向。

总之，生命教育与生活儒学作为当前时代的两个热点话题，将教育与儒学两个学科联结起来。解决生命困惑、探索生命教育，既是当下亟待解决的问题，也为生活儒学的研究提供了一个新的视域。

四、“生活儒学”视域下儒家生命教育观

从根本上讲，儒学与教育都源自生活，服务于生命。在“生活儒学”的视域下，建构儒家的“生命教育”观，是一件顺理成章的事情。建构的步骤，笔者认为至少需要以下几步的工作。

(一) 问题分析：直面并体验时下中国人生命中存在的问题

生命教育作为一项面对生活着的“芸芸众生”的教育事业，需要研究者与教育者直面鲜活的个体生命当中存在的问题。首先，从方法上讲，我们可以做一些文献的梳理、社会学的调研，但这种研究与其他研究最大的不同在于研究者与教育者同时也是参与者，生命当中的困苦和麻烦，每个人都感同身受，研究者与教育者也不例外。所以，最重要最有效的方法，将是体验式与内省式的传统儒学的方法。其次，在分析总结过程中，一定要有地域性与时代感，比较出中国生命教育存在的特定问题。

(二) 概念界定：“生命”“生活”与“生命教育”的概念厘定

要想建构生活儒学视域下的儒家生命教育观，首先需要做正名的工作。所谓“名不正，则言不顺；言不顺，则事不成”。概念一差，谬以千里，所以概念的厘定工作必不可少。

1.“生命”的概念

“生命教育”里的生命，首先指的是人的生命。当然，动物的生命亦须敬畏，但从生命主体的意义上来讲，只有作为“万物之灵”的人才有反省、觉察并自我教育的能力。所以，这里的生命，首先指的是人的生命。前文已经谈到，“生命教育”作为一个来自西方的现代学科，与中国的生命教育事业难免存在着文化的隔阂。所以，界定“生命”的概念，还要回到中国的语境。

照中国文化传统的理解，人的生命是最复杂的。依照牟宗三先生的说法：“生命总

是纵贯的、立体的"[1]，"生命的意义有好几层，首先所关心的生命是眼前的个体生命，生命就如其生命而观之。这一个层次的生命是有问题的，故首先意识到此。生命有好几层次，如以佛教的说法，阿赖耶识也是生命，转上的涅槃法身也是生命"[2]。

总结牟先生的说法，生命是多层次的。首先是生物学意义上的生命，然后是社会学意义上的生命，最后是精神或心灵层面的生命。最后这一层次，必须深入到牟先生所讲的"心体"或"性体"，以建立生命的大本大原，才算到家。

2."生活"与"生活儒学"的概念

"生活"简单来讲，其实是一个生命展开的过程，而生命的展开，又需要一个空间的场域，所以"生活"一词又可以展开为一个"生活世界"的概念。"生活世界"的概念，最初来自西方哲学中现象学与存在主义等哲学，传入国内与儒学相结合后，又获得了自己的内容。

在研究儒家的学者里面，对"生活世界"的理解，林安梧先生比较有代表性。按照林先生的理解，具体来说，"生活世界"是指我们的生活构成的世界。"生"是通贯于天地人我万有一切所成之总体性的创造性根源，是从可能性之中生发出来的。"活"是以其身体、心灵通而为一展开的实存活动。"世"是绵延不息的时间历程。"界"是广袤有边的空间区隔。"生活"是创造性根源落实于人这样一个活生生的实存而有，以其身体、心灵通而为一，因之而展开的实存活动。[3] 可以看到，林安梧教授是在一个源头的意义上而不只是平铺的意义上言说生活，表明生活世界隐含着最终的"道"——"道"既是宇宙创造之动源，又是落实到人跟人之间的一种真实关怀。

"生活儒学"主要是扬弃牟宗三先生"心性儒学"而展开的一种儒学研究方法。其实，儒家经典本是古圣先贤生活的记录，用林先生的话来讲，"经典本身也是一个生活世界"，所以"生活儒学"就成了一种新的"视域"或新的研究方法。在此方法之下，儒学作为传统资源，就不再是一堆死的材料，而是活生生的"生活世界"。后新儒学或者是生活儒学的问题是：如何在现代化的社会中，重新让儒家的经典释放出来，参与整个现代人的生活，开启互动交谈，让它有一个新的生长可能。用这样的视角研究生命教育，就会开展出一种新的可能，将儒学与生命教育两个领域的研究全部盘活。

3."生命教育"的概念

"生命教育"的概念，涉及"生命""教育"两个概念及"生命"与"教育"的关系。"生命"的概念前文已专门探讨，此处略去不谈。

"教育"的概念，存在着中西方的差异。在西方，"教育"一词源于拉丁文 educate，

---

① 牟宗三：《生命的学问·自序》，广西师范大学出版社 2005 年版。

② 牟宗三：《中西哲学会通之十四讲》，上海古籍出版社 1997 年版，第 11 页。

③ 参见林安梧：《儒学革命：从"新儒学"到"后新儒学"》，商务印书馆 2011 年版，第 108—109 页。

本义为“引出”或“导出”，即通过一定的手段把某种本来潜在于身体和心灵内部的东西引发出来。而在中国文化传统里，“教育”关联着“教化”与“养成”两个概念。所以，中国的教育既是一种“先知觉后知”“得天下英才而教育之”的教化过程，也是一种自我养成、自我教育的过程。这与西方显然不同。

“生命”与“教育”的关系，大体上有三个方面：生命是教育的内容，生命是教育源点和目标，生命是教育的方式即“生命化的教育”。本文所理解的“生命教育”是源于中国传统文化里的一种人格养成教育，所以，“生命教育”的起点是对治有问题的生命而调护、润泽之，提升生命的境界，养成美好的人格。

（三）体系搭建：“生活儒学”观照下儒家生命教育模式的建构

儒家的生命教育观，在笔者看来，可以从以下几个方面进行构建。首先，从牟先生对生命的理解入手，建构“全体大用”的人格目标；其次，在“生活儒学”的观照下，激活《周易》与《论语》原典，开启《周易》的“生生”智慧与《论语》的对话方式；再次，以直面生命的方式，返本开新，开启当代生命教育的方法。

1. 人格目标：“全体大用”的生命理想

牟宗三先生在《生命的学问》一书的《自序》中尝言：

> 中国文化的核心是生命的学问。由真实生命之觉醒，向外开出建立事业与追求知识之理想，向内渗透此等理想之真实本源，以使理想真成其为理想，此是生命的学问之全体大用。①

牟先生此言是就中国传统文化的主脉——儒家而言的。总起来讲，儒家的学问是生命的学问，是在挺立形上心性本体之基础上的入世的实践，是有体有用、内圣外王合一的生命智慧，其最终指归是成就一种全体大用②的理想人格。

儒家这种“全体大用的生命观”首先要肯认的是生命之“体”——价值之源。接着牟先生的思考，拥有了这种价值之源就能实现转上去的“涅槃法身”的生命，这似乎才触及“生命教育”的根本所在。这种自觉是生命提升的动力机制，其实就是一个无限的价值之源。那么，这个价值之源来自何方？在信仰宗教的西方人看来，人是有限的，只有上帝可以给我们这样一种力量。而在深信“人性本善”与“我欲仁，斯仁至矣”（《论

① 牟宗三：《生命的学问·自序》，广西师范大学出版社2005年版。

② 这种生命的智慧，起自孔孟，但真正以体用对举来解经作传，应当说始于理学之集大成者朱熹。朱熹所讲“此心之全体大用”，是在解释“格物”二字时提出的，还并未自觉地运用于他的整个学问框架之中。自觉地以“体用”观念反省并接续传统学术，以开出新的治学方向，并在此基础上将体用之学作为时代之课题大力提倡，是在盛行反省理学以经世致用的明清之际。王夫之讲“体用不二”，颜元讲“体用兼全”，孙奇逢讲“明理适用”，李二曲讲“明体适用”，皆是对这一课题的回应。

语·里仁》）的儒家文化的语境里，却并非如此。孔子讲"为仁由己，而由人乎哉"（《论语·颜渊》），就是在肯认人有自觉履行道德义务的能力。孟子更是循此思考的路向，进一步讲"人性善"，讲"仁、义、礼、智，非由外烁我矣，我固有之也"（《孟子·告子上》），最后树立起一种可以主宰整个生命的"良知""良能"，并积淀为中华民族的深层文化心理。这些都是强调在我们主体的内部，有这样一个自我做主的价值之源。这种价值之源，使我们自然获得了自我做主、昂扬向上的生命力量。由此，生命教育才能不乞灵于上帝之类的外在权威，才能以内在的生命之光照亮人生之旅途。

有了这种生命之体，按照宋明理学的理解，还要开发出生命之大用，正如牟先生所说：

> 中国文化一开始就重视生命……都是为了调护与润泽生命，为了使生命能往上翻而开出的。但我们的生命不只要往上翻，还有往外往下的牵连，这方面的牵连就有各种特殊的问题，如政治、社会、经济等，都需要特殊的学问，即专家的科技的学问。……这是不能互相取代的。一个是属于生命的学问，一个是属于知识的学问。①

关于牟先生所讲的"知识的学问"，儒家哲学虽然开发不够，但也并非没有论及。在儒家的创始人孔子那里，健全的人格是仁智并举、以仁统智的人格，也就是要求一个人的价值理想与知识才能兼容并举。宋明理学家朱熹继承了先秦儒学这种"内圣外王"的思想，提出了"全体大用"② 说。这些对我们现代构建生命教育的人格目标深具启发。

2. 原典激活：开启大易"生生"与《论语》"交谈"的智慧

虽然牟先生自觉接续宋明理学慧命，开出"心性儒学"，启发出"全体大用"的生命理想，对现代的生命教育深具启发，但宋明理学毕竟是回应佛道的刺激而开出的，其精妙处在于广大深微的哲学建构，在与民众生活的贴近上相比先秦原典已显不足。教育本身作为一种生活的学问，并非心性儒学所能完全覆盖；教育对象是具体的活生生的人，而且受教育者并非人人习此专业，并非人人皆为文化精英，所以教育必须走向大众化与生活化。这就要求时下的生命教育在从儒学那里汲取资源时，必须选取更为生活化也更为原发性、更为贴近民众生活的原典——先秦经典《周易》与《论语》。诚然，《论

---

① 牟宗三：《中西哲学之会通十四讲》，上海古籍出版社2007年版，第23页。

② 他在《大学·格物补传》中这样讲："所谓致知在格物者，言欲致吾之知，在即物而穷其理也。盖人心之灵莫不有知，而天下之物莫不有理，惟于理有未穷，故其知有不尽也。是以大学始教，必使学者即凡天下之物，莫不因其已知之理而益穷之，以求至乎其极。至于用力之久，而一旦豁然贯通焉，则众物之表里精粗无不到，而吾心之全体大用无不明矣。此谓物格，此谓知之至也。"

语》于现代人依然陌生，《周易》更是天书。对于代表先民智慧的文化原典《周易》，我们要开发它“生生”的智慧；对于凝聚儒家创始人孔子生命智慧的《论语》，我们则要以现代人喜闻乐见的方式，开启古人与现代的“互动”“交谈”与“对话”。

3. 方法“创新”①：直面生命、为了生命的人格养成模式

生命教育要求把生命当成“生命”来看待。教育的主体、对象都是活生生的人，这注定了教育与其他的社会生产是完全不同质的事业。用华东师范大学生命化教育的倡导者叶澜教授的话说就是：“教育是直面人的生命、通过人的生命、为了人的生命质量的提高而进行的社会活动，是以人为本的社会中最体现生命关怀的一种事业。”所以，从方法上来讲，生命教育应该有以下方法上的创新。

（1）慢的艺术。用当代教育学者、诗人，同时也是“生命化教育”的先驱者之一的张文质先生的话说：“教育是一种慢的艺术。”这种慢的艺术说明教育是一种“农业”的培养方式，而非现代的大机器生产，这恰恰与中国传统文化特别是儒家对教育的理解相应。

（2）互动交谈。生命教育不仅倡导一种慢的艺术，还蕴含着“有教无类”“我欲仁，斯仁至矣”“人皆可以为尧舜”的教育平等。教育面前人格平等、人性平等，这是儒家自孔子开始就一直倡导的。这种平等，要求教育是一种对话，是一种互动交谈，而不是单向的灌输。这种互动交谈的方式，非常典型地体现于先秦儒家经典《论语》中。《论语》作为语录体的著作，记载了孔子与弟子们的日常生活对话。《论语》对今天的教育者来说，一方面要从中学习师生“互动交谈”“教学相长”的教育方法，另一方面还要以《论语》为经典资源，用与古人交谈的方式开启《论语》常读常新的智慧，让我们代代相承。

（3）自我教育。生命教育是慢的教育、平等的教育，这一切都最终根源于一个基本的假定，即生命从本原上来讲是圆满自足的。所以，教育的根本点，或者说教育的最高境界，是一种自我教育。教育者对教育对象所能实施的最成功的教育，就是点醒受教育者的真实生命，找寻价值之源，开启真实理想。这样，受教育者的生命才得以真实的挺立。

总之，沿着牟先生及后新儒学的理路，从关注“生命的学问”，经由“生活儒学”的视域，而展开“生命的教育”，是本文的致思路向。至于如何真正挺立生命之体，撑开生命之大用，要求我们不断从传统经典中汲取生长点，从而引申出“生命教育”的具体方法、具体内容、具体开展途径。本文仅做抛砖引玉，以待时贤。

（作者单位：山东工商学院人文与传播学院）

① 笔者此处所说的创新，指的是一种“返本开新”，即创造性地继承中国古人尊重生命规律的教育思想而开出的不同于时下灌输式、拔苗助长式的教育方法。

梁仲华与民国乡村建设运动

梁 耀

梁仲华先生名耀祖，字仲华，后以字行，1898 年出生于河南孟县。中学就读于北京汇文学校，1922 年毕业于北京大学法律系。梁仲华是 20 世纪中国著名的乡村建设思想家、教育家和社会活动家，是民国乡村建设研究和社会实践的开拓者和领军人物之一，与梁漱溟先生一同被誉为乡村建设“二梁”。本文简要地叙述梁仲华先生从事和领导民国乡村建设研究与实践的历史活动，特别是关于其创建山东乡村建设研究院之构思及过程，笔者根据第一手史料纠正了某些文献中的错误。

梁仲华先生（1964 年摄）

梁仲华的祖父梁俊，字彦臣，河南孟县西何庄人，为清同治四年（1865）进士，历任兵部主事、山东道监察御史、掌湖广道、京畿道、署吏科掌印给事中等职。梁俊为官正直清廉，多有政绩。光绪九年（1883），梁俊选授广西梧州府知府。第二年中法战争爆发，清政府派潘鼎新任广西巡抚，督师抗击法军。潘鼎新委任梁俊专办物资转运和粮饷的供应，他圆满完成这一重要任务。梁俊生活节俭，但对于公益事业却乐善好施，慷慨解囊。1887 年，黄河在郑州决口，大水成灾，灾区一片汪洋，疫情蔓延。梁俊捐款万两白银助工堵口，又散发防疫药品，救济无数百姓。家乡河阳书院经费拮据，梁俊一次性拿出千两白银相助。① 梁仲华的父亲梁振炎，字肖彦，号晓岩，17 岁成秀才，历任户部山西司郎中、会计司主稿、仓库监督等职。后辞官回归故里西何庄，专攻医术，无偿为贫苦乡亲看病、施药。每逢荒年，常赈济贫苦百姓以衣物和食物，因此有

① 参见孟县志编纂委员会编：《孟县志》，陕西人民出版社 1991 年版，第 576—577 页。

“济世活人”美名广传乡里。1934 年，变卖田产创办了晓岩学校，以救乡里的失学儿童，并从山东聘来教师，购置仪器设备，每年办学费用不下 2000 元银币。①

梁仲华早年倡导乡村建设研究，1927 年在河南开封中山大学（现河南大学）任教授时，喜讲乡村建设及农业合作社。1928 年秋，与中山大学法学院院长王怡柯（字柄程）和彭锡田（字禹廷）两位好友一起，筹建河南村治学院。得当时河南最高领导冯玉祥将军之同意，河南省代主席邓哲熙任命梁仲华为院长，在河南辉县百泉创办河南村治学院。梁仲华感到院长需常与官方打交道，恐缺乏经验，则建议由彭锡田任院长，而自己专办教学之事，因为彭禹廷乃是冯玉祥将军的老部下，与当局打交道较为方便。该建议得到了冯玉祥的允许。② 于是河南村治学院由彭锡田任院长，梁仲华任副院长，王怡柯任教务长③，梁仲华又邀请著名学者梁漱溟任教授。

河南村治学院于 1930 年 1 月 1 日正式开学，时河南省主席是韩复榘。河南村治学院为中国第一所培养乡村建设人材的学院，通过研究乡村建设问题，培养乡村建设人材，以达到乡建救国之目的。不料同年夏初，石友三驻军于新乡，指使其骑兵旅长李晋三派兵骚扰学院并搜捕彭锡田。因彭锡田在南阳任豫南区长时，曾因事向冯玉祥告了石友三，故石对彭怀恨在心。彭锡田将院务托给梁仲华，自己则返回河南镇平家乡去领导自治工作。为躲避石友三军队的骚扰，梁仲华率领全院师生长途跋涉千余里至北平，寄居于农学院并复课。刘峙出任河南省主席后，立即下令关闭河南村治学院。④ 在那动荡的时局中，河南村治学院虽只办了约一年，但在中国乡村建设的研究和实践中，具有深远的影响，留下了历史性的一页。梁仲华和彭锡田、梁漱溟、王怡柯等，都成为当时乡村建设的著名人物。在民国乡村建设运动中，其他著名人物及乡建工作还有晏阳初先生所领导的河北定县中华平民教育促进会，黄炎培先生所领导的江苏中华职业教育社等。

河南村治学院被关闭后，梁仲华赴山东济南，面见当时的山东省主席韩复榘，告知学院数月的艰辛以及师生数百人的困苦状况。见面中，韩复榘邀请彭锡田和梁仲华到山东来继续办村治学院。梁仲华提议可改为办一乡村建设的研究机构，并以一县做小试验，待积累了经验和成效后再行推广。梁仲华的该新提议得到了韩的认可。这一席谈话，体现了梁仲华关于乡村建设办学的一个新构思，即以县做试验，理论联系实际，注重乡村的社会调查和乡建问题研究相结合，并在实践中不断总结经验，以完善和推广。这一新的思想，为以后的山东乡村建设研究院的筹建和邹平试验县的建立奠定了框架。

① 参见宋志道、宋海燕：《梁氏三代多俊杰》，《孟州史话》，天马图书有限公司 2002 年版，第 235—236 页。

② 参见梁仲华：《河南村治学院始末记》，《河南文史资料》总第 41 辑，政协河南省委员会文史资料委员会出版，1992 年，第 40—42 页。

③ 参见《王柄程先生事略》，《乡村建设》第六卷第十一期，1937 年，第 5—6 页。

④ 参见梁仲华：《河南村治学院始末记》，《河南文史资料》总第 41 辑，政协河南省委员会文史资料委员会出版，1992 年，第 40—42 页。

在梁仲华1931年的笔记遗稿中，有如下一段文字记载了当时的情况：

> 余至济南谒韩，告其数月之经过及师生数百人之穷困。韩壮我行，概允设法资助遣散。韩曰："我可急电禹廷来鲁同你仍办村治学院。"余曰："我们非山东人，如何能来山东办?"韩大笑，曰："以你说我就该回老家了。"余曰："韩主席关心乡村，可先办一研究机关，以一县作小试验，待有功效再推广我的经验，村治学院功课就太空洞了。看改为乡村建设研究院如何?"韩曰："就这样办。"时其秘书长张绍堂在座，韩写一条交张，曰："将来可以提出委员会商量。先致一电与老彭请他来办，话说肯切些。"余辞别回北平。

1931年春，梁仲华和梁漱溟等同仁赴山东，创办了由梁仲华命名的山东乡村建设研究院，梁仲华任院长，孙则让（字廉泉）任副院长。乡村建设研究院下设研究部和训练部，梁漱溟任研究部主任，陈亚三任训练部主任。邹平为乡村建设的试验县。在筹备山东乡村建设研究院期间，梁仲华亲自去邹平及其邻近各县调查，深入山野间三个星期，选定了研究院院址及实验农场林区。这是世界上第一所从事乡村建设理论研究、教学和实践的高等学校，受到世界各国的重视。

为了将农业科学和技术引进广大的农村，促进交流、采纳与推广优良农畜品种，改良农事，梁仲华领导大力开展农业合作，在乡村建设研究院成立仅四个月，梁仲华院长就创办了农品展览会。1931年11月，第一届农品展览会在邹平试验县举行，为期四天。展品分为两大类：一类是研究院农场试验有成效的物品，作为表征（示范）展览；另一类则为所征集的各农户之物品，作为普通展览。例如，在示范展览的物品中，包括"本院农场重达六百磅之波支猪，每年能产蛋二百七十之力行鸡，及纯良之蜂种，防治牙（蚜）虫，黑穗病之石油乳，碳酸铜各药品，又有五谷种子标本二十六种，树种标本四十六种，菜蔬种子标本十八种，棉花标本二十种"①。此外，还有其他研究机构和组织送来参展的物品。在普通展览中，则有广大农户送展的"田艺一千六百三十五种，园艺七百九十三种，家庭工艺三百七十四种，并农具畜产多种"，共达3000余种。参观的人数达4.6万余人，效果极佳。② 展览会上还评选出优秀的参展农品和技术，并给予奖励，以鼓励农民竞争和创新。1932年10月25—27日，梁仲华院长再次领导举办了第二届农品展览会。第二届展览会的规模有较大提高，共有27个县参加。乡村建设研究院向国内各农业机构征集农品，邀请省内外各农业大学参加农品展览、示范和讲解，参观民众总计5.7万余人。在该届农展会上，阳信县农民刘德刚发明的捕子蝗车及其他

① 梁耀祖：《山东乡村建设研究院设施概况》，《山东民众教育月刊》第三卷第十六期，1932年。
② 参见《乡村建设》（农品展览会专号）第一卷第六至十期，1932年。

11件农展品获得了最优奖。这些乡村建设的创举和实践，在促进农业合作和技术创新、改变农村当时的落后面貌、改良农事和农民的生活等方面，起到了重要的社会示范作用。梁仲华所领导的另一项重要工作则是农村武装自卫及训练。他认为，军事训练，以统一团体之意识与行动，纠正个人过于自由的流弊，尤为最需要之方法。梁仲华指出："本院注重军事训练，一方所以锻炼学生之体格与精神，同时又为农村自卫一科之实习方法"。为启蒙和指导农民的生活，谋求乡村建设之推进，又设计和创办了乡农学校。梁仲华积极谋求全国各乡建设团体及机关之联合，参与发起和筹备全国乡村建设工作讨论会。1932年12月，他与诸位同人在南京出席全国第二届内政会议时，就关于建立全国乡村工作的学术讨论团体进行讨论并发出倡议。1933年7月，邀请全国乡村建设运动的学术团体及社会事业机关，在邹平举行了乡村建设工作的第一次全国会议。参加会议的乡村建设名人有梁漱溟、晏阳初、黄炎培、王怡柯、章元善、许仕廉、张鸿钧、于永滋、钱伯显、王印佛、江恒源、李石曾等60余人。① 乡村建设工作的第一次全国会议在邹平召开，是民国乡村建设运动中的一个重要事件，它结束了此前乡村建设事业彼此隔绝的孤岛状况，开启了广泛交流合作的新局面。此后，第二次和第三次全国会议于1934年及1935年分别在定县和无锡举行。乡村建设的三次全国会议，为乡村建设运动的扩展和组织合作提供了广阔的平台和坚实的基础。

1934年，梁仲华推荐梁漱溟接任院长，本人返北平任燕京大学教授，主讲"乡村建设"和"法治史"。梁仲华在北平倡导"大学下乡运动"，动员诸大学加入乡村建设的社会实践中。其时，积极响应大学下乡运动的著名大学就有清华大学、燕京大学、北平协和医学院、南开大学以及金陵大学等。② 1935年，商得山东省主席韩复榘的同意，划济宁等十县为乡村建设实验专区，由上述五个大学派出师生到该实验专区兼职、实习，系统和广泛地开展乡建实验工作和乡村社会调查。梁仲华以燕京大学教授兼任该实验区（第一行政督察专员区）专员，领导整个专区的乡村建设社会实践。参与其事的著名教授有燕京大学法学院院长杨开道及许仕廉和张鸿钧等、清华大学工学院院长施嘉炀、北京协和医学院陈志潜、南开大学经济研究所所长何廉、金陵大学农学院院长章之汶、齐鲁大学侯宝璋等，此外还有于永滋（又名于树德）等先生。③ 至此，山东的乡村建设运动进入了一个新的高潮。

1937年日寇入侵山东后，韩复榘出于私心，为保存自己的实力，未进行认真抵抗就率军队撤出了山东。在山东从事乡村建设工作的师生们被迫转移。梁漱溟先生率山东

① 参见章元善、许仕廉编辑：《乡村建设实验》第一集，中华书局1934年版，第11—17页。

② 参见梁曾相：《梁仲华教授事略》，《河南文史资料》总第41辑，政协河南省委员会文史资料委员会出版，1992年，第43—46页。

③ 参见梁曾相：《梁仲华教授事略》，《河南文史资料》总第41辑，政协河南省委员会文史资料委员会出版，1992年，第43—46页。

乡村建设研究院的师生先到济宁与实验区师生会合，然后由梁仲华率全体师生转移。经过种种艰难，终于使全体师生转移到了安全的地方。因操劳过度，梁仲华在汉口中风病倒。病愈后，赴成都华西协合大学社会系任教授。在抗日战争期间，全国性的学术团体——中国乡村建设学会成立，公推黄炎培、梁漱溟、晏阳初为常务理事，梁仲华任干事长。在华西协合大学任教期间，梁仲华曾应重庆乡村建设学院院长晏阳初先生邀请，兼任重庆乡村建设学院代理院长。1947 年 6 月 1 日，重庆反动当局对乡村建设学院的爱国师生进行了大逮捕，梁仲华四处奔走，全力营救，使得被捕师生得以早日脱险出狱。① 在互联网上有一篇题为《两位梁先生》的文章②，作者曾是重庆乡村建设学院的学生，也是当时被捕学生之一，在其文章中深情地回忆了当时梁仲华代理院长积极营救被捕师生的情形。（按：该《两位梁先生》文中提到，在 20 世纪 80 年代初，意外地收到梁仲华先生从成都来信，应为该文作者记忆误差或笔误。梁仲华 1968 年逝世，该文作者在 80 年代初所收到的信应该是梁仲华先生之子梁曾相先生从成都所寄，当时梁曾相正在为梁仲华平反一事四处奔走、联系。）

1952 年各大学院系调整后，梁仲华转任四川大学历史系教授，曾任川西行署财经委员会委员、四川省教育委员会委员，并先后担任成都市人大代表和政协委员。梁仲华在“四清”和“文化大革命”中受到迫害，1968 年 8 月 15 日在成都逝世，终年 70 岁。“文化大革命”结束后，全国拨乱反正，梁仲华也终于得到平反。

在从事乡村建设研究和实践的二十余年中，梁仲华不仅提出了新的思想和见解，而且在创办河南村治学院和山东乡村建设研究院，以及创建和领导山东济宁乡村建设实验专区的过程中，起到了开创性的作用，显示出卓越的领导和组织才能。他非常注重乡村调查研究和社会实践，全心全意地做实事，以乡村建设的理念与实践，去研究探索解决当时农村最迫切的问题，力求通过一系列综合和系统的方法，包括对农民的启蒙教育、农业合作社、农村改革，以及乡村自治和自卫等，来改变当时农村那种非常贫穷、愚昧和落后的面貌。农村兴则国家兴！不难想象，这一乡村建设的救国事业在当时是一个多么复杂、艰巨的系统工程。为了使乡村建设收到更多的成效，梁仲华从不计较名利与个人得失，他不分派别，一心为公，对朋友侠肝义胆。每当乡村建设运动遭遇危难之时，他便挺身而出，临危受命，解救困局。例如，1930 年夏，石军骚扰河南村治学院，梁仲华率领全院师生长途跋涉千余里至北平，以避石乱；又如，1937 年日寇入侵山东后，梁仲华率全体实验区师生及山东乡村建设研究院师生转移；再如，1947 年应晏阳初先生的邀请，梁仲华代理重庆乡村建设学院院长。晏阳初因常在国外，需有人代理其院

① 参见梁曾相：《梁仲华教授事略》，《河南文史资料》总第 41 辑，政协河南省委员会文史资料委员会出版，1992 年，第 43—46 页。

② 参见《两位梁先生》，http：//www. hx5q. cn/info/20150929375582. whtml。

务。按说，梁仲华属“村治派”或“乡建派”，晏阳初属“平教会派”，其时平教会中可谓人才济济。正是梁仲华先生的为人和才华深得晏阳初先生的信赖，在当局对进步师生的迫害日益加重的艰难时日，晏阳初将这个非常困难的领导工作托付给梁仲华，而梁仲华也勇于担任。在1947年6月1日，重庆当局对乡村建设学院的爱国师生大逮捕后，梁仲华四处奔走，想尽各种办法，全力营救出被捕的师生。

梁漱溟先生说：“梁仲华从河南村治学院而山东乡村建设研究院，与我共事者约近十年，其人才华甚茂，亦是有肝胆的朋友。”① 梁仲华发表的文章很少，因而今人在谈到民国时期乡村建设时，对梁仲华所知甚少。这也给中国近代历史的有关研究增加了困难。② 一个偶然的机会，笔者读到河南文艺出版社1999年出版的《梁漱溟传》一书，发现该书对梁仲华先生在民国乡村建设中有关历史事件的描述，与历史事实完全不符。例如，该书著者在谈到河南村治学院被关闭后代理院长梁仲华赴山东济南面见韩复榘时，是这样叙述的：“当韩复榘听罢梁仲华的介绍之后，当即表示河南村治学院既已结束，欢迎你们来山东再办一个村治学院，把在河南未能进行的事业继续下去。韩复榘的建议事出突然，出乎梁仲华及同学代表的预料。于是梁仲华只能答说待回北平与梁漱溟等人商量之后再做答复。”③ 对照1931年梁仲华对赴济南谒韩过程的笔记可知，该书所描写的梁仲华对韩的邀请之答复，乃是该书著者在其缺乏有关史料的情况下的主观臆造和杜撰。这种对历史事件的主观臆造在如今的历史书籍和文章中可能在一定程度上时有发生，当然也不仅限于对乡村建设运动的研究。我们知道，任何书籍或论文中对其所述历史事件的主观臆造和杜撰，不仅会误导他人，还可能制造出更多以讹传讹的新作品来。这就提出了一个根本性的问题：在史料缺乏或不足时，应如何做历史方面的研究呢？其实，胡适先生对此早有明确的论述。1936年，胡适在给罗尔纲先生的信中这样写道：“我近年教人，只有一句话：‘有几分证据，说几分话。’有一份证据只可说一分话。有三份证据，然后可说三分话。”④ 胡适先生告诫治史者必须根据史料证据说话，强调了历史研究的严肃性和治史者的基本责任。罗尔纲谨遵师训，成为著名的历史学家。但愿史学人士能勇于抵制和拒绝主观臆造之时弊，遵循“有几份证据，说几分话”的治史原则，不负历史。

（作者单位：美国印第安纳大学—普渡大学）

---

① 梁培宽编：《梁漱溟往来书信集》下卷，上海人民出版社2018年版，第912页。

② 刘一皋：《中国近代历史人物研究的困惑——以梁仲华为例》，《历史学家茶座》总第9辑，山东人民出版社2007年版，第44—49页。

③ 马勇：《梁漱溟传》，河南文艺出版社1999年版，第140页。

④ 罗尔纲：《师门五年记 胡适琐记》，生活·读书·新知三联书店2012年版，第57页。

牟宗三与中西文化汇通

《圆善论》中所涵的特别哲学见解

杨祖汉

牟宗三先生晚年出版的《圆善论》①，对康德所说的德福一致如何可能的问题，提出了自己的解决方式。牟先生在此一问题上的看法，也成为当代中国哲学研究的一个热点，有关的讨论很多，正反意见都有。由于这是对康德提出的重要哲学问题的解答，又是根据中国儒道佛的哲学义理而论说的，是有关于中西哲学的会通与深度的比较，故吸引了很多哲学学者的注意。牟先生这一见解还在继续被讨论，近年有关这个问题的著作与论文，比较而言，大陆的学者较多也颇为用心，但他们提出的诠释与批评不一定如理，或只能从牟先生著作的表面文字做分析，未能深入掌握其真正的见解。笔者跟从牟先生学习多年，对于他的著作也长期用心、反复探究，虽然不敢说能掌握其思想的原意与其中涵蕴的深刻智慧，但也有责任对此问题给出自己的理解，并回应有关的批评。多年来在台北鹅湖月刊社主持研读牟先生著作的读书会，最近将《圆善论》一书做了重温，与读书会诸友反复商量，似乎了解较前仔细，亦启发出一些新的想法。于是计划在最近的将来提出几篇有关此书主旨及其中所涵其他重要问题的见解之论文，就笔者之所思，希望能进一步阐发牟先生的哲学见解。本文先概述一下笔者的有关想法。牟先生《圆善论》一书思想圆熟，言约义精，既摄已往著作大意，亦常涵新见，当然不是一篇短文所能概括的。

一

康德在《实践理性批判》的《辩证部》提出最高善（Highest Good，Summum Bonum，牟先生译作“圆善”）即有德者必有福（福与道德有相应的配称关系）这一理想，只有在上帝存在的预设下才可能实现。因为道德的存心并不同于求幸福的存心，二者所根据的原则不同。德属于自由的领域，人按照道德原则而决定其行动的存心，可以

① 牟宗三：《圆善论》，台湾学生书局1985年版。

“我欲仁，斯仁至矣”；但求幸福是有待于外、属于存在界的事情，存在界的结果由自然因果决定，求幸福所需要的原则与知识不同于道德的原则，故有德者不必有福，有福者不必有德。有德者当然不是为了得幸福而践德，但有德者值得有福，故德福一致是实践理性要求一定要实现的对象或终极目的。在此理想中，德与福须有必然的关联性。依康德，由于上帝了解人的内心，知道人是否真正有德，且又是自然存在的创造者，故必须预设上帝的存在才可以关联德福二者，而使有德者必有福。康德由最高善的必须实现而肯定上帝存在是必要的预设（设准），这是从实践理性的要求而肯定上帝的存在，也是对上帝的存在从道德实践的要求做了说明或证成，这是所谓道德的神学。牟先生不赞成康德这一对德福一致如何可能的解决，他认为预设上帝的存在以解决德福一致并非令人清楚明白的解决方式。牟先生根据中国哲学儒道佛的智慧，认为三教的圆教观念可以对此问题给出更为合理的解决。《圆善论》全书逐步展开这一问题的内容，然后说明儒道佛三教的圆教思想何以可保证德福一致是可实现的理想。以下先条列牟先生之有关见解。

第一，牟先生关于圆善问题如何解决的思考是在他完成了对天台圆教的诠释时开始的，他在《中国哲学十九讲》[①] 第十七讲《圆教与圆善》中表达了对此问题的初步想法。从对天台圆教与华严圆教的所以不同，他强调对一切法的存在能否保住是能否成为真正圆教的关键问题。天台宗的“佛即九法界众生而成佛”就能够保住一切法的存在，即说明了一切法的存在有其必然性，而不是可有可无的。佛教虽然说一切法如幻如化，是没有自性的，但这一切如幻如化的存在是不能少掉的。在华严宗的义理中，九法界的存在没有必然性，所谓“缘理断九”，成佛后虽说法界重重无尽，一切法相即相入，但九法界并不具备于佛界，因为九界之差别法都成为佛界之无差别法：虽然差别法在有其必要时，可以通过佛的作意神通随缘起现，但如此保住之九界法，其存在性并不稳定。即九法界众生的存在，并不能是必然的。从佛教对何为真圆教的讨论，可看出一切法的存在非要有其存在必然性不可，这是佛教理论的必然发展。而牟先生认为，能保住一切法的存在，就保住了幸福的存在，因为幸福属于存在界。德福一致的福，由于与德相连，是必须存在的；而福属于存在界的事情，故存在界之种种存在，都有其存在之必然性，福的存在才能被保住。在《十九讲》中的有关论述，从存在界是否可以被保住切入，问题意识非常清楚。牟先生之意，可稍为展开如下：幸福是关于生命存在之事，个体之生命与存在界相遭遇，而有顺心如意之感受，便是幸福；而若有德者必有福，则有德者在其与所处身的事物相遭遇时，便一定有这感受。但人的生活遭遇是没有一定的，虽是圣、佛亦会面临自己预期不到的困难情况。如此一来，则人世间所发生的任何具体

① 牟宗三先生的《中国哲学十九讲》（台湾学生书局 1983 年版）是 1978 年在台大哲研所讲课的纪录，此时他的《佛性与般若》已经完成。

之情况，都可能是圣、佛面对的；而若有德者必有福，德福必一致，则人生任何具体情况，在皆可以是圣、佛之福之所在的意义下而不可少。此义在天台宗一念三千、三千法不改、佛性有恶（恶法在佛法身是具备的）等说表达得很清楚，这是所谓圆具一切法（存有论的圆），三千世间法（九法界之差别）非存在不可。故牟先生说，圆教保住一切法的意义明白了，圆善之所以可能也就明白了。在此亦显示出：中国哲学（包括儒道佛三教），虽然都以人的实践成德或通过实践而解脱为最终目的，不是先处理一切法的存在根源即存有论的问题，但在成德（成佛、成真人都含在内）的理想要求下，对于一切法的存在也可以有一个很好的说明，而且对一切法之根源说明是否合理、圆足，对于是否为圆满的实践理论、教法，是有关键性之决定者。故在《圆善论》及其他著述中，牟先生以儒家的仁心说明"自由无限心"（或"曰无限智心"）是一切法的存在的基础，仁心有感通、遍润一切的要求，故圣人的生命境界是与万物为一体的，离开了"吉凶与民同患"的心情，就不能称其为"圣"；佛必须是"即九法界众生而成佛"，一切法的存在都可以是佛境界的呈现，这样才是佛的本怀，即若有一众生不能成佛，佛的悲愿便不能满足。道家发展到魏晋玄学，强调了无为的"本"一定不离开生活日用的"迹"来表现，迹、本一定圆融在一起，离迹也没有本表现之处，圣人即使处于桎梏、天刑之境，亦不失其自在与逍遥，即此亦是其解脱之境。这样可以保住一切法的存在。因此儒道佛三教虽是重实践成德，但其圆境都可以有对一切法的存在全数收进来、一个都不能少的理论。当然，以上所说的可以从实践上的无限要求，即通过圣、佛的悲怀要一切众生都成圣、成佛，故肯定一切存在来说明；现在通过圆善问题的思考，由于有德者当该有福，而有德者遭遇到人生任何一种存在的情况都是可能的，于是一切人生可能的存在情况，都可以成为有德者之福的理论要求下就有其存在的必然性，于是就可以保住一切存在。此一思考紧扣福上说，而非直接从圣、佛的德性的心或悲怀来说，这样来保住一切法的存在，或说明一切法的存在有其必然性，这也是非常巧妙的论证。这是从福对于有德者必须要有而肯定一切存在，虽然以圣人或佛的福为主要的考虑，但在此要求下，他人的幸福，亦理所当然是不能少的。

从最高善（德福一致、圆善）作为哲学的必须解决的最后问题，而看到与德相配称的福有其存在的必然性，而福的存在必须要依于存在界的一切法的存在，于是一切法的存在就由此而必须被肯定。这是用了中西哲学会通的方法来诠表了儒道佛的最圆满的说法，可以与西方哲学中"圆善如何可能"的问题关联在一起，儒道佛的圆教成为解决"德福一致如何可能"问题的重要说法，从中可以看到哲学问题有其普遍性的意义。在中国哲学发展历程中，三教都有其圆教智慧的表现，而在三教之圆教理论中，自然就西方哲学本来关心、哲学思考必须解决，而且可能是最后的问题，即"最高善如何可能"的问题，给出了解决的关键，从中可以看到中西哲学虽各自发展又自然合拍。由此，中西哲学就可以有会通的管道。儒道佛三教的圆教理论，是以生命实践或以纯洁化自己的意念为理想的中国哲学之所重，较重主体性；而西方哲学较偏重对自然的了解，较重客体性。虽然有上述的不同，但在“德福一致如何可能”的问题思考上，重德的中国哲学的智慧可以解决或为解决德福一致这一西方哲学所要解决的问题提供重要的参考，则就可以自然看到中西哲学的会通之道。上述在《圆教与圆善》中表达的见解，虽未十分完备，但已十分重要，且很有启发性。在该处有关德、福二者的关系应如何了解的问题上，牟先生认为，固然不能如伊壁鸠鲁与斯多亚学派主张是为分析的，也不能如康德所说是为综合的，必须要用上帝作为保证，使有德者必有福。牟先生认为，在圆教意义下之圆善、德福二者既然是一致的、必然的，则亦可说是分析的。前文已说明牟先生认为幸福是存在之事，故此处所谓的分析与把德归于福（有福就是有德）或把福归于德（德就是福）的意义不同。福是就存在上来说，只有存在上的福与德是必然连接在一起的，此说与前面的德福是分析的意义不同。由佛即九法界而成佛，此即是必然的，德福相即也是必然的。他此时仍用“分析的”意义来说这一理境，后来就觉得如此表达不够清楚，在《圆善论》中遂修改为德福是“诡谲的相即”的关系。

第二，《圆善论》的《序》说明了书中的大意，提出西方“哲学”一词的古义，所谓“爱智慧”是“向往一最高善”之意。故哲学可说是“最高善论”，此一对哲学的规定与中国人所言的“教”意义相同。牟先生根据古希腊对哲学的规定而重新强调哲学的古义，点出了“如何了解最高善”与“如何实践而获得最高善”是哲学思考的终极目的。这是牟先生晚年有关哲学定义的重要见解，由此规定明确表达了哲学思考的目的，此一见解如上段所说，也表达了他对中西哲学会通的看法以及说明会通之必要。他认为此一哲学的古义，当代西方哲学学者已经遗忘了，却保留在中国儒释道三教哲学中。牟先生认为如果西方哲学以“最高善”为必须解决的哲学的最后问题，则在这个意义下，哲学也可以是一种“教”。从这个角度来看，西方哲学的传统与中国的三教，就可以有共同的关心，换言之，西方哲学的比较重思辨的传统，也可以用在使人明白何谓“最高善”以及如何才能达到“最高善”这个目的上。如此规定的哲学就同于中国意义的“教”，则中西哲学就可以大通。从另一角度看，中国的三教固然可以是哲学，但也可以用或甚至必须用西方哲学所重的思辨的传统来充实三教的意义，使教化的目的更能够达成。亦即是说，要真正成就儒道佛三教的理想人格，哲学思辨的活动及其作用是不可少的。

第三，《圆善论》正文首章藉分析孟子的基本义理，表达了康德的道德哲学与孟子思想型态相近，可以藉康德的理论分析来清楚说明孟子思想的内容之意。孟子的义利之辨、性善论与仁义内在等说，是以存心纯粹地为义而行，不夹杂其他动机，这才是真正的行仁义。亦即不只是外表的“行仁义”，必须是为了仁义之故而行①，才是真正的义行。而这一自发地为义而行、非为其他而行义之心是人的本心，从此心便可证人性之善。这是以道德性为人性。孟子之说与康德透过对道德或义务的分析，而展开道德法则的意义，并肯定自律，乃至意志自由之义相近；但康德并不直接以自由意志为人性，而是通过对道德法则的分析而肯定自由，只能说自由是设准，而孟子则直接以此通过义利之辨而体会到的、只为义而行义的自我要求、道德主体为人性。可见孟子与康德在道德哲学上的看法，虽然是同一个型态，但亦有不同，可以说孟子比康德推进了一步。牟先生在此章藉对孟子原文之分析、讲解，详展孟子心性论之基本义理。此章之后，有一篇很长的附录，是翻译康德《单在理性范围内之宗教》的第一章。② 除了译文外，牟先生加了很多译注，其中有的篇幅颇长，分析了康德此章主要表达的“人性中的根恶”之义，并认为康德此说是对儒家人性论的很好的补充。此处牟先生有关康德的人性论内容的分析，如云论人性之善恶须从格准（人之存心）而不能从生而有之性能说，由是必须从人有其自由才可说善恶，及根本恶说中有关自由决意（willkür）的讨论，对于儒家的道德实践论有重要的补充。在此问题上，牟先生给出了对康德原文的明白诠释，对于理解康德之意是很有帮助的。牟先生认为，康德此处从人采取何种格准来行动，有其善恶的性向的不同，但虽有此不同，人为善或为恶仍是需要自己负责的，此一说法是对“生之谓性”说的很好的补充，很值得参考。除此章之外，牟先生又翻译了康德论宗教书的第二章③，有一些分析也很值得做系统的阐发。借助牟先生的分析，可深探康德根本恶说的含义及如何克服根本恶的看法，此处也可以引入孟子、陆王的说法来对照。如孟子从人可无条件自发为善处言人性，但亦须说明恶之来源，在“大体小体”章④，孟子从“物交物则引之而已矣”说明耳目之官（即小体）为物欲牵引而流于恶，但人之为恶不只是小体的作用，在物交物而引之的情况下，作为大体的心之官，也由于小体的牵引失去了自主性，即在为恶时仍有心的自由抉择的作用在。孟子之义可藉康德之说来详细展开。而陆王之发明本心、致良知，承体起用地给出真正的道德主体的作用，应即是自作主宰而且是自我立法的自由意志之朗现，此当然可以在当下扭转人心之软弱，截断根本

---

① “由仁义行，非行仁义也”，详见《孟子·离娄下》。

② 大概从 1975—1978 年，牟先生陆续给我看他仍在翻译的康德第一批判、第二批判及“道德底形上学之基本原则”的译稿，于是我这几年也就陆续对读了牟先生译本与康德著作的英译本，当时也参考了谢扶雅的《康德的道德哲学》（香港基督教文艺出版社 1972 年版），对谢书中康德论人性中之“根本恶”（人的劣根性）一章（谢译：《与善俱存的恶的原理》）很感兴趣，但有很多不懂的地方，除了对读英译本（*Religion within the Limits of Reason Alone*, translated by Theodore M. Greene and Hoyt H. Hudson）外，又向牟先生请教。他也拿谢扶雅的译本来看，认为谢译本有许多不达之处，后来牟先生就据阿保特（Abbott T. K.）之英译（也参考了上述另一英译本）重译了康德论宗教书的这一章。

③ 参见《牟宗三先生译述集》，《牟宗三先生全集》第 17 卷，联经出版事业公司 2003 年版，第 379—420 页。

④ 参见朱熹：《孟子章句·告子上》，《四书章句集注》，中华书局 1986 年版，第 335 页。

恶之作用。此则比康德之说进了一步。

第四，牟先生从孟子所说的天爵与人爵的关系、功业的成就与德性价值的比较，引入了德与福的关系的讨论。孟子原则性地表示有天爵者就有人爵，但也区分了求德与求福性质的不同。幸福是求在外的事情，而德性价值的有无是求在我的。求在我的肯去求就保证可以得到①，自己可以掌握；求在外的幸福，是有一定的方法的，人能否具备求幸福的方法或技巧并不一定，而且即使具备求性福的条件，也不一定去求就可以得到，这里有命的限制②。依此而言，德与福当然是不能求其一致的。这种由义利之辨而来的德性价值的无条件性，及幸福与事业成功的有条件性，有非常明白的区分。虽有这种明白的区分，即修德并不必然有幸福的结果，但人生需要幸福，而有德者是值得有幸福的，这是理性的、合理的人心的预期，故“有德者必有福”是“圆满的善”。于是，德福有区分但又要一致，就成为一个哲学思考必须解决的问题。在孟子之有关见解及区分中，就涵有德福不必能一致但应一致之思考。

第五，康德对此问题的解决是，由于德性的领域与幸福的获得与否是不同层次的，德性价值的有无决定于人的存心、意向，如果行为的存心纯粹，为了义务而义务，那行动就有道德价值。人为了义务而义务，必须预设人有自由意志，如果没有自由就不能要求自己存心纯粹。亦即人要有不受其他原因决定而自作主宰的可能，才可以有践德的可能。而幸福是属于存在界的事情，人面对所遭遇的情况是否能顺心如意，即是否能有幸福感，是有待于外的，并不能只由自己的心意决定。故康德认为需要预设上帝的存在来调整，使值得有幸福的有德者能够在遭遇上顺心如意。康德在这个问题上的思考还有比较曲折的内容，如在成德的问题上，虽然是求诸己的事情，但人是否能够靠自己的力量达到纯粹为了义务而义务的境界？康德认为，人只能往这种理想境界接近，但实际上是达不到的。在这个问题上必须要有灵魂不灭的预设，而且，假如人有这种真切的自我要求，虽然知道自己不可能达到存心的纯粹化、圣洁化，但如果有这一种真切的实践要求，就可以得到从上而来的力量的帮助。这是基督教的传统下的讲法。于是，对于如何使自己有德，也不是完全求其在我的事情。在此处就可以与孟子一系的儒学做深度的比较。在有关康德所说的灵魂不灭的预设这一问题上，牟先生给出了评论，但在此处可以做出补充与较为深入的讨论，此意略见于本文的结论。

第六，牟先生认为，康德以上帝存在来解决德福一致并非合理的解决方式，在此处他给出了严谨的批评。牟先生的批评大略认为，上帝虽然是创造万物者，但上帝所造的是“物自身”，并不创造现象。故存在物存在了之后，在存在的过程中的活动变化，并非由上帝所决定。如人在存在了之后，会按照他自己的想法而做出各种不同的举措、生

① “求则得之，舍则失之，是求有益于得也，求在我者也”，详见《孟子·尽心上》。

② “求之有道，得之有命，是求无益于得也，求在外者也”，详见《孟子·尽心上》。

命的活动，这些活动变化都是由人自己的想法产生的，其中可能有许多是光怪陆离的情况，甚至是非常不堪的、罪恶的事情，难道这些由人的想法而产生的各种情况也要上帝负责吗？人难道不需要为他的罪恶的行为而负责吗？由此可知，从上帝是一切存在的创造者，便说上帝可以使人的存在情况符合他的德性，是不能让人明白的说法。因为若是如此，上帝就要负人生一切情形的责任。存在物存在之后，在时间上的种种变化，或人对现实情况做出的不同决定，如果都要上帝负责，则难道上帝意欲这一切的存在吗？难道人间的种种罪恶，如希特勒的集中营的残酷现实，也是上帝要负责的吗？是上帝让这些极端的情况存在的吗？可见要上帝负责这些现象是说不通的。上帝只创造物自身，而存在物存在了之后，在时间历程中的种种活动变化，就人而言的依人的想法而做出来的或对或错的决定，是属于现象的，不属于物自身，不能归由上帝之创造来决定。而幸福与否，正是属于这些不能归于上帝负责的现象范围内的事情。如果是这样，虽然存在界由上帝创造，但并不含上帝对于现象界的情况也要负责之意。于是，要上帝调整而使人在存在的情况中感到顺心如意，便是说不通的，现象界范围的事情应该由人自己负责。以上略述牟先生对康德预设上帝存在来解决德福一致的批评，此一叙述除了根据《圆善论》的原文外，又参考了牟先生有关圆善论的演讲①，此一演讲内容对于上述有关牟先生对康德之说的批评有重要的补充。需要做进一步的阐释，让牟先生之意有更明白的展示。

第七，牟先生根据儒道佛的圆教，给出不同于康德的解决方法，在这方面的论述非常曲折而深奥，是当代儒家哲学乃至对中国哲学史的诠释的重大成果。他首先以孔子、明道所说的仁来表达何谓无限智心，认为言无限智心就不必预设上帝的存在。然后，他展开对儒道佛三教圆教思想的阐释，说明何以圆教可以保证圆善。他从天台宗的圆教说明了“佛即九法界众生而成佛”及“一念三千”之意，人生的一切可能的存在情况，都与佛境界不离，三千法的差别性一点也不能改动。于是在这种“佛教式的存有论”或“存有论的圆具”的理论下，一切参差不齐、有种种差别的人生各种可能的情况，由于都是成佛的可能情况，故只要断无明，便可即于任一法而表现佛境界。由于佛境界是含有般若、法身、解脱三德，故三道（惑、业、苦）即是三德。佛所证的涅槃境界，含常、乐、我、净四德，本来就有乐的成分。通过这两点，即任何一种存在的情况可以经由内心觉悟就是佛的境界，而佛的境界本身就含乐，于是在成佛处就是幸福的存在处。佛的德与福，是必然关联在一起的。这种说明德与福虽是不同的两事（德属于内心的纯粹，而福有关于存在的情况），但二者相即（牟先生名之曰“诡谲的相即”）而有必然的关联性的讲法，相当巧妙，是根据天台圆教做出的重要的阐发，相应于佛教的圆佛之

① 1989年底，牟先生于香港法住学会演讲《圆善论》要旨，该演讲的纪录后收在全集本《圆善论》的附录二（《牟宗三先生全集》第22卷，联经出版事业公司2003年版），但该演讲记录似乎未能把演讲的内容完全呈现。

理想。亦即由于要度一切众生，使一切众生都能成佛，才是佛的悲愿的完成，在此要求下，九法界法或三千世间法必须是佛法界之所涵。于是佛即众生，众生即佛，在成佛的时候，一定与一切众生相即不离。在成佛的化境下，心、佛与众生是三无差别，这是由“色心不二”说至“智如不二”，于是佛之境界是即于三千法而存在的，三千法同是佛法，都具常乐我净之德，故德与福一定是相即不离的。此说十分圆融而巧妙，但是否足以说服人？此处所谓“福”是否转变了一般所了解的“幸福”的意义？这就引发了不少批评。对于学界有关此问题的代表性质疑，需要做出回应。对于天台圆教的理论，如佛即九法界众生而成佛，无明与法性相即，以及天台与华严的不同判教法，两种圆教的不同，需要顺牟先生之意，做进一步较明白的诠释。对于何以天台圆教可以保证德福一致，而华严圆教则不能，应该可以给出进一步的思考与发挥。

在论述佛教的圆教之后，牟先生继而论述道家的圆教思想。他根据王弼与郭象的玄理说明道家的真人必须不离世间而逍遥，即所谓“圣人有情”与“迹本论”。如果真人有意隔绝世间才能逍遥，就是“有对”的境界，与世间有对立、有不同，就不是真正的逍遥与自然。故真人一定要“与物冥”，即我就是物，物即是我。道家式的圣人必须与所处的情况、对象在一种冥合为一的境界下生活，此所谓迹冥或迹本圆。迹就是本，本就是迹，本一定在迹中显，故真人无论在何种的生活情况下都可以逍遥。尧虽然日理万机，但就在日理万机中表现他真人的生活，或甚至在“天刑之”的情况，也就是逍遥的、自然无为的本，就在桎梏中呈现。按照这种道家的圆教，在这种迹本圆的情况下，德福也是诡谲的相即，有其必然的关联性。牟先生此一对道家圆教的诠释，的确与佛教天台宗对“圆善所以可能”的解决异曲同工。牟先生对道家玄理的诠释及其与圆善所以可能的关系也做了非常重要的阐述，在这一问题上，讨论圆善问题的学者注意的比较少，强调此意，对于理解圆善的境界是有必要的。

在论述儒家的圆教处，牟先生通过对王阳明的四句教与王龙溪的四无句的诠释，表达了四无句中“体用显微只是一机，心意知物只是一事”便含有一切法随心而转之义。因为心意知物浑然一体不分，无心之心就是无意之意等等，则当良知心体自然而然以无心的方式表现时，知便是意，心便是物，在此境界下，物的存在当然是顺心如意的。这也表示了上述德福诡谲的相即之义。这也可以说是牟先生将四无说所涵的玄义做了充分发挥。在这一点上引发的讨论与批评比较多，所质疑的大体上是认为：在四无说下一切存在随心而转，虽然涉及存在事物，但这时的存在事物是神感神应下的由良知心体呈现的无限意义作主，并不是日常生活上的幸福，即乃是德的福；对于康德所谓的德福一致的福的意义做了转换，甚至是偷换了概念。除了大陆学者外，陈荣灼教授的论文也表示此意，认为牟先生所说的圆善中的福，其实是超感性的，并非一般生活中的幸福。要说明此中的分际，须引入牟先生对阳明四句教与龙溪四无句的关系的讨论。牟先生对四句教与四无句的诠释与衡定，除了肯定四无说是四句教之化境，是阳明学说之调适上遂外，又表示四无的境界是不能离开四句教来说的，即无善无恶与心意知物是一的境界，是根据良知的知是知非，针对当前的有善有恶的念头做出为善去恶的格物工夫，工夫尽处而达到的境界。此一境界固然是心意知物是一，但也表现了为善去恶的行动与情况。四无的境界是在四句教的工夫上表现的，对于四句教所涵的实践工夫义并无消减。吾人可以类比此意，人不断实践而成德的过程也就是不断改善现实生活的过程。如上文所述，人在存在后于时间的历程中的种种情况，是属于现象意义的存在，需要人自己负责。在这个历程中，如果人不断修德，努力善尽种种人我的关系，又充分发挥自己的天赋才干，则他的现实处境应该可以得到不断的改善，于是就可以逐步获得顺心如意的幸福。假如修德到纯粹天理流行的地步，如龙溪四无的境界，则这时顿时就有一切法随心而转，心境的德与存在的福相即的情况。这时德福一致的福虽然按牟先生的理解应该属于物自身的意义，但如同四无是不离开四句教而显之意，这物自身的福也与现实上不断善化人际关系或建功立业，实现个人存在的意义与价值等努力不相离。这是可以顺着牟先生的原意做出来的进一步的诠释，即可以把现实上的幸福与神感神应的顺心如意，说成二而不二、不二而二的关系。这也如同天台宗章安灌顶、知礼所说而为其后学阐释的“二鸟双游”① 之意。佛的父母生身（显老比丘相的色身）与佛法身（尊特身）相即，虽然佛法身表现了无限意义，但与现实的生身相即，生身并非消灭不见，这就是三千差别法与佛法身相即不离。于是德福一致的福一方面是天福、圣德之福；另一方面也是不离现实的感性生命，在现实上具体表现不离三千法的差别而表现的幸福。在这一点上，有些重要的义理需要做进一步阐发。由于这里涉及当代学者对圆善论比较核心的批评，故笔者在此处给出比较详细的讨论。

由上所述，对于德福一致的福“在圆教的意义下，是否被转换了意义，而不是一般人所了解的福”的问题，笔者的想法是，牟先生所说的德福一致，可以从渐与顿、现象与物自身两层意义来理解。我们日常的生活中所表现的种种，是现象意义的存在，并非物自身。牟先生说，一个存在物在时间中的存在的过程，或人的存在在一生中表现出来的、随着他的想法而给出的作为，不能由上帝负责。这是人处在时空的条件下的种种作为与活动，是出于人的自由决意的，人对他的决定必须负责。这是对人而有的现象的存在，既然是现象，就是只对人而有的存在或意义，人应该对此负责。在此，人恰当的态度是尽量发挥他的才能与德性的修养，使他在一生中表现的种种活动与遭遇成为合理。譬如人当该努力发挥他的才能、天赋，也应该通过反求诸己，而在伦常关系中努力实

① “二鸟双游”出自《大般涅槃经·鸟喻品》，天台宗人藉此譬喻表达生死与涅槃相即之意，天台宗的山家与山外二派对此譬喻之了解有不同，对此知礼的后学竹庵可观给出了明确的分疏，详见《山家义苑·卷上双游论》，牟宗三先生著《佛性与般若》下册（台湾学生书局 1977 年版，第 1163—1175 页）引录了全文。

践，如爱人如己、以忠恕之道对人，如此就可以逐步善化、不断改善自己的人伦关系。这两种努力在康德是属于对己与对人的“不完全义务”，既然是义务，也就在道德的实践范围内，是人应该尽的。在这两类的努力修德的过程中，就可以逐步使我们的现象的存在改善，如此则可以逐步实现幸福。当然，这是一个渐进的过程，可以说是无穷无尽的；而当人达到通过修养而成为纯德之人或圣佛的境界时，由于大人与天地万物为一体，迹本泯、色心不二（智如不二），在这种浑化之境下，心物不离，于是一切法随心而转，德福便能一致。这时的福由于是浑化的境界，境与圣佛之德一体呈现，德与福诡谲相即，当然是物自身意义的幸福。但此福与现象界的福是同在一起的，对于现象意义的种种不同的遭遇、种种情况的差别性丝毫没有改变，也可以说由于进德而产生现象逐渐改进的过程也是保留的，这种渐进的过程并不能跨越或消失不见。于是就可以说，基于现实的情况而顿现物自身的化境，虽然是顿，但与渐进的过程不离。天台宗有所谓“渐圆”之说①，正表示此意。亦如上述知礼所说的“二鸟双游”的境界，佛光明的法身与佛本身的色身（老比丘之身）是同时存在的，虽表现了佛法身，但现象意义的、与其他有差别不同的色身，也不能抹杀。如果可以如此说，则德福一致的福，也与现实世间的福相即不离，因此就不能说牟先生把幸福的意义完全转成为物自身或天福之福。

第八，牟先生这一对圆善问题的解决，如果说得通，就可以对这一哲学的重要问题给出中国哲学或中国式的解决，应该在哲学史上做出重要的贡献。而此一理论含有很丰富的人生哲学的智慧，如果说明此义，普及这种义理内容，就可以为对儒道佛思想有兴趣的学人，乃至普罗大众，提供一个可以通过实践而安身立命的做法或建议，即通过道德修养（此道德修养是广义的，儒道佛的修养工夫以至于其他宗教，如基督教的灵修都含在内）的工夫，而使生命达到一定的高度或境界，以能在面对任何人生遭遇时都顺心如意。这就可为每一个人提供一个安身立命的做法，也可以显出哲学思考对于人生实践的用处。

二

以上讨论了此书对圆善问题的解决，除此之外，此书还含蕴了许多值得讨论的哲学见解，上文已有涉及，但未能尽，再列如下。

第一，此书前三章对孟子的心性论与天道论做了非常明白的分析，表明了孟子思想与康德对道德的分析是大体相似的。虽然相似，但孟子学比康德的道德哲学型态进了一步，这是有关自由意志在康德不能视为生命中的事实，而只能作为道德实践必须有的设准问题。孟子对本心的论述与康德有关自由意志的论证可以做更仔细的比较，以明白何

---

① 参见湛然述：《法华玄义释笺》卷一，新文丰出版股份有限公司 1976 年版，第 24 页。

以牟先生认为孟子比康德的说法是有所推进的。另外，康德的说法其实接近朱子心、理为二的型态。由于道德行为的道德性在于人的为义务而义务，这里好像必须要存在心对理的了解与坚持，没有为了义务而行的想法，行动就不会有道德的意义。从这个角度来看，心、理为二的型态恐怕不能没有。通过康德之说，对于朱子的理论型态可以有进一步的反省甚至肯定。

第二，书中第一章之后，附录了康德《单在理性范围内之宗教》的第一章《论恶原则与同善原则之皆内处或论人性中之根恶》，除了翻译之外，牟先生又有不少译注，对康德的人性论做出深度的诠释。他认为，康德的说法对于儒家人性论是很好的补充。即牟先生虽然认为康德此说可以归在“生之谓性”的形态，但讲得比较细微，对于恶的产生有深度的思考。这里表达了“决意的自由”是人为善为恶的主体，这里何以是恶的根源？需要进一步的探讨。即这自由决意，虽非纯粹道德理性本身，但也有道德理性在其中作用，因为不然，就不可能有这种决意的自由。于是恶的产生虽然不能归诸理性，但也与理性的作用有关，恶不能只归咎于感性的欲求。此处康德对人性的探讨，有其深微的内容，需要进一步探索。又康德认为克服根恶，要通过尊敬法则这根源的向善之能，以去成为较好的人物，此即要做心肠上的改变。牟先生认为这与儒家所说的觉悟意义相近，可顺此意做深度的思考。可能不能只就对道德法则的尊敬以要求自己做存心上的改变，必须从孟子陆王一系肯定心即理，本心在“求则得之”的逆觉情况下，由本心的朗现给出真实的实践力量，才可以冲破根本恶的限制，如陆象山所说“此道之明，如太阳当空，群阴毕伏”①。当然，陆王的发明本心、致良知，是对治人性中为善的敌人（根恶）的最大力量，但如何把此人性中的问题显露出来而对治之？此中思辨的、哲学的辨析是必须的，在这一问题的思考上，陆王学恐怕不足，而程朱的重视分解与格物致知则有其不可取代的价值。

第三，在讨论孟子的《尽心知性知天》章的内容时，牟先生除了阐释孟子有关心性天的见解外，又对“立命”的含意做出了详细的阐释。其中他所认为的“命”是“实践的虚意”之说，十分特别。当代学者对此也有相当的讨论，此说可以再做比较详细的阐发。另外他对“立命”的理解，与唐君毅先生“尽性立命”之说不同，两家的说法可以通过比较而阐述其中的深意。

第四，康德预设上帝存在，来解决“德福一致如何可能”的问题。除了上述牟先生的批评外，康德在讨论灵魂不灭处，认为人在努力从事道德实践纯净化自己的存心时，会体会到心灵的彻底纯净是不可能达到的，人只能永远朝此理想而趋，而在此时，就有从上而来的力量给出帮助。意即人成德或成圣是不可能的，必须要有从上帝给出的帮助

① 陆九渊：《傅子云季鲁录》，《象山语录》卷三十四《语录上》，中华书局2012年版，第400页。

（“将通过从上面而来的协力合作”① ）。此意可以与“尽心知性知天”做比较。依中国儒学，人的成德甚至成圣是可能的。牟先生认为这里有“顿悟是否可能”的问题，我们必须要做出探讨。牟先生有践德成圣的实践是无限的趋近与当下即是的顿悟二义可以并立之说，这也需要我们做进一步的探讨。

第五，牟先生用“存有论的圆”来阐释天台圆教对三千法的保存，以保证任何存在都可以是成佛的机缘，这也是德福“诡谲的相即”之所以可能的说明。其义理非常深微，要通过天台、华严两家圆教的比较，才能充分表达此意。在此处可以参考当代的有关研究，又须回到天台、华严二宗的重要原典以作补充。而此二教的圆教的不同，可以阐发出两种型态的人生哲学，也是有开展的价值的。又佛教式的存有论与儒家的天道论有很大不同，佛教从人生的烦恼、虚妄分别开始反省，而天台圆教显示了去病不去法、不断断之玄义；儒家的天道论肯定一切存在，本来不容易对恶法的存在给出不断断的做法，但胡五峰从性体涵一切存在而言天理人欲同体而异用、同行而异情，同样表达了儒学的存有论可以有不断断的体会。此处牟先生已经分析得十分精微，但似乎可以对儒佛存有论的异同，再做进一步的探索。

第六，对于道家式的圆教，牟先生的说法固然圆融，但郭象思想中的圆义，可能并非牟先生所说的“作用的圆”而未达“存有论的圆”的地步。郭象《庄子注》中所说的“大小逍遥一也”“极小大之致，以明性分之适”，也可以理解为对一切存在都可以保住的“存有论的圆”之意。此处可以为郭象的《庄子注》给出进一步的诠释。

以上所述的诸问题，是笔者认为顺着牟先生《圆善论》书中的重要见解可以做进一步发展的地方，这应该是未来中国哲学思考的重要问题，亦可顺此与西方哲学继续会通与消融。限于篇幅，关于以上问题的进一步讨论，以及当代两岸学者对牟先生圆善论是否能解决康德所言的“德福如何能一致”问题的评论，只好留在下一篇文章中再讨论了。

（作者单位：台北“中央大学”中文系、哲学研究所）

---

① 牟宗三：《圆善论》，台湾学生书局 1985 年版，第 331 页。

牟宗三与冈田武彦“蕺山解”的互补性

陈荣灼

在当代中日学界中，蕺山学研究之受到重视，主要分别归功于牟宗三与冈田武彦两位的贡献。一方面，众所周知，牟宗三对于蕺山学之定位有先后期之分。早期牟宗三虽然指出蕺山“归显于密”的立场，但仍然将之归宗于“王学”；后期则明显将蕺山与胡五峰归入主张“以心着性”的“第三系”。另一方面，冈田尽管致力于阐明蕺山以阳明所言之“良知为第二义”的论旨，却仍认为蕺山忠实于阳明“知行合一说”，而强调其为“王学”的一支。虽然牟宗三与冈田的解释存在差异，但本文试图论证两者可以有一互补的关系，这可以分开两点来说明：

首先，立足于冈田对蕺山“意”之概念的分析，可进一步厘清其与阳明良知说之本质分歧，此有助于牟宗三“三系说”之成立。

其次，从牟宗三肯定蕺山之“归显于密”的立场出发，可以修正冈田未能看出蕺山此一方法论特色的局限。

一

众所周知，“意论”乃是蕺山思想一核心环节。但牟宗三对蕺山“意论”有一强烈的不满之处，他宣称：“‘意为心之所存，非心之所发’，‘知藏于意，非意之所起’，这是一系；而‘物即是知，非知之所照’，这又是另一系。此两系并不能相入，而蕺山混而为一。”①

于证成其论点上，牟宗三写道：“盖从知说到物，说‘物即是知，非知之所照’，此中之‘知’字并不必即是实体性的良知……归本言之，致知是致那知本、知止、知先之知。此知是虚位字，并不是孟子阳明所说之实体性之良知，代表本心之良知。”② 另一

① 牟宗三：《从陆象山到刘蕺山》，台湾学生书局 1979 年版，第 480 页。

② 牟宗三：《从陆象山到刘蕺山》，台湾学生书局 1979 年版，第 480—481 页。

方面，牟宗三认为当蕺山言“知藏于意，非意之所起”时，所说之“知”则是属于孟子阳明所说之实体性良知。蕺山之失在于漠视了此两种“知”之不同。

职是之故，针对蕺山言：

> 且《大学》所谓致知，亦只是致其知止之知。知止之知即知先之知，知先之知即知本之知。惟其知止、知先、知本也，则谓之良知亦得。知在止中，良因止见，故言知止，则不必更言良知。若曰以良知之知知止，又以良知之知知先而知本，岂不架屋叠床之甚乎?①

牟宗三立刻评论说：

> 因知止知先知本而“谓之良知亦得”，实则并不得也。“知在止中，良因止见”，此岂孟子阳明说良知之意乎?“故言知止，则不必更言良知”，实亦无可以使吾人说良知者。“若曰以良知之知知止”云云，正好是表示不可说良知也，说良知实不通也。但蕺山却把知止之知混同良知，以为知止之知即是良知，只是不必言耳，言之即成架屋叠床，而且不但架屋叠床，实根本不通也。②

整体而言，牟宗三除了做出“蕺山之辩驳言论多不如理，或多无实义，时不免明末秀才故作惊人之笔之陋习；其说法多滞辞”③ 之抱怨外，还批评蕺山未能了解阳明之“良知”义。

不过，如果从冈田解出发，却可对蕺山之论调发展出另一种诠释。依冈田：“蕺山以意为第一义，以良知为第二义。”④ 这因为蕺山强烈反对阳明“以知为良而不以意为良，即不以意为体而以知为体的思想”⑤。而蕺山对阳明之批判特别明显地表现于对其“四句教”的不满上。阳明于“四句教”中宣称：“无善无恶是心之体，有善有恶是意之动，知善知恶是良知，为善去恶是格物。”⑥ 但于蕺山眼中，阳明的盲点在于无视作为“好善恶恶”与“成圣”之根据的“心体”不仅是“知”而且系“意”。职是之故，他提出了新的“四句教”：“有善有恶者心之动，好善恶恶者意之静，知善知恶者是良知，为

① 刘宗周：《刘宗周全集》第二册，浙江古籍出版社 2007 年版，第 318 页。

② 牟宗三：《从陆象山到刘蕺山》，台湾学生书局 1979 年版，第 481 页。

③ 牟宗三：《从陆象山到刘蕺山》，台湾学生书局 1979 年版，第 458—459 页。

④ ［日］冈田武彦：《王阳明与明末儒学》，吴光等译，上海古籍出版社 2000 年版，第 410 页。

⑤ ［日］冈田武彦：《王阳明与明末儒学》，吴光等译，上海古籍出版社 2000 年版，第 399 页。

⑥ 王阳明：《传习录下》，《王阳明全集》上册，上海古籍出版社 1992 年版，第 117 页。

善去恶者是物则。”①

正如唐君毅所指出的，依蕺山，此种“知”是“知爱而已矣，知敬而已矣”②。这是说：“谓此孩提之爱亲敬长之中，‘知在爱敬之中’，而不同于知善知恶之知，在所知之善恶之上之外者。”③ 究实而言，正如冈田所强调，蕺山“并不满足于阳明以作为对道德价值即善恶进行感知的良知为心体的思想，他主张以对善恶的好恶之心（即意）为心体”④，所以当蕺山言“知止之知”时，即“谓之良知亦得”，此中之“良知”已非阳明所言之“良知”义，而乃是指这种“知爱”“知敬”的“知止之知”。这显示蕺山义之“良知”乃系“良因止见”。此外，当蕺山强调，“若曰以良知之知知止，又以良知之知知先而知本，岂不架屋叠床之甚乎”，此中之“良知”应是阳明义之“良知”。因此之故，他才说：“看来良知犹是第二义也。”⑤

准此而观，当牟宗三宣称，“因知止知先知本而‘谓之良知亦得’，实并不得也”，这表示他还是从阳明义之“良知”出发。因此他方抱怨道：“‘知在止中，良因止见’，此岂孟子阳明说良知之意乎？”也正因为牟宗三没有区分这两种“良知”义的不同，他才说：“‘故言知止，则不以更言良知’，实亦无可以使吾人说良知者。”所以，当蕺山说，“若曰以良知之知知止，又以良知之知知先而知本，岂不架屋叠床之甚乎”⑥，此并非如牟宗三所批评的，“正好是表示不可说良知也，说良知实不通也”⑦。实际上，这里蕺山的目的只是要重申不能以阳明义之“良知”来“知止”。换言之，正如冈田所指出的，蕺山旨在修正阳明的“以知为良而不以意为良，即不以意为体而以知为体的思想”⑧。如此一来，蕺山的论点便可免于牟宗三所提出的批判。

正如冈田所进一步写道：

> 他（蕺山）之所以把意作为心之体，即心之所存或心之存主，是因为他把相对于善恶的意之好恶，当作“好必于善，恶必于恶”，“一善而非二恶”的东西，就是说，意决定了心的方向。而且在他看来，意是善而无恶的至善之归宿，换言之，即具备至善之体的存在。为了说明意，他还巧妙地将其譬喻为舟之舵、定盘针、指南车。根据这一立场，他非难了把意作为善恶杂揉的心之发动处即“所发”的陈说。⑨

① 刘宗周：《刘宗周全集》第二册，浙江古籍出版社 2007 年版，第 391 页。
② 刘宗周：《刘宗周全集》第二册，浙江古籍出版社 2007 年版，第 318 页。
③ 唐君毅：《中国哲学原论·原教篇》，台湾学生书局 1984 年版，第 476 页。
④ ［日］冈田武彦：《王阳明与明末儒学》，吴光等译，上海古籍出版社 2000 年版，第 398 页。
⑤ 刘宗周：《刘宗周全集》第五册，浙江古籍出版社 2007 年版，第 4 页。
⑥ 刘宗周：《刘宗周全集》第二册，浙江古籍出版社 2007 年版，第 373 页。
⑦ 牟宗三：《从陆象山到刘蕺山》，台湾学生书局 1979 年版，第 477 页。
⑧ ［日］冈田武彦：《王阳明与明末儒学》，吴光等译，上海古籍出版社 2000 年版，第 399 页。
⑨ ［日］冈田武彦：《王阳明与明末儒学》，吴光等译，上海古籍出版社 2000 年版，第 399 页。

这清楚地显示：蕺山义的“良知”是植根于“意”。与此相对，阳明义的“良知”却不能是植根于“意”。亦因此之故，蕺山方抱怨道：“只因阳明将意是认坏，故不得不进而求良于知。仍将知字认粗，又不得不进而求精于心。种种矛盾，固已不待龙溪驳正，而知其非《大学》之本旨矣。”①

现在让我们回来看，当蕺山言“意为心之所存，非心之所发”，“知藏于意，非意之所起”与言“物即是知，非知之所照”，两者究竟是属于一系还是属于两系的问题。蕺山本来宣称：“就知中指出最初之机，则仅有体物不遗之物而已。此所谓独也。故物即是知，非知之所照也。”② 然而牟宗三认为蕺山言“物即是知，非知之所照”是非圆融地说，理由是：在格物致知的脉络里，“知”只是一种认知关系，这个“物”于是只能指作为“对象物”的“物”，但是蕺山却“把这虚位字的知止之知混同‘知藏于意，意知是一’之实体字的知，遂一气滚下，‘一层切一层’，而说‘物即是知，非知之所照’”③。而牟宗三认为唯一的解决之道是：“物即是知，非知之所照”一论调“只有根据‘知藏于意’，意知是一，而说，始能表意”。④ 因为“若由格致之知止知本而说，则绝不能表意。盖就格致之知而言，格意本之物（所谓独）绝不能即是知，而且正是格致所究知者，正是认知地所照者”⑤。牟宗三还进一步指出：

> 此若把“知”字只限于知本、知止、知先而说（此或可即是“最初之机”中“最初”字之所示），则此知即与意根独体为凝一；如是，则“物即是知，非知之所照”中之物即意根独体之物。但若如此，则与“知藏于意，非意之所起”，“知则意之所以为意”，为同义之转换语或循环语，“物”字为多余。⑥

不过，他立刻补充道：

> 既必如此说，“物”字似不必为赘词，亦可有实义。然则此实义将如何了解呢？曰：“物”字即示意另一身分也，盖依蕺山，物即是“物有本末”之物。如是，意是本物……自此一系而言，意亦是物……故此意本之物即是知，非知之所照。⑦

---

① 刘宗周：《刘宗周全集》第二册，浙江古籍出版社 2007 年版，第 318 页。
② 刘宗周：《刘宗周全集》第二册，浙江古籍出版社 2007 年版，第 389 页。
③ 牟宗三：《从陆象山到刘蕺山》，台湾学生书局 1979 年版，第 481 页。
④ 牟宗三：《从陆象山到刘蕺山》，台湾学生书局 1979 年版，第 483 页。
⑤ 牟宗三：《从陆象山到刘蕺山》，台湾学生书局 1979 年版，第 483 页。
⑥ 牟宗三：《从陆象山到刘蕺山》，台湾学生书局 1979 年版，第 475 页。
⑦ 牟宗三：《从陆象山到刘蕺山》，台湾学生书局 1979 年版，第 477 页。

换言之，他也同意于这种解读方式上蕺山并没有把两系混在一起。

实际上，牟宗三的这种解决方式于冈田解可以得到支持。因为冈田指出，蕺山言“意知一体”①。但必须指出的是，当蕺山言“意知为一”时，此中之“知”却非阳明义之“良知”，所以当牟宗三认为阳明之“知”的地位同于蕺山的“意”，这一论调则还有商榷的余地。因为正如牟宗三所承认的，阳明的“良知”是“创生直贯”之“良知”②，而“物亦是‘知之所照’，而照之即实现之”③。如此一来，蕺山与阳明之分别，不单只是如牟宗三所指出的，一为“显教”，一为“密教”，而更重要的是，蕺山思想非如阳明的立场般为一种唯心论。

然而，同时必须厘清的是：究竟“物即是知，非知之所照”一语中两“知”字应做何解？如受到牟宗三之影响的东方朔便尝宣称：

> “物即是知”此语可通，即就此“知”为意知是一之“知”处说，此亦与“物即知之所以为知”一句相同，皆是往凝进处说。反之，“知即是物”或“知即物之所以为物”也可通，此即是散开地说，知与物互为圆融兼摄。但“非知之所照”一句即是混知止之“知”而成，此“知”作认识讲，非意知是一之“知”。就此而言，物即是物，知即是知。“物”于《大学》一路说，应是知之所照（观察，认识），因为此知原本即是知止之“知”。若是知藏于意之“知”，即物与知为融一，其间也不存在照不照之问题。故而，总体来说，“物即是知，非知之所照”一句前后矛盾，其症结在于对“知”字的用法不一。④

这一批评使我们联想到真谛的唯识论中也似乎有类似的矛盾问题。一方面，真谛说“境不是识”，即“分别性”不是“依他性”；另一方面，他又说“境就是识”，即“分别性”就是“依他性”。此中前者是就“方便唯识”说，后者则就“真实唯识”言。当然依玄奘、窥基的立场来看，这是前后矛盾的。⑤ 东方朔对蕺山所做出的批评与此相类。基本上，他赞同牟宗三所主张的《大学》言“格物致知”的“知”只是一种“认知义”的“知”。

不过，若细察蕺山之“就知中指出最初之机，则仅有体物不遗之物而已，此所谓独也。故物即是知，非知之所照也”一论点时，便可见出：无疑此中所言之“知”首先是就《大学》一路说“知止”之“知”。然依蕺山，此乃等同于“知本”之“知”，并非如

---

① ［日］冈田武彦：《王阳明与明末儒学》，吴光等译，上海古籍出版社2000年版，第411页。

② 牟宗三：《从陆象山到刘蕺山》，台湾学生书局1979年版，第483页。

③ 牟宗三：《从陆象山到刘蕺山》，台湾学生书局1979年版，第482页。

④ 东方朔：《刘蕺山哲学研究》，上海人民出版社1997年版，第259—260页。

⑤ 参见［日］上田义文：《佛教思想史研究》，永田文昌堂1958年版。

东方朔所言属于认识、观察义。所谓“体物不遗之物”的确如牟宗三所言乃系指“意”，即“体物不遗之物”中第二个“物”字指作为“本物”的“意”，而此中第一个“物”字则指（“意”之外的）“末物”。依蕺山“诚者，物之大本”之立场，离开了“诚体”就无所谓“物”之存在。所以“盈天地间，一物而已”在蕺山而言，应该是偏于“显”的一面来说。也就是说，蕺山于此乃就“可见的”（visible）一面来看天地间的事物。但这并不代表在“存有论”上，“物”是比“诚体”首出的。如果忠实于蕺山的“诚意说”，则便如《中庸》而宣称“不诚无物”。于此，相较于阳明“意之所在为物”的说法，蕺山显然是把“诚意”放在“致知”之上。实际上，他认为阳明所言之“意”只不过是“念”，而其所言之“物”也只是“对象物”（境）而已。换言之，于阳明，此是通过主客对立所产生的一种“横摄关系”。与之不同的是，蕺山本人则要强调：如果不“诚意”则无所谓“物”。而这乃是一种“纵贯关系”。准此，蕺山方说：“一心耳，以其存主而言谓之意，以其存主之精明而言谓之知，以其精明之地有善无恶归之至善谓之物。”① 而正如冈田所指出的：当蕺山言“意知一体”时，乃系就“意中之不可欺说知、存主之精明说知”。② 于此义上“知”就是“诚明”之意识。十分明显，这并非一种认知意义的知，而是一种实践意义的知。一言以蔽之，依蕺山则“意之精神曰‘知’，意之本体曰‘物’”③。这就是其所了解的《大学》言“知止”之“知”义。

另一方面，在了解蕺山之“非知之所照”时，则可以回到其下列论点：

> 心也者，觉而已矣。觉故能照，照心尝寂而尝感，感之以可喜而喜，感之以可怒而怒，其大端也。喜之变为欲、为爱，怒之变为恶、为哀……众人溺焉，惟君子时发而时止，时返其照心而不逐于感，得《易》之逆数焉。此之谓“后天而奉天时”，盖慎独之实功也。④

这里可以看出：“非知之所照”一句中的“知”乃是就这“能觉”之“心”而言。这也可以是一种有“意向性”的“知”。因为蕺山义的“意”是“心之所存”而非“心之所发”，故非“心之所照”，也不是“知之所照”。不过，这里只重申了“能照”义之“知”（或“心”）与“知止”义之“知”有一“末”与“本”的本质关联。基本上，当蕺山言“非知之所照”时，此中之“物”乃是指作为“本物”的“意”，而作为“知之所照”者，乃应是作为“末物”的“物”。所以在此意义上，蕺山并没有如东方朔所言：

---

① 刘宗周：《刘宗周全集》第三册，浙江古籍出版社2007年版，第380页。

② ［日］冈田武彦：《王阳明と明末の儒学》（下），明德出版社2004年版，第267页；中译本有误，见［日］冈田武彦：《王阳明与明末儒学》，吴光等译，上海古籍出版社2000年版，第410—411页。

③ 刘宗周：《刘宗周全集》第二册，浙江古籍出版社2007年版，第517页。

④ 刘宗周：《刘宗周全集》第二册，浙江古籍出版社2007年版，第138—139页。

“‘物即是知，非知之所照’一句前后矛盾，其症结在于对‘知’字的用法不一。”① 就是说，此中两个“知”字虽然用法不一，却没有相互矛盾，只表示“致知”其实有一“双重能所”的“十字打开”之格局。亦即，第一个“知”字是“知本物”义之“知”，第二个“知”字则是“知末物”义之“知”。于“知本物”这一重“能所”中，“意知为一”，故此“物即是知”；于“知末物”这一重“能所”中，“知”则与其“所照”为二。

总括而言，依蕺山，所谓“意”或“独”乃是“体物不遗之物”。因此，作为“本物”的“意”必得关联其“体物之用”而言。这是说，“意”并非离开“万物”而独存。而就其“体物不遗”的功能，可以言其为一“物物”的原则。基本上，透过“物即是知，非之之所照也”这一论调，蕺山的目的一方面是要强调作为“本物”的“意”或“独”，其存有论的地位迥然不同于作为“末物”的“万物”，另一方面也蕴涵作为“本物”的“意”不能离开其“体物不遗”之功能而存在。

正如牟宗三之洞见，在强调“天非人不尽，性非心不体”② 上，蕺山的基本立场是“以心着性”。现从其“良知犹为第二义”一论点，便可以证实蕺山与阳明的本质分歧，而在此程度上，冈田解对牟宗三的“三系说”展现出了正面的支持。

二

此外，冈田指出：“蕺山之所以以意为心之体，是因为他认为道德的好恶之情是先天固有的、自然纯粹的东西，是丝毫不杂人为不纯因素的东西，所以，这种情自然区别于其他的情。”③ 这意谓蕺山所言的“性”不能从“情”中区别出来。而正是在这一关节上，蕺山回到了《中庸》而强调“喜怒哀乐之情”乃是“自然之情”。一言以蔽之，蕺山是“以性为情”。④ 这表示“性”即“自然之情”。冈田进一步明言：

> （蕺山认为）心即使在寂然不动时，喜乐哀怒之情也不会沦于无，所以心之未发应该说是阳动；而心即使在感通之时，喜怒哀乐之情亦不会滞于有，所以心之已发应该说是阴静。因此，心之动是动而无动，心之静是静而无静，而其情即神也。这就是情之所以成为性的原因。⑤

换言之，由于蕺山所言的“喜怒哀乐”乃是“自然之情”，因而属“超越动静有无

---

① 东方溯：《刘蕺山哲学研究》，上海人民出版社1997年版，第260页。
② 刘宗周：《刘宗周全集》第二册，浙江古籍出版社2007年版，第138页。
③ ［日］冈田武彦：《王阳明与明末儒学》，吴光等译，上海古籍出版社2000年版，第401页。
④ ［日］冈田武彦：《王阳明与明末儒学》，吴光等译，上海古籍出版社2000年版，第402页。
⑤ ［日］冈田武彦：《王阳明与明末儒学》，吴光等译，上海古籍出版社2000年版，第401页。

的性之情”。[1] 与此相应，牟宗三亦尝指出：蕺山所言之“性体不空悬，必与‘喜怒哀乐四气周流’为一体而运，此是具体地融即地言之；而喜怒哀乐亦是自其自然者而言，故亦属于性宗也”[2]。

十分明显，尽管牟宗三并没有像冈田那样看重蕺山的“情”，但是他也承认蕺山所言的“喜怒哀乐”是一种“自然之情”。于此意义上，牟宗三与冈田均忠实于蕺山的立场，因为蕺山明言：“喜怒哀乐心之情，生而有此喜怒哀乐之谓心之性；好恶意之情，生而有此好恶之谓意之性。盖性情之名，无往而不在也。即云意性、意情亦得，意者心之意也，情者性之情也。”[3] 而在说明“情者性之情也”一论点上，蕺山进一步指出：

> 天无一刻无春夏秋冬之时，人无一刻无喜怒哀乐之时……夫喜怒哀乐，即仁义礼智之别名；春夏秋冬，即元亨利贞之别名。“形而下者谓之器，形而上者谓之道”是也。[4]

这表示，蕺山所言的作为“自然之情”的“性之情”是与一般所言的“七情”有本质上之区别的。因为后者是“感性之情”，即是感于外物而人为地所发，但是作为“自然之情”的“性之情”，喜怒哀乐是人无一刻所没有的。此外，如果春夏秋冬是就天本身而言，那么喜怒哀乐则是就偏重人性而言。不过，顺着孟子“尽性知性知天”的立场就可以了解：其实，蕺山是主张“以心着性”的，即坚持“心”是透过“情”来“着”“性”的。于此义上，无论是作为“四德”的喜怒哀乐，或者是作为“四气”的春夏秋冬，都是属于“形而上”的层次。这也是为什么如唐君毅所强调的，必须要高看蕺山义的“情”与“气”。也正在这一关键上，如冈田之所洞察：蕺山所担心的是，如果“把性从人的自然之情中分离出来，结果，求性时便直视空谈光景，并以此为仁义礼智的名色，从而陷于丧失‘人生而静’之体的弊病”[5]。因为这正是“王学”末流的“玄虚而荡，情识而肆”产生的原因所在。一言以蔽之，对于蕺山而言，人是一个“情感性的主体”（feeling subject）。不过，此中之“情”首先是指作为“自然之情”的“四情”。其实，当牟宗三宣称“良知只是个好恶”[6]，且解说道，“阳明之良知，以今语释之，可说即是那能够自己形成一内在的道德决断之超越的、实体性的、本体论的‘智的觉情’（the transcendental，substantial and ontological intellectual feeling which is able to form

① 参见［日］冈田武彦：《王阳明与明末儒学》，吴光等译，上海古籍出版社2000年版，第402页。

② 牟宗三：《从陆象山到刘蕺山》，台湾学生书局1979年版，第490页。

③ 刘宗周：《刘宗周全集》第二册，浙江古籍出版社2007年版，第344页。

④ 刘宗周：《刘宗周全集》第二册，浙江古籍出版社2007年版，第345页。

⑤ ［日］冈田武彦：《王阳明与明末儒学》，吴光等译，上海古籍出版社2000年版，第403页。

⑥ 牟宗三：《心体与性体》（三），正中书局1968年版，第279页。

an inward moral decision by itself）”①，这与其说是指阳明义的“良知”，毋宁更恰当地应就蕺山义的“意”而言。因为与阳明之以“知”言“四端”不同，蕺山明言：“恻隐，心动貌，即性之生机……辞让，心秩貌，即性之长机……羞恶，心克貌，即性之收机……是非，心湛貌，即性之藏机。”② 且说：“恻隐之心，喜之发也；羞恶之心，怒之发也；辞让之心，乐之发也；是非之心，哀之发也；喜怒哀乐之未发，则仁义礼智之性也。”③ 这显示：蕺山与朱子相似，均言“四端之情”。所不同者只不过是，蕺山所言之“情”并非朱子义形而下的“感性之情”。而更加重要的是，如冈田所强调：

> 由此也似乎可以看出，他不能遵从阳明致良知之说的理由。据他说，如果从觉地立证性体，并经常保持性体，那么日用动静间，便完全可成为天理之流行，这是毋庸置疑的。但是，如果性体离却情之自然，而必待良知觉照而后返，必收摄本心而后返归天理之性的话，那么就会使心性相仇，从而不能不成为“杞柳桮卷”之说。④

然而，阳明亦尝说：“良知只是个是非之心，是非只是个好恶。只好恶就尽了是非，只是非就尽了万事万变。”⑤ 那么，为何蕺山反对阳明之“四句教”，坚持阳明所言之“良知”为第二义？依唐君毅的解释：

> 蕺山对阳明思想之批判志在标示作为“纯善的意”的良知“优先于”作为“知善知恶”的良知。于阳明思想中，良知首先知善知恶，其次由于好善恶恶，然后方为善去恶。这好像是常识中之心理次序。可是，在蕺山看来：这一次序必需倒转过来，从而显示出作为心之根本可能性的善意及与之关连的另一作为心之根本可能性的情之优先性。知之功能在本质上是由根本的意及作为其伴随的情所决定的，因而在存有论之次序上落在意和情之后。⑥

这意谓：依蕺山，阳明“四句教”之失在于误将“知”而非“意”视为道德的最终

---

① 牟宗三：《心体与性体》（三），正中书局 1968 年版，第 279 页。

② 刘宗周：《刘宗周全集》第二册，浙江古籍出版社 2007 年版，第 421 页。

③ 刘宗周：《刘宗周全集》第二册，浙江古籍出版社 2007 年版，第 412—413 页。

④ ［日］冈田武彦：《王阳明与明末儒学》，吴光等译，上海古籍出版社 2000 年版，第 403 页。

⑤ 王阳明：《传习录下》，《王阳明全集》上册，上海古籍出版社 1992 年版，第 111 页。

⑥ Tang Chun-i, “Liu Tsung-chou's Doctrine of Moral Mind and Practice and His Critique of Wang Yang-ming”, in *The Unfolding of Neo-Confucianism*, ed. Wm. Theodorede Bary, et. al., New York: Columbia University Press, 1970, p. 313. 按，此为引者所译。

基础。十分清楚，对于蕺山而言：“心”之“性”是首先见诸好善恶恶的“意”和“情”，而非知善知恶的“良知”。而即使阳明言“良知只是个好恶”，却没有清楚区别此中所言之“好恶”究竟属于由人为而发的“七情”抑或“自然之情”。而更重要的是，如牟宗三之所洞察：蕺山的立场为“归显于密”，此乃其有进于阳明之处。[①] 这清楚地显示，蕺山之所以倡言“归显于密”，目的在于要对治“王学”末流所产生之不良效果。

值得强调的是，冈田由于没有注意到蕺山这种“归显于密”的立场，而有只把喜怒哀乐之“四情”视作“已发”之失，因为正如唐君毅所指出：“此蕺山之言喜怒哀乐，自非一般之表现于外之喜怒哀乐。此实是借喜怒哀乐之名，以表此心在意念未起时之纯情、或自感之周流不止。故其言此喜怒哀乐之未发，而在人心者，乃应合于仁义礼智之四德、四心、以天之四德、四时而言。”[②] 亦正如蕺山所已宣称：“《中庸》言喜怒哀乐，专指四德言，非以七情言也。”[③] 准此，唐君毅乃进一步强调：“对此心之纯情自感之周而复始之运，蕺山谓即四气之运。于此所谓气上言者，必须高看。”[④] 这可以帮助见出：由于忽略了喜怒哀乐作为“纯情自运”的可能性，冈田遂有将之定为只属于“已发”的向度之过；也因此之故，他把蕺山所言的“中气”只能说成“无非是喜怒哀乐未发之时的气”。[⑤] 实际上，冈田本来已看到：于蕺山，“喜怒哀乐之情并不是基于动静有无而起灭的东西，而是超越动静有无的性之情”[⑥]；然而，他现在又竟将喜怒哀乐之“情”与“念”放在同一层次。十分明显，这是由于他漠视了作为“纯情”之喜怒哀乐与“意”本属同一向度所致。基本上，与“念”同属“已发”的层次的“情”只是“七情”，此乃是纯属于“显”的向度；与此相对，与“意”一样作为“纯情”的“喜怒哀乐”，则首先属于“密”的向度。

整体而言，冈田的“蕺山解”之基本局限表现于未能见出牟宗三所强调的“归显于密”之进路。实际上，冈田所谓蕺山眼中的自然之情应该首先属于“密”的向度。究极而言，于蕺山，作为“好善恶恶”的“意”也就是一“纯情的主体”。亦因此之故，“意”与“念”之好恶方在本质上完全不同。这是说，“意”之好恶乃是一种“纯情”，“念”之好恶则只能属于“七情”。

事实上，冈田也尝指出：依蕺山，“心即使在寂然不动时，喜怒哀乐之情也不会沦于无，所以心之未发应该说是阳动；而心即使在感通之时，喜怒哀乐之情亦不会滞于

---

① 牟宗三：《宋明儒学的问题与发展》，华东师范大学出版社 2004 年版，第 177 页。
② 唐君毅：《中国哲学原论·原教篇》，台湾学生书局 1984 年版，第 477 页。
③ 刘宗周：《刘宗周全集》第二册，浙江古籍出版社 2007 年版，第 414 页。
④ 唐君毅：《中国哲学原论·原教篇》，第 479 页。
⑤ ［日］冈田武彦：《王阳明与明末儒学》，吴光等译，上海古籍出版社 2000 年版，第 404 页。
⑥ ［日］冈田武彦：《王阳明与明末儒学》，吴光等译，上海古籍出版社 2000 年版，第 402 页。

有，所以心之已发应该说是阳静”①。这则十分忠实于蕺山所言：“寂然之时亦有未发已发，感通之时亦有未发已发。”②

准此而观，相对于阳明之以良知为体，而以喜怒哀乐为用，正如林月惠所言，此中“喜怒哀乐不就一般感性欲望层的‘情’言”③。蕺山则认为作为纯情的喜怒哀乐是通于体用的，因此才坚持：“喜怒哀乐，所性者也。未发为中，其体也；已发为和，其用也；合而言之，心也。”④ 换言之，作为“纯情”的喜怒哀乐也属于体。这亦是蕺山反对以“气象”求“中”的理由，因为这代表了“将喜怒哀乐四字看错”。⑤ 这一切本来都应该是冈田赞许蕺山反对“把性从人的自然之情中分离出来”的立场所有的逻辑归结。⑥ 而当蕺山明言：“隐微者，未发之中；显见者，已发之和。莫见夫隐，莫显夫微”⑦，又说：“喜怒哀乐，人心之全体，自其所存者，谓之未发；自其形外之者，谓之已发”⑧，于此已表示其所言的“未发”就是“密”，“已发”就是“显”。而顺着蕺山“好恶从主意而决，故就心宗指点；喜怒从气机而流，故就性宗指点。毕竟有好恶而后有喜怒，不无标本之辨，故喜怒有情可状，而好恶托体最微”⑨ 一论调，便可以看出其言“心通过情着性”的可能关键所在。

（作者单位：加拿大布鲁克大学哲学系）

① ［日］冈田武彦：《王阳明与明末儒学》，吴光等译，上海古籍出版社 2000 年版，第 401 页。

② 黄宗羲：《黄宗羲全集》，浙江古籍出版社 2002 年版，第 915 页。

③ 林月惠：《刘蕺山论“未发已发”——从“观念史”的考察谈起》，《刘蕺山学术思想论集》，台北“中央研究院”中国文哲研究所筹备处 1998 年版，第 312 页。

④ 刘宗周：《刘宗周全集》第二册，浙江古籍出版社 2007 年版，第 471 页。

⑤ 参见刘宗周：《刘宗周全集》第二册，浙江古籍出版社 2007 年版，第 456 页。

⑥ 参见［日］冈田武彦：《王阳明与明末儒学》，吴光等译，上海古籍出版社 2000 年版，第 403 页。

⑦ 刘宗周：《刘宗周全集》第二册，浙江古籍出版社 2007 年版，第 456 页。

⑧ 黄宗羲：《黄宗羲全集》，浙江古籍出版社 2002 年版，第 915 页。

⑨ 刘宗周：《刘宗周全集》第二册，浙江古籍出版社 2007 年版，第 457 页。

浅谈在韩国对牟宗三的研究动向

金德均

一、绪论

1919年五四时期的现代新儒学思潮并不是一个偶然的产物，准确地说是在1911年辛亥革命前后东西方文化问题论战期间产生的。对东西方文化的新探索和挑战无疑是中国社会的一个质的转变，在这种情况下创造了中国历史和文化整体的反省契机。近现代中国学术界把新儒学和马克思主义派、自由主义西化派并称为“三大思潮”，其中现代新儒学在1949年中华人民共和国成立之后以香港、台湾、美国为中心继而展开，直到1980年以后扩展到中国大陆内地。现代新儒学的思潮主要倾向于哲学和文化保守主义。这足以说明，在传统与现代化的交叉口中彷徨的知识分子，不能将传统与现代化思潮分而治之。一言以蔽之，它修复了老一辈知识分子们的传统思想，论证了这些思想对现代化也能起到一定作用，同时也意味着中国儒学的现代转化进入新的阶段。

哲学的使命就是从思想上治愈时代的痛苦并提出追求新的精神世界，可以说是从“温故而知新”（《论语·为政》）的角度出发来体现21世纪的哲学方向。就像旧的和新的并不是独立而存一样，传统与现代也是不可分割的。所以通过传统思想解决现代社会的问题，无疑是个普遍的想法。如果说从14世纪到16世纪西方的文艺复兴是古代复兴的话，那么现代新儒学的传统和现代的衔接则具有一定的妥当性。

活跃在韩国的研究者们主要以青年学者为主导，以韩国哲学思想研究会为中心，每年定期在《现代中国的摸索》（1992）、《现代新儒学》（1993）、《现代新儒学研究》（1994）等出版物刊登研究成果。山东大学的颜炳罡教授也曾受邀参加该研究会，曾一起废寝忘食通宵研究并讨论现代新儒学的动态和发展方向。

综上所述，20世纪90年代韩国的现代新儒学研究主要是以总论为重点。进入21世纪后，不仅出现了硕博学位论文，而且对每位新学者的著作进行了翻译，并针对具体的研究方法及内容进行了评论。本文试图通过这些多样化的细微分析，可以更多地了解关于牟宗三的研究动向和内容。

二、现代新儒学的范围和统计后的研究成果

（一）现代新儒学的范围

对于现代新儒学的研究对象有几种不同观点。有学者认为以熊十力、梁漱溟、牟宗三为第一代，也有学者认为以熊十力、东方美、唐君毅、牟宗三为第一代。虽也有不可以将方东美、熊十力、冯友兰、贺麟归为现代新儒家的观点，但整体新儒学更倾向于继承传统的儒家之道，以儒学复兴为课题，同时尊重宋明理学，吸收、融合并贯通西方哲学，探索中国现代化动向等各种共同点为基准。以上述内容为基准的话，梁漱溟、张君劢、熊十力、冯友兰、贺麟、方东美、唐君毅、牟宗三、徐复观应是重要的研究对象，随之还可追加马一浮和第三代新儒家的杜维明、成中英、刘述先、余英时等学者。①

本文以郑家栋的分类为依据，第一代是梁漱溟、张君劢、熊十力；第二代是冯友兰、贺麟、钱穆；第三代是牟宗三、唐君毅、徐复观，特别对牟宗三的研究动向进行了集中分析。② 我们的研究结果是以韩国出版的报刊、韩国国会电子图书馆为基准的。对研究对象学者的检索以“姓名”为条件维持客观性，主要搜索内容不是以概念语为中心而是以人物为中心。

（二）从统计中探索现代新儒学研究成果

1. 第一代现代新儒学学者（见表1）

表1　第一代现代新儒学学者研究统计

项目	梁漱溟（1893—1988）	张君劢（1887—1969）	熊十力（1885—1968）
单行本	1本	1本	2本
硕士论文	5篇		4篇
博士论文	3篇		2篇
一般论文	41篇	6篇	29篇
共计	50	7	37

（时间：截至2018年，来源：国会电子图书馆）

第一代现代新儒学学者中在韩国对梁漱溟和熊十力的研究居多。

梁漱溟的唯一一个译本是《东西文化哲学》（2005）。硕士学位论文有《关于梁漱溟的乡村建设运动的研究》（1993），博士学位论文有《梁漱溟的现代新儒学》，从2000年到2003年陆续刊登的硕博论文一共有8篇。一般论文有1997年的《梁漱溟和现代新儒

① 参见李毅：《中国马克思主义与现代新儒学》，辽宁大学出版社1994年版，第297—298页。

② 参见郑家栋：《现代新儒学概论》，广西人民出版社1990年版。

学》等 4 篇，2002 年的《梁漱溟的儒家哲学理解》等 24 篇，2010 年的《梁漱溟哲学中体现的人心观问题》等 13 篇。虽一直保持增长趋势，但最近属于停滞不前的状态。

有关张君劢的研究首先是他的著作《中国近世儒家哲学》（1991）。一般论文有 2016 年的《张君劢眼中的中国儒家哲学的现状和对应方案》1 篇，2007 年的《对于科学的理解和张君劢的科学观》等 3 篇，1999 年的《关于张君劢的民主社会主义的研究》等 2 篇。虽没有太多的研究但相继都出现在 21 世纪以后。

熊十力的著作译本有《新唯识论》（上、下）（2007）。由于杨国荣的《阳明学：从王阳明到熊十力》（1994）包含了熊十力在内的各个阳明学者，因此没有对熊十力的个别研究。硕士学位论文有从 1991 年的《熊十力的本体论研究》等 2 篇到 2000 年的 2 篇。博士学位论文有 2000 年的《熊十力哲学思想研究》和 2012 年的《熊十力的体用论研究》等 2 篇。一般论文有从 1975 年的《熊十力的新概念论的哲学》到 1993 年的《熊十力的本体论研究》等 10 篇，2005 年的《熊十力范畴论对韩国儒学的作用及探索可能性》等 12 篇，2011 年也有关于《熊十力的乾元本体论》等 7 篇论文。在 20 世纪 90 年代左右掀起的现代新儒学热潮后一直不断进行研究分析，目前处于停滞不前的状态。

2. 第二代现代新儒学学者（见表 2）

表 2　第二代现代新儒学学者研究统计

项目	冯友兰（1895—1990）	贺麟（1902—1992）	钱穆（1895—1990）
单行本	11 本		12 本
硕士论文		2 篇	
博士论文	1 篇		
一般论文	26 篇	9 篇	26 篇
共计	38	11	38

（时间：截至 2018 年，来源：国会电子图书馆）

针对现代新儒学，研究比较多的是冯友兰和钱穆。冯友兰的著作绝大部分附有译本。《简编中国哲学史》（2007、2018）、《我的父亲冯友兰》（2011）、《现代中国哲学史》（2006）、《中国哲学史》上下（1999）、《中国哲学小史》（1995）、《中国哲学史》（1975、1985、1990）、《中国哲学的精神：新原道》（1985）、《中国思想史》（1981）等一系列的译本从 1975 年开始到 2018 年陆续出版，同样的书也有不同版本的译本。以上论著表现出冯友兰哲学思想的一贯性，与钱穆的文学、史学、哲学等多方面的著作成果形成鲜明的对比。

唯一一篇以冯友兰为研究对象的博士论文于 1998 年刊登，一般论文有从 1980 年的《冯友兰和他的中国哲学史新编》到 1994 年的《冯友兰的推向继承法小考》等 5 篇。

2008 年的《关于冯友兰的中西文化观的考察》等 6 篇，2017 年的《儒学和西洋哲学的相遇会是怎样形成的——以冯友兰的新理学为中心》等 15 篇。从 20 世纪 80 年代开始，对冯友兰的研究至今刊登量也是与日俱增。

对贺麟的研究成果调查中，硕士论文有 2014 年的《贺麟的文化观》和 1998 年的《贺麟的知行论一合研究》等 2 篇论文。一般论文有 2008 年的《贺麟和朴钟鸿的现代新儒学思想比较研究》等 7 篇，2000 年的《论贺麟新心学的哲学性意义》等 2 篇。虽对贺麟的研究成果历历可数，但研究都集中在了 2000 年以后。

关于钱穆（1895—1990）的研究成果单行本非常多，令人印象深刻。以《中国文学史》(2018)、《史学名著讲义》(2006)、《讲座・政治制度史》(2005)、《朱子学的世界：朱子学提纲》(1989)、《中国史的新理解》(1987)、《中国文化史导论》(1984)、《中国历代政治得失》(1984)、《中国文化史概论》(1978)、《中国的历史精神》(1975)、《中国文化史》(1974)、《文化学概论》(1962)、《中国文化史总说》(1959) 等为例，涉及文学、史学、政治学、文化学等多方面，出版时间主要在 1974 年至 2018 年之间。

对钱穆的大部分研究集中在 1958 年《读庄偶拾〈钱穆纂注〉》(《震檀学报》) 到 1970 年期间，约有 15 篇左右。但因钱穆本人在韩国退溪学研究院的《退溪学报》上刊登诸多，从某种严谨的意义上来说，不能视为对钱穆的研究成果。

3. 第三代现代新儒学学者（见表 3）

表 3　第三代现代新儒学学者研究统计

项目	牟宗三（1909—1995）	唐君毅（1909—1978）	徐复观（1903—1982）
单行本	7 本		4 本
硕士论文	3 篇		
博士论文		1 篇	
一般论文	38 篇	9 篇	9 篇
共计	48	10	13

（时间：截至 2018 年，来源：国会电子图书馆）

牟宗三的著作译本有《东西哲学的会通》(2016)、《心体和性体》(1998、2012)、《中国哲学讲义》(2011)、《老子哲学讲义》(2011)、《东洋哲学和亚里士多德》(2001)、《中国哲学特讲》(1985) 等，主要集中在 2000 年之后，而《心体和性体》经过了两次不同学者的笔译，因此目前一共是 7 本。硕士论文从 2005 年到 2018 年一共有 3 篇，博士论文尚空缺。一般论文有 2017 年的《牟宗三圆善论中体现的孟子的德福一致问题》等其他 18 篇，2000 年共 16 篇，1990 年共 3 篇，1980 年共 1 篇。不难看出，研究主要集中在 2000 年之后。1980 年刊登在《退溪学报》的一篇以牟宗三教授在访韩期间参加韩国哲学会主办晚宴座谈会为主题的论文，从某种意义上来讲不能被视为研究成果，因而真正开始对牟宗三的研究是从 1990 年之后。

对唐君毅的研究有博士论文《唐君毅的人文精神研究》（2001）。一般论文有 2018 年的《唐君毅哲学体现出的东西融合论理》等 4 篇文章，2001 年的《儒教的人文精神和现代：唐君毅的人文精神为中心》等 4 篇文章，1959 年唐君毅的《中国人文精神的发展》译本被作为论文刊登到了学术会。虽数量不多，但对唐君毅的研究成果也主要集中在了 2000 年之后。

徐复观著作译文有《中国经学史基础》（2007）、《汉文文体论研究》（2000）、《小说道统法先秦编》（1995）、《中国艺术精神》（1990）。一般论文有 2016 年的《针对徐复观的哲学里的“心的文化”非形而上学的体系构造和研究方法》等 5 篇，2007 年的《徐复观论儒家与宗教》等 2 篇，1997 年的《关于对徐复观对孔子和儒家思想的研究方法和成果》等 2 篇。堪比单行本的研究论文译文相对较多，它们也主要出现于 21 世纪之后。

（三）统计结果综合顺位（见表 4）

表 4　现代新儒学学者研究统计结果综合顺位

项目	1	2	3	4	5
单行本	钱穆（12 卷）	冯友兰（11 卷）	牟宗三（7 卷）	徐复观（4 卷）	熊十力（2 卷）
硕士论文	梁漱溟（5 篇）	熊十力（4 篇）	牟宗三（3 篇）	贺麟（2 篇）	
博士论文	梁漱溟（3 篇）	熊十力（2 篇）	冯友兰（1 篇） 唐君毅（1 篇）		
一般论文	梁漱溟（40 篇）	牟宗三（38 篇）	熊十力（28 篇）	冯友兰（27 篇）	钱穆（26 篇）
共计	梁漱溟（49） （包含 1 本单行本）	牟宗三（48）	冯友兰（39）	钱穆（38）	熊十力（36）

（时间：截至 2018 年，来源：国会电子图书馆）

本次统计是在韩国国会电子图书馆以人名检索为基准的，同时会出现两名以上学者的现象，因此部分统计结果不能代表对现代新儒学学者研究的个人成果。但从整体数据上来判断，本次统计是能够概括出韩国对现代新儒学研究的总况的。

以上统计，可以展现出韩国现代新儒学研究的动向。单行本的刊登率以钱穆（12）、冯友兰（11）、牟宗三（7）为前三名，大部分以译本为主，主题研究的单行本甚少。硕士论文刊登率依次为梁漱溟（5）、熊十力（4）、牟宗三（3）。博士论文依次为梁漱溟（3）、熊十力（2）、冯友兰（1）、唐君毅（1）。硕博学位论文是研究者正在走向研究之路的起步，同时也是一种任务，因此不得不说他们为韩国的现代新儒学研究动向提供了宝贵的研究资料。专业学者们主要撰写的一般论文中依次是以梁漱溟（40）、牟宗三（38）、熊十力（28）、冯友兰（27）、钱穆（26）为序，同样成为重要的研究资料。但正如上文提到的，对钱穆的一般研究论文资料调查中，绝大部分是钱穆本人刊登在退溪学研究院的《退溪学报》的文章。考虑到这点且为了更有助于分析动向数据统计，可以将韩国一般学者对其他新儒学学者的研究成果作为区分点。

所有单行本、硕博学位论文、一般研究论文全方位排名的话，梁漱溟以 49 篇居第一位，其次是对牟宗三研究的 48 篇，其后依次是以冯友兰的 39 篇、钱穆的 38 篇、熊十力的 36 篇为序。

以此为依据，到 2018 年截止，韩国的现代新儒学研究大体上可以确认为梁漱溟和牟宗三占总趋势。以下浅谈一下韩国的学者们对牟宗三的关注度，以及涉及哪些领域的研究和内容。

三、对牟宗三研究内容的总结分析

（一）单行本的种类和内容

首先从单行本的出版目录开始统计：

牟宗三著，朴胜显译：《东西哲学的会通》，高阳共同体 2016 年版；

牟宗三著，黄甲渊外译：《心体和性体》，首尔昭明出版 2012 年版；

牟宗三著，金炳采外译：《牟宗三教授的中国哲学讲义》，首尔艺文书院 2011 年版；

牟宗三著，任秀茂译：《牟宗三教授的老子哲学讲义》，坡州瑞光社 2011 年版；

牟宗三著，郑炳硕译：《东洋哲学和亚里士多德》，釜山小康 2001 年版；

牟宗三著，梁承武外译：《心体和性体》，首尔艺文书院 1998 年版；

牟宗三著，郑仁在外译：《中国哲学特讲》，首尔萤雪出版社 1985 年版。

除了《文化传统的重建》①、《历史哲学》②、《五十自述》③、《宋明儒学的问题与发展》④、《寂寞中的独体》⑤ 等几本外，包括东西哲学在内的牟宗三著作大部分已有译本。

（二）研究论文（硕博学位论文）

学位论文中硕士论文有 3 篇，博士论文尚空缺。主要研究主题如下（以下研究者的汉文姓名不明因此没有备注）：

《牟宗三的圆善论研究：儒家“德福一致”为中心》，岭南大学大学院，硕士，2018 年；

---

① 参见牟宗三：《文化传统的重建》，台北时报文化出版社 1982 年版。

② 参见牟宗三：《历史哲学》，台湾学生书局 1984 年版。

③ 参见牟宗三：《五十自述》，鹅湖出版社 1989 年版。

④ 参见牟宗三：《宋明儒学的问题与发展》，联经出版事业公司 2003 年版。

⑤ 参见牟宗三：《寂寞中的独体》，新星出版社 2005 年版。

《对牟宗三的朱子学解释的批判：以自律性概念为中心》，西江大学大学院，硕士，2017年；

《对牟宗三的良知自我坎陷说的研究》，岭南大学校大学院，硕士，2005年。

《牟宗三的圆善论研究：儒家“德福一致”为中心》是探讨道德和幸福的圆满合二为一的研究。一直以来中国哲学研究的中心课题都是理想型的人间形象，即圣人。作者以幸福为核心价值，引用康德所说的最高善来讨论中国哲学的幸福论。

《对牟宗三的朱子学解释的批判：以自律性概念为中心》是以自律性概念为中心来批判牟宗三对朱子学解释的论文，在朱子学方面同样是在自筹成立的前提下批评了牟宗三。牟宗三对朱子学的认知一：心是不能先验的与道德联系在一起的有限心；认知二：心不能成为道德心且只强调认知能力；认知三：因此朱子学只强调格物致知的认识论修养。以上就是对牟宗三对朱子学理解的批判研究。

在《对牟宗三的良知自我坎陷说的研究》中，作者解说了牟宗三提到的良知坎陷论的特性和意义及其问题点。

（三）研究论文（一般论文）

此项目中部分研究者的汉文姓名不明因而省略。

文碧方外：《从“回到康有为”到“回到牟宗三”：“大陆新儒家”政治儒学之反思》，成均馆大学儒教文化研究所，《儒教文化研究》国际版第29集，2018年；

《牟宗三的圆善论中出现的孟子德福一致的问题》，韩国阳明学会，《阳明学》第46号，2017年；

《性理学的再构成：冯友兰的新理学和牟宗三的新心学》，西江大学人文科学研究所，《西江人文论业》第45集，2016年；

《牟宗三的圆善论研究：关于德福一致的存有论解释的批判性考察》，韩国中国学会，《中国学报》第77集，2016年；

《牟宗三哲学里出现的佛教思想：〈佛性与般若〉为中心》，东洋哲学研究会，《东洋哲学研究》第83集，2015年；

《从牟宗三看退溪与栗谷》，成均馆大学儒教文化研究所，《儒教文化研究》国际版第22集，2014年；

黄甲渊：《牟宗三的朱熹道德哲学理解的得与失：朱熹的心具理和心知为中心》，汎韩哲学会，《汎韩哲学》第74集，2014年；

黄甲渊：《关于牟宗三良知坎陷论的理论的难题考察：良知和科学知识的关系为中心》，韩国中国学会，《中国学报》第70集，2014年；

《〈周易〉象的实践性性格：以牟宗三观点为中心》，新韩哲学会，《哲学论业》第70集，第4卷，2012年；

《良知和知性的德：关于牟宗三哲学的德认识论展望》，韩国中国学会，《中国学报》第 66 集，2012 年；

朴胜显：《在牟宗三哲学体系中出现的“智的直觉”的问题》，退溪学研究院，《退溪学报》第 132 集，2012 年；

《中国哲学史记述的系统说和道德观念：牟宗三的三系说、劳思光的一系说为中心》，韩国中国学会，《中国学报》第 66 集，2012 年；

《关于儒学的宗教性：牟宗三的观点》，韩国儒教学会，《儒教思想研究》第 44 集，2011 年

高柏园：《朱子思想之再定位：以牟宗三、陈荣捷为核心之探讨》，庆北大学退溪研究所，《退溪学和儒教文化》第 48 号，2011 年；

《牟宗三的朱熹批判和关于他的再评价》，首尔大学哲学思想研究所，《哲学思想》第 37 号，2010 年；

《牟宗三的康德批判合理吗?：“物自体”（Noumena）和“知性直观”（Intellectual Intuition）的概念为中心》，韩国天主教学会，《天主教学会》第 14 号，2010 年；

《牟宗三的“智的直觉”和康德的审美性》，东洋古典学会，《东洋古典研究》第 34 集，2009 年；

《“哲学”针对现代的我有什么意义吗?：以康德和牟宗三的哲学为思考》，韩国中国学会，《中国学报》第 60 集，2009 年；

郑炳硕：《牟宗三的圆善论和孟子的德福一致》，韩国儒教学会，《儒教思想研究》第 35 集，2009 年；

赵卫东：《荀子人性论性质反思：由牟宗三有关人性论的论述说起》，成均馆大学儒教文化研究所，《儒教文化研究》国际版第 11 集，2009 年；

李明汉：《牟宗三先生看中国现代哲学的课题研究》，韩国阳明学会，《阳明学》第 23 号，2009 年；

《荀子的认识论：牟宗三的见解为中心》，东洋哲学研究会，《东洋哲学研究》第 58 集，2009 年；

《牟宗三的康德哲学和儒学比较》，韩国康德学会，《康德研究》第 24 集，2009 年；

《关于牟宗三先生对中国哲学的解释》，韩国中国学会，《中国学报》第 57 集，2008 年；

《牟宗三先生解释的孟子性善论》，韩国中国学会，《中国学报》第 58 集，2008 年；

黄甲渊：《现代新儒家学者牟宗三朱子道德哲学理解和再思考：牟宗三的“即存有即活动”和“只存有而不活动”论为中心》，韩国中国学会，《中国学报》第 56 集，2007 年；

《不生之生的道：关于牟宗三的老子哲学》，中央大学中央哲学研究所，《哲学探究》第21集，2007年；

权相佑：《现代新儒家的现代化批判和新探索：牟宗三的“内圣外王”说的批判〈周易〉的政治哲学》，大韩哲学会，《哲学研究》第98集，2006年；

黄甲渊：《牟宗三的良知坎陷论研究：关于道德和知识的融合的理论》，韩国中国学会，《中国学报》第52集，2005年；

《对于对新儒家的“现代化”论批判性考察：牟宗三的内圣外王论为中心》，韩国阳明学会，《阳明学》第15集，2005年；

《从儒家思想中出现的超越性和内在性的问题：牟宗三和David Hall-(Roger Ames)的谈论》，东洋哲学研究会，《东洋哲学研究》第39集，2004年；

《牟宗三道德的形而上学和康德》，西江大学神学·哲学研究所，《神学和哲学》第6号，2004年；

郑仁在：《牟宗三的良知自我坎陷说：传统儒学的现代化和后现代化（Post-modernism）问题》，高丽大学校中国学研究所，《中国学论业》第10集，1997年；

林秀茂：《现代新儒学的过程终结：牟宗三哲学》，东洋哲学研究会，《东洋哲学研究》第17集，1997年；

牟宗三著，张润洙译：《中国学的再评价和为了重建中国文化的宣言》，韩国宗教文化研究财团附设现代宗教文化研究所，《现代和宗教》1997年。

综上所述，以牟宗三研究内容为主题的统计结果如下：

主题	篇数	备注
先秦—宋代前	11篇	
宋明理学和心学	6篇	
近现代哲学	7篇	
东西比较哲学	5篇	康德
宗教哲学	2篇	儒教、佛教
其他	7篇	韩国哲学、日本哲学、哲学史
共计	38篇	

由此可见，对于牟宗三的研究是从先秦时代到现代社会的一个均衡发展的过程。诸多研究者对东西比较哲学和韩国、日本哲学也颇有见解，同时说明牟宗三的现代新儒学是个具备统筹性的新学科。

四、结论

牟宗三对当代东洋哲学的发展方向确立了一个前所未有的新坐标，是最富有原创性与影响力的哲学家，对韩国哲学界产生了巨大的影响。通过分析在韩国对牟宗三的研究结果充分证明了这一点。其原因在于韩国的哲学研究倾向和牟宗三追求的研究方向在某一方面是相似的。从环境的角度上来说也具备了接触哲学的先行条件。以上内容可以从两点来概括。

第一，在现代化巨变时期，韩国与中国不同的是传统哲学没有经历巨大的波浪，因而很容易接受现代新儒学的文化保守主义。虽然韩国也曾发生过西方民主和科学化的热潮，但对儒家传统哲学的研究与关心并没有因此而消失。在这种学界风气中，以牟宗三为首的现代新儒学成为韩国留学研究界的新活力素。总而言之，现代新儒学学者的"长久的未来"，儒学的研究也对韩国留学研究者带来了动力。可以说牟宗三是指引从传统儒学中找到现代和未来哲学方向的代表性人物。

第二，1992 年韩中建交之前，韩国的大多数研究者比起中国大陆学者，可以更自由地去台湾深造学习，有机会接触台湾的学风。牟宗三主要活动于台湾和香港之间，为其关注哲学提供了重要基础条件。事实上台湾留学派大量刊登了对牟宗三著述的翻译和研究成果也证明了这一点。

总而言之，在韩国对牟宗三的研究之所以比其他新儒学家多，原因在于他所追求的哲学方向和韩国所追求的方向相似。另外，从台湾直接受到影响的学者们在韩国学界也非常活跃，因此可以判断出对他的研究居多。在此基础上 1990 年成立了韩国阳明学会，随着阳明学研究的兴起，被归类为"陆王学"学系的现代新儒学的关注度也随之提高，从而再次加深了对牟宗三的认知。

（作者单位：韩国孝文化振兴院、孝文化研究事业团）

牟宗三与黑格尔哲学

卢　兴

综观现代中国哲学的发展历程，谋求传统哲学现代化与中西哲学会通综合成为时代主题。正是在这个意义上，牟宗三先生所做的学术工作引起了学界日益广泛的重视。在"牟学"研究中，学者们大多把目光集中于其与康德哲学的关系问题，其原因一方面在于牟先生以一人之力翻译康德三大批判，另一方面在于其所建构的"道德的形上学"体系倚重于康德的架构。然而，对于牟宗三哲学与黑格尔哲学之间的关系问题，有的学者根本否定①，有的学者略微一提②，而真正意义上的系统梳理和研究尚付诸阙如。本文无意全面爬梳牟宗三文本之中涉及黑格尔的所有文字，而是立足于现代性的视域对两者哲学的内在联系和张力加以揭示，以期从一个侧面透视出牟宗三哲学与"现代性"之间的复杂关联。

一、"理性"的绝对性

在某种意义上，"理性"和"自由"构成了现代性的核心理念。"理性"这一概念在西方哲学中的起源，可以追溯到古希腊的 logos 和 nous 两个词：前者的基本含义是"言谈"和"叙述"，引申为"世界的规则性和根基"；后者的最初含义是"看"，引申为人的"心灵"或"精神"。在古希腊哲学中，"理性"的概念不仅仅局限于人的领域，更多地是涉及真理本身的显示方式，或者说这时的"理性"是一个本体论意义上的概念，可以称之为"存在理性"。中世纪的神学延续了这一概念的本体论含义，将其视为上帝的神圣能力，而人所具有的理性能力同样是上帝的创造，隶属于"上帝的理性"，是有限的和不完善的。只有到了近代，"理性"这一概念才具有了独立的认识论意义。笛卡尔

---

① 如牟氏弟子李明辉明确否认牟宗三哲学与黑格尔之间的关系，认定牟氏的思考模式是"康德式的"，而绝非"黑格尔氏的"。参见李明辉：《儒学与现代意识》，文津出版社 1991 年版，第 142—143 页。

② 如郑家栋提到牟宗三哲学与黑格尔哲学之间在本体论意义上的共同之处在于典型而彻底的"本质主义"倾向。参见郑家栋：《断裂中的传统》，中国社会科学出版社 2001 年版，第 454—455 页。

确立了“我思”作为哲学不可怀疑的起点，使知识的确定性奠基于能思主体的自我确定性之上，这样“理性”概念就从客体意义上的“存在理性”转变为人内在的“主体理性”，人通过这种理性对世界加以认识并予以改造。因此，理性的主观化或主体性化是近代哲学的产物，也是近代哲学的基本原则。① 正是在与近代以前的“存在理性”相区别的意义上，我们才把“主体理性”作为现代性的基本特征之一。

康德把这种近代哲学的“主体理性”推到极致，甚至在根本上取消了“存在理性”的含义，这一趋向的突出表现就是他所做的“现象”与“自在之物”的划分。康德把知识限定于主体经验的范围（现象界）之内，将“灵魂”“世界”和“上帝”等传统形而上学的实体归之于“自在之物”的领域，这些实体超出了人的理性认知能力，仅仅在“实践理性”的范围内发挥着调节性的作用。因此，在康德那里，主体与“客体”（自在之物）之间存在着不可逾越的鸿沟，“理性”这一概念被完全限定于主体的范围之内。其后的哲学家们不满足于康德的这种限定，力图从主体性自身出发进而达到客体世界。在黑格尔那里，康德哲学所设定的对立转变为“思维”和“存在”之间的矛盾，但与康德消解客体以限定主体的做法相反，黑格尔力图通过主体自身的概念运动达到与客体的“和解”。因此，在黑格尔那里，“理性”就不仅仅是一个“主体理性”，而且包含“存在理性”，是主观性与客观性的统一，即“绝对理念”。可以说，黑格尔的“理性”在某种程度上回复了其“逻各斯”（Logos）和“努斯”（Nous）统一的古义，但同时其达到主客统一的方式也带有鲜明的近代主体性哲学的印记。②

在黑格尔那里，“理性”具有多重含义，一方面指涉外在世界，具有客体性的含义：

> 理性自身是一切事物性，甚至于是纯粹客观的事物性。③
>
> 理性是世界的灵魂，理性居住在世界中，理性构成世界的内在的、固有的、深邃的本性，或者说，理性是世界的共性。④
>
> 理性是世界的主宰。
>
> 理性是宇宙的实体和无限的权力⑤。

另一方面作为主体所具有的认知能力和思维的高级形式，与有限的知性能力相对，“理性即是认识无条件的事物的能力”⑥。黑格尔批评康德割裂了知性与理性、有限与无限，

① 参见张汝伦：《历史与实践》，上海人民出版社 1995 年版，第 269 页及以下。

② 参见张汝伦：《历史与实践》，上海人民出版社 1995 年版，第 285 页及以下。

③ ［德］黑格尔：《精神现象学》上卷，贺麟、王玖兴译，商务印书馆 1979 年版，第 231 页。

④ ［德］黑格尔：《小逻辑》，贺麟译，商务印书馆 1980 年版，第 80 页。

⑤ ［德］黑格尔：《历史哲学》，王造时译，上海世纪出版集团 2001 年版，第 8—9 页。

⑥ ［德］黑格尔：《小逻辑》，贺麟译，商务印书馆 1980 年版，第 126 页。

而“只有无条件者与有条件者的结合才是理性的具体概念”①，因此要求理性扬弃有限的知性并且发展这种有限认识，达到真正无限性的认识即对“绝对理念”或“绝对精神”的认识。由此可见，黑格尔的“理性”观念既是主观的（理性是把握无限的思维），又是客观的（理性是存在的本质和规律），在这个意义上思维和存在具有同一性，这种同一的最终达成就是绝对理念自身的实现，因此哲学上真正意义的理性就是绝对理念。②

基于以上对康德与黑格尔哲学“理性”概念的分析，可以看出两者之间鲜明的区别：康德的“理性”是主体范围之内的先验自我意识和自由意志，而黑格尔的“理性”则超出了主体范围获得了本体论上的绝对性。在这一结论的基础上，笔者审视牟宗三的哲学发现，其根本倾向无疑更接近于黑格尔：他所面对的问题同样是如何打通康德设置的主客观之间的隔阂，他所采取的进路也正是从主体自身出发达成主观与客观的同一性，这一过程亦即主体绝对性的自我确证。

牟宗三比照康德的道德哲学，将儒家所讲的“天道”“性体”“心体”等实体性概念视为道德理性，并借用禅宗“云门三句”讲出其三层含义。第一义即“截断众流”：道德理性本身之严整而纯粹的意义（即道德理性的主观义、形式义），在此义下，儒家与康德的讲法大体相当，无分高下。第二义即“涵盖乾坤”：道德理性充其极而达致的形而上的意义（即道德理性的绝对义、超越义），在此义下，康德一间未达，始终不能成就道德理性的超越义。第三义即“随波逐浪”：道德理性通过工夫实践而呈现的具体意义（即道德理性的客观义、实践义），在此义下，康德根本缺乏相关的讨论，故不及儒家。③ 在牟宗三看来，康德仅仅达到了道德理性的第一义，其讲道德律令仅仅是主体自我的立法，由于设定现象与物自身的区分并且否定人具有“智的直觉”的能力，因而“自由意志”只成为一个“设准”（Postulat）而不能真实地呈现，这样道德原则就局限于主观性之中而得不到本体论上的确证，因此康德所论的绝对命令、道德律并没有形而上的必然性，“必然全部落了空”。这里，牟宗三与康德所讲的道德理性的分歧是很明显的：前者不但具有主观性，而且包含客观性和绝对性，必然超越主体域限（“本心”“良知”）而达到超验的本体世界（“宇宙天道”“天命实体”），进而诉诸主体与本体的先天同一性（“天道性命通而为一”）来保证道德理性的绝对性。由此可见，牟宗三对康德哲学的批判和超越方式非常接近于黑格尔的理路。不可否认这种“天人合德”的理论模式是儒家传统自身固有的，比如在王阳明那里，“良知”就不仅仅是主观的道德本心，而且是宇宙的本体、万物的根据；但是在牟宗三哲学中，这种模式得以更加概念化的表

① ［德］黑格尔：《哲学史讲演录》第四卷，贺麟、王太庆译，商务印书馆 1981 年版，第 276 页。

② 参见［德］黑格尔：《小逻辑》，贺麟译，商务印书馆 1980 年版，第 400 页。

③ 参见牟宗三：《心体与性体》（上），上海古籍出版社 1999 年版，第 100、118 页。

述，而这些概念来源于黑格尔关于思维与存在同一性的绝对唯心论哲学。更为典型的是下面的论述：

> 本心即性即理之本心即是一自由无限心，它既是主观的，亦是客观的，复是绝对的。主观的，自其知是知非言；客观的，自其为理言；绝对的，自其“体物而不可遗”，因而为之体言。由其主观性与客观性开道德界，由其绝对性开存在界。①

牟宗三对“自由无限心”的规定与上文所分析的黑格尔的“理性”概念有诸多相似之处：首先，在主观性的意义上，“自由无限心”代表了人作为主体的一种无限性的能力。相对于康德对人的理性划定界限的做法，牟宗三力图通过主体自身的主动性进而达到其无限性的自我确证，这种主体性哲学的基本立场与黑格尔并无二致。牟宗三从道德进路揭示主体的这种自我立法的能力，立法的自由意志必须是真实的呈现而不是“设准”，道德主体本身就不能是有限的：

> 当吾人由无条件的定然命令以说本心仁体或性体时，此本心仁体或性体本质上就是无限的，这里没有任何曲折，乃是在其自身即绝对自体挺立的。唯有如此绝对自体挺立，所以才能有无条件的定然命令。此皆是由分析即可获得者。②

其次，在客观性的意义上，如同黑格尔把“理性”视为世界的灵魂和本质，牟宗三所讲的“自由无限心”也是外在世界的本体论根据，超出了康德意义上单纯的“主体理性”界限，进而具有了“存在理性”的义涵。在牟宗三所建构的“道德的形上学”体系中，“自由无限心”（即“知体明觉”）既是道德的实体，又是“存有论的实体”（Ontological Substance），而外在世界不外是这一实体的创造物，“它是万物底创生原理或实现原理，是乾坤万有之基，是造化底精灵”③。最后，在绝对性的意义上，黑格尔哲学通过绝对精神的外化及其扬弃这一否定之否定的过程，认识到存在的本质即是思维，通过反思在对象中回复到自身，最终达到思维与存在的同一；而牟宗三通过“推心及物”而又“摄物归心”的辩证法，达到了“心体与物在明觉感应中如如地一起朗现”，以同样的方式确证了“心”与“物”的内在同一性。一方面，牟宗三肯定人具有“智的直觉”，能够觉照并创造“物自身”：

① 牟宗三：《现象与物自身·序言》，台湾学生书局1975年版，第12页。
② 牟宗三：《智的直觉与中国哲学》，台湾商务印书馆1971年版，第192页。
③ 牟宗三：《现象与物自身》，台湾学生书局1975年版，第92页。

> 是以智的直觉之觉照此物即呈现此物，而呈现此物非感性直觉之被动的接受之认知地呈现此物，故呈现之即实现之，即创生之。是即智的直觉之存有论的创生性。①

另一方面，“心外无物”，“物自身”不是知体明觉之外的独立存在：

> 于智的直觉处，物既是内生的自在相，则是摄物归心，不与心对，物只是知体之著见，即知体之显发而明通：物处即知体流行处，知体流行处即物处，故冥冥而为一也。②

由于“无限心”与“物自身”的同一性，两者的关系不是主客体间的对立关系，“物”不是“心”的对象，而完全统摄于“无限心”之中成为内在的部分，进一步说，两者间是“无执的存有论”中的体用关系。

综上所述，牟宗三哲学在根本意义上是一种理性主义哲学，其建构方式明显借鉴了康德哲学的二元架构。然而经过分析不难发现，其基本精神更近于黑格尔，这突出地表现在他立足于儒家心性论力图打通天人、物我，正如黑格尔在主体哲学范围内克服主体与客体之间的分裂③，两者不约而同地诉诸“绝对”这一概念。

二、精神表现历史

牟宗三曾这样评价黑格尔：

> 黑氏具体解悟力特别强，故能精解历史，乃至整个人文世界、价值世界。故依照西方哲学传统说，他虽不是好的哲学家（因为他不表现抽象的解悟与分解的功夫），而却是好的历史哲学家。④

之所以不是好的哲学家，在于黑格尔的逻辑学只有“辩证的综合”而缺乏“超越的分解”作为基础，因此其概念的运动只是“同质地滚”，如耍把戏一般；但这种辩证法落实于人文世界方面，尤其是具体表现于历史发展之中，则真正能够理解历史的本质在于精神自我的实现过程。这就是黑格尔历史哲学的根本立场：

---

① 牟宗三：《现象与物自身》，台湾学生书局1975年版，第99页。

② 牟宗三：《现象与物自身》，台湾学生书局1975年版，第99页。

③ 参见［德］哈贝马斯：《现代性的哲学话语》，曹卫东等译，译林出版社2004年版，第25—26页。

④ 牟宗三：《生命的学问》，广西师范大学出版社2005年版，第144页。

历史是精神表现的发展过程。具体事实都在精神表现的发展中得其解析，得其条贯。如是，我们有了了解历史事实的一个理路。这个理路，就表示历史是一个精神的辩证发展之合理的系统。①

在黑格尔的《历史哲学》的影响下，牟宗三写作了同名著作，并明确指出：

吾不悖于往贤，而有进于往贤者，则在明"精神实体"之表现为各种形态。吾于此欲明中国文化生命何以不出现科学、民主与宗教，其所具备者为何事，将如何顺吾之文化生命而转出科学与民主，完成宗教之综和形态。此进于往贤者之义理乃本于黑格尔历史哲学而立言。②

黑格尔的历史哲学将世界历史视为精神由东方到西方的单向运动：东方世界（中国、印度、波斯）只有"一个人的自由"，精神的普遍性与个体性并未分化，个体性尚未得到承认；希腊和罗马世界具有"一部分人的自由"，个体性人格出现并与普遍性精神实体相对立；只有到了日耳曼世界才真正达到了"全体人的自由"，在基督教中个体人格得以净化提升为普遍性，精神意识到人作为人是自由的，神性与人性、普遍性与个体性得以统一。③ 具体对于中国而言，黑格尔断言这种文化只有"实体的自由"（"合理的自由"）而缺乏"主观的自由"④，前者是意志在国家形态里发展自身，后者则是自由在个体中实现，在中国"'实体'简直只是一个人——皇帝——他的法律造成一切的意见"。黑格尔称：

命令和法律是被看作固定的、抽象的，是臣民所绝对服从遵守的。这类法律不需要适合个人的意志，一般臣民因此好像孩童那样，只一味服从父母，没有自己的意志或者识见。⑤

牟宗三对黑格尔的上述结论进行质疑，首先批评了黑格尔的这种"世界历史的单线发展论"。他列举了五点理由加以驳斥：第一，各民族的历史自有其独立的表现方式，西方并非继承东方形态而发展，而中国既然仍存在着，则必有其未来；第二，世界历史在开始时齐头并列，必然在精神表现方式和生活原理上有一个共同纲领，故在其发展途

① 牟宗三：《生命的学问》，广西师范大学出版社 2005 年版，第 177 页。

② 牟宗三：《历史哲学》，台湾学生书局 1984 年版，"自序"，第 4 页。

③ 参见［德］黑格尔：《历史哲学》，王造时译，上海世纪出版集团 2001 年版，第 106—111 页。

④ "主观的自由"（die subjektive freiheit），牟宗三根据英译本译为"主体的自由"。

⑤ ［德］黑格尔：《历史哲学》，王造时译，上海世纪出版集团 2001 年版，第 121、107 页。

径中有一“息息相通之大谐和”；第三，在当下的现实中，某民族发展到何种程度，并不能固定地视为其最终结局而否认其进一步的发展；第四，精神的表现方式在哲学上可得以全面系统地说明，但在实际历史中，具体民族因其“气质之限”，并不能一时显现这种精神的全体，因此总会有所不足；第五，在一定时代取得既定领导地位的原则未必合理，不能视为最终结局，历史必然继续向前发展，诱发被动的民族进一步表现出尚未表现的精神原则，各民族之间起伏激荡促成世界历史精神的大谐和。基于这五点原因，牟宗三得出结论：

世界历史有一决定之东方，有一决定之起点，而此亦即是决定之终点。黑氏之圆圈，西方之发展，终必因东方之自觉与发展而回到此起点：此是人类在精神上，在生活原理上之故土也。①

从牟氏的上述批评之中仍然可以看出黑格尔式的历史目的论色彩：历史是世界精神有目的的辩证运动，任何既定的存在形态都必将被世界精神所扬弃，历史的最终目的在于精神的完全实现；就某一民族而言，现实中所表现出来的不足必然会被精神的发展所超越，例如中国以往并未出现科学和民主，但这并不意味着中国文化的死亡，精神发展内在地要求完善自身，因此中国必然要发展出科学和民主，也必然能够发展出科学和民主。然而吊诡的是，牟宗三断言世界历史最终必然回到东方这个“故土”，这一论断与黑格尔的“单线历史观”在理论模型上没有本质的差异，只不过改换了历史的目的地。更为典型的论述出现在《中国哲学的特质》一书中，牟宗三断言：

西方哲学在这一方面的活动所成的理想主义的大传统，最后的圆熟归宿是向中国的“生命之学问”走。不管它如何摇摆动荡，最后向这里投注。②

这种“故土说”与“投注说”实际上都是黑格尔式的“历史单线发展论”的变体，其中所表现出的独断心态也与黑格尔相类似。牟宗三在根本上坚持的是一元论的历史观和文化观，所谓“各民族精神发展大谐和”只有收摄于中国文化的“成德之教”中才能得以圆满，这一立场进一步通过“文化判教”的工作得以巩固。

对于黑格尔关于中国历史只具有“实体自由”而缺乏“主体自由”的论断，牟宗三认为黑格尔所讲的并非全无道理，但也不完全符合事实，其合理性在于揭示了中国历史上在国家、政治、法律方面缺乏“主体自由”特征，其偏谬处在于无视中国所具备的

① 牟宗三：《历史哲学》，台湾学生书局 1984 年版，第 64—65 页。

② 牟宗三：《中国哲学的特质》，上海古籍出版社 1999 年版，第 8 页。

“道德的主体自由”和“艺术性的主体自由”。依照黑格尔的精神哲学，精神表现为由“主观精神”“客观精神”到“绝对精神”的辩证发展，“客观精神”中的“国家”环节构成黑格尔政治哲学的核心。黑格尔认为，西方近代意义上的国家区别于以往国家的标志就在于以“主观自由”为其原则，“现代国家的原则，就是个人所做的一切都要由自己的意志来决定”①。牟宗三顺承黑格尔的基本理路，指出主体自由在“对反”中得以表现，西方历史中的“对反”以客观的方式表现，即通过阶级对立达到政治权力的平衡，形成了近代意义上的国家、法律和政治制度。而传统中国社会不存在西方式的阶级对立，因此中国的历史在“客观精神”方面有所欠缺，“对反”表现为个体生命中精神与自然的对立，这种精神的本质是道德的，通过自觉对物质成分的淘洗而纯粹化，达到“主观精神”与“绝对精神”的统一，这样所成就的是“道德的主体自由”。此外，中国文化中还有一种不经过上述“对反”而成的“艺术性的主体自由”，其精神尚未从自然中提炼出来，表现为人的才情和气质。② 牟宗三进一步将中国文化所具备的两种主体自由归结为“综和的尽理精神”和“综和的尽气精神”，而将西方文化归结为“分解的尽理精神”；而就中西文化都是绝对精神（理性）的表现而言，前者是“理性的运用表现”，而后者是“理性的架构表现”。在牟宗三看来，尽管中国文化在历史上的道德宗教和艺术方面具有优长之处，但终究缺少国家、政治、法律方面的“客观精神”，因此面对西方现代文化的挑激，必须自觉地开出科学和民主，由“理性的运用表现”转为“理性的架构表现”，而这一过程就是所谓“坎陷”。

综上所论，牟宗三的历史哲学继承了黑格尔的运思方式，尽管他对黑格尔关于中国历史和中国文化的论断多有驳正，但同样秉持着一元论的历史发展目的论，将历史演进视为世界精神的自我运动，即“精神之内在的有机发展”③。

三、坎陷说与辩证法

牟宗三的哲学工作之所以具有某种现代性的意蕴，不仅表现于其在会通中西基础上对传统儒家的心性之学予以现代哲学的重建，更重要的在于其力图从儒家以德性为主导的价值系统中内在地探寻知性主体与科学民主的生发之道，即“本内圣之学解决外王问题”，在这一方面牟宗三提出良知自我坎陷说作为沟通本体世界与现象世界、价值世界与事实世界的理论模型。就这一理论而言，从其表述方式到其思想实质，无不带有黑格尔辩证法的鲜明印记，在某种意义上，坎陷说最为直接地体现了牟宗三哲学与黑格尔哲学的关系。

① ［德］黑格尔：《法哲学原理》，范扬、张企泰译，商务印书馆 1961 年版，第 291、318 页。

② 参见牟宗三：《历史哲学》，台湾学生书局 1984 年版，第 67—76 页。

③ 牟宗三：《历史哲学·自序》，台湾学生书局 1984 年版，第 6 页。

首先，从词源上说，牟宗三所谓的“坎陷”一词，出典于《周易》的《坎》卦经文：

> 初六：习坎，入于坎，陷，凶。

《易传·说卦》直接解之为：“坎，陷也。”孔颖达《正义》云：

> 坎象水，水处险陷，故为陷也。

其本意为“从高处坠下落于险地”。对于“坎陷”一词，牟宗三给出的英文是 Self-negation。[①] 显然，这一概念的真正意指来源于黑格尔辩证法中的自我否定一词，其内含是：“单一的东西的分裂为二的过程或树立对立面的双重化过程，而这种过程则又是这种漠不相干的区别及其对立的否定。”[②] 在黑格尔那里，这种自我否定的过程正是精神自身“主体性”的体现，他的基本立场是：“不仅把真实的东西或真理理解和表述为实体，而且同样理解和表述为主体。”[③] 而“实体作为主体是纯粹的简单的否定性”，因此“主体性”和“否定性”在黑氏那里具有同等的意义，否定就是作为主体的实体，是一种“魔力”，“这种魔力就把否定的东西转化为存在”。[④] 牟宗三的“坎陷”一词继承了黑格尔的辩证法精神。在两层存有论的架构之中，他借用佛教的术语将这种自我否定的过程称之为“执”：

> 知体明觉之自觉地自我坎陷即是其自觉地从无执转为执。自我坎陷就是执。坎陷者下落而陷于执也。
>
> 这不是无始无明的执，而是自觉地要执，所以也就是“难得胡涂”的执，因而也就是明的执，是“莫逆于心相视而笑”的执。[⑤]

知体明觉自身是“无执”的，因为在智的直觉朗照下没有主体与对象的分别，“心与物一起如如朗现”；而要成就知识就必须有“执”，经此一“执”而成主客体之间能知与所知的对峙，主体不再是道德主体（“无限心”）而降格为认知主体（有限的“识心”），它把“物自身”推出去视为对象，“认知地挑起或搊起”现象，牟氏称之为“平

---

① 参见牟宗三：《中国哲学十九讲》，上海古籍出版社 1997 年版，第 280 页。

② ［德］黑格尔：《精神现象学》上卷，贺麟、王玖兴译，商务印书馆 1979 年版，第 11 页。

③ ［德］黑格尔：《精神现象学》上卷，贺麟、王玖兴译，商务印书馆 1979 年版，第 10 页。

④ 参见［德］黑格尔：《精神现象学》上卷，贺麟、王玖兴译，商务印书馆 1979 年版，第 21 页。

⑤ 牟宗三：《现象与物自身》，台湾学生书局 1975 年版，第 123 页。

地起土堆”。[1]

其次，“坎陷”之所以可能根源于知体明觉的绝对性，这种无限的本体不能仅仅停留于自身之中，进而内在地要求与现象界产生联系，同时必然地能够实现于现象界，成就认知主体、科学民主等“新外王事业”。人虽有限而可无限，由其无限性不能不成就科学与民主，不能不有如此的坎陷。因此这一步“执”的过程实质上是主体精神的自我实现，因而是必然的、自觉自愿的。自我否定并不意味着道德主体的消解，相反是主体自身的充实和完善。在黑格尔的辩证法中，“否定的东西也同样是肯定的”。“由于这个产生结果的东西，这个否定是一个规定了的否定，它就有了一个内容。它是一个新的概念，但比先行的概念更高、更丰富。”[2] 牟宗三将黑格尔的这种辩证法贯彻于坎陷说之中：

> 此步开显是辩证的（黑格尔意义的辩证，非康德意义的辩证）。此步辩证的开显可如此说明：(1) 外部地说，人既是人而圣，圣而人（人而佛，佛而人，亦然），则科学知识原则上是必要的，而且亦是可能的，否则人义有缺。(2) 内部地说，要成就那外部地说的必然，知体明觉不能永停在明觉之感应中，它必须自觉地自我否定（亦曰自我坎陷），转而为“知性”；此知性与物为对，始能使物成为“对象”，从而究知其曲折之相。它必须经由这一步自我坎陷，它始能充分实现其自己，此即所谓辩证的开显。它经由自我坎陷转为知性，它始能解决那属于人的一切特殊问题，而其道德的心愿亦始能畅达无阻。[3]

在黑格尔看来，仅仅停留在自身之中的概念是单纯肯定性的，因而是抽象的、消极的东西，而“无论什么可以说得上存在的东西，必定是具体的东西，因而包含有差别和对立于自己本身内的东西”[4]。对牟宗三而言，单纯的“道德心愿”没有经过曲折和坎陷，必然也是某种抽象物，不能够真正挺立起知体明觉的绝对性和无限性，必然“枯萎而退缩”。

再次，牟宗三的坎陷说与其绝对唯心论的立场相结合，秉承黑格尔的“精神之内在的有机发展”，取消了认知主体和科学民主的客观性和独立性，将其视为精神（理性）的表现方式。这样，坎陷的过程不是两种异质的领域之间的转变，而成为精神内部的自我转化。黑格尔把整个自然界和人类社会的活动都视为绝对精神的自我展开过程，从人

① 参见牟宗三：《现象与物自身》，台湾学生书局 1975 年版，第 127 页。
② ［德］黑格尔：《逻辑学》上卷，杨一之译，商务印书馆 1966 年版，第 36 页。
③ 牟宗三：《现象与物自身》，台湾学生书局 1975 年版，第 122 页。
④ ［德］黑格尔：《小逻辑》，贺麟译，商务印书馆 1980 年版，第 258 页。

的个体意识到法律、道德、伦理、艺术、宗教、哲学，构成了精神由低级向高级的发展序列和表现形态。“精神的一切活动都无非是外在东西回复到内在性的各种不同的方式，而这种内在性就是精神本身，并且只有通过这种回复，通过这种外在东西的观念化或同化，精神才成为而且是精神。”① 这种在“绝对精神”的意义上将一切存在形态“观念化”或“同化”的做法，使各种形态之间的转变具有了某种理论上的便捷。这种做法也为牟宗三所采用。他将以道德见长的中国文化归结为“理性的运用表现”，而将以科学民主见长的西方文化归结为“理性的架构表现”，前者的基础是“隶属关系”，而后者的基础是“对列之局”。中国文化现代化的目标就在于由“理性的运用表现”自觉转出“理性的架构表现”，这也就是“坎陷”的过程。② 在这个意义上的坎陷，不是外在的由道德开出科学民主，而是“理性”自身表现形态的内在转变，这个转变过程不需要任何外在的中介，而直接诉诸概念的辩证法。因此，经由坎陷得到的认知主体和科学民主，仍然是观念性的，并非现实的科学和民主政治本身，而仅仅是其“理念”，这种理念与现实之间缺乏必要的中介。这就是坎陷说最为人所诟病之处。如同康德在批判“上帝存在的本体论证明”时所质疑的“由一百元的概念如何推出实际的一百元钱”③，同样我们有理由质疑牟宗三由“识心之执”（科学民主的主观条件）如何达到科学民主的现实存在，其中沟通概念与存在、主观与客观的中介被消解了，这一难题在黑格尔式的绝对唯心论系统中是无法得以根本解决的。

综上所述，牟宗三力图以良知自我坎陷说贯通“内圣”（主观境界）与“外王”（客观现实），实际上是将客观存在纳入主体自身中加以观念化，通过精神内在的自我否定实现主客观的统一，这一理路无疑是黑格尔唯心辩证法的继承和运用。这一学说自身的理论困限，只有在黑格尔哲学的意义上才能得以恰当理解，同时也只有超越这种唯心论系统才能够真正得以克服。

（作者单位：南开大学哲学院）

① ［德］黑格尔：《精神哲学》，杨祖陶译，人民出版社2006年版，第14页。

② 参见牟宗三：《政道与治道》，台湾学生书局1983年版，第52—59页。

③ 参见［德］康德：《纯粹理性批判》，邓晓芒译，人民出版社2004年版，第476页。

牟宗三先生佛教诠释之现代意义

——以天台教与惠能禅为主之论析

尤惠贞

一、前言

关于中国文化的重建，牟先生早在第一届“当代新儒学国际研讨会”的主题演讲①中，已经明确地表示“客观的了解”与中国文化之再造有着相当大的关联，不但强调“当今我们最需要的是要有客观的正解，有正解而后有正行”②，而且在当年主题演讲的结语中，牟先生更语重心长地勉励后辈学子立志承担中国文化再造之使命：

> 有志于中国哲学的年青人在此时代中，有非常重大而严肃的使命要担在身上，就是要重新铸造一“实践的智慧学”，“实践的智慧学”的价值不仅是中国的，而且也是世界的。此工作西方人担负不起，中国人至少还有儒家、道家、佛家的智慧可供汲取，若能静下心来，不随时下的风气转，贡献出你的生命力，一面反求自我民族之本，一面消化西方文化，立真志气，发大智慧，以真性情求正解，行正行，人人尽其绵薄，庶几中国文化可以再创新局。③

因此，当关怀中国文化慧命传承之各方学者专家齐聚于牟宗三先生的故乡山东，以纪念牟先生诞辰一百一十周年的今天，实不应忘失牟先生对于中国文化再创新局乃至永续发展的期盼。顺此，本文拟取径牟先生所重视与强调的客观的了解、相应的了解，具

---

① 牟宗三：《客观的了解与中国文化之再造——“当代新儒学国际研讨会”主题演讲》，《当代新儒学论文集·总论篇》，文津出版社 1991 年版，第 1—19 页。

② 牟宗三：《客观的了解与中国文化之再造——“当代新儒学国际研讨会”主题演讲》，《当代新儒学论文集·总论篇》，文津出版社 1991 年版，第 1 页。

③ 牟宗三：《客观的了解与中国文化之再造——“当代新儒学国际研讨会”主题演讲》，《当代新儒学论文集·总论篇》，文津出版社 1991 年版，第 19 页。

体论析牟先生对于天台宗与禅宗之理解与诠释，乃至对于天台教与惠能禅之判摄与融通，并进而探究牟先生的佛教诠释[①]所可能蕴含的现代意义，特别是对于实存个体之主观契悟与身心修证之启发与影响。

二、牟先生对于天台宗眼的诠释判摄之意义

牟先生于《佛性与般若》下册专论天台宗之性具圆教思想与诸多相关议题，其中论及天台宗之宗眼时，顺此亦兼判摄禅宗。牟先生藉由南宋四明沙门法登于《圆顿宗眼》对于何谓天台宗之宗眼，以及禅宗所传之法与天台圆教皆是传佛心要、不二无别之阐论，具体而详尽地论析法登之立论是否中肯与合理，其最终之目的在于客观地揭示天台圆教之所以为圆教之所依与独特宗眼之所在，并进而论析天台圆教与禅宗合论之可能与相应之比配。法登于《圆顿宗眼》[②] 论“宗眼”云：

> 论云：始鹿苑，中鹫头，后鹤林，法付摩诃（大）迦叶，此乃明于如来正法眼藏分付迦叶，次第传授，永永不绝者也。……自后人生乎异见，乃有“教外别传”之说，亦谓拈华而已。且夫学佛教，虽“教”禅教之不同（案首“教”字误或衍），既皆依佛，必以佛法而为标准。佛法者，即迦叶所传是也。迦叶所传者，莫不始鹿苑，中鹫头，后鹤林之法也。又何时更有“别传”耶？……殊不知“别”之不可。且如来出现，八音四辩。迦叶所传，即教法也。此教明其心，达其理，岂有修行证入过于此也？或谓以心传心。不知因何得知此心可传？莫非教之诠乎哉？况又文字性离即解脱耶？是知禅教皆指灵山分付。迦叶所传何得背佛祖乎？既不用迦叶所传，何须言其继祖也？如此者，并由不知所传之要故尔。[③]

依此，可见内在禅宗思想之传衍，向有教外别传或禅、教不同之诤议，而法登认为禅、教皆灵山所付，并企图藉由论述天台宗之“圆顿宗眼”，从而论证禅、教本无别，禅教可以是合一。其论有云：

> 夫传法者，乃传佛心要也。当知其要有总有别。别则一代所说之法；……总则法华开权显实，说佛知见，点示诸法本源自性。前之所说无非方便。今显真实，皆佛知见。……智者大苏悟，悟此法也。……龙树用文字而广第一义谛，广此法也。摩诃止观不思议一心三观，照此法也。乘是宝车，直自道场，证此法也。达摩单传

---

① 参见牟宗三：《佛性与般若·序言》上册，台湾学生书局1989年版，第1页。

② 法登：《圆顿宗眼》共分三章：宗眼、所传、三观，详见《续藏经》101。

③ 转引自牟宗三：《佛性与般若》下册，台湾学生书局1989年版，第1028—1029页。

心印，传此法也。大哉此法，禅教之源乎？其流虽异，其源必同。要其所归，亦只一也。[①]

牟宗三先生在《法登论天台宗之宗眼兼判禅宗》一文中，对于天台宗之宗眼所在，以及与禅宗是否可以相提并论，提出其个人之诠释与判摄之准则。牟先生点出，首先必须客观地了解天台宗之所以成其为天台宗，由之乃能掌握天台宗之宗眼所在；藉由有关天台宗之客观的了解与如实掌握之学思历程[②]，牟先生对于天台宗之教义，实是经由层层比决、层层提升、层层限制而后始达豁然；明了"由无住本立一切法"乃天台宗最核心之思想，由无住本进而性具一切法。因此之故，牟先生推论：论天台宗之宗眼只能"以性具为纲，以三观（圆顿教观）为纬"。具体而言，性具思想与一心三观实为建构天台性具圆教之纲骨也，由此纲骨而有天台宗之传衍。对于天台宗之传衍，牟先生具体之判释为：

天台宗之成立断自天台智者大师……智者开宗，异识超旷，规模弘大，自不待言。荆溪精熟通透，可谓善绍。知礼中兴，亦极熟练，无有乖违。……知礼而后，虽皆以知礼为正宗，然无逸才，徒事延续，未免松弛。松弛之象见于宋四明沙门法登关于天台宗"宗眼"之讨论。[③]

依此判释，牟先生认为法登关于"宗眼"之讨论显浮泛松弛之象[④]，因为："法登述《圆顿宗眼》，旨在笼络禅宗。……笼络者，禅教合一之谓也。若如圭峰宗密所说[⑤]，则是依华严宗说禅教合一。若如法登之意，则是依天台圆教说禅教合一。"[⑥]

综观《法登论天台宗之宗眼兼判禅宗》一文，牟先生具体而详尽地论析法登之立论不尽中肯之处[⑦]，并立基于客观地揭示天台圆教之所以为圆教之所依与独特所在，以及禅宗之独特宗风，亦即必须能将天台之所以为天台、禅宗之所以为禅宗，尤其是惠能

---

① 牟宗三：《佛性与般若》下册，台湾学生书局 1989 年版，第 1029 页。

② 参见牟宗三：《佛性与般若》下册，台湾学生书局 1989 年版，第 1033 页。

③ 牟宗三：《佛性与般若》下册，台湾学生书局 1989 年版，第 1027 页。

④ 参见牟宗三：《佛性与般若》下册，台湾学生书局 1989 年版，第 1027 页。

⑤ 参见圭峰宗密于《禅源诸诠集都序》之判释。

⑥ 牟宗三：《佛性与般若》下册，台湾学生书局 1989 年版，第 1039 页。

⑦ 如牟先生指出法登所说"龙树用文字而广第一义谛，广此法也"，则不必真能相应天台圆教而广之，因为若如法登所说，则天台宗与空宗又有何异？又，牟先生表示：若如法登所言以三观为天台所传之法，并以三观为天台宗之宗眼，如此则显浮泛而不切要，同时天台宗劲道全松弛矣。因为："（天台）圆顿止观之所以为圆顿正由于以性具圆教来定住也"。此即牟先生特别强调的"以性具为纲，以止观为纬"乃真能究竟彰显法华之法（性具圆教）。详见《佛性与般若》下册，台湾学生书局 1989 年版，第 1030—1031 页。

禅，各自之独特处及分际厘清，方能确实掌握教外别传之别者为何，以及禅、教是否相辅相成，进而禅教合一之可能所依。

依牟先生之分判，禅宗始自达摩来华，元是依《楞伽经》以传心，所重者在于“如来藏自性清净心”之修持与证悟；至五祖与六祖则偏重《般若经》不舍不着、无相无住之妙用。因此，牟先生谓：

> 六祖而后，禅宗偏重行证之自得，不立文字，不重教说，因此，有所谓“教外别传”，此即所谓宗风之特色。就此特色而言，禅宗不但不重视那“总在《法华》”之“法付迦叶”之客观说的“无上正法”之辩说，而且甚至亦不重视那原初之“《楞伽》传心”。若方便寻其教相，顺原初史实言，则是属于真常心系。此所以圭峰宗密依华严宗之教相而与禅宗会合，言禅教合一也。如是，则所谓“教外别传”，乃是教内之“教外别传”，非空头冥行，全无教相之轨辙也。①

牟先生更进一步论析所谓的“教外别传”乃是：

> 其所谓“教外别传”只是不重教说，专重当下自悟自得，得无所得，洒然之如如呈现而已。是以禅宗追溯宗源，必始自“世尊拈华，迦叶微笑”。此亦庄子所谓“莫逆于心，相视而笑”之意也。禅宗即以此“拈华、微笑”为单传之心印。此是主观地说之“法付迦叶”。然此种“莫逆于心，相视而笑”之轻松妙趣乃是各宗共契之境界。始自“燃灯无法与释迦，释迦亦无法可说”，即已然。“言语道断，心行路绝”，乃是大家皆可说的。光抟弄这一妙境，亦无甚意思。六祖以后禅师们专在此等处出精采，如斗机锋，打手势，参话头，乃至棒喝，种种奇诡的姿态，都无非表示“无法可说”而已。此若对专作文字知解者作一警戒则可。若以此为独立一宗以与他宗相对抗，则无意义。此所以禅宗不能独立讲之故也。②

基于上述引文所呈现之见解，牟先生进而推论：

> 禅宗，历史地观之，固是中国人所独创，然就其所发之理境而言，则不是中国人的新发明，乃是灵活透脱的中国心灵独喜这一境，亦独善于这一境，因而沿“无法可说”一义而独显光采耳。此在心灵之开辟上，学术之发展上，固有其高度之价

① 牟宗三：《佛性与般若》下册，台湾学生书局1989年版，第1039—1040页。
② 牟宗三：《佛性与般若》下册，台湾学生书局1989年版，第1040页。

值，亦示一高度之智慧，然而就佛教义理而言，则不能独立也。①

因此，禅宗所侧重之“无法可说”“言语道断，心行路绝”之禅境既为各宗所共契之境界，则“圭峰宗密可依华严宗以会禅而言禅教合一，天台宗人亦可依天台宗以会禅而言禅教合一。甚至任何宗皆可如此说”②。

牟先生不仅论析禅宗可以教理会合之，更进而爬梳相关经典文献，具体论析不同教理与禅宗各家之间的比配与会合③，尤其着力于何种教理较适宜于惠能以及惠能以后者。依牟先生之观点，以天台圆教以与惠能禅会之可以圆满证成禅教合一④，而之所以天台教与惠能禅彼此得以相互比配以至于禅教合一，则可依天台教观双美所蕴含之圆顿修证与六祖惠能本来无一物的人生智慧之特质做更具体之论证。

三、天台教观双美所蕴含之圆顿修证

隋朝天台智顗（智者大师）为天台宗之祖师，然根据唐朝道宣《续高僧传》之记载，智顗却归属于《习禅篇》，可见与禅修关系甚深。⑤ 智顗出家修行后，因慕大苏山慧思禅师之禅慧兼具，遂往依慧思勤修法华三昧行法，并证悟法华三昧前方便，此即所谓“行法华经忏，发陀罗尼”⑥ 之“大苏妙悟”；后住锡金陵弘法时，深感“听法者日益增多，而领悟者日渐减少”⑦，遂归隐于天台山精进禅修，终至照彻诸法实相，解脱一切生死忧苦，此修证过程对于其晚年之讲说圆顿止观，当具有举足轻重之影响。⑧ 因此，亦形构了智者大师倡行“教观双美、定慧兼修”之天台教观，并被视为中国大乘佛教中禅修实践之重要参考。

天台智者大师于《摩诃止观》中解释何谓圆顿止观时，曾云：“圆顿者，初缘实相，造境即中，无不真实。系缘法界，一念法界，一色一香，无非中道。”⑨ 吾人若能将心系于法界，念念如法思惟观察，所谓安住于法界而如实观照，则所谓一色一香皆能如其所如地显现而无所偏差，此时心念所止息与所观照者，皆为诸法之中道实相。依智者大

---

① 牟宗三：《佛性与般若》下册，台湾学生书局 1989 年版，第 1041 页。

② 牟宗三：《佛性与般若》下册，台湾学生书局 1989 年版，第 1040 页。

③ 牟先生有关禅教会合之恰当比配，将于下文“五、天台教与惠能禅相通兼容之可能”中具体论述。

④ 相关论述及推证，请参见牟宗三：《佛性与般若》下册，台湾学生书局 1989 年版，第 1039—1070 页。

⑤ 参见道宣：《续高僧传・第十七》，《大正藏》50，叶 560c—568a。

⑥ 参见《摩诃止观・卷第一上》，《大正藏》46，叶 1b。

⑦ 释慧岳：《天台教学史》，中华佛教文献编撰社 1979 年版，第 64 页。

⑧ 参见释慧岳：《天台教学史》，中华佛教文献编撰社 1979 年版，第 64—65 页。另可参见关口真大之见解：“天台智顗的一生变化，就是从禅到止观的发展”，转引自［日］柳田圣山：《禅与中国》，毛丹青译，桂冠出版社 1992 年版，第 149 页。

⑨ 《摩诃止观・卷一上》，《大正藏》46，叶 1c。

师之说明，在于吾人一念心虽常时流转于无明之中，然无明本无自性，亦即无明无有住性；因此，一旦吾人依凭于清净戒德与种种具体修证行法[①]，念念当体皆如实明白无明之无住而不执着，迷染心念当下即刻转为明白，体证无明痴惑即是法性。若能时时清净，念念分明，则心念对应每一境界时，即是直接面对每一法之空如法性而如实呈现，故所见皆为诸法实相所具现之法界。而所谓“实相”，即如《法华经·方便品第二》所说，指的是诸法之“如是相、如是性、如是体、如是力、如是作、如是因、如是缘、如是果、如是报、如是本末究竟等”，此诸法实相，即是诸佛所成就之第一希有难解之法，唯佛与佛乃究竟证知。[②] 若能念念如实体证诸法实相，自能觉了“无明尘劳即是菩提，无集可断；边邪皆中正，无道可修；生死即涅盘，无灭可证。无苦无集，故无世间；无道无灭，故无出世间”，此亦可说是“烦恼即菩提，生死即涅槃”。[③] 如此证显之境界乃是“纯一实相，实相外更无别法”[④] 之法界，亦是“一色一香无非中道”之法界。

依此观之，无论是法华经义或天台教观，皆是相应具体生命之修持证道而言，亦即依经义而修持，依修持而显教观。如此的经义诠释与止观修证，既形构了天台宗独特的圆教义理系统，亦对应现实生命如何达至圆融无碍而凸显圆教义理与观行之重要。因为依智者所判释之圆教标准，生命之层层进展、转化提升而至于圆融无碍、充实圆满，必须即于一切思议法之当下体证“无明痴惑即是法性”，乃至只断主观之执障而不断除任一客观存在之法，而证悟中道实相不思议境界。

四、六祖惠能本来无一物的人生智慧

所谓“本来无一物的人生智慧”，乃源自禅宗六祖惠能对应神秀所做之偈而有；神秀所悟之偈为：

> 身是菩提树，心如明镜台；时时勤拂拭，勿使惹尘埃。[⑤]

显见是肯定众生之身心为开显智慧与禅修证悟之清净本源，所以务必时时勤拂拭，以免尘埃染污。而惠能所对应之偈则为：

---

① 参见《摩诃止观》卷二与卷四之相关说明。

② 参见《大正藏》9，叶 5c。

③ 宋代四明知礼于《十不二门指要钞》中特别强调：“若不立阴等为境，妙观就何处用？妙境于何处显？故知若离三道，即无三德。如烦恼即菩提，生死即涅盘。《（法华）玄（义）文》略列十乘，皆约此立。又，《止观大意》以此二句为发心立行之体格。岂有圆顿更过于此？”详见《大正藏》46，叶 706c—707a。

④ 《摩诃止观·卷一上》，《大正藏》46，叶 1c。

⑤ 佛光山宗务委员会：《六祖坛经·行由品第一》，《中国佛教经典宝藏精选 18》，第 42 页。

菩提本无树，明镜亦非台；本来无一物，何处惹尘埃？①

由惠能与神秀所作偈颂之对照，显见惠能与神秀之所体悟显然不同，而其所以不同之最核心在于，惠能并未肯定一自性清净心为修持之所依，而是直就每一众生当下之一念心而言修持证悟。因此，惠能强调：

若悟自性，亦不立菩提涅槃，亦不立解脱知见。无一法可得，方能建立万法。若解此意，亦名佛身，亦名菩提涅槃，亦名解脱知见。见性之人，立亦得，不立亦得，去来自由，无滞无碍，应用随作，应语随答，普见化身，不离自性，即得自在神通游戏三昧，是名见性。②

六祖惠能不但强调本来无一物，更由之超脱烦恼与菩提之二元对立。惠能明白表示："烦恼即是菩提，无二无别。……明与无明，凡夫见二；智者了达，其性无二。无二之性，即是实性。实性者，处凡愚而不减，在贤圣而不增，住烦恼而不乱，居禅定而不寂，不断不常，不来不去，不在中间及其内外，不生不灭，性相如如，常住不迁，名之曰道。"六祖惠能综摄其所说之心要乃是："但一切善恶都莫思量，自然得入清净心体，湛然常寂，妙用恒沙。"③

惠能不仅与神秀所体悟不同，而且与后来荷泽宗之神会的悟解亦不同。牟先生对于其中之差异有如下之论析：

我看他（惠能）于"应无所住而生其心"言下大悟的便很不同于神会之悟解。……"无所住而生其心"即是不住着于色声香味触法而生其心，即是般若心，清净心，无念心。般若心呈现，空寂性始呈现。此仍是实相般若也。实相一相，所谓无相，即是如相。惠能并未就无住心把它分解成一个灵知真性，如神会之所为。……必须直就着无念无住着的般若清净心而无心始能见"本来无一物"的空寂性而成佛。④

基于惠能所强调之"直就着无念无住着的般若清净心而无心始能见'本来无一物'的空寂性而成佛"，由此可进而与天台宗强调之必须直就当下一念心、观一念即具之十

① 佛光山宗务委员会：《六祖坛经·行由品第一》，《中国佛教经典宝藏精选 18》，第 48—49 页。
② 佛光山宗务委员会《六祖坛经·顿渐品第八》，《中国佛教经典宝藏精选 18》，第 174 页。
③ 佛光山宗务委员会《六祖坛经·宣诏品第九》，《中国佛教经典宝藏精选 18》，第 191 页。
④ 牟宗三：《佛性与般若》下册，台湾学生书局 1989 年版。

法界三千法即空即假即中，亦即依一心三观以如实观照性具三千之圆教观行相互对照会合。

五、天台教与惠能禅相通兼容之可能

依《六祖坛经》，不难了解惠能禅师对于经教所抱持之肯定态度与独特观解。惠能对常诵《法华经》之法达谈论经义与证悟时，言简意赅地总摄《法华经》之教理核心为："此经元来以因缘出世为宗。纵说多种譬喻，亦无越于此。"并对《法华经》开宗明义所宣说的"诸佛世尊，唯以一大事因缘出现于世"，提出其个人之体悟与诠释："'一大事'者，佛之知见也。世人外迷着相，内迷着空；若能于相离相，于空离空，即是内外不迷；若悟此法，一念心开，是为开佛知见。……若闻'开示'，便能'悟入'，即觉见本来真性，而得出现。……汝今当信佛知见者，只汝自心，更无别佛。"又特别针对法达所提"但得解义，不劳诵经耶?"之疑问，具体而明确地响应法达一偈：

> 心迷法华转，心悟转法华，诵经久不明，与义作雠家。无念念即正，有念念成邪，有无俱不计，长御白牛车。

惠能指出：

> 经有何过？岂障汝念？只为迷悟在人，损益由已。日诵心行，即是转经；口诵心不行，即是被经转。①

惠能更进而给予法达因此教诲而蒙启发所赞之偈颂：

> 经诵三千部，曹溪一句亡。未明出世旨，宁歇累生狂？羊鹿牛权设，初中后善扬。谁知火宅内，元是法中王？

印可法达：

> 汝今后方可名念经僧也。②

凡此诸多例证，不但明白显示惠能禅师对于经教之肯定，同时亦指出经义与观证相

---

① 牟宗三：《佛性与般若》下册，台湾学生书局 1989 年版，第 133—135 页。

② 牟宗三：《佛性与般若》下册，台湾学生书局 1989 年版，第 135 页。

辅相成之关联。

五祖为惠能说《金刚经》，至“应无所住而生其心”①，惠能顿悟：一切万法，不离自性。此与惠能对应神秀之偈所说“本来无一物”是一致的体悟。因为一切法皆依因待缘，亦即因缘和合而生、因缘离散而灭，除因缘之聚散外别无任何独立自主而不变之法。惠能体悟万法缘起、空无自性，更于自性本空，强调：“何期自性本自清净！何期自性本不生灭！何期自性本自具足！何期自性本无动摇！何期自性能生一切万法！”②且于传法中亦随时彰显以无念为宗、以无住为本、以无相为体。法海禅师见惠能，问“即心是佛”之谛义，惠能开示：

> 前念不生即心，后念不灭即佛；成一切相即心，离一切相即佛。

更以偈颂总括其对“即心是佛”之证悟：

> 即心名慧，即佛乃定，定慧等持，意中清净。悟此法门，由汝习性，用本无生，双修是正。

而法海言下大悟，并以偈赞曰：

> 即心元是佛，不悟而自屈，我知定慧因，双修离诸物。③

从精通天台止观法门的永嘉玄觉禅师见惠能时两者之间的对话机锋，亦不难看出惠能禅与天台教可以相融摄之处。④ 又如，卧轮禅师有偈云：

> 卧轮有技俩，能断百思想。对境心不起，菩提日日长。

惠能对应之偈为：

> 惠能没技俩，不断百思想。对境心数起，菩提作么长？⑤

牟宗三先生指出，两偈颂对于“心”之体悟实有不同。牟先生对于二者之差异，乃

① 佛光山宗务委员会：《六祖坛经·行由品第七》，《中国佛教经典宝藏精选18》，第46页。
② 佛光山宗务委员会：《六祖坛经·行由品第七》，《中国佛教经典宝藏精选18》，第46页。
③ 佛光山宗务委员会：《六祖坛经·机缘品第七》，《中国佛教经典宝藏精选18》，第127页。
④ 参见佛光山宗务委员会：《六祖坛经·机缘品第七》，《中国佛教经典宝藏精选18》，第127页。
⑤ 牟宗三：《佛性与般若》下册，台湾学生书局1989年版，第1062页。

至与天台教观之应合有所诠释，其文有云：

> 此卧轮禅师盖即看心，看净，不动之类，属息妄修心宗。彼自以为有伎俩，实则为法所縛。“惠能没技俩，不断百思想”，正是天台宗所特重之“不断断”。于百思想中无住无着，则是思而无思，此即是解脱。何必断绝百思想，才增长菩提耶？此不但不能增长菩提，反而窒死菩提。此偈与当初对神秀上座而发之偈：“菩提本无树，明镜亦非台；本来无一物，何处惹尘埃？”似相反而实相成，盖同一精神也。“本来无一物”是一法不可得。“不断百思想”是不坏假名而说诸法实相，三千宛然即空假中。此两者是一也。[①]

牟先生藉由对于《六祖坛经》之详细爬梳，并就惠能所说之“无念为宗”“无住为本”“无相为体”作为具体代表惠能禅之精神，揭示惠能禅更能与天台圆教相应之处；藉由禅宗与诸教相互比对，并参照圭峰宗密于《禅源诸诠集都序》中之判释[②]，指出禅教会合之恰当比配为：

> 1. 密意依性说相教即始别教配息妄修心宗（神秀禅）。
> 2. 密意破相显相教即通教配泯绝无寄宗（牛头禅）。
> 3. 显示真心即性教即终别教配直显灵知真性宗（神会禅）。
> 4. 天台圆教配惠能禅，即圆悟禅或圆顿禅。[③]

牟先生所以强调天台圆教配惠能禅，在于他认为：惠能体悟即于日常生活中“无念无住无相”、当下即是，此实符应《般若经》所宣说之“不坏假名而说诸法实相”，亦近于《维摩诘经》“但除其病而不除法”之“不断断”精神；也正因通透于此般若智慧之不舍不着，六祖惠能乃能顺理成章地宣说：“烦恼即是菩提，无二无别。”[④] 牟先生依惠能所说“自性能生万法”进行诠释与简别，进而对于惠能禅与天台教之关涉有如下之论述：

> 惠能那些粗略的漫画式的语句，除以天台圆教规范之，那不可能对之有恰当相应的了解。……故若以天台圆教范域之，规正之，则可不至于迷失也。依惠能禅而起的“教外别传”，实只能是教内的“教外别传”。……吾以为这除以天台圆教“一

---

① 牟宗三：《佛性与般若》下册，台湾学生书局 1989 年版，第 1062 页。

② 参见《禅源诸诠集都序》卷 1，CBETA, T48, no. 2015, p. 402, b15-21。

③ 参见牟宗三：《佛性与般若》下册，台湾学生书局 1989 年版，第 1068—1069 页。

④ 佛光山宗务委员会：《六祖坛经 · 宣诏品第九册》，《中国佛教经典宝藏精选 18》，第 191 页。

念心即具十法界”来规范之，说明之，不能有善解。①

至于惠能禅与天台教相函摄之关系，牟先生进而有如下之诠释与论证：

此种顿悟禅函着般若之作用的圆，而亦更恰合于天台宗一念三千之存有论的圆。此种性具圆教更能保证惠能的顿悟禅。圆必函顿，只言顿不必真能至于圆也。若依天台教，则所谓“即心是佛”，心不是真如心，而是烦恼心。“直指人心，见性成佛”，即直指此烦恼心当下即空假中，呈现空慧般若，见自性真空以成佛也。②

综上所述，内在于天台圆教与惠能禅，实蕴含了禅教相互函摄乃至禅教合一的可能进路。

六、禅教合论对具体生命之可能启发

牟先生对于佛教义理乃至教相判释与现实生命之间的辩证关系与发展历程，曾提出其存在实感之论述：

凡教皆有限定相，亦即是一途之通路。人总是通过一通路而彰显那无限者。无限者通过一通路，通过一现实生命（一个体生命），而被彰显，同时即被限定。③

牟先生晚年于其所著《圆善论》一书中表示：

凡圣人之所说为教，一般言之，凡能启发人之理性，使人运用其理性从事于道德的实践，或解脱的实践，或纯净人或圣洁化其生命之实践，以达至最高的理想之境者为教。④

而且牟先生在其相关著作一再地强调：

依照天台宗的判教，最高的标准是圆教，修行的最高境界亦是圆教。⑤

---

① 牟宗三：《佛性与般若》下册，台湾学生书局1989年版，第1061—1062页。
② 牟宗三：《佛性与般若》下册，台湾学生书局1989年版，第1066页。
③ 牟宗三：《现象与物自身》，《牟宗三先生全集》第21卷，联经出版事业公司2003年版，第470页。
④ 牟宗三：《圆善论》，台湾学生书局1985年版，第267页。
⑤ 牟宗三：《中国哲学十九讲》，《牟宗三先生全集》第29卷，联经出版事业公司2003年版，第313页。

因为教既对于个人生命之实践或解脱有其启发与影响，则所谓圆教必关涉个体之修证是否圆满无碍。依牟先生之观解，内在中国佛教之传衍过程，因为圆教概念之提出，所以才能依之以分判不同之经教与义理，也因此方能进一步检讨由之而开展之实践法门，是否真能充其极地使人臻至自在而解脱之境。

牟先生之所以特别重视天台教观之客观的理解，以及对于相关而具诤议性文献的详细爬梳，并由之提出天台圆教与惠能禅相互比配为最适宜，实是经由长期之浸淫与探究，以至于对天台之独特处有所掌握，并藉由检视法登论天台宗眼之浮泛，更依宗密之《禅源诸诠集都序》对于禅教之判释，进而判摄禅宗与诸教理间合理之相应关系，以具体会通不同之禅与教之相互比配。此所以牟先生判释天台圆教配惠能禅（圆悟禅或圆顿禅），并进而论述天台教与惠能禅相互范域之意义与必要：

> 如此，则天台圆教不笼统浑沦于“真心即性教”，而惠能禅亦不落空也。惠能禅盖实符合于天台圆教所谓性具（一念三千），以及法性与无明同体依而复即，三道即三德，乃至不断断也。以天台圆教范域之，则惠能禅之精神显矣，而可不至于迷失，亦不至于有歧解。反之，天台圆教之简单化，禅行化，即是惠能禅之言下大悟“一切万法不离自性”，直指人心见性成佛。此亦自然之序也。此乃《般若》与《法华》合一之简单化，亦是圆教下的禅教合一。①

牟先生所理解的惠能乃是“尊经重教”之人，因为惠能禅“惟重在心悟，不徒口诵”，故“虽简而不繁，略而不详，然不抹杀”。② 正因惠能特重心悟，遂开后来禅宗所特有之“宗风”，如不落阶级、无心为道，乃至扬眉瞬目，擎拳、竖拂，推倒禅床，踢翻净瓶，画圆相，拨虚空，棒打，口喝，轧蛇，杀猫，种种奇诡的姿态。牟先生认为，这些发展都只是顺着“无心为道”而来，是“作用见性，当下即是”的身心表现，凡真悟真修真证必函着这一套身心修证表现。因此，牟先生特别指出：

> 然专拨弄这一套以自成宗，以为这是上上宗乘，是教外别传，不立文字，以与其他言教法者相对抗，这便无意义。③

上述藉由对于天台教观与惠能禅之概述与对照比较，目的在于论析禅教合一的可能进路，以及依之为身心圆满修证之所依的必要性。天台的独特修证法门在于立基于《妙

① 牟宗三：《佛性与般若》下册，台湾学生书局1989年版，第1069页。
② 牟宗三：《佛性与般若》下册，台湾学生书局1989年版，第1069页。
③ 牟宗三：《佛性与般若》下册，台湾学生书局1989年版，第1069—1070页。

法莲华经》所彰显的：一切众生皆可依佛之开示而悟入佛之知见①，亦即照见诸法实相之如如自在的境界；而其所以能证成的关键在于：依循种种善巧方便之开发决了、开权显实的精神，将当下一念心所生起之种种可思可议的差异境界，藉由如实观照的圆顿教观，当体转化为不思议绝待之境界，使得自我之身心存在趣极于与佛无二无别之究极圆妙。

至于禅宗之直指人心、见性成佛，目的在于扫除繁复教相所可能带来的执障与滞碍，而特别彰显“即心是佛”之修证宗风。然而此种强调当下体证的禅修法门，仍然有其所以能顿悟之义理凭借，如此方能在事行上如理作意、任运自在。因此，禅宗虽倡“教外别传”，究实而言，应仍属佛教教义内的教外别传，亦即立基于佛教之根本义理与精神，而特显直指人心、见性成佛之当下顿悟。惠能与常诵《法华经》之法达谈论经义和证悟时，曾说：

> 心迷法华转，心悟转法华，诵经久不明，与义作仇家。无念念即正，有念念成邪，有无俱不计，长御白牛车。②

此不但明白显示禅宗祖师对于经教之肯定，同时亦指出经教义理与修行观证相辅相成之关联。

《六祖坛经·疑问品第三》中六祖惠能论及净土有云：

> 凡愚不了自性，不识身中净土，愿东愿西，悟人在处一般。所以佛言：“随所住处恒安乐。”使君！心地但无不善，西方去此不遥；若怀不善之心，念佛往生难到。今劝善知识，先除十恶，即行十万；后除八邪，乃过八千。念念见性，常行平直，到如弹指，便睹弥陀。③

所谓“随所住处恒安乐”，正是佛陀教化的本质，因此，藉由天台教观所揭示之“一色一香无非中道”，以及惠能禅所强调之“无住无念无相”，可以提供吾人一个亲近佛法的途径，让佛法能够进入人们的生活之中，不但在待人处事中，更在行住坐卧、柴米油盐酱醋茶乃至一呼一吸中，发挥潜移默化的功能；佛法不但不需假于外求，而且是在日常生活中举手投足皆能亲近。从生命体证的面向而观，佛教的教化与观行可以即于生命自身，成为生命实践的历程、身心自在安顿的依凭。

---

① 参见《妙法莲华经·方便品》，CBETA，T09，no. 262，p. 7，a21-b1。

② 佛光山宗务委员会：《六祖坛经》，《中国佛教经典宝藏精选 18》，第 135 页。

③ 佛光山宗务委员会：《六祖坛经·疑问品第三》，《中国佛教经典宝藏精选 18》，第 89 页。

七、结论

罗义俊教授于《我读牟宗三：典范的学思生命和哲学创造》一文中，对于牟宗三先生作为学思生命与哲学创造之典范，提出如是观解：

> 无论是文化意义，还是学术意义，牟宗三哲学正是后代学者的发展基源，后代学者必以之为生命与学问成长的源头活水。①

诚然斯语，牟先生逝世虽然已经二十六年，吾等之生命与学问，幸有此活水可汲取，有此典范可依凭！

正是立基于如是活水源头，本文具体论析：承续牟先生对于天台宗与禅宗相关文献之诠释判摄乃至研究推论，不但可以提醒吾人注意佛教文本在吸收或消化其他思想的过程中有可能出现解读与诠释上之歧出或不谛当，同时亦可更清楚地掌握禅教合论所以可能与相应之关键。因为不论是关于天台文献之考证、天台义理之辨析，抑或关乎天台宗之宗眼应依何而显，乃至禅教合论应如何比配等议题，牟先生之研究成果皆深具启发意义与影响作用。当然，所以探究论析，最主要之目的在于：希冀能令牟先生之佛学思想研究与诠释有一清晰之眉目，令关心此一领域之研究者，能理解牟先生所呈现的研究成果所具之重大意义，同时亦可具体掌握乃至辨析不同诠释观点之所以差异之处，以及其所可能衍生之不同判释，乃至所关联之相关修证法门的差异，等等。

综摄而言，笔者希冀藉由诸多相关联之研究与论析，或可阐明牟先生之佛学诠释与判摄，在中国佛学之传衍与开展历程中具有承先之意义与启后之影响；更进而彰显牟宗三先生所特重之禅教的恰当比配，即天台圆教与惠能禅相容合一之教理行证，对于现时代实存个体可能产生的启发作用，以及其中所缊含的生命修证意义。此所以本文依教观双美的天台圆教，以与会合强调本来无一物、见性成佛之惠能禅，以论析圆成禅教合一，进而臻至身心自在之可能进路。

（作者单位：南华大学人文学院）

① 罗义俊：《我读牟宗三：典范的学思生命和哲学创造》，2010 年 6 月 12 日，https：//www. douban. com/group/topic/11903665/。

禅心未作沾泥絮，将向春风唱鹧鸪

——牟宗三先生前期的佛禅感悟

白欲晓

在20世纪60年代末处理佛学问题并写作《佛性与般若》之前，牟宗三先生未对佛学做过专门研究，这并不代表他对佛教没有亲切的体认。20世纪50年代后期，牟宗三在《五十自述》中以“文殊问疾”为题，叙述自己于羁旅之夜偶听“梵音”而感悟“悲情三昧”，足证其于佛教之境界有心灵的感应和存在的体悟。牟宗三自己曾由问学及学问的角度，说因从学于熊十力先生并接闻教学两界，于佛学“稍稍涉猎”和“熏习”，但当时“注意力不在此，所以没有多看佛教的典籍”，也未了解魏晋至隋唐一期“吸收佛教的发展过程”。① 不过，系统整理和消化佛学为一事（牟宗三20世纪70年代的工作正在于此），对佛教文化及价值有感受和领悟为另一事，自不必以学术研究为限。我们或许可借20世纪30—40年代牟宗三领会佛教及禅学的吉光片羽，来见牟宗三先生前期的佛禅感悟及思想引发。

一

1935年12月至1936年1月，牟宗三先生发表《〈红楼梦〉悲剧之演成》于《文哲月刊》，直言《红楼梦》之可说而未经人说的乃是“那悲剧之演成”。牟宗三声言，相较于《红楼梦》的前八十回，自己更喜欢看高鹗后四十回：“前八十回是喜剧，是顶盛；后四十回是悲剧，是衰落。由喜转悲，由盛转衰，又转得天衣无缝，因果相连，俨若理有固然，事有必至，那却是不易。”② 《红楼梦》之悲剧的演成，一在人生见地之冲突，一在兴亡盛衰之无常。

---

① 牟宗三：《我的学思经过》，《时代与感受续编》，《牟宗三先生全集》第24卷，联经出版事业公司2003年版，第214—215页。

② 牟宗三：《〈红楼梦〉悲剧之演成》，《牟宗三先生早期文集》（下），《牟宗三先生全集》第26卷，联经出版事业公司2003年版，第1063页。

就人生见地来说，牟宗三认为，一方是宝玉、黛玉属之的“聪俊灵秀乖僻邪谬的不经之人”，一方是宝钗属之的“人情通达温柔敦厚的正人君子”，为贾母、王夫人及上上下下皆所看中。悲剧的演成不是善恶之攻伐，而在于人生见地与性格之冲突。在为人上说都是好人都是可爱，有可原谅可同情之处，而由性格与思想不同且不能反躬而设身处地，遂致情有未通而欲亦未遂。“悲剧就在这未通未遂上各人饮泣以终”，“善恶对抗的悲剧是直线的，显然的；这种冲突矛盾所造成的悲剧是曲线的，令人失望的。高鹗能写悲剧已奇了，复写成思想冲突的真正悲剧更奇，《红楼梦》感人之深即在这一点”。[①] 牟宗三此解极为深刻，但亦属悲剧美学之理解与鉴赏。而在“兴亡盛衰之无常”的感悟和分析上，则见牟宗三之佛教及禅学的领悟。

牟宗三说：“第一幕悲剧是人性的冲突，第二幕自然以此为根据，复加上了‘无常’之感。由‘无常’的参加，这第二幕的悲剧便含着一个人生的根本问题。”[②] 牟宗三引述《红楼梦》第一回疯跛道人的《好了歌》及甄士隐之解而说：

> 这一首注解，便是说明万事无常。因缘相待，祸福相依；没有完全好的时候。若要完全“好”，必须绝对“了”。若能了却一切，便是圆圆满满，常而不变，故曰《好了歌》。所以，最后的解脱便是佛教的思想。
>
> 本来，在中国思想中，解脱这个人生大问题的大半都走三条路：一走儒家的路，这便是淑世思想；二走道家的路；与三走佛家的路，这便是出世思想。儒家之路想着立功立言以求永生；道家想着锻炼生理以求不死；佛家想着参禅打坐以求圆寂。三家都是寻求永恒，避免现世的无常。……当宝玉神游太虚幻境的时候，警幻仙子作最后忠告他说：“从今后，万万解析，改悟前情，留意于孔、孟之间，委身于经济之道。”但是宝玉却始终讨厌这个经济之道，所以他终于走上了佛教之路。[③]

上述两段，可见牟宗三对于《红楼梦》之悲剧演成的认识落足于佛教“无常”之存在感，亦指出所示之解脱道路乃佛教之路。牟宗三并指出中国儒、释、道解决人生问题的道路都是“寻求永恒，避免现世的无常”。牟宗三后来在《佛性与般若》“序言”中说：“我平视各大教，通观其同异，觉得它们是人类最高的智慧，皆足以决定生命之方

---

① 牟宗三：《〈红楼梦〉悲剧之演成》，《牟宗三先生早期文集》（下），《牟宗三先生全集》第26卷，联经出版事业公司2003年版，第1066、1067页。

② 牟宗三：《〈红楼梦〉悲剧之演成》，《牟宗三先生早期文集》（下），《牟宗三先生全集》第26卷，联经出版事业公司2003年版，第1080页。

③ 牟宗三：《〈红楼梦〉悲剧之演成》，《牟宗三先生早期文集》（下），《牟宗三先生全集》第26卷，联经出版事业公司2003年版，第1081—1082页。

向。”① 这固然是“依学术的立场”而立言，却未始不在这里有其先声。

需要点出的是，牟宗三在《〈红楼梦〉悲剧之演成》中还有一非常之理解，颇具禅机意味，即不但“木石前缘”翻作“金玉良缘”为悲剧，“金玉良缘”之缘聚缘散更是悲剧。此悲剧要由更上一机才能理解。

宝玉别妻出家，牟宗三说：

> 宝玉终非负心之人。“禅心已作沾泥絮，莫向东风舞鹧鸪。”他必须要践履前言。宝钗虽可爱，小夫妇虽甚甜蜜，然而其爱的关系终不如与黛玉之深。不过逼着宝玉出家的主力，据情理推测，尚不在爱黛玉心切，而实在思想之乖僻与人世之无常。②

此句所引“禅心已作沾泥絮，莫向东风舞鹧鸪”，出自《红楼梦》第九十一回：

> 黛玉乘此机会说道：我便问你一句话，你如何回答？宝玉盘着腿，合着手，闭着眼，嘘着嘴道：讲来。黛玉道：宝姐姐和你好，你怎么样？宝姐姐不和你好，你怎么样？宝姐姐前儿和你好，如今不和你好你怎么样？今儿和你好，后来不和你好，你怎么样？你和他好，他偏不和你好，你怎么样？你不和他好，他偏要和你好，你怎么样？宝玉呆了半晌，忽然大笑道：任凭弱水三千，我只取一瓢饮。黛玉道：瓢之漂水奈何？宝玉道：非瓢漂水，水自流，瓢自漂耳！黛玉道：水止珠沉，奈何？宝玉道：禅心已作沾泥絮，莫向东风舞鹧鸪。黛玉道：禅门第一戒是不打诳语的。宝玉道：有如三宝。黛玉低头不语。

此段所述乃宝玉、黛玉“以心印心”之机锋禅语。黛玉看似谑戏促狭而实担心紧迫之追问，宝玉只一句“禅心已作沾泥絮，莫向东风舞鹧鸪”便做了断。黛玉“禅门第一戒是不打诳语的”实落言诠，宝玉情急以“有如三宝”为誓，黛玉遂低头不语以默契。此“禅语”乃“情语”，无法不落言诠，可见其非“禅门”而为“情宗”，毕竟皆是有“玉”（欲）之“执”的。

“禅心已作沾泥絮，莫向东风舞鹧鸪”，乃高鹗化用北宋诗僧道潜《子瞻席上令歌舞者求诗戏以此赠》与唐代郑谷《席上赠歌者》诗句而联句为语。

道潜《参寥子诗集》录《子瞻席上令歌舞者求诗戏以此赠》：

---

① 牟宗三：《佛性与般若》（上），《牟宗三先生全集》第3卷，联经出版事业公司2003年版，第8页。

② 牟宗三：《〈红楼梦〉悲剧之演成》，《牟宗三先生早期文集》（下），《牟宗三先生全集》第26卷，联经出版事业公司2003年版，第1084页。

底事东山窈窕娘，不将幽梦嘱襄王。禅心已作沾泥絮，肯逐春风上下狂？①

宋僧惠洪《冷斋夜话》卷六“东坡称赏道潜诗”记载：

东吴僧道潜，有标致。尝自姑苏归湖上……坡一见如旧。及坡移守东徐，潜往访之，馆于逍遥堂，士大夫争欲识面。东坡馔客罢，与俱来，而红妆拥随之。东坡遣一妓前乞诗，潜援笔而成曰：“寄语巫山窈窕娘，好将魂梦恼襄王。禅心已作沾泥絮，不逐春风上下狂。”一座大惊，自是名闻海内。②

上所录道潜诗语句略有差异，不过“禅心已作沾泥絮”一语则同，乃道潜借“沾泥絮”喻“禅心”之坚固。高鹗笔下，宝玉亦借此隐喻自己对黛玉情有独钟。

联句第二语，用唐代诗人郑谷《席上赠歌者》：

花月楼台近九衢，清歌一曲倒金壶。坐中亦有江南客，莫向春风唱鹧鸪。③

此诗描写春风中主客饮酒酬唱，以坐中有江南客，而提醒歌者莫唱“鹧鸪调”，以免勾起客人的思乡之情。这里，高鹗改“莫向春风唱鹧鸪”为“莫向春风舞鹧鸪”，盖鹧鸪鸟雌雄对舞，乃情意偕和之象征。由“唱鹧鸪”变为“舞鹧鸪”，一字之改，转羁旅“乡愁”为男女“情思”，祖露宝玉不会移情他恋之心绪，可见用笔之神妙。

这里附带提及，本文借“禅心已作沾泥絮，莫向东风舞鹧鸪”句而改之“禅心未作沾泥絮，将向春风唱鹧鸪”句，来说明牟宗三前期之佛禅感悟，是因为牟宗三之于佛教禅学并无“沾泥絮”之佛门禅家的归趣，其所祈向乃是由佛教“禅心”的领悟而做文化上的“怀乡”，为儒学招魂而开辟新路。所谓“将向春风唱鹧鸪”，此是后话。

回到前面所说的《红楼梦》之悲剧，不但“木石前缘”翻作“金玉良缘”为悲剧，“金玉良缘”之缘聚缘散更是悲剧。牟宗三有如下感言：

以上别父母别妻嫂，极人间至悲之事。释迦牟尼正因着生离死别的悲惨而离了皇宫，然离皇宫又何尝不是极悲之事？宝玉冷了心肠而出家求那永生之境，正同释迦牟尼一样，都以悲止悲，去痛引痛。这是一个循环，佛法无边，将如何断此循环？

① 释道潜著，陈小辉校注：《参寥子诗集编年校注》，江西人民出版社 2017 年版，第 64 页。

② 释惠洪：《冷斋夜话》，中华书局 1988 年版，第 51 页。

③ 《郑守愚文集》第一卷，《四部丛刊续编》集部，上海涵芬楼影印本。

宝玉出家一幕，其惨远胜于黛玉之死。黛玉死，见出贾母之狠毒与冷淡，然此狠毒与冷淡犹是一种世情，其间有利害关系，吾人总有恕饶的一天。至于宝玉的狠与冷，却是一种定见与计划。母子之情感动不了，夫妇之情感动不了，父子之情更感动不了，刚柔皆无所用，吾人何所饶恕？恕宝玉乎？然宝玉之狠与冷，并非是恶，何用汝恕？惟如此欲恕而无可恕、无所恕之狠与冷，始为天下之至悲。①

牟宗三由宝玉出家惨别父母妻嫂，联想到释迦牟尼四门出游观生老病死之苦而离宫出世寻求解脱，感其为“以悲止悲，去痛引痛”。“木石前缘”之悲剧幻灭仍有所谓可恕之处，而“金玉良缘”之缘散缘灭竟无所谓恕与不恕，其背后正是生命存在之因缘聚散的无常与悲痛。此人间惨剧乃“欲恕而无可恕、无所恕”，“为天下之至悲”也。这里，牟宗三对佛教悲怀有着直接而深切的体认，却也认为“以悲止悲，去痛引痛”之循环非为真正解脱。佛法虽然无边，又如何能断此循环？1947 年，牟宗三在《水浒世界》中将《红楼梦》判为小乘，根由即在于此。

二

笔者曾梳理过牟宗三先生的禅学思想，对其禅教判释也做过说明。② 直接的感受是，相较于对般若、唯识、华严、天台诸学的文献疏解与义理分析，他对禅宗更有体贴之处。当牟宗三称禅宗“乃是灵活透脱的中国心灵独喜这一境，亦独善于这一境”③时，其内心必早有默契与领会。当我们看他以白描笔法勾勒初遇熊十力先生之情景及感受“狮子吼”与“当头棒喝”时，仿佛是禅门师弟接引之禅机。我们读《水浒世界》，劈面见牟宗三判语“吾尝云：《红楼梦》是小乘，《金瓶梅》是大乘，《水浒传》是禅宗”④，这何尝不是禅家之机锋话头。牟宗三前期的禅之领悟集中见于《水浒世界》，他的“禅心”则体现在与时代病痛相伴随的生命之存在感受与反省上，亦见之于行动。

在《水浒世界》里，牟宗三说他有一个“禅机”。李逵见各人下山搬爹取娘，便大哭起来。宋江问他烦恼甚的，他说他也要搬老娘上山快活。宋江让他去搬，结果搬不来，在深山中被老虎吃了。回来把经过告诉宋江等人，皆大笑。牟宗三说：

---

① 牟宗三：《〈红楼梦〉悲剧之演成》，《牟宗三先生早期文集》（下），《牟宗三先生全集》第 26 卷，联经出版事业公司 2003 年版，第 1087 页。

② 参见拙文《牟宗三禅教判释与禅教一致论探析》，《宗教学研究》2005 年第 1 期；《牟宗三如来禅与祖师禅判释疏解》，《禅学研究》第 7 辑，江苏人民出版社 2008 年版；《牟宗三禅宗“教内的‘教外别传’”说论衡》，《禅学研究》第 9 辑，江苏人民出版社 2011 年版。

③ 牟宗三：《佛性与般若》（下），《牟宗三先生全集》第 4 卷，联经出版事业公司 2003 年版，第1053 页。

④ 牟宗三：《水浒世界》，氏著《生命的学问》，广西师范大学出版社 2005 年版，第 187 页。

我曾向一个朋友说：我有一个禅机，请你细参。李逵决搬不上他的娘来，写水浒的人压根就不想叫他搬上来：理上不能如此。请问什么缘故。友人瞪目不解。人多于此不留心。实则是一个大机窍。李逵不去搬，不是李逵；去搬而搬得上来，也不是李逵。……若说不替他惋惜，而却发笑，实在太不仁了。①

为何李逵不能像其他弟兄一样搬得老娘上山？为何林冲差人去东京取眷，回来知道已死了，众人无不为之悼惜悲叹，在李逵这里却发笑，何其不仁也哉？

就牟宗三的“禅机”，笔者想到萨孟武先生20世纪30年代写作《〈水浒传〉与中国社会》，恰好也言及这个公案，正可比照领会。萨孟武说：

李逵虽然动于“孝思”，回家取娘，然而半路就送给老虎充饥（《水浒传》第四十二回）。这个事情可谓世上最悲惨的事，然而李逵回山，诉说杀虎一事，宋江竟然大笑，众好汉也没有安慰的话（《水浒传》第四十三回）。假使李逵所取的非其母，而是其友，则难保梁山泊诸好汉不责李逵谋事不慎。重友而不重亲，不是因为他们没有道德，乃是因为他们的伦理观念与绅士的伦理观念不同。②

萨孟武认为梁山泊是流氓组织的团体，以义气为最高道德是环境使然，所以“重义而不重孝”，虽然义气超过一定限度后很容易由爱惜朋友的义变为爱惜人类的仁，但终究不同于绅士阶层的“忠”与“孝”。伦理观念不同，实源自社会基础的不同。我颇疑牟宗三知道萨孟武的这个说法，亦知其为世情所接受，却翻过来更上一层以“水浒境界”为言，以为酸腐气、学究气、市侩流氓气，皆不足以言《水浒》。

牟宗三言“水浒境界”③：

《水浒》文字很特别：一充沛，二从容。随充沛而来者如火如荼，随从容而来者游戏三昧。不从容，不能冲淡其紧张。游戏所以显轻松，三昧所以显静定。其文字之声音色泽，一有风致，二极透脱。惊天动地即是寂天寞地。而惊天动地是如是如是地惊天动地，寂天寞地是如是如是地寂天寞地。如是如是，便是水浒境界。

如是如是之境界是“当下即是”之境界。而当下即是之境界是无曲之境界。明乎此而后可以了解《水浒传》中之人物。

---

① 牟宗三：《水浒世界》，氏著《生命的学问》，广西师范大学出版社2005年版，第192页。

② 萨孟武：《〈水浒传〉与中国社会》，北京出版社2016年版，第12页。

③ 我理解“水浒境界”，不必作“《水浒》境界”而为“水浒”加书名号，盖“水浒境界”乃于“山巅水崖”自为境界，不必以书名为限，此与牟宗三先生文以《水浒世界》为名一样。本文所引《水浒世界》版本，于整理后皆作“《水浒》境界”，本文在引用时改为“水浒境界”，特做说明。

> 他们这些年强力壮之人物，在消极方面说，决不能忍受一点委屈。横逆之来，必须打出去。武松说：“文来文对，武来武对。”决不肯低头。有了罪过，实时承认，决不抵赖。好汉作事好汉当。他们皆是“汉子”。汉子二字颇美。有气有势，又妩媚。比起英雄，又是一格。禅家常说：出家人须是硬汉子方得。他们只说个汉子，便显洒脱妩媚。《水浒》人物亦是如此。①

牟宗三言“水浒境界”，句句说《水浒》，亦句句作禅语。所谓“水浒境界”即“如是如是”之境界、“当下即是”之境界、“好汉作事好汉当”之“洒脱妩媚”之境界。此“如是如是”“当下即是”是何境界？牟宗三认为可以《水浒》人物来体现。《水浒》人物有两种，一是武松、李逵、鲁智深之无曲者之典型，一是宋江、吴用之有曲者之典型。“就《水浒传》言之，自以无曲者为标准，无曲之人物是步步全体呈现者，皆是当下即是者。”② 这种“当下即是”即“自足而穷尽”，无须套在任何人文化成的系统中言之，“因为自足而穷尽，所以只有一个当下”。鲁智深大闹五台山，未必是普通人所意想的寂寞，而是原始生命之充沛气力纯直无曲、当下即是所表现的“如是如是”。武松替兄报仇，实是替残弱之武大作主，“《水浒》人物则在此处必须打上去”。牟宗三说：

> 我每于此起无涯之悲痛，深深之怅惘。天地生人，真有许多不仁处，好像全无心地于不觉中夹带来许多渣滓，漂流道旁，像个蝼蚁，像棵干草。此种人物不必说被欺负，即其本身根本上便是可怜虫。彻头彻尾即须有人替他作主，以参赞化育之不及，以弥补天地之缺陷。不必到他被践踏了，被残害了，才为之作主，才显出他的可怜。我有许多最亲切的事例作印证，我无可奈何，天地亦无可奈何，我只有悲痛。我的怜悯之感，常是无端而来的。佛说众生可悲以此。③

“天地不仁”“众生可悲”，牟宗三所言所感，有何亲切事例之印证虽在此无言，其悲痛怜悯之情、无可奈何之感，不必待儒圣教诲、释迦言教而有，实是他自己生命的体证。

回到前述牟宗三所说的“禅机”。李逵何以必搬不得母上山，宋江诸人何以有笑之“不仁”。牟宗三说：

> 实则并非不仁，而李逵自身即是可笑的。他的可笑掩盖了对于他娘的仁。若于此而不笑，便是虚伪。虚伪而可为仁乎？此就是超越了一切既成的固定的系统，而成就

① 牟宗三：《水浒世界》，氏著《生命的学问》，广西师范大学出版社 2005 年版，第 187—188 页。

② 牟宗三：《水浒世界》，氏著《生命的学问》，广西师范大学出版社 2005 年版，第 188 页。

③ 牟宗三：《水浒世界》，氏著《生命的学问》，广西师范大学出版社 2005 年版，第 189 页。

了一个当下即是的妩媚境界。此只能如如地观之。惟如如，而后觉其一切皆必然。①

理上虽可如此说，却总令人有不忍之感。什么是“如如”？何以能“觉其一切皆必然”？

这里，牟宗三回到了《红楼梦》的悲剧，以林黛玉之不得与宝玉成婚为大恨因而必深恶痛绝于宝钗，来比照读《水浒》者必随金圣叹之批而厌恶宋江，强调“人文系统之仁，在此不能呆板其用了”，“人们必得超越这一关，方能了悟人生之严肃”。② 如果说，感叹“木石前缘”之悲剧与厌恶宋江乃是俗情，而超越这一关正视如“金玉良缘”般的缘散缘灭“方能了悟人生之严肃”则是佛教之悲怀。牟宗三说，“我看作《水浒》者并不是根据什么大悲心而写《水浒》”，“必须饶恕一切，乃能承认一切。必须超越一切，乃能洒脱一切。洒脱一切，而游戏三昧”，才是“水浒妩媚境界”。③ 前者为小乘，后者乃是禅宗。

在此，“如如地观之”“游戏三昧”皆是佛禅之语。“如如地观之”即以照了诸法、平等不二之真如妙智（如如智）观之。“三昧”乃禅定之称，“游戏”为无心自在之状，于此见性谓“游戏三昧”。《六祖坛经·顿渐品》：“见性之人，立亦得，不立亦得，去来自由，无滞无碍，应用随作，应语随答，普见化身，不离自性，即得自在神通游戏三昧，是名见性。”④ 这里，我们不必分析牟宗三是否在严格的意义上使用这些名相。唯于“当下即是”，略做留意。在后期的禅学研究中，牟宗三有“如来禅”与“祖师禅”之别，将惠能及其门下的禅法根据顿悟的方式分成两类，一是“如来禅”，一是“祖师禅”。与“如来禅”于“从无住心上立知见”从而将无住心视为“空寂之体”不同，“祖师禅”之“无念无住无相”乃是“于生活中即事而真，当下即是，即不须断断，亦不须隔绝，所谓不坏世间而证菩提”。⑤ 此领会固然是由文献疏解与义理分析而得，但亦未尝不早已蕴蓄在牟宗三“水浒境界”之饶恕一切、承认一切、超越一切、洒脱一切之“游戏三昧”之体会中。所谓“游戏所以显轻松，三昧所以显静定”，所谓“惊天动地即是寂天寞地”，所谓“如是如是，便是水浒境界”。

从牟宗三早期的佛禅感悟来寻绎其对晚期佛学研究的影响，未免也有“学究气”“酸腐气”，或许我们更应关注的是此感悟所引发的存在省思与文化祈向。

三

在纪念牟宗三先生逝世20周年的第十一届当代新儒学国际学术会议上，刘述先先

① 牟宗三：《水浒世界》，氏著《生命的学问》，广西师范大学出版社2005年版，第192页。

② 参见牟宗三：《水浒世界》，氏著《生命的学问》，广西师范大学出版社2005年版，第192、193页。

③ 参见牟宗三：《水浒世界》，氏著《生命的学问》，广西师范大学出版社2005年版，第191、193页。

④ 《大正藏》第四八卷，第358页。

⑤ 相关分析，参见前举拙文《牟宗三如来禅与祖师禅判释疏解》。

生做了《谈牟宗三先生的几个面相》的主旨报告，由“理性的”“感性的”“辩证的”“开放的”“理想的”五个面相，“彼此交织成为一个新的视域与统观”来看牟宗三先生。[①] 他认为，牟先生早期的逻辑学研究，前期的认识论的建构，直至后来以康德为阶梯“接上了中国由古至今心性之学的传统”而发展出“道德的形上学”，乃牟先生“理性的面相”并为“首出的面相”。他接着谈“感性的面向”：“牟先生的逻辑哲学不涉感性，这是当然的。但说牟先生的哲学不涉感性，却未必是当然的。而这恰好是易于受到忽视的一个面相。”关于“感性的面向”，刘述先先生主要从牟先生对契尔克伽德（Kierkegaard）的重视入手，揭示他对“人的存在的有限性、罪恶性、失望性”的感受，并以牟先生20世纪40年代伴随时代破裂之个体生命的破裂来做说明。在他看来，牟先生与契尔克伽德对于个体与国家或民族的负面的影响都有透澈的实感，“所差别在解脱道，有儒（中庸/圆通）、耶（断裂/偏至）的不同”，牟先生“往往内外在都面临绝境，仅靠一线灵明，不至鲁莽灭裂，终皈依圣道，成为一位最富有原创性的哲学家，不能不说是一异数”。牟先生的此“一线灵明”，来自熊十力先生之圣道感召，也受唐君毅先生之情理谐和之砥砺，此后于重庆华西大学任教时也对基督教耶稣精神有契入，但其中未尝不经过由佛禅感悟而做存在反省之环节，这是“感性的面向”可补充的内容。

在写于20世纪50年代的《五十自述》中，牟宗三先生对前期生命和学思历程做了深入描述和辩证说明。从“在混沌中长成”的乡土岁月，到读书求学“离其自己”的生命的一曲，再至对文化与哲学的“直觉解悟”及逻辑学、认识论的“架构思辨”，直至20世纪40年代前后的“客观的悲情”。他说：“由于我个人的遭遇，我正视我个人的存在的生命之艰难。由于国家的遭遇，我正视民族的存在的生命之艰难。”这双重的艰难引发了牟宗三的“客观的悲情”。抗战期间，牟宗三困厄于昆明，后流寓于大理，此为其生存最艰难之时。他自称“吾当时有许多体悟”并毫无讳言个体生命也呈“破裂之象”：

> 吾自念我孑然一身，四无傍依，我脱落一切矜持；我独来独往，我决不为生存委曲自己之性情与好恶；我一无所有，一无所恃，我黯然而自足，但我亦意气奋发，我正视一切睚眦，我冲破一切睚眦；我毫不委屈自己，我毫不饶恕丑恶；以眼还眼，以牙还牙，恶声至，必反之，甚至嘻笑怒骂，鄙视一切。我需要骄傲，骄傲是人格之防线。我无饶恕丑恶之涵养与造诣。我在那阶段与处境，我若无照体独立之傲骨，我直不能生存于天地间。[②]
>
> 该时，吾《逻辑典范》已在香港出版。吾即着手蕴酿《认识心之批判》。撰写

① 笔者现场聆听了刘述先先生所做的主旨报告，会后鹅湖月刊社周博裕先生通过电子邮件发布了刘述先先生《谈牟宗三先生的几个面相》（校订稿），本节所引即依据此稿。

② 牟宗三：《五十自述》，《牟宗三先生全集》第32卷，联经出版事业公司2003年版，第86页。

之余，不免藉酒色以自娱。生命极萧瑟。幸赖有此工作以凝聚内心之灵台，否则全散矣。灵台孤运，无陪衬，无滋润，无外在之修饰，无礼法之整饬。现实自然生命一任其泛滥。人不理我，我不理人。心灵投于抽象之思考，自然生命则下坠而投于醇酒妇人。个体破裂之象由此开其端。普遍性与特殊性趋于两极化，此之谓个体性之破裂。此是生命离其自己而以种种因缘促成之结果，亦是最痛苦之境地。整个时代在破裂，吾之个体生命亦破裂。①

这里引述牟宗三先生的体悟与感叹，不必再涉及与之相关的时代因素与人事牵连（《五十自述》中有说明），仅体会他如何应对此困阨与破裂。在《五十自述》中，牟宗三将此应对和超越归之于熊十力先生之感召与唐君毅先生之砥砺。牟宗三说："此是时代之悲剧，亦是吾之悲剧。世人憧憧不能知也。惟友人君毅兄能知之。吾当时有云：'生我者父母，教我者熊师，知我者君毅兄也。'当时与熊师与君毅兄有许多论学之信件，亦有许多至情流露之信件。惟此为足慰。"② 在笔者看来，除此之外，未必没有牟宗三对佛禅之领悟所发挥的作用。上文所引之"四无傍依""脱落一切矜持""照体独立之傲骨"，未必不是由后来说及的"水浒境界"来支撑；"个体性之破裂""生命离其自己"乃"种种因缘促成之结果"，未必不是对大乘佛教所谓"红尘浪中""孤峰顶上"间紧张与痛苦的感受。

牟宗三上述第一段感悟，由困阨昆明期间得张遵骝之助而引发，于此可见"水浒境界"。牟宗三说：

吾信赖遵骝之友情，如兄如弟，毫无距离之感。彼解衣衣之，吾即衣之。彼推食食之，吾即食之。彼以诚相待，我以诚相受。我自念，我生于天地之间，我有生存之权利。而何况遵骝以诚相待，吾焉得再有矜持以撑门面？吾坦然受之而无愧：彼无望报之心，吾亦无酬报之念。盖吾与彼之心境已超过施与报之对待，而进入一无人无我绝对法体之相契。遵骝诚有其不可及之性情与肝胆，吾亦诚有其不可及之开朗与洒脱。③

牟宗三叙述他与张遵骝分别：

暑过秋至，遵骝须返沪一行。吾送之车站。彼即留下七八十元，并谓若有所

① 牟宗三：《五十自述》，《牟宗三先生全集》第 32 卷，联经出版事业公司 2003 年版，第 90 页。
② 牟宗三：《五十自述》，《牟宗三先生全集》第 32 卷，联经出版事业公司 2003 年版，第 90 页。
③ 牟宗三：《五十自述》，《牟宗三先生全集》第 32 卷，联经出版事业公司 2003 年版，第 86 页。

需，可向其姑丈相借，吾即领而受之。吾并非一感伤型的人，然当时直觉天昏地暗，一切黯然无光。淡然无语而别。当时之惨淡直难以形容。我事后每一想及或叙及，辄不觉泣下。鲁智深在野猪林救下林冲，临起程时，林冲问曰：“兄长将何往?”鲁智深曰：“杀人须见血，救人须救彻，愚兄放心不下，直送兄弟到沧州。”我每读此，不觉废书而叹。这是人生，这是肝胆。我何不幸而遇之，我又何幸而遇之。事后每与友朋笑谈，大家皆目我为林冲，目遵骝为柴大官人。①

“性情与肝胆”“开朗与洒脱”，二人皆是纯直无曲的“汉子”，“无人无我绝对法体之相契”便是“如是如是”“当下即是”的“水浒境界”。

前文所述，牟宗三曾将《红楼梦》之悲剧落足于佛教“无常”之存在感，亦指其“以悲止悲，去痛引痛”非为真正解脱，以此判《红楼梦》是小乘。将《金瓶梅》判为大乘，笔者未见牟宗三先生有具体说明。或许他由生命破裂之象而对其有所感悟，亦未为所知。牟先生对此不加讳言，或许正是于大乘“菩萨行于非道，是为通达佛道”（《维摩诘所说经·佛道品第八》）有所领悟。20 世纪 50 年代他以《维摩诘所说经》之“文殊问疾”为题述说其 50 岁前后的佛教感悟，可以做间接的证明。不过，在笔者看来，牟宗三先生早期的佛教领悟是落在禅宗上的，其行事风格更具“祖师禅”意味，虽然其“禅心”之向上一机乃是归宗于儒家圣教。对此。我们似不必再落言诠，而以牟宗三《水浒世界》之结语为结语：

《水浒传》自序云：“薄暮篱落之下，五更卧被之中，垂首捻带之际，皆有所遇矣。”又云：“所谈未尝不求人解，而人亦卒莫之解。盖事在性情之际，世人多忙，未之暇问也。”吾之感觉水浒境界，在由坝子上，在树底下，在荒村野店中，在世人睚眦下，在无可奈何之时，在热闹场中，在污浊不堪之社会中，花天酒地，金迷纸醉，冷冬小巷，皆有所遇。我之感觉，颇不易写得出。比起写哲学系统还难。以往生活，已成云烟。然而我未曾倒下去。我只因读了点圣贤之书，渐渐走上孔圣之路。假若有归宗水浒境界者，必以我为无出息矣。②

此正是：禅心未作沾泥絮，将向春风唱鹧鸪。

（作者单位：南京大学哲学系）

① 牟宗三：《五十自述》，《牟宗三先生全集》第 32 卷，联经出版事业公司 2003 年版，第 87 页。
② 牟宗三：《水浒世界》，氏著《生命的学问》，广西师范大学出版社 2005 年版，第 193—194 页。

牟宗三大中至正的宗教观

郑志明

一、前言

宗教一直是中国学术文化的重要课题，也是当代新儒家相当关注的社会文化现象。在 1959 年由牟宗三、徐复观、张君劢、唐君毅等四人共同起草的《中国文化与世界——我们对中国学术研究及中国文化与世界文化前途之共同认识》宣言中，有一节专就宗教的课题特别申论，肯定中国是对宗教最为宽容的国家，没有像西方那种制度的宗教教会与宗教战争，认为在中国文化中并无一独立的宗教文化传统，中国民族宗教性的超越情感及宗教精神与伦理道德是同一本原，是合一而不可分的文化现象。这种对天道的宗教信仰，又可转到中国的心性之学，肯定人性即天性，人德即天德，人之尽性成德之事，皆所以赞天地之化育。① 主张中国文化原本就贯串着宗教与心性哲学，它是不同于西方文化与宗教的表现形态，不宜用西方对宗教的认知观念来讨论中国的宗教现象。

从以上宣言中可以得知当代新儒家相当重视“宗教”的相关课题，他们从中国文化的“一本性”理解到西方的宗教观念与形态不适用于本土社会。很遗憾的是，当代对宗教的理解主要是依据西方主流文化下的宗教学理论，对宗教本质与现象的探讨大多是依附于西方学术的文化传统而发展，其学说与理论往往与中国宗教背离甚远甚至互不相应。在当代西方宗教学的知识氛围中，要贴切地理解中国文化下的宗教形态是有些困难的，因为这原本就是两种不同的宗教系统，无法从单一的学术观点来比较与分析。在这样的学术环境下，学界常忽略了新儒家特有的宗教观点与学说，误以为当代新儒家未深入于宗教课题，不能与世界宗教文明的走向相对话。

这种误解主要还是来自双方宗教性格的差异性，新儒家所关注的宗教课题与其他宗

① 牟宗三、徐复观、张君励、唐君毅：《中国文化与世界——我们对中国学术研究及中国文化与世界文化前途之共同认识》，唐君毅：《中华人文与当今世界》，台湾学生书局 1975 年版，第 888 页。

教学者有明显的分殊性。牟宗三有关宗教的论述相当丰富，早已意识到人类宗教形态的复杂而多样，不宜以单一的观点纠缠于各种争执旋涡之中，而应致力于消解各种既有的意识形态，从心灵的精神情怀来彰显宗教的文化内涵与功能作用。牟宗三对于儒学与宗教有着相当一致性的关怀，比较集中在哲学的精神理念，纯从义理进行深入透彻的省思。本文试图从“大中至正”的观点，来说明牟先生在宗教理论层面的体系建构，彰显出新儒家特有的宗教学说，以及此一学说的学术价值。

二、东方意义下的宗教认知

牟宗三在宗教的论述上简单扼要地分辨出两大类的宗教形态，称为“西方意义之宗教”与“中国意义之宗教”。[①] 如此的二分法，在学术的讨论上是极为迫切需要的，将人类主要的宗教传统分成两大类，避免彼此间的相互混淆与纠纷。所谓“西方意义之宗教”是专指基督教，或称为耶教，是建立在对上帝与耶稣的信仰上，或称为“依他之信”。所谓“中国意义之宗教”是专指儒释道三教，是建立在自己心性的修养工夫上，不是“依他之信”。很显然二者这是两种不同的宗教典型，不宜相提并论。不能以耶教的宗教形态，勉强套用在中国儒释道三教的身上，双方在宗教的形式与内涵上差异甚大，强加比附将制造出更大的纷争。

牟宗三认为，当代对宗教的定义似乎是以耶教作为典型，如此的定义必然不适用于中国的儒释道三教，这正是当代讨论宗教课题时最大的纷争所在，缺乏相应于“中国意义之宗教”的基本认知。牟先生在《现时中国之宗教趋势》一文开头即指出此两种典型的根本差异：

> 宗教，如一般所想之通义，当以耶教为典型。中国的儒释道三教，似乎不是此类。其本质之差别点即在：耶教为依他之信（信上帝），而儒释道三教皆不为依他之信。此三教本质上皆是从自己之心性上，根据修养之工夫，以求个人人格之完成，即自我之圆满实现，从此得解脱，或得安身立命。从此点上说，皆不需依他之信。故不类典型意义之耶教。[②]

因此，不能以“依他之信”的信仰形态作为宗教的根本内涵或基本典型，宗教还应包含不是“依他之信”的信仰形态，中国儒释道三教虽然不符合耶教的典型，却不能排除在宗教的范畴之外。简言之，耶教是宗教，儒释道三教也是宗教，这是两种不同典型的宗教形态。牟先生也驳斥一般学者谓儒释道三教不是宗教之说，反对中国没有宗教的

① 牟宗三：《生命的学问》，三民书局1970年版，第77页。

② 牟宗三：《生命的学问》，三民书局1970年版，第107页。

言论，认为这种说法是不通的；尤其肯定儒家就是儒教，虽然在中国未成为“宗教”，却实为“宗教的”①。牟先生早就否定了儒家不是宗教之说，肯定儒家就是宗教，但不是“依他之信”的宗教形态。

牟宗三对“宗教”有明确的定义，认为在中文的语法中，宗教可以分成“宗”与“教”两部分，“宗”与“教”有着互动的关系，即“依宗起教”与“以教定宗”，中国传统是偏重于“教”，不同于“依他之信”的“宗教”观念。《现时中国之宗教趋势》续云：

> 宗教，如中文所示，有宗有教。宗是其归宿，教是其轨道，（方法理论皆含于轨道中。）依宗起教，以教定宗。故中国以前只言教，而不合言宗教。言宗教则彰显“依他之信”，只言教，则归于自信自肯，而惟是依教以如何成圣、成仙、成佛。②

“宗教”一词在西方的意义是用来彰显“依他之信”，将“宗”与“教”合为不可分的一体。在中国可以只言“教”而忽略“宗”，着重于“自信自肯”的精神修为，虽然未发展出类似耶教的宗教，但是实已有宗教，可以视同宗教而论之。儒释道三教实际上存在着“宗”与“教”的对应关系，只是不会特别另立超越的崇拜对象，而是直接由教来体现天道以圆满自身的文化生命。耶教是以教的形式来确立对上帝的信仰与崇敬，强调在教的形式之上另有超越性的主宰，“宗”与“教”有着密不可分的关系。

牟宗三认为，儒释道三教与耶教在“宗”与“教”的认知上是不一样的。三教的“宗”不是指超越的宇宙主宰，而是指形而上的精神实体；三教的“教”也不是指外在的宗教形式，因而不必特意地强调组织与仪式，而是直接依着精神实体而来的人文教化。牟宗三在《人文主义与宗教》一文中明确地指出，西方传统的“宗教”与中国传统的“教”有着完全不一样的内涵：

> 唯此所谓宗教不是西方传统中所意谓之宗教（religion）而已。岂必一言宗教即为西方传统中之形态耶？中国传统中固已有其对宗教之意谓。中国以前有儒释道三教。而且在此传统中，宗与教是两词：依宗起教，以教定宗。故常只说三教，不说三个宗教，而此三教实无一是西方传统中所意谓之“宗教”。③

---

① 牟宗三：《生命的学问》，三民书局 1970 年版，第 108 页。

② 牟宗三：《生命的学问》，三民书局 1970 年版，第 108 页。

③ 牟宗三：《生命的学问》，三民书局 1970 年版，第 77 页。

中国传统的“宗教”观念不同于西方传统的“宗教”观念，二者是两种截然不同的宗教形态，使得人类的宗教文明主要可以分为两大类，彼此的宗教属性有着明显的差异，很难相互并列。牟宗三在《圆善论》中说：

> 现在，我们可把一切宗教分为两类，一类是“求眷顾”的宗教（只是祈祷作礼拜），另一类是道德的宗教，即“一善的生命”之宗教。①

所谓“求眷顾”的宗教，即是指“依他之信”的宗教，着重在以祈祷与礼拜的方式来交接上帝，获得启示与庇护。所谓“道德”的宗教，即是指“自信自肯”的宗教，是以天道来成就人道，重视自我成德的道德实践，完成“一善的生命”。牟先生认为一切宗教可以分为两大类，一类是以“上帝”为“宗”的“教”，一类是以“道德”为“宗”的“教”。以上帝为主的宗教，视上帝为宇宙至高无上的灵体，是绝对唯一的真神，人与万物都是受造物，仰赖上帝全能的恩赐与庇佑，依赖上帝对世人源源不断的恩典与救赎。以道德为主的宗教，不是建立在人格神的崇拜上，而是以形而上的精神实体天道来贯通人道，相信生命的圆善俱足即是相应于天道的原理与法则，人性的道德即是天地生化的动力，将人与天地万物等同在宇宙道化秩序之中。

三、儒家为典型的人文教

牟宗三认为，宗教的本质应建立在“人文教”上，或可称为“道德宗教”。中国儒释道三教都是“人文教”，建立在以人伦为本位的道德实践工夫基础之上，经由人伦来印证与肯定，而具有真善美的“神性之实”或“价值之源”。儒家可以说是最为典型的“人文教”，深信人们具有超越而普遍的道德精神实体。牟宗三《人文主义与宗教》一文曰：

> 人文教之所以为教，落下来为日常生活之轨道，提上去肯定一超越而普遍之道德精神实体。此实体通过祭天祭祖祭圣贤而成为一有宗教意义之“神性之实”、“价值之源”。基督教中之上帝，因耶稣一项而成为一崇拜之对象，故与人文世界为隔；而人文教之实体，则因天、祖、圣贤三项所成之整个系统而成为一有宗教意义之崇敬对象，故与人文世界不隔，此其所以为人文教也。②

这正是牟宗三之所以要将宗教分成“西方意义之宗教”与“中国意义之宗教”的根本原因。宗教之内涵主要可以分成两大类：一类以耶教为典型代表，着重在“以神为

---

① 牟宗三：《圆善论》，台湾学生书局 1985 年版，第 129 页。
② 牟宗三：《生命的学问》，三民书局 1970 年版，第 76 页。

本”的“依他之信”，肯定上帝是宇宙最尊至上的精神实体，坚信上帝是所有真理的泉源与标准；一类以儒家为典型代表，着重在“以人为本”的道德修持与人文教养，将“天”“祖”与“圣贤”贯穿在生命共有的原理与法则上，以人的心性修持为最高的精神实体。两类都是人类高级的宗教形态，不宜以耶教来否定儒家，也不宜以儒家来否定耶教，“以神为本”的宗教与“以人为本”的宗教，都有其存在的意义与价值。

牟先生发扬的是当代新儒学，着重在对“人文教”的学理论述上，直接指出两类宗教的根本差异所在，不是要以“人文教”来否定或批判基督教。牟先生认为任何宗教都有不令人满意之处，更不能用单一的标准来要求不同类型的宗教，只是基于民族文化的本位立场，有必要深入理解“人文教”的根本内涵。牟先生主要是在现代文明的冲击之下，重新反省立国之本的“人文教”，不要因外来宗教的昌行而抹杀或低抑了自身儒家的教义。其《人文主义与宗教》续曰：

> 吾人肯定人文教，并非欲于此世中增加一宗教，与既成宗教争短长。乃只面对国家之艰难，生民之疾苦，欲为国家立根本。中国现在一无所有。自鸦片战争以来，即开始被敲打。……四千年累积之业绩与建构，一切皆铲平。吾人坦然承认并接受此一无所有。惟一无所有，始能拨云雾而见青天，而吾华族之文化生命倒反因而更纯净而透体呈露矣。①

“人文教”是中国社会早已存在的宗教现象，不是新增的宗教，不用来排斥其他宗教，而是面对近代传统文化瓦解，有必要从根源上重新认识自家“纯净而透体呈露”的宗教文化内涵。儒释道三教即为“人文教”，原本早已存在，在现代社会中却面对存亡绝灭的关卡，重回文化慧命之本是极为迫切与需要的。牟先生肯定“人文教”的宗教形态，不是用来与其他宗教相竞争，而是要回到自身的文化本源确立内在的精神价值。

“人文教”是将宗教与人文社会相结合，不是在人文社会之外，另立出宗教传统，而是宗教就在人文社会之中，落实在“人”的生命实践上展现出人文化成的道德内涵。牟先生指出，持科学一层论或理智一元论的现代知识分子，重视科学与民主政治，却否定道德宗教，忽略传统文化的内在本义。牟先生提倡“道德宗教”是纠正现代人的某些误解，重新体认其作为文化创造的动力。牟先生《关于文化与中国文化》一文曰：

> 他们对于道德宗教一项，完全忽视其意义与作用。说到宗教，他们马上想到迷信；说到道德，他们马上想到迂腐。他们完全不知道：道德宗教，在其客观广度方

① 牟宗三：《生命的学问》，三民书局 1970 年版，第 79 页。

面，有成为“日常生活的轨道”（即文制）之意义，在其主观深度方面，有作为“文化创造之动力”的意义。这两方面看不到，当然视之为虚无。依此，他们看文化也只作为外在的一堆东西看，决不能看到它所由以成之创造的动力与精神的表现。①

牟先生所谓的“他们”，即是那些视中国文化为一无所有的人，是指持科学一层论与理智一元论的知识分子，只承认科学的外在事实为文化，却忽略了道德宗教内在的意义与价值世界。牟先生视“他们”为“极端轻薄无心肝”，是知识分子的自甘堕落，迷失于文化的外在形式，漠视文化的内在精神与动力。牟先生主张“人文教”或“道德宗教”是为了拨乱反正，直指中国文化意义下的宗教精神，重视“日常生活的轨道”与“文化创造之动力”两层意义。

牟先生的“道德宗教”是将道德与宗教合为一体，肯定个体生命尽性践仁的道德实践能直接从人性的主体实证通向超越的精神实体。这种道德宗教不只是儒家最为典型的宗教形态，也是各个宗教的终极关心课题，比政治、经济等实质性问题更为重要，是人类普遍性与恒久性的文化动原，重视生命人格的终极成就。牟先生《中国文化大动脉中的终极关心问题》一文曰：

关于这终极关心的问题，虽各教说法不同，但大体说来，都是教人如何真正成为一个人，如何成就一个完美的人格（perfect personality）。因为，我们任何人不论要在社会上成就任何事业，基本上无例外地我们必须先要成就一个人，并且是一个具有完美人格的人，能达到什么程度不管，基本上必须心向往之。这就是这一终极关心问题之“终极性”之所在。②

任何宗教在本质上都肯定自我成德的道德实践与生命完成，即使是“以神为本”的宗教形态，也必然重视人自身真善美的终极成就。儒释道三教是直接将“以人为本”的道德内涵视为信仰的终极根源，以“天道”替代人格性的“上帝”，转向以人道来体现天道的成德历程，其教义不是以“神”为核心来展开，而是着重在以“人”为本位来契合天道的形上秩序。天道的“终极性”落实在生命自我成德的实践上，是以道德来丰富宗教神圣性的文化内涵，以生命的人格体现来成就一切人文的价值世界。

① 牟宗三：《道德的理想主义》，台湾学生书局1978年版，第259页。

② 牟宗三：《时代与感受》，鹅湖出版社1984年版，第401页。

四、大中至正的宗教境界

牟宗三不排斥外来的基督教，常以基督教为例来对比东西宗教的异同。牟先生基本上肯定了人类所有宗教的存有价值，就精神层面来说，宗教的本质来自于绝对真理，但是在发展层面来说，宗教的形态则多元分歧，宗教的外在形态不能等同于其内在本质。牟先生依此见解，主张"基督教"与"上帝"是两个不同层次的课题，不宜夹混在一起。其《谈宗教、道德与文化》一文曰：

> 在西方，基督教是在历史文化发展之某个阶段中以某形态出现的。在这个形态下的教义，本身就要受到这种形态的限制。所以这个教义本身就不是最后的；不是最后就不是绝对。既然不是绝对的圆满，就该当善化自己，更圆满化自己，这才是上帝加给你的责任。上帝是上帝，基督教是基督教，二者不可混同为一。上帝是普世的，是个公名，叫它道也可以，叫他天也可以。基督教不一定是普世的，它有它历史文化的特殊性，这是不能相混的。所以说要适应，适应不是投机，而是在真理上须不断地调整你自己。①

"上帝是上帝"与"基督教是基督教"，这是各归本位的二分法，将"宗"与"教"分为两种不同层次的课题。上帝是属于"宗"的形而上范畴，是超越的绝对存有。基督教属于"教"的形而下范畴，受到外在时空的限制，其教义不是绝对与唯一。基督徒可以信仰"上帝"，但是不要盲从"基督教"。"上帝"是普世的绝对信仰，但是"基督教"不一定是普世的绝对圆满，其教义受到某阶段与某形态的历史限制，不一定是最后的绝对真理。此时基督徒要具有唐君毅所谓"宗教的良知"，应回到道德本心处来"善化自己"与"圆满化自己"。基督徒是追随"上帝"而非追随"基督教"，"上帝"是绝对的信仰，"基督教"的教义则有历史文化的特殊性，要以"适应"的心态来不断地调整自己，使自己能更接近于上帝的真理。

牟先生尊重基督教的"上帝"，也敬重基督教的"耶稣"，欣赏与肯定"耶稣"在信仰上的神圣地位。牟先生是依学术的判教准则，来通观耶稣与孔子的同异之处，是学术性的讨论，非信仰上的争辩。其《五十自述》曰：

> 耶稣的道成肉身而为"人之子"，实在只为消融于"神之子"而向超越方面直线而上升。他为"人之子"，并不能本超越以内在地肯定人，成就人，并不能把超

① 牟宗三：《时代与感受》，鹅湖出版社 1984 年版，第 181 页。

越与内在打成一片，通于一而一起肯定之。此其所以不同孔子处。这个不同，也可以说超过，也可以说不及。而如果孔子有超越的神性一面（亦实有之），则彼之一于“神之子”，便是不及。其不及意即不及孔子之圆融而大成。但是耶稣的直线向上升，我从成都时起便一直能欣赏。①

牟先生是从学术的观点，解读耶稣如何从“人之子”消融于“神之子”，认为耶稣是直接上升为“神之子”，对于“人之子”缺乏超越而内在的道德提升。这正是耶稣与孔子的差异所在：耶稣偏向于“神之子”，孔子则偏向于“人之子”。从“神之子”的角色来说，孔子不及耶稣；从“人之子”的角色来说，则是耶稣不如孔子。牟先生推崇孔子“圆融而大成”的生命形态，也欣赏耶稣“直线上升”的超越人格，双方都有其值得尊崇的一面。只是牟先生是以新儒家的身份来进行判教，明确指出双方文化理路的异同，在认同中国文化思想理路的同时，也能肯定与尊重耶稣的宗教人格。

儒家的判教，不是主观好恶的批判，更不是逞一时之快来发泄情绪与制造偏见，而是从仁心的自觉处来开启清明的理性与圆融的智慧，这种判教是反求诸己的自我批判，是道德修养上不可或缺的工夫，是通过自我批判来展现自发、自动、自主、自律的道德实践。② 牟先生秉持此判教精神来理解与分判各大宗教的义理系统，肯定宗教在信仰源头上有着互补相涉的可能性，但是在各自实践的过程中可能导致观念与方法上的分歧。牟先生在晚年撰写的《圆善论》一书，可以视为其哲学系统的究极完成，以“圆善”与“圆教”来作为对宗教境界的判教准则。所谓“圆善”，是根据康德最高善的“圆满的善”，显示德与福两方面都达到圆善的境界，称为“德福一致”。所谓“圆教”，是经由实践理性使圆善可以充其极而为圆实之教。

牟宗三依此判教标准，认为基督教只是实践理性的“始教”与“别教”，不同于儒释道三教的“圆教”形态。③ 基督教与儒释道三教的差别，在于人格神的崇拜无法完全体现圆善，或者不能使圆善成为真实的可能。其《圆善论》曰：

欲说圆善所以可能，只须说一无限的智心即可，并不必依基督教的途径，将此无限的智心人格化而为一个体性的无限存有。中国的儒释道三教都有无限的智心之肯定（实践的肯定），但却都未把它人格化。若依此三教之路而言圆善可能之根据，则将一切是理性决定，而毫无情识作用，因此，这是圆实之教。圆者满也，实践上

① 牟宗三：《五十自述》，鹅湖出版社 1989 年版，第 119 页。

② 戴琏璋：《儒家的批判精神》，牟宗三等：《寂寞的新儒家》，鹅湖出版社 1992 年版，第 123 页。

③ 蔡仁厚：《牟宗三先生学思年谱》，台湾学生书局 1996 年版，第 201 页。

的圆满；实者无虚也，实践上的无虚。①

如此的判教，未必能被基督教与基督徒所接受，但是牟先生不是恶意地批判基督教，而是纯从其道德的形而上学的立场出发，认为以人格神的上帝来保证德福一致的实现是有所落差的，康德的理论是有所不足的。牟先生认为，圆善之所以可能，不在于人格神的上帝，而在于“无限的智心”，此即为圆善实践的主要根据。佛家的如来藏自性清净心、道家的道心、儒家的仁心都是“无限智心”，肯定人所本有的道德本心，用以开启人之真实德性生命。所谓圆教，就是圆满之教，或圆实之教，包含“实践上的圆满”与“实践上的无虚”，重视生命净化的道德实践或解脱实践。牟先生以圆善的观点来进行时代性的大判教，以“无限智心”来取代康德的上帝，以圆教来解决圆善，既有别于康德亦有进于康德。②

这是从形上学的立场进行判教，重视人自身德性的优先性与综纲性，肯定人与宇宙原本就存在着终极的相通性，不必经由上帝作为媒介，就直接从有限而可无限，开启出人的无限智心。这是牟先生两层存有论的主张：一层是“现象界的存有论”，称为“执的存有论”；一层是“本体界的存有论”，称为“无执的存有论”。就人的有限性，建立出“执的存有论”；就人的无限性，建立出“无执的存有论”。牟先生认为，上帝是不需要存有论，人才需要存有论，以本体界的存有论来松动而朗现出本来面目。③ 牟先生认为，“无执的存有论”才称得上是真正的形而上学，肯定由人的道德实体展现出实践德性的良知明觉。在如此形而上学的分判下，他认为基督教与儒释道三教是两种不同的理路。其《圆善论》曰：

依基督教说，是上帝所创造的。但是上帝是一个体性的人格化的无限存有，这不是东方宗教所取的途径，因为其中有虚幻故。因此，儒释道三教舍上帝而言无限智心。此一无限智心有所事事于“存在”，但这不是依上帝创造之之途径而说。因此，要想达到德福一致，必须确立无限智心。但光只一无限智心，虽可开德福一致之门，然尚不能真至德福一致。必须由无限智心而至圆教始可真能使德福一致朗然在目。因此，德福一致是教之极致之关节，而圆教就是使德福一致真实可能之究极圆满之教。德福一致是圆善，圆教成就圆善。④

---

① 牟宗三：《圆善论》，台湾学生书局 1985 年版，第 244 页。
② 参见颜炳罡：《整合与重铸——当代大儒牟宗三先生思想研究》，台湾学生书局 1995 年版，第 351 页。
③ 参见牟宗三：《现象与物自身》，台湾学生书局 1976 年版，第 30 页。
④ 牟宗三：《圆善论》，台湾学生书局 1985 年版，第 270—271 页。

宗教主要可以分成两大类：一类是基督教所取的途径，一类是儒释道三教所取的途径；前者是以上帝来区隔人神，后者是以“无限智心”来会通人神。牟先生认为，从东方宗教的立场来说，其宗教形态是偏向于“舍上帝而言无限智心”，这是两大类宗教最主要的差别点。上帝与“无限智心”是文明两大走向，各有其文化的特色。若从“圆善”与“德福一致”的实现来说，“无限智心”比上帝更能圆满解决德福问题。牟先生以“无限智心”来代替上帝开启德福圆满之机，但是真正的完成则须仰赖圆教，当能圆教成则能圆善明。所谓圆教是指“究极圆满之教”，是能如理而实说之教，理论与实践一体相成，能以“圆教成就圆善”。

牟宗三认为，基督教不具有圆教的形态，或者说圆教的观念无法由上帝信仰来建立而成，而是由“无限智心”的朗照顺通而成。儒释道三教虽然都具有圆教的内涵，但是在形态上又各自不同，儒家的圆教与佛道两家的圆教是不相同的。其《圆善论》曰：

> 言创生者可具备“无为无执”与“解心无染”之作用，只言此作用者却不备道德创造之存有层，两层备者为大中至正之圆教，只备作用层者为偏虚之圆教，只横而无纵故也。其问题虽原属纵而却不能有纵以实之，故偏虚而中心无主干也。故佛道两家之圆教为团团转之圆教，非方中有圆圆中有方之圆教，看似甚玄甚妙，实只因团团转而为玄妙，并未十字打开，故纲维不备，非大中至正之天常。①

佛道两家的圆教，是纯从“无为无执”与“解心无染”的作用面来展现本心的妙用，只具有作用层而缺乏道德创造的存有层，其圆教形态尚未周全，故称为“偏虚之圆教”。此种圆教着重在空无的玄妙境界，就其宗教的境界形态来说，“看似甚玄甚妙”。牟先生认为，此种玄妙是作用上的圆融，是在体用的证悟上“团团转”，是自成妙用的圆证，或可称为“团团转之圆教”。儒家的圆教是作用层与道德层兼具的综合形态，两层能同时展开且能交相融摄。佛道两家的圆教“只横而无纵”，导致“中心无主干”的现象，故不能纵横相互贯串。儒家的圆教因为两层具全、纵横兼备，形成“十字打开”的纲维格局，成为“方中有圆”与“圆中有方”的圆教，或可称为“大中至正之圆教”。

五、结论

牟先生从生命的终极关切处，肯定儒家具有宗教内涵。儒教不只是有着强烈的宗教性，而且在本质上就是宗教，展现出道德与宗教合一的形态。牟先生进而认为，此种形态在判教上是最为圆满的宗教。牟先生的如此论述，应是当代新儒家的共识与定调，不

---

① 牟宗三：《圆善论》，台湾学生书局 1985 年版，第 330 页。

仅要弘扬儒学，更要实践儒家内在超越的宗教精神。当人们将儒家视为共同的安身立命之教时，必须教导人们在超越的终极课题上确立信仰的体验，如此方能完成尽心知性以知天的道德实践。

牟先生在道德实践的理论建构上已相当完备，接下来应该在作用层上来实现其理想的境界，将儒家的宗教精神落实于现代文明的社会实践之中。牟先生基本上坚持的是哲学家的本色，从学理上确立儒家作为宗教的内涵与境界，开启了儒家作为宗教的实践之路。接下来需要做的是将这些理论推广出去，以使其能饱满充实现代人的宗教信仰形式，当然此项工作已无法再寄望于牟先生，应是后起儒者无可推辞的历史责任。

儒家不必学习其他宗教的外在形式，但必须坚持其内在宗教精神，以满足人们对终极关怀与安身立命的根本需求，还要能在完备理论的指导下，确实带领现代民众反躬为己而能心安理得。这需要将理论转化成各种具体可行的生活运动，将仁心本性充量发展而至乎其极，也需要强烈的宗教情操来带领与启动。当面对逐渐物化的现代社会时，在宗教不断纷争的冲突情境中，寄望儒家的再起，能从学理的反省转为具体可行的信仰行动。

（作者单位：辅仁大学宗教学系）

张君劢和会中西而以儒为宗的文化观

陈寒鸣

在中国现代思想史，张君劢是第一代现代新儒家重要代表人物之一。他始终持守文化保守主义基本立场，同时又能以开放的心智对待西方哲学和西方文化。诚如论者所言，“张君劢对于中西哲学之融通，抱持一种超然开放的胸襟”，同时“对于学者挟学派成见之争，亦颇不以为然”，故能“本乎开阔的学术胸襟，纵横中外，驰骋古今，以求中西思想之融会贯通”。① 张氏通过广泛而又深入地比较研究，提出了和会中西而以儒为宗的文化观。

一、文化保守主义立场上的文化观

现代新儒学是中国近现代文化保守主义思潮发展过程中的重要环节，故现代新儒家都持守文化保守主义的基本立场，其文化思想都是基于这立场提出来的。

中国近现代的文化保守主义，在受到西方文化保守主义的影响，成为世界范围内文化保守主义思潮组成部分的同时，又有着相对独立性，展露出自身的发展进程，存在着自身发展的“内在理路”(inner logic)。在中国近现代文化保守主义思潮的发展过程中，文化保守主义者“在政治上可以很进步、很革命，甚至十分激进，但是对待民族文化传统却很谨慎、很保守，温情脉脉，谨守先业，唯恐‘弃我故常’”，他们在文化思想上都“立足于传统文化，力图融会古今，也有选择地吸纳外来文化，以适应时代需要”。② 郑大华曾对中国文化保守主义的特征予以论析：其一，浓厚的民族主义色彩；其二，文化取向与政治取向的不完全一致；其三，强烈的文化优位意识。几乎所有的文化保守主义者都把他们所珍视的那部分传统文化视为中国的“国魂”或“立国之本”，从而把维

① 参见何信全：《儒学与现代民主——当代新儒家政治哲学研究》，台北“中央研究院”中国文哲研究所筹备处 1997 年版，第 151—152 页。

② 参见方克立：《现代新儒学与中国现代化》，《方克立集》，上海辞书出版社 2005 年版，第 218 页。

护传统、弘扬本土文化看成是挽救民族危亡和振兴国家之举。① 张君劢无疑是充分体现了这三大特征的文化保守主义者。

张君劢是在文化保守主义立场上来阐明其和会中西而以儒为宗的文化思想的。他一生始终持守着对于以科学主义、知识主义、权力至上、物质主义、功利主义等为主要特征的西方文化的批判的文化保守主义立场。这是与近代以来中国急剧变革背景下所形成发展起来的文化保守主义思潮相吻合的。身为现代新儒学开创者之一的张君劢，以“负起四千年重担，辨明全世界方向”② 自况，“一方面显示对中国政治变迁的注目，另方面则展现一种世界性的观照”③。

张君劢个人学说思想的形成，与他亲历第一、二次世界大战，深切感受到以科学主义、知识主义、权力至上、物质主义、功利主义等为主要特征的近代西方文化给人类带来的惨痛灾害有重大关系，故其持守文化保守主义立场又是与世界范围内的文化保守主义思潮相吻合的。在 20 世纪 20 年代发表的题为《欧洲文化之危机及中国新文化之趋向》的演讲④中，张君劢就已指出，欧洲文化已经发展到末路，欧洲人都在企盼政治、社会和文化变革，期图通过吸纳东方文化，推动政治、社会和文化的变革来拯救西方社会的文化危机；在《人生观》讲演及其相关文章中，张氏更对以科学主义、物质主义、功利主义和军国霸权主义等为主要特征的欧洲文化有十分明确的批判。他后来又注意到，始于第一次世界大战的“对于现代文化悲观的心理”，经过二次大战以后“更为厉害”了。直到晚年，他仍强调，“现在，我们生存于思想、文化、政治的矛盾斗争时代之中”，“西洋文明，经过了第一、二次世界大战之后，使我们发现了一种非常严重的问题……所谓西洋文化，知识即力量，毕竟就是权力的思想，它的知识，最明白地表现于自然科学上面的，即是现代技术的完成。今天，那些西洋文明，已经到达了原子力的时代”，但致使世界不安的问题却不但没有因此而解决，反而陷于一种更加凸显、更加严重、更加尖锐复杂的境地，完全处于“没有把握的矛盾状态”。这就“必须对西洋文化加以批判了”。⑤

张君劢认为，“所谓西洋文明，如果探索它的源流，大概有以下四种：第一是希腊的学问，第二是基督教，第三是罗马的法律，第四是现代的科学技术。然而造成西洋文

---

① 郑大华：《民国思想史论》，社会科学文献出版社 2006 年版，第 89—94 页。

② 张君劢：《义理学十讲纲要》，商务印书馆 1970 年版，第 69 页。

③ 何信全：《张君劢论儒学与民主社会主义》，《儒学与现代民主——当代新儒家政治哲学研究》，台北“中央研究院”中国文哲研究所筹备处 1997 年版，第 151 页。

④ 这是张君劢 1922 年 2 月在中华教育改进社发表的演讲，是他从德国留学归来后发表的第一篇演讲。该文原载《东方杂志》第 19 卷第 3 期，又见 1922 年 2 月 12 日《时事新报》副刊《学灯》；今收入翁贺凯编：《张君劢卷》，中国人民大学出版社 2014 年版。

⑤ 参见张君劢：《现代世界的纷乱与儒家哲学的价值》，氏著《中西印哲学文集》下册，台湾学生书局 1981 年版，第 814、818 页。

明的四种要素，竟是互相对立，冲突，而且矛盾的东西。譬如说：基督教和自然科学，竟然展开了斗争的历史，在欧洲一切的一切，都是这种对立斗争的状态。此外有似宗教和自然科学的对立斗争情形，还有阶级和个人，国民和国家的斗争等等”，而这反映出西方思想、知识在本质上存在着问题；“所谓西洋的思想，知识，如果我们加以考察一下，便可知道，从希腊时代到今天，它是一贯不变的。西洋的知识，重视逻辑，结果对于定义，争论不休，再从定义演进到概念。一方，西洋式的知识，採取抽象化的方向。第一性质和第二性质相合，从具体事物的‘真’字出发，它们的概念便离开了。并且一方被抽象化的逻辑杰作，所造成的东西，反使人们发生错觉，认为这才算是‘真’的东西。西洋式的知识，是有这种性质的”；“还有一种，非常看重专门化，而流于个别的细目的讨论。经济是经济，政治是政治，把政治和经济分做两件事情。讨论社会的时候，忘掉了个人，讨论个人的时候，忘掉了社会。这是西洋式知识的一种特征”。总之，“西洋文化的本质，在于知识。不过所谓知识，对于人是不要求义务的。然而东方的学问，最初是把知与德，置于不可分离的境地，无论《大学》《中庸》《论语》《孟子》，它们都是把知与德的关系视为不可分离的东西”。由此，他指出：“儒家的精神，可以解决现代的矛盾”，儒家强调知与德不可分离，提倡“道并行而不悖”，“不但有形而下学的世界，并且还有形而上学的世界”，这些都是贡献于世界而解决现代矛盾的。① 然而另一方面，这样一种对于西方文化强烈的批判，又并不意味着张君劢全面否定西方文化。相反，他认为：“中国旧文化腐败已极，应有外来的血清剂来注射他一番。故西方人生观如个人独立之精神，如政治上之民主主义，如科学上之实验方法，应该尽量输入。如不输入，则中国文化必无活力。”② 他主张对中西文化都要有一种分析的态度：“文化有总根源，有条理，此后不可笼笼统统说西洋文化、东洋文化，应将西洋文化在物质上精神上应采取者，一一列举出来；中国文化上应保存者，亦一一列举出来。”③

张君劢说：“吾人处此世界大通之日，彼此影响之捷速未有甚于今日者，既不能知人之长，以补己之短，又不能失其自信，以出人袴下。此所以权衡得失利害，自为绝大工作。我之治哲学与其治政制同，先比较其得失，然后定吾之所择取，从不敢孟浪一掷，拾人牙慧，以图一时之快意。政制方面之民主独裁也，共产主义资本主义也，虽国际间显分两大壁垒，然我不轻易左袒右袒，而以民主法治为下手之法。其于思想方面之科学也哲学也形上学也，虽科技二者有长足之进步，为立国所不可缺，然形下之外，自

① 参见张君劢：《现代世界的纷乱与儒家哲学的价值》，氏著《中西印哲学文集》下册，台湾学生书局 1981 年版，第 815—820 页。

② 张君劢：《欧洲文化之危机及中国新文化之趋向》，氏著《中西印哲学文集》上册，台湾学生书局 1981 年版，第 225 页。

③ 张君劢：《欧洲文化之危机及中国新文化之趋向》，氏著《中西印哲学文集》上册，台湾学生书局 1981 年版，第 225 页。

有伦理学的准则与夫宗教信仰为人群精神生活之基础。尤其人是否有自由意志抑或受科学自然定律之支配，此为西方学术史上之大争执，我以为人生自由与科学发展初不必互相排斥”①，乃至自由意志的人生观应制衡科学及其成果——物质文明并为科学之指导。他依据这样的认识，不仅对于不同于科学主义、知识主义、权力至上、物质主义、功利主义等的西方思想文化予以高度评价，而且自觉认同和接受。

颇有意趣的是，与他共同开启现代新儒学思潮历史序幕的梁漱溟，“对于西方近代哲学普遍重视认识论，而怀疑传统之形上学的大趋势亦极为注意。他每次讲西方思想，都几乎要由休姆、康德、罗素、孔德、柏格森、马赫、皮耳松、杜威、詹姆士等人对于传统独断之形上学的批评讲起”②，尤其是“柏格森生命哲学的基本精神与梁漱溟个人生活、再加上儒家道德人格的挺立融汇在一起，形成了梁氏理解的中国人的超然奋进的精神……它是一种‘为理的奔赴’、‘不断向上奋进’，这是反映他一直要寻找生活的‘对’的人生现实的”③。这同张氏承受的西方思想传统颇有相似之处。张、梁二氏基于文化保守主义立场而以儒学为宗、会通中西的运思与人生生命的实践趋向，亦颇相契合。这对后来的现代新儒家有着规范性、导向性的影响。

张君劢以一生之力践行其文化思想，他“是致知求仁的。……在国内，是以孔子、孟子、朱子的道学，或曰义理之学、或曰性理之学为做人做事的准则之主；在国外，则是以德哲倭伊铿氏的人生哲学为做人做事的准则之伴。主伴圆融，如是以中西人生哲学为基，所以达于求仁，亦即民主生活、民主政治、民主社会乃至人文社会之实现”④。他的这种文化思想引领了现当代新儒学乃至整个中国现当代文化保守主义思潮尔后的发展路向。

二、比较哲学视域下的文化观

张君劢特别注意区分中西哲学的特质，但又十分注重在中国哲学，尤其是儒家哲学思想中，寻找那些与其所认同接受的西方思想相同或相似之处，相互诠释、相互融通和结合。他的这种做法及其所形成的思想，有得有失，有正有谬，当予以辨析。

就谬失角度来看，张君劢早年曾指出，倭伊铿的精神生活哲学与孔子儒家“惟天下至诚，为能尽其性；能尽其性，则能尽人之性；能尽人之性，则能尽物之性；能尽物之性，则可以赞天地之化育”的思想“颇相类”，并将倭伊铿的精神生活哲学与孔子儒家“惟天下至诚，为能尽其性”云云相互诠释、相互融通和结合。这当然有一定道理，因

① 张君劢：《人生观论战之回顾》，氏著《中西印哲学文集》下册，台湾学生书局1981年版，第1085—1086页。

② 吴展良：《中国现代保守主义的起点》，刘述先等编：《当代儒学论集：传统与创新》，台北“中央研究院”，中国文哲研究所筹备处1996年版，第105页。

③ 郭齐勇：《现当代新儒学思潮研究》，人民出版社2017年版，第48页。

④ 程文熙：《张君劢先生的“政治国”与“学问国”》，原载《再生》第4卷第12期，今收入郑大华编：《两栖奇才》。

为两者确实存在“颇相类”之处，但是，倭伊铿的精神生活哲学与孔子的儒家思想“无论就其内涵还是范围而言都有所区别，如倭伊铿的‘精神生活’是与物质生活相对立的一个概念，《中庸》的‘诚’指的是道德修养所达到的高度自觉境界”。至于“张君劢把倭伊铿的‘克制奋斗’说成是孔子的‘克己复礼’，就有些牵强附会了”，因为倭氏的“克制奋斗”是要人们与非精神生活或低级生活作不息的斗争，从被束缚的、被动的生活走入自由自主的生活，“而孔子的‘克己复礼’，是要人们在‘礼崩乐坏’的大变更时代，克服自己的一切违反周礼的欲望，使自己的一切言论行为合乎奴隶制的等级制度和道德境界，‘非礼勿视，非礼勿听，非礼勿言，非礼勿动’”。① 把倭伊铿的“克制奋斗”与孔子的“克己复礼”这两个风马牛不相及者硬附会在一起，其谬误应比张君劢所批评的谢无量、胡适之、冯友兰“见西方有所谓哲学，乃取春秋战国以来以迄于宋元明清诸子百家之议论，可以比附欧西哲学者，按年代与派别，罗列而汇举之，名之曰中国哲学”② 这样一种以西律中的逆料义之误还要严重得多。

不过，总体上看，张君劢的研究所得远大于所失，有很多值得重视的观点。他认为，“虽然东西哲学之间的鸿沟似乎很大，却也有某些共同的特质。哲学终究是期图对人生和宇宙的了悟。因此，途径上容有不同，目的却是一样的”③，“都是追求永恒真理，无论是伦理方面或理论知识方面——这种永恒真理在感官上是无法发现的，只有从思想或心灵中才可发现”④。故其“一方面反对独立于世界一般哲学之外来研究中国哲学的做法，另一方面又主张要根据自己的需要来融通中西方哲学，以形成一种新的多元局面，所谓‘自力更生中之多形结构’”⑤，这就使他每每通过比较的方法来论析中西思想。譬如张氏注意到，“孔子的‘正名’和苏格拉底的‘定义’，虽然两人以不同方式用不同语言表达，可是所表达的东西实际上是相同的”⑥。他曾将孟子与柏拉图做比较研究，并将之列为其东西哲学比较研究开宗明义之第一篇，认为“孟子与柏氏不谋而合之点五：（一）曰以心官之思为出发点。（二）曰以知类为方法。（三）曰以正心为立身之本。（四）曰以德性为人所同具。（五）曰以道为归宿”⑦，“以上所举五项，非谓其字句之相同。乃指其思想之相同，大概人之所以为人（即理性动物之谓）之概念，与夫德性之由来，皆出于心官之思，而无异于耳目之感觉，此乃两人所以由形下走入于形上，而各项相同之点自随之而来矣”⑧。他还称“孟子是儒学中将‘思’置于哲学之主要地

① 郑大华：《张君劢传》，商务印书馆 2012 年版，第 50—51 页。
② 张君劢：《中华民族精神——气节》，氏著《中西印哲学文集》上册，台湾学生书局 1981 年版，第 597 页。
③ 张君劢：《新儒家思想史》，弘文馆出版社 1987 年版，第 26 页。
④ 张君劢：《新儒家思想史》，弘文馆出版社 1987 年版，第 30 页。
⑤ 郭齐勇：《现当代新儒学思潮研究》，人民出版社 2017 年版，第 158 页。
⑥ 张君劢：《新儒家思想史》，弘文馆出版社 1987 年版，第 27 页。
⑦ 张君劢：《孟子与柏拉图》，氏著《中西印哲学文集》下册，台湾学生书局 1981 年版，第 732 页。
⑧ 张君劢：《孟子与柏拉图》，氏著《中西印哲学文集》下册，台湾学生书局 1981 年版，第 759 页。

位的第一人”，并认为孟子类于笛卡尔，“孟子以一种特殊的方式，修正孔子之说，而强调‘心之官则思……’，有如法国笛卡尔说法‘我思故我在’，以为现代哲学之出发点；谓两者同是要性，盖不为过也”①；“笛卡尔学说，反映西洋哲学之发展，可以想见其如何重要。而孟子之‘心之官则思’的理论，在东方亦有其重要性，而能与笛卡尔之说相比拟。……如果追溯宋朝陆九渊的哲学，及明朝王阳明的哲学，便不能不认孟子‘思’的学说，实为一种前驱与发源的著作”②。此外，他又比较康德与孟子道：“现代哲学中康德氏两大著作，其《实践理性》中之道德论与《纯粹理性》中之超验综合说，一则名之曰断言命令，一则出于心之自动。康氏此项学说使吾人恍然于西方现代哲学虽以近代所发明之科学知识为背景，然其基础不外乎儒家所谓心之所同然之义理。惟‘心之所同然’实现于理论方面，乃有康氏之十二范畴，惟‘心之所同然’实现于是非善恶之判断，乃有康氏所谓良心。”③

像此类比较性研究及其论述，在张君劢的论著中在在有所体现。如他以比较哲学视域论道：

> 中国为位于亚洲之国家，然其思想方法乃近于西方而远于东方。中国不属于东方国家之创作宗教者，如印度、回教国与犹太等。中国所着重者为此世界之研究，尤重人伦与道德问题。罗杰氏《学生哲学史》中称，希腊人缺少宗教热忱，因此注重理性方面之追求与美术方面之表现。此乃希腊人所以为欧洲建立其哲学与科学之基础。中华民族富于常识，爱好学术，关于宇宙现象，一一为之记载，可以一部廿四史之著作为其证明。然中华民族不长于新信仰之建立，尤不感觉有所谓上帝使者降临之默西亚观念。孔子一生之言行，最能代表中国人重视入世反对出世之心理。孔子对于子路事鬼神之问，答之曰：“不能事人，焉能事鬼。”子路又敢问死，孔子答曰：“未知生，焉知死。”孔子又告子路曰：“诲汝，知之乎。知之为知之，不知为不知，是知也。”孔子对于可知之事与不可知之事，划分一条界线，因此有人称孔子为存疑主义者。然不论孔子对鬼神死后之态度如何，孔子一生用全力于此世界之上。孔子之影响，使数千年来之中国人从事于学术之研究，缺少宗教狂热之表现。然亦正以孔子未尝与人以出世之信仰，乃有道教之建立与佛教自印度之传入，正所以满足吾国人关于宗教经验之要求。④

---

① 张君劢：《孟子哲学》，氏著《中西印哲学文集》下册，台湾学生书局 1981 年版，第 656—657 页。

② 张君劢：《孟子哲学》，氏著《中西印哲学文集》下册，台湾学生书局 1981 年版，第 657 页。

③ 张君劢：《儒家哲学之复兴》，氏著《中西印哲学文集》上册，台湾学生书局 1981 年版，第 485—486 页。

④ 张君劢：《中国哲学中之理性与直觉》，氏著《中西印哲学文集》上册，台湾学生书局 1981 年版，第 74—75 页。

他的理学研究也是在比较哲学的视域下进行的，如谓："新儒家哲学之开展，颇与希腊哲学史之开展相类似。周濂溪张横渠于新儒家哲学之初期，潜心于新宇宙观之造成，与希腊哲人亚纳克齐门达氏以'无限'为本，与亚纳克齐米纳司氏之以"气"为本之宇宙论绝相类似。濂溪名之曰太极，横渠名之曰太虚太和。其第二期为伦理的反省时期。其在希腊主其事者为苏格拉底为智者派，其在吾国则程明道程伊川，拾濂溪横渠之宇宙论，而求所谓理、道、识仁、涵养与致知之方。"① 在其巨著《新儒家思想史》中更有许多比较性论述。

总之，诸如此类的研究论析，就不仅使得张君劢重建的理学（新儒学），而且使他全部文化思想具有极其显明的比较哲学意味。如在道德哲学方面，张君劢既注意到儒家伦理讲求义利之辨、排除私欲，与康德伦理学最为相近，又指出"说明道德生活的方式有两种：康德的形式主义以及中国人所谓四端观念。康德的方法是从形式立场看这个问题，而中国人的发现则出于人生的主要事实"②，这就准确揭示出康德伦理学与儒学出发点的不同，因为康德"是以知识论的进路来探讨道德，因而凸显的是道德法则本身；而儒家是以直觉体验的方式来切入道德，因而凸显的是道德法则的给予者"③。

在第一代现代新儒家代表人物中，张君劢十分注重运用比较研究方法来分析中西哲学。后来的牟宗三沿着这种理路进一步展开，建构起自己颇为圆熟的哲学思想体系。这似可视为是对张氏研究进路的深化性发展。

三、和会中西而归宗儒学

对于张君劢来说，他对中西哲学并不是为了做比较而进行比较性研究，而自有其目的。他早年在"科玄论战"中认为，中国学术史上的汉宋之争和理学中的朱陆之辩，与"欧洲哲学史经验派或理性派，或曰唯心派唯物派之争"相类④，后来在《新儒家思想史》中又对这观点进一步予以申论。如此研论的目的是要指出：东西传统"一重德性，一重智识，此自古昔已然，而今为尤甚。……重德性而轻知识，则为科学之不发达。重知识而轻德性，终必陷于转以智力为戕贼同胞同种之利器"⑤，"儒家哲学以人生为目的，尤注重于知识与道德之并行不悖。至于西欧哲学之注重自然界，注重逻辑，注重语义，可谓为吾国人注意力之所不及。惟其念念不忘众人所公有之知识与道德，以求人生问题之解决，且前后各代继续本乎'行健不息'之旨以为之，此乃中国文化所以历久常存而不至于误入歧途者也。其所以推究知识道德者，不外众人之心同然，不外乎众人所

---

① 张君劢：《中国哲学中之理性与直觉》，氏著《中西印哲学文集》上册，台湾学生书局 1981 年版，第 77 页。

② 张君劢：《新儒家思想史》，弘文馆出版社 1987 年版，第 177 页。

③ 郭齐勇：《张君劢的哲学系统》，氏著《现当代新儒学思潮研究》，人民出版社 2017 年版，第 161 页。

④ 张君劢：《再论人生观与科学并答丁在君》，《科学与人生观》（一），辽宁教育出版社 1998 年版，第104 页。

⑤ 张君劢：《民族文化书院缘起》，氏著《中西印哲学文集》下册，台湾学生书局 1981 年版，第 1425 页。

公有之理性，不外乎此公有之理性之暂没而复现，此则儒家哲学之一般性也”①，故“吾侪今日之进德，不能但记识仁定性或致知主敬之言，而自谓已尽格致诚正之能事。同时亦不必步趋西方学术机关之后，但以宇宙现象之研究为事，而置身心问题于不顾。……盖德性与智识二者既为人类得之自天之能，使之平均发展而同等表现于人类社会之中，乃学术上不偏不倚之善德，而惜乎古今中外之未有能严格遵之者也”②。就是说，要把重德性的中国哲学传统与重智（知）性的西方哲学传统有机结合起来，并以德性制衡智（知）性，开辟出当下中国哲学发展的新路径。

这样的目的，在张君劢对康德的肯认中更清晰地表露了出来。他之所以服膺康德，不仅仅是因康氏之学与他本人“唯实的唯心主义”哲学相契合，而且更因为“康德的方法和儒家一样，因为康德认为道德与科学知识同等重要。我们不认为科学教我们惟一的真理；我们认为：为使人类不因科学之故而牺牲，而要使知识服务于人类，则知识必须合乎道德的标准。这就是儒家从整体来衡量知识与生命的方法。这就是新儒家思想的主要方向”③。

张君劢曾就其何以要做中西哲学比较研究必得从“柏拉图与孟子”入手问题，说过一段这样话：“西方文化之要素三，曰希腊罗马，曰耶教，曰现代思想。此三者之中，希腊思想始终贯彻于古代中世，与现代为其骨干，如耶教之传至欧洲，初期依柏拉图，后期依亚历斯多德为媒介，现代西方思想之复活，始于希腊古书由君士坦丁堡移至于意大利。至于近时英德人口中有哲学不外两派，一曰柏拉图派，二曰亚历斯多德派。此可以见西方文化，迄今犹在有形无形中为希腊学者之势力所支配。吾人诚能从中、希思想之相同处，谋吾国思想界之复活与中西文化之接近，或者由流溯源，较诸移植西方现代科哲学者，或可更得其由本见末之一脉相沿，彼此贯通之处。”④ 就是说，要通过源头上的比较，寻找出中、希思想相同处而加以疏通，使中西思想合而为一，从而在赋予中国传统思想以新内容的同时，激活中国思想的生命力，复兴中华文化。

张氏晚年回视平生，以其亲身的历史感受而指出，身处当今东西文化既相矛盾冲突又相交流融合时代中的人们，应以开放的心智，通过客观而理性的研究，会合东西而镕于一炉：

吾人今日所处为东西文化对峙之日，彼此优劣之势至为明显。名为近代化之大

---

① 张君劢：《儒家哲学处于西方哲学环境中之觉悟》，氏著《中西印哲学文集》上册，台湾学生书局 1981 年版，第 488 页。

② 张君劢：《民族文化书院缘起》，氏著《中西印哲学文集》下册，台湾学生书局 1981 年版，第 1425 页。

③ 张君劢：《中国现代化与儒家思想复兴》，氏著《中西印哲学文集》上册，台湾学生书局 1981 年版，第 596 页。

④ 张君劢：《孟子与柏拉图》，氏著《中西印哲学文集》下册，台湾学生书局 1981 年版，第 730—731 页。

潮流中，实则伏有东西冲突之暗流。举其显著者言之：

第一，东方各国咸认现代化（即西化）之必要，然其内心隐藏东方文化之复关或遇事以东方文化之名为自己辩护，此东西对立中矛盾之一。

第二，所谓现代化，实即西化。西化之范围如何，以工业技术为限乎，以政治为限乎，抑广及于治学方法与道德伦理乎，此界限如不先明白划定，则民族主义的想法或曰东方文化特点之想法，随时起而作祟。此为东西对之中矛盾之二。

第三，既已名曰现代化，而其中又分小派别。其在学术方面或重科学而轻玄学……或重科学的社会主义……其在政治方面，或以为应遵民主政治路线，或以为应走暴力革命路线。此为东西对立中矛盾之三。

以上三种矛盾，为五四以来时起时伏之现象。倘国人不图谋所以矫正之法，而但知以力胜人，则政治与学术，永远混合一处，文化不能自由发展，而政治永无自致于清明之日矣。其所以矫正之法将如之何。曰廓大心胸，以求东西之会通而已。

吾人处此文化交流时代，应会合东西，镕铸于一炉之中，知自己之所长所短而后，就其长者而守之，就其短者而去之。知西方之所长所短。西方之所长所短，不论其为近代为古代为玄学为科学，一律平等视之，悉心研究之后，再定去取。此乃今后廓大自己闻见、智识以求文化复兴之惟一方法也。倘不尽人之长，而先存成见……此皆先自狭小其心胸以自树藩篱于学术与政治之中也。①

他通过客观而理性的比较研究，肯认西方文化确有所长，并坦承与西方文化相比较，在学问的"节目与详细之处"中国文化"远不如西方"，因此他力主东西文化会通，坚认"吾人处于今日，唯有鼓励之扩张之，合之于一炉之中，以促成相通而不失其本色而已"②。这表明张君劢其实是在做着综合中西传统以再创中国新思想的努力。这种努力又是现当代新儒家们共同自觉承当着的使命。如唐君毅和牟宗三不仅继承发挥了孔孟至宋明儒的文化哲学思想，而且援西学入儒，借助并发挥了德国观念论——康德、费希特、谢林、黑格尔的思想，尤其是贯通并扩充了康德的道德为文化之中心论、道德生活自决论和贝克莱、黑格尔的唯心主义与辩证法思想。可见他们"在面对西方文化之冲击及中国现代化之要求时，均同时肯定儒家思想中有其不可舍弃的本质，且认为这种本质不但无碍于中国之现代化，反而是其必要的凭藉。但是他们也充分了解：中国当前所面

① 张君劢：《老当益壮之自白》，氏著《中西印哲学文集》上册，台湾学生书局1981年版，第160—161页。

② 张君劢：《民主政治之开始·范畴与学问理论》，氏著《中西印哲学文集》上册，台湾学生书局1981年版，第31页。

对的变局使儒学不可能完全保持传统的形态，而必须有所转化；换言之，他们必须重建儒学”①。

张君劢“以为吾人处于现世界，应知东西彼此之所以同，然后能不丧其所固有，而更求其发扬光大。同时不可不知东西彼此之所以异，然后能知己之短，而择人之长以补之”②。择西方文化之长以补中国文化之短，方更能彰显中国文化固有的价值；“这样做的目的，是证明中国的土地是固厚而广阔的，足供建立新思想之用”③，“乃大增吾人复兴儒家哲学之勇气”④。他正是通过对东西哲学的比较，揭示中国哲学有四点特性：

> （一）中国人在哲学方面的兴趣集中在道德价值方面。中国人认为人是宇宙的中心，人与人之间的关系应是哲学家首先考虑的对象。孔子说“弟子入则孝，出则弟，谨而信，泛爱众而亲仁。行有余力，则以学文”，这种情操运用到社会各分子身上，如君臣、父子、夫妇等，都必须具有不同的道德规范。中国人对于宇宙的看法，采取目的论观点。这是中国思想的基本态度，目的观使中国人的兴趣倾向道德价值方面，因此，对中国人而言，道德价值比逻辑、知识论或任何纯粹抽象知识具有更重要的功用。
>
> （二）中国人希望解释宇宙间一切现象，因此，他们想解决世界创造问题。他们认为天是道的根源，并以自然界阴阳二力或变化来解释这种关系。他们的形上学永远是理性主义的，不带超自然主义色彩。这种诉诸理性最有名的例子是老子的《道德经》、孟子的理性主义、周敦颐的宇宙论以及张载和朱熹等对理与气的讨论。显示抽象的理论分析，乃是宋代中国思想中最主要的部分。中国思想家认为上帝和自然之间没有关系。如果形而上与形而下之间有区别的话，也只是程度上的，不是根本的；凡是形而下的都可以归溯到形而上的，凡是形而上的都应该用这世界的现象来加以解释。
>
> （三）中国人在哲学上最大的兴趣是对心灵的控制。中国人认为，由于心常为物欲和偏狭所蔽，所以，净心为得道的先决条件。一旦把自私的念头消灭，心便能不偏不倚，明朗和远见了。周敦颐的无欲、朱熹的致知和专心、王阳明的知行合一，这些便是达到真理标准的三条道路。
>
> （四）重视自己所学的身体力行，甚至为了道可以牺牲生命。人若有志于道并

---

① 李明辉：《当代儒学之自我转化》，台北“中央研究院”中国文哲研究所 1995 年版，第 58 页。

② 张君劢：《孟子与柏拉图》，氏著《中西印哲学文集》下册，台湾学生书局 1981 年版，第 761 页。

③ 张君劢：《中国现代化与儒家思想复兴》，氏著《中西印哲学文集》上册，台湾学生书局 1981 年版，第 593 页。

④ 张君劢：《儒家哲学之复兴》，氏著《中西印哲学文集》上册，台湾学生书局 1981 年版，第 485 页。

> 愿献身于道的话，首先要做的便是将自己所信的原则付诸实行——自己身体力行，在自己的家庭生活以及对国家所尽的义务中具体地表现出来。朱熹和王阳明被认为值得效法的最好榜样。明朝末年，东林党的许多哲人为了对皇帝忠言直谏而牺牲性命，这表示儒家或新儒家学者是准备为自己的信仰而牺牲的。宋末文天祥之死、明末刘宗周之死，便是这种殉道精神的典型。孔子说："志士仁人，无求生以害仁，有杀生以成仁。"①

他据此而认为中国哲学足可与西方学说相媲美，中国哲学家的创造性思维并不落人之后，中国哲学尤其是儒学传统完全可以为现代中国思想提供"固厚而广阔的"精神土壤。并且，张氏还进而指出，"中国是儒家的天下。中国人的人生观极大部分是受孔子的影响；说得更正确一点，我们可以说，儒家的观点建筑在中国古代传统之上，因此，孔子和中国人的观点，都是从这个根源而来的"②。这就犹如现代西方文化根源于希腊思想一样，建筑在中国古代传统之上的孔子儒家的思想成为渗入中国人血液中的历史文化基因。

所以，当张氏考虑现代中国思想文化建设必须顺应人类社会和人类文化发展潮流，以及和会中西问题时，就要申述其应以儒学为本，而会通东西思想之理由道：

> 为什么不说以中国的道家墨家为本？因为道家主清静无为，不看重知识，不重修齐治平之大道。墨家虽重逻辑，有天志非攻的道理，但太偏重实用，而亦不能据以融摄西方之关于自然社会的理论知识。惟儒家学说圆通广光，高明精微，确是中国思想的主流。③

他更加郑重地说："在一般人的心目中，'儒家'一词代表的是一种旧学说或旧规范，而'现代化'一词所指的则是从旧到新的一种改变，或对新环境的一种适应。然而，如果人们深究儒家思想的根源，显然，儒家思想是基于一些原则的：如理智的自主，智慧的发展，思考与反省的活动，以及质疑与分析的方式。如果这一看法不错，则儒家思想的复兴适足以导致一种新的思想方法，这种新的思想方法将是中国现代化过程中的基础。我的看法是：儒家思想的复兴有助于或者是中国现代化的先驱。人们甚至可以说，在中国人心目中根深蒂固的儒家思想足可为导致中国现代化的基本方

---

① 张君劢：《新儒家思想史》，弘文馆出版社 1987 年版，第 33—35 页。

② 张君劢：《新儒家思想史》，弘文馆出版社 1987 年版，第 15 页。

③ 张君劢：《儒家哲学之复兴》，氏著《中西印哲学文集》上册，台湾学生书局 1981 年版，第 574 页。

法。"[①] 就是说，以儒学为核心的中国文化传统是中华民族的根与魂，是中华民族的精神命脉。中国的现代化应该并且必须立基于这根本，以之为魂，与这样的精神命脉相贯通。

（作者单位：天津市工会管理干部学院艺术系）

① 张君劢：《中国现代化与儒家思想复兴》，氏著《中西印哲学文集》上册，台湾学生书局 1981 年版，第 579 页。

从良知坎陷说论中西文明会通的内在理路

张　凝

百年以来，中国或中华民族之发展要面对的核心问题就是中西文明的冲突、交融、会通问题。近代以来的学术思想，唯有在这一核心问题上提供解决方案者，才有可能在社会层面发挥重要影响。或者说，近现代中国凡成体系性思想，最终必须要落脚在对这一核心问题提出解决方案上。反之，我们亦可以说，考察一思想体系在这一核心问题上的解决方案，可以成为我们对近现代中国思想光谱进行分类识别的一个重要参照系。

牟宗三是现代新儒家的重要代表人物，甚至可以说是现代新儒家的集大成者。之所以有后一判定，不仅因为相对于现代新儒家其他代表人物，牟宗三建立了最为完整系统的哲学体系，完成了对中国哲学史的梳理和建构，最终建立了以两层存有论为表现形态的“道德的形上学”，更因为牟宗三在中西哲学会通问题上提出了良知坎陷说，以儒家之“内圣”“开出”民主和科学的“新外王”。可以说，良知坎陷说不仅构成了牟宗三两层存有论道德形而上学的枢纽，也是以牟宗三为代表的现代新儒家为中西文明会通问题提供的最具有代表性的解决方案。也正是这一结论性表述，在社会层面发挥了最为广泛的影响，成为普通中国人和西方学界了解现代新儒家思想最直观的切入点。

一、良知坎陷说的显白表述

牟宗三之所谓“良知”是接着王阳明讲的。“良知坎陷”说最早见于《王阳明致良知教》一书，认为良知要转化为认知，需要为了了别而坎陷自己，从而能够开出并融摄知识。[①] 牟宗三说：“吾心之良知决定此行为之当否，在实现此行为中，固须一面致此良知，但即在致字上，吾心之良知亦须决定自己转而为了别。此种转化是良知自己决定坎陷其自己，此亦是其天理中之一环。”[②] 张学智指出，“牟宗三的良知坎陷，即占优

① 参见法帅：《牟宗三“良知坎陷”说再考察》，《中国文化研究》2015年第1期。

② 牟宗三：《从陆象山到刘蕺山》，吉林出版集团有限责任公司2010年版，第160页。

先、基础、本质地位的道德理性否定自己，从高处跌落下来，退让一步，让本已包含的知识理性开显出来”①。

其后随着牟宗三自身理论的发展，良知坎陷说也逐渐展开和完善。良知坎陷说被用来论及如何开出科学与民主的“新外王”，是在《道德的理想主义》《历史哲学》和《政道与治道》所谓“外王三书”中进行的，并且在这一论述中，也涉及了中西文明的会通问题。在《历史哲学》中，牟宗三分析道，西方文明发展出了科学和民主，体现了一种“分解的尽理精神”，而在中国文明的发展中，首先注重修德爱民的政治伦理，“智”的一面被“仁”的一面所统摄，“智”的一面隐伏于“仁”之中而未能独立发展，所以中国文明主要体现为一种“综合的尽理精神”。牟宗三指出，“西方的文化生命虽是分解的尽理之精神，却未尝不可再从根上消融一下，融化出综合的尽理之精神；而中国的文化生命虽是综合的尽理之精神，亦未尝不可再从其本源处转折一下，开辟出分解的尽理之精神。这里将有中西文化会通的途径”②。在这里，牟宗三认为，中国文明所体现的“综合的尽理精神”，需要向下曲折一下转出“知性”来，建立一种架构性和客观性，才能补足中国文明之缺失。

在牟宗三两层存有论的道德形而上学中，“良知坎陷”构成打通“形上”与“形下”的枢纽，正是经由良知的自我坎陷，才能从知体明觉“开显”出知性，这是一种“辨证的开显”。“知体明觉不能永停在明觉之感应中，它必须自觉地自我否定（亦曰自我坎陷），转而为‘知性’；此知性与物为对，始能使物成为‘对象’，从而究知其曲折之相。”③

牟宗三提出良知坎陷说后，在学界和社会层面都引发了热烈的反应。质疑和批评者中，比较有代表性的有余英时、傅伟勋、郭齐勇、蒋庆等。质疑的角度侧重于这几个方面：一是良知能否坎陷？比如蒋庆指出，儒家意义上的良知“只可呈现而不可坎陷”④。二是从良知和儒家之“内圣”能否“开出”民主和科学的“新外王”？比如余英时指出，“‘良知的自我坎陷’的理论最多只能说明人的一切创造活动都受‘良知’的主宰，但却无法说明政统与学统必须等道统来‘开出’”⑤。三是良知坎陷说被认为存在明显的泛道德主义倾向。余英时称之为“良知的傲慢”。

对于这些批评的声音，一方面我们要看到，正如李明辉所指出的，牟宗三的良知坎陷说所做的只是哲学的解释工作，不能“把‘哲学的解释’与历史学的、政治学的、乃

① 张学智：《牟宗三“良知坎陷说”新议》，《国学学刊》2018年第1期。

② 牟宗三：《历史哲学》，吉林出版集团有限责任公司2010年版，第167页。

③ 牟宗三：《现象与物自身》，《牟宗三先生全集》第21卷，联经出版事业公司2003年版，第126页。

④ 蒋庆：《良知只可呈现而不可坎陷——王阳明与牟宗三良知学说之比较及“新外王”评议》，《中国文化》1996年第2期。

⑤ 余英时：《钱穆与新儒家》，氏著《现代儒学论》，上海人民出版社1998年版，第215页。

至社会学的解释混为一谈”①；或如罗义俊所言，牟宗三所解决的“乃是哲学与文化上的根本原理原则和精神方向问题”，不能“要求新儒家包打天下”。② 另一方面我们要明白，把牟宗三庞大的哲学体系和关于中西文化会通的深入思考归结为“良知坎陷”说，本身就是一种简单化的理解，遮蔽和忽视了牟宗三此一理论的真正内涵和洞见；或者说，牟宗三在“良知坎陷”说这一看似矛盾的表述背后，有其良苦用心。

二、良知坎陷说的隐微内涵

在牟宗三的哲学体系中，有一个明显的框架，其既用这个框架来建立一种本体论的架构，也用来分别解读中国哲学（特别体现为对宋明理学派系的划分）、西方哲学，还用这个框架来解读中西文化之差异。③

第一层次：形上—大道—良知—仁—内圣—综合的尽理之精神—理性之运用表现—纵的系统—康德传统—宋明儒大宗—道德的形而上学。

第二层次：形下—万物—知性—智—外王—分解的尽理之精神—理性之架构表现—横的系统—柏拉图传统—程颐朱熹—民主科学。

在这个框架中，上下两对概念都是对应的，但同一层面内部并不是完全对应的逻辑统一关系，而是在解释不同问题时，又包含不同内涵。比如，牟宗三并不是认为中国文化只有“仁”“良知”“内圣”，中国文化精神中显然也有智的一面、“外王”的一面，中国文化精神是“仁”统摄“智”，正是从“统摄”而言，体现为“综合的尽理精神”，并成为“纵的系统”。

在牟宗三看来，一个完整、完善的思想体系需要两个层次的结合和互补，缺少其中一个层次，一定是不完整的；过于偏向其中一个层次，就是不完善的。牟宗三认为，西方文化就整体而言，更多偏向第二层次，是柏拉图所开辟的希腊传统为正宗，并由此建立了西方的知识论系统，进而成就了“民主”“科学”等价值；而中国文化就整体而言，更多偏向第一层次，是孔子和宋明儒大宗（程颢—王阳明）为代表的儒家传统为正宗，并建立了真正的“道德的形上学”。

虽然牟宗三认为中国和西方在文化精神方面各有所偏，但他又认为在本质意义上中国文化更胜一筹，牟宗三用“圆教”这一概念来表达他的立场和倾向。所谓“圆教”就是最高的圆满的教义，“通达圆融、智慧高、境界高”。虽然圆教这一概念出自佛教，但

① 李明辉：《论所谓“儒家的泛道德主义”》，《儒学与现代意识》，文津出版社1991年版，第124页。

② 罗义俊：《在批评与内省中拓展新天地——第三届当代新儒学国际学术会议评介》，《学术月刊》1995年第9期。

③ 关于此框架的解释，详见笔者的另一篇论文，即《论牟宗三判定朱熹“别子为宗”的诠释漏洞》，《上海师范大学学报》（哲社版）2018年第2期。

牟宗三认为，在中国文化内部，以孔子和宋明儒大宗为代表的儒家才是真正的圆教；而在中西文化的对比中，综合的尽理精神所成就的道德的形而上学才是“圆教”。“圆教”最重要的标志就是打通形而上与形而下，实现形而上与形而下两个层次的圆融。

牟宗三认为，必须要超越西方所谓形式逻辑，才能理解中国的“大道”。大道可以自由地出入于万物，所以良知可以自由地“坎陷”。正是因为良知可以自由地“坎陷”，才体现了第一层次对于第二层次的主导地位。

从以上分析我们可以看到，牟宗三用良知坎陷说所要表达的是他的本体论建构。如果我们跳出牟宗三建构的哲学体系，从外部的角度来看，牟宗三的两层存有论体系是其对世界和历史的一个解释体系，这个解释体系本身是时代问题和时代精神的映射。在这个解释体系背后，既有牟宗三本人的良苦用心，也有其基于时代的局限性。

如同牟宗三在解释先秦诸子时表述过的一个观点，不论孔子、老子，还是其他墨家、法家代表人物，他们所面对的最重要背景或者说要解决的核心问题，是“周文疲弊”问题。① 而在牟宗三所生活的时代，从清末民国一直到现在，中国顶尖思想家和真正发挥影响的理论体系，所要面对的最重要背景和核心问题，是中西文明的冲突、交融、会通问题。这也是牟宗三整个哲学体系建构和致思的终极旨趣所在。

经过晚清到民国几代中国人的探索，在中西文明会通问题上，形成了一些共识（这些所谓共识，并不一定都是正确的，但体现了一个时代多数人的共同或相似观点），但同时分歧仍然是深刻的。也正是在此意义上，有保守主义和西化主义之划分。而实际上，中西文明之会通，既是应然，也是必然。这已成为包括牟宗三在内的我们这个时代的哲人们的最大共识。牟宗三所代表的现代新儒家被归入保守主义阵营，是因为其在中西文明会通问题上持中国文化本位立场。也正是基于这种中国文化本位立场，牟宗三坚持良知的主导地位，并以良知坎陷的方式来“开出”知性和民主科学，坎陷一词鲜明表现了良知的优位性。

牟宗三这一代人（具体来说，就是五四之后并受到五四重要影响的这一代人）之大多数所认可的另外一个共识是，在中西文明的比较中，民主和科学是西方文明最突出的成就，也是中国文明所缺乏和必须追赶或补足的重要内容。牟宗三从哲学角度分析认为，所谓科学，就是把物当作与心对待的外物，予以客观的分别和了解，并探寻其规律，建立客观的解释体系；而不能像王阳明心学那样，把物都看作伦理之物，只从道德的角度追求那种“与万物为一体”的“仁者境界”。牟宗三又认为，所谓民主，就是重视个体之自由独立和权利，并据此建立各种法律和政治制度；而不能像主流儒家所倡导的那样，把个人只看作团体和家庭中的一分子，强调伦理责任而忽视个人权利。在牟宗

① 参见牟宗三：《中国哲学十九讲》，上海古籍出版社 1997 年版，第 58 页。

三看来，不论是民主还是科学，都是注重分别、注重架构，所以他总结为“理性之架构表现”和“分解的尽理之精神”。同时，牟宗三又认为，中国文明或文化精神中本身也包含着“智”的内容，也有对物的分别和对个体的尊重的一面，不过由于被“仁”的一面所统摄而未能完备全面地发展出来。所以，牟宗三得出结论，就像道表现为万物是道的自我发展要求一样，良知要坎陷为知性，是良知的自身要求，中国文化要发展出民主和科学，也是中国文明自身发展的要求。在这一理论体系的建构过程中，牟宗三的良苦用心就是要论证：民主和科学的发展要求不是被迫的和外在的，而是中国文明自身完善和发展顺理成章的趋势和结果。从第三方或后人的视角看，这也意味着对以民主和科学为主要标志的现代西方价值的完全接纳。

三、牟宗三对中国文明演进之分析及其问题

牟宗三对中国哲学史的研究，最核心的切入点是宋明理学。虽然其最早的学术著作不是从宋明理学开始，但牟宗三经由熊十力的引导而步入学问之门，在问题意识和运思方向上都是接着宋明理学尤其是王阳明心学而来的。《心体与性体》是牟宗三解析中国哲学史最重要的著作。正是经由对宋明理学三系的重新辨析和划分，牟宗三认定五峰蕺山系和象山阳明系体验到的本体都为“即存有即活动”的本体，真正继承了孔孟所确立的儒家正统。牟宗三由此把五峰蕺山系和象山阳明系一起称为宋明儒大宗，而认定伊川朱子是“别子为宗”，因为在伊川朱子那里，心性不一，心理为二，“性只成存在之理，只存有而不活动，心只是实然的心气之心，心并不即是性，并不即是理”①。牟宗三认为，朱熹所体验的到最高本体只有实存意义，不包含道德的能动性，也就无法最终证成“道德的形上学”。

不论是宋明理学三系辨析还是儒释道之间的判教，牟宗三的致思方向都是一种空间性的结构分析或辨析，而缺少一种历程性、时间性的把握。比如，当牟宗三说到宋明儒之大宗的时候，他是在强调从明道到五峰、从象山到阳明，他们对于本体的体证都是一样的，并且他们所体证到的本体与孔子孟子所体证到的本体也是一样的，而并没有从时间和思想历史发展的角度探讨他们之间的差异。这背后仍然受到宋明理学所建立的“道统”意识之影响。

关于文明演进和历史发展的动力，牟宗三首先是把儒家思想看作一种“普遍原则”，并且认为正是这种“普遍原则”之落实体现于历史层面而为历史发展之动力。“此具有普遍性之原理，儒家名之曰‘仁’。吾人现在亦可转名之曰‘绝对理性’。此绝对理性在人文的实践过程中彰著其自己。”② 牟宗三把“仁”看作“绝对理性”，并认为历史发展

① 牟宗三：《心体与形体》（上），上海古籍出版社 1999 年版，第 91 页。

② 牟宗三：《道德的理性主义》，吉林出版集团有限责任公司 2010 年版，第 10 页。

就是这种绝对理性之实现自身。这种观点毫无疑问是受到黑格尔哲学的影响，或者可以看作把儒家哲学和黑格尔哲学进行了有机融合。基于这一理念，牟宗三把以追求普遍性为方向的儒家“仁”的思想看作中国文明演进之动力，认为历史的发展无非就是此“仁道”的显或隐。

但牟宗三以此观点解释汉朝和唐朝之文明成就时遇到了问题。在讲述中国哲学史时，牟宗三认为两汉经学中几乎没有哲学问题，所以他讲中国哲学史对汉代基本是“略过不提”，对唐朝则主要只讲“隋唐佛学”。而在从历史哲学角度论述汉唐时，出现了矛盾的论述。关于汉朝，他一方面说：“西汉二百年，皆汉高之不滞之气之所生也。一人之尽气，生生二百年，弗待后嗣之相踵以为二百年也。”① 另一方面又说：“孔孟荀所彰之道虽未及身而见于国家政治，然而发展至董仲舒，则收其功效于汉帝国之建立。此为此道之实现之第一期的形态。”“第一期之形态，孔孟荀为典型之铸造时期，孔子以人格之实践与天合一而为大圣，其功效则为汉帝国之建构。”② 前一种说法认为汉朝之成就来自刘邦为代表的天才人物的英雄气，而后一种说法则认为汉帝国之成就是孔孟荀所建立的儒家思想的历史实现。

关于唐朝之成就，牟宗三一方面指出：“经过魏晋南北朝之混乱时期，此道便隐。隋唐再造，其根本动力亦不本于儒学。唐之精神当别论。”③ 另一方面又说：“唐人生命原极健旺，故致力诗文，崇尚华藻，而文物制度，亦极灿烂而可观也。……然气不终盛，往而不返。降至残唐五代，则规模尽丧，无复人趣。坎陷至极，觉悟乃切。宋初诸大儒，始确为儒学思想方面之复生。”④ 按前一种说法，中国历史的发展，在儒学“仁道”之外，还有别的动力。我们尤其要注意者，牟宗三认为残唐五代是一个“坎陷至极”的阶段——在这个阶段，大道完全隐藏几乎不见踪影，道德沦丧，人们的精神只体现为物质欲望。如果按照良知坎陷说，良知坎陷自身能成就知性和物质成就，但实际上，“坎陷至极”的五代时期知性和物质成就都不发达。从这里我们可以看到牟宗三良知坎陷理论在解释中国文明演进过程中的矛盾之处。

另外，关于清朝在中国文化精神和文明演进中的作用，牟宗三完全持否定态度，并认为正是清朝之统治打断了中国文化精神本有之发展道路。认为清朝三百年统治打断了中国文明演进之本有方向，并不是牟宗三一个人的观点，而是一种较为普遍的观点。不过此观点对于牟宗三而言，是基于其哲学体系而对中国历史发展做出的判断，是其哲学体系的一部分。但这一点从反面证明了，牟宗三之哲学体系不能对中国文化精神和文明

① 牟宗三：《历史哲学》，吉林出版集团有限责任公司 2010 年版，第 223 页。
② 牟宗三：《道德的理性主义》，吉林出版集团有限责任公司 2010 年版，第 12—13 页。
③ 牟宗三：《道德的理性主义》，吉林出版集团有限责任公司 2010 年版，第 12 页。
④ 牟宗三：《道德的理性主义》，吉林出版集团有限责任公司 2010 年版，第 3—4 页。

演进做出完整合理的解释——清朝统治中国完全是历史的偶然，清朝之学术思想也在中国整体学术思想中没有地位。后来余英时提出“内在理路”说，可以看作是对这一带有普遍性观点的反驳，意在论证从明朝到清朝学术思想之发展，除了外援因素之外，有其内在的逻辑，由此而论证清代之学术思想是中国整体学术思想发展的必然结果和重要组成部分。

四、牟宗三对西方文明演进之分析及其问题

牟宗三讲西方文化精神，主要是从哲学史的角度来谈的。他认为，康德是西方哲学的枢纽和集大成者，“古代的哲学由古希腊起到康德以前的哲学都汇归到康德处，康德以后的哲学都由康德开出”。牟宗三又认为，第二次世界大战以后的西方哲学如现象学、存在哲学、分析哲学等几乎都是无意义的，“这些思想都是二次大战以后很流行的，这些思想都是世纪末衰世的‘纤巧’哲学。……如胡塞尔、海德格尔、维特根斯坦都是纤巧，这些人的哲学看起来有很多的妙处，其实一无所有”。① 从这些论述我们可以看到，牟宗三主要是继承或接续了西方古典哲学传统尤其是康德哲学，而对现代西方哲学基本是完全否定或不屑一顾。

从更大范围讲西方文化或西方文明，牟宗三也承认希伯来传统的地位和作用。“讲西方传统，除了希腊、罗马之外，还有希伯莱传统，希伯莱传统是宗教（基督教）。这就是西方文化的轮廓。”但实际上，牟宗三认为现代西方文明的成就主要来自“希腊罗马传统”。“西方的科学、哲学从希腊开出；近代化的自由民主成分很多，希腊传统有贡献，罗马也有贡献。”所以牟宗三认为，在中西文明会通这个问题上，中国所要接纳的就是由西方希腊罗马传统而发展出来的科学和民主。“我们要求一个大综和，是根据自己的文化生命的命脉来一个大综和，是要跟西方希腊传统所开出的科学、哲学，以及西方由各种因缘而开出的民主政治来一个大结合，不是跟基督教大综和。”②

再者，牟宗三认为，希伯来传统或者基督教精神如果从哲学的角度分析，同样可以归入他所总结的、希腊精神所体现的“分解的尽理之精神”：“就是从希伯来而来的宗教传统下的基督教的精神，即耶稣的精神，一方面说，我也说它是分解的尽理之精神。此处所谓‘分解’完全是就耶稣的宗教精神之为隔离的、偏至的而言。”③

从牟宗三关于西方文化精神的以上论述，我们可以看到三个问题：

第一，牟宗三对康德哲学的高度赞扬和对二战以后现代西方哲学的完全否定，实质上是对“现代性”的完全肯定，是对“现代性”所包含的自由、民主、科学等价值的完

---

① 参见牟宗三：《中西哲学之会通十四讲》，上海古籍出版社 1997 年版，第 26、39、58 页。

② 牟宗三：《鹅湖之会——中国文化发展中的大综和与中西传统的融会》，《联合报》1992 年 12 月 20、21 日。

③ 牟宗三：《历史哲学》，吉林出版集团有限责任公司 2010 年版，第 164 页。

全接纳。二战后现代西方哲学一个重要的方向是对“现代性”的反思甚至质疑，而这是牟宗三所不能接受的。实际上，所谓“现代化”是一个过程，在这个过程中，“现代性”自身的内涵也是在变化中的。二战后的现代西方哲学以及所谓的“后现代主义”，实质上是现代化进程自身发展的结果。牟宗三的问题正在于他仍以一种抽象而非辨证的观点看待现代化和现代性，所以只接纳和肯定康德哲学所奠定的那个现代性，而排斥变化和发展的现代性。

第二，牟宗三对现代西方文明之兴起与希腊传统和希伯来传统之关系认识不够深入。他认为代表现代西方文明成就和主要特征的科学、民主都是从希腊传统开出的，这可以说是五四之后一代人的普遍观念和共识。实际上，随着东西方宗教、哲学、社会学等各学科领域研究的深入，21 世纪以来，承认基督教在现代西方文明中的地位和作用，已经成为大多数学人所接受的新的共识。可以说，在西方文化精神中，如果没有上帝信仰，个体就无法挺立，自由就没有根基，法治就没有保障。特别是 21 世纪以来，现代化自身辨证发展的结果是进一步肯定以宗教精神为核心的传统价值，这在东西方都已经是非常明显的趋势。牟宗三忽视基督教精神在西方文明中的作用，是受“时代共识”的局限。

第三，牟宗三把基督教精神归入他所总结的“分解的尽理之精神”，是对基督教精神研究不够深入的结果。牟宗三只看到了基督教精神中相对于中国儒家精神而有的隔离、偏至的一面，包含着对基督教精神的误读，因为他是戴着“儒家传统”这一有色眼镜来看待基督教的。牟宗三基于他对中国哲学谱系的研究，主要是依据墨家之博爱和佛教之“出世精神”来理解基督教，又依据所承接的从柏拉图到康德以来的西方哲学来理解基督教。实际上，在西方文化精神之中，希腊传统和希伯来传统构成互补的两极，基督教精神体现为信仰，它不是“分解”的，而是指向最高的绝对者；它不是“尽理”的，而是超越理性的。

五、中西文明会通的路径和良知坎陷说的意义

从上面两节的分析中我们可以看到，不论中国还是西方，其文明发展演进都是有两种动力或两个轮子构成辩证互补的两个方面而推动发展。如何建立一个理论框架来说明这两种动力以及其推动文明发展的模式和路径，正是哲学应当承担的工作。牟宗三以其良知坎陷说提供了一个解释框架，为中西文明会通提供了一个解决方案，这个方案有其积极意义，也有其时代局限性。笔者尝试建立一个解释中西方文明演进之动力和路径的解释框架，并以之探讨中西文明会通之路和牟宗三之良知坎陷说在其中的意义。

个体主义（Individualism）和整体主义（Holism）是哲学史上的一对重要概念。笔者认为，可以从整体主义与个体主义之辩证发展的角度来解读中西文明的发展。中西文

明体系都是在整体主义与个体主义之辩证发展过程中实现自身之发展的。西方是强整体主义和强个体主义辩证发展模式，中国是弱整体主义和弱个体主义辩证发展的模式。希腊精神和希伯来精神构成西方文明辩证统一的两极，其中希腊精神主要体现和代表着个体主义，而希伯来精神主要体现和代表着整体主义。而在中国，儒家思想主要体现整体主义精神（一种弱整体主义），而道家和佛家思想主要体现个体主义精神（一种弱个体主义）。①

西方现代性的基础精神是个体主义，并带来物质欲望的扩张趋势。现代以经济学为主导的发展理念，最根本的目的就是满足人类的“需要”，而基于欲望的“需要”是无限扩张的。在这一前提之下，不论人类如何用科技手段推进可持续发展，地球和大自然终究会不堪重负。也就是说，个体主义无限扩张必然会导致自身的毁灭，就像整体主义无限扩张会导致自身的灭亡一样。

根据个体主义和整体主义辩证发展的规律，西方文明整合了东方文明之后的全球化时代，要想实现真正的可持续发展，必须由个体主义转向整体主义。但新的整体主义不可能再从西方传统的希伯来—基督教精神中诞生，而融合了马克思主义、实现了新的整合的中国儒家思想，却有可能为人类文明的发展开辟新的道路。

中国目前所需要的，不是良知的坎陷（因为已经处于坎陷状态了），需要的是良知的呈现和信仰的重建，经由良知呈现，会通西方基督教的信仰精神，实现对泛滥的物质主义和个体主义之超拔和统摄，在融合自由、民主等价值基础之上，实现一种新的整体主义整合，为中国文明也为世界文明探寻出路。牟宗三的良知坎陷说虽然并没有为中西文明会通提供正确的解决方案，但恰恰在其所处的历史阶段论证了中国文明融入西方文明的必然性和核心问题，即中国文化精神必然要吸纳和融摄民主和科学所代表的个体、理性精神，这种吸纳和融摄既是中西文明演进、会通进程中的应然，也是必然。牟宗三的良知坎陷说回应了时代课题，完成了中国和西方文化精神的深入解读，为下一步中西文明之会通奠定了基础。今天的我们既要继承其智慧，又要超越其具体理论，走向中西文明会通的融合展开之路。

（作者单位：至圣孔子基金会）

---

① 参见拙文《论马克思主义的历史定位及与中国文化的关系——以整体主义与个体主义之辩证为视角》，《深圳社会科学》2018年第2期。

直接命我去如何行为如何存心

——藉海德格尔之基本存有论寻

周博裕

一、前言

论者前所撰《“我疆我理，南东其亩”之理心动力》[①] 一文，谓唐君毅先生疏解出“即事穷理也是理，却也非性理”，故“‘即事穷理，立理限事’的事理也不见得容易断”；又言“阳明之由良知之是是非非，以指证性善之立言方式”，“严格说，皆重在孟子所谓是非之心之智上立根”，等等；都让吾人向来认为，即事穷理即是理，阳明良知即四端之理。可见知理体理之全，均非容易。顺着个人而有：“‘直接命我去如何行为如何存心’与‘无直接命我去如何行为如何存心’是不同，一为可化可转可逆，一为不可化不可转不可逆。”天理仁理展现如何可转可逆，均非易得。

至此，吾人同样期对此“普遍之理”有所理解，而顺着牟宗三先生在《智的直觉与中国哲学》中疏解海德格尔之“基本存有论”[②]，期对上述的课题厘清。虽路是困难的，但为了体会“可化可转可逆之直接命我去如何行为如何存心”之仁体，走困难的路是必要的。

二、“执的存有论”与“无执的存有论”

牟先生在《圆善论》对“存有论”一词有附注，让我们对“执的存有论”与“无执的存有论”有所体会。

---

① 此文发表于“第七届儒学论坛：纪念唐君毅先生逝世40周年国际学术研讨会”，会议地点在大陆四川省宜宾市宜宾学院，2018年10月19日至22日，宜宾学院四川思想家研究中心、唐君毅研究所主办。文亦刊登于2018年10月《宜宾学院学报》。

② 参见牟宗三：《智的直觉与中国哲学》，台湾商务印书馆1980年版，第24—29页。

（一）环绕“动”“是”“在”，讲出道理，非虚意，非一物。似心非心，为现象，内在的，是“理”，却是执的

西方的存有论大体是从动字“是”或“在”入手，环绕这个动字讲出一套道理来即名曰存有论。一物存在，存在是虚意字，其本身不是一物，如是，道理不能在动字存在处讲，但只能从存在着的“物”讲。一个存在着的物是如何构成的呢？有些什么特性，样相，或征象呢？这样追究，如是遂标举一些基本断词，由之以知物之何所是，亚里士多德名之曰范畴。范畴者标识存在了的物之存在性之基本概念之谓也。存在了的物之存在性亦曰存有性或实有性。讲此存有性者即名曰存有论。因此，范畴亦曰存有论的概念。范畴学即是存有论也。此种存有论，吾名之曰“内在的存有论”，即内在于一物之存在而分析其存有性也，康德把它转为知性之分解，因此，这内在的存有论便只限于现象，言现象之存有性也，即就现象之存在而言其可能性之条件也；吾依佛家词语亦名之曰“执的存有论”。①

牟先生表示存有论从动字“是”“在”下手，环绕动字讲出一套道理，是一套道理，叫“存有论”。存在是虚意，又不是一物，道理在其中，道理不能在动之存在处说。顺着牟先生说是否就是“心”，非心脏之心，但又不是心。牟先生指亦是亚里士多德的“范畴”，它只是基本概念。而从“存有性”“实有性”到“存有论”，亦名为“内在的存有论”，牟先生进而指康德把它转为“知性之分解”，且只限于现象，即为现象之“执的存有论”。我的话为“理”，乃依牟先生疏解而言。若顺王阳明之四端中的“是非”一端而论，唐君毅先生以为不妥，要回到孟子的四端全发而说。但此处所说的理，只是理，不是四端之理的理，故是“执的”。

（二）中国非是“动、是、在”静态道理，而是以“生”动态来表示，十字打开的本体宇宙论。海德格尔终以“头出头没，纠缠不已”出现

但依中国的传统，重点不在此内在的存有论。中国的慧解传统亦有其存有论，但其存有论不是就存在的物内在地（内指地）分析其存有性，分析其可能性之条件，而是就存在着的物而超越地（外指地）明其所以存在之理。……中文说一物之存在不以动字“是”来表示，而是以“生”来表示。“生”就是一物之存在。……故中国无静态的内在的存有论，而有动态的超越的存有论。此种存有论必须见本源，如文中所说儒家的存有论（纵贯纵讲者）及道家式与佛家式的存有论（纵贯横

① 牟宗三：《圆善论》，台湾学生书局1985年版，第337页。

讲者）即是这种存有论，吾亦曾名之曰“无执的存在论”，因为这必须依智不依识故。①

牟先生表示，中国亦有存有论，虽重点不在此。存在的物内在地、超越地所以存在之理。它不是西方“动、是、在”的静态概念，乃以“生”动态来表示。它为知识问题。“纵贯纵讲”“纵贯横讲”十字形成的道理。生在其中，动在其中，亦即十字打开的本体宇宙论。西方为执的存有论，中国则为十字打开的存有论。差别不可谓不大。

牟先生表示，中国未构造出内在的存有论，却因文化心灵之开展补充吸纳，只因佛家的转识成智，形成另一型态。牟先生先说，朱子不成内在的存有论，因无范畴。朱子存在之所以然，非即心，无创生，无前所说的“生”。接着说到海德格尔，不是西方传统的存有论，虽他力斥“表象的思想”后退到“根源的思想”，却未达无执的存有论，所以终“头出头没，纠缠不已”。

（三）超越的存有论，不是存有论，而是神学宗教。中国不转至此，无限智心通元亨利贞，成为无执的存有论

若越出现象存在以外而肯定一个“能创造万物”的存有，此当属于超越的存有论。但在西方，此通常不名曰存有论，但名曰神学，以其所肯定的那个“能创造万物”的存有是一个无限性的个体存有，此则被名曰上帝（智神的上帝，非理神的上帝）。②

牟先生接着表示有“形式的存有论”“纯质的存有论“多元的存有论”“数量的存有论”，虽均无创造性，却皆属“内在的存有论”，或说变形。越出现象，肯定能创造万物的存有，即为“超越的存有论”。牟先生说西方通常不说是存有论，而是神学，一个无限的个体存有，也说是上帝。牟先生指为智神的上帝，非理神的上帝。

至此可知，西方的存有与中国不同。其根源的思想中，难言创造。谈创造就只有上帝，这也是西方的困境。

吾人依中国的传统，把这神学仍还原于超越的存有论，此是依超越的，道德的无限智心而建立者，此名曰无执的存有论，亦曰道德的形上学。③

---

① 牟宗三：《圆善论》，台湾学生书局 1985 年版，第 337—338 页。

② 牟宗三：《圆善论》，台湾学生书局 1985 年版，第 340 页。

③ 牟宗三：《圆善论》，台湾学生书局 1985 年版，第 340 页。

中国依超越的无限智心，将所谓的神学还原于在无限智心穿透创造。既超越又内在，普遍的越过每一人每一物之上。此创造与上帝的创造不同。

> 这种道德哲学是建设在生成变易的自然哲学之上的。所以他以“通”为主，十二言之教，即是通的标准。通即是情通，情通而欲遂，即是团体情欲的谐和。不通即不和。不和为私为蔽为不元亨利贞为凶。故人必时刻以求通而祛凶，必时刻改造现实之不通以希望将来之通而冀得元亨利贞之吉。元亨利贞是情通之极致，是谓情欲之大谐和，人要必以此为理想。戴东原的“以情絜情而各遂其生”，焦里堂的“旁通情也，而元亨利贞”，皆是人间的真正发现，皆是抉破了人间的秘密而趋向于赤裸的真人生，这是人间的复活，人间的自我实现，毫不必藉助于万能的神及超越的宗教。这是有功于人类的发现，他这道德哲学的系统之完美，在这个人间是不多得的。①

《易》之一书是圣人教人改过之书，改过依文王的十二言“元亨利贞吉凶悔吝厉孚无咎”。人生依此而通，用无限智心。牟先生说这是人间复活，不必藉助万能的神明或宗教，进行道德的创造。“纵贯纵讲”“纵贯横讲”，人间事形成只有两层存有论：“执的存有论”“无执的存有论”。一套道理，说着说着，成为两套道理。朱子不足成为内在存有论，自成一机括，却是内在存有论之根芽。牟先生也如前说海德格尔为“头出头没，纠缠不已”。但本文却要理解其存有论，并非矛盾，而是为了理性思考之路。

三、海德格尔基本的存有论

吾人依上述对存有论有了基本理解，依此理解方能一定程度上看懂海德格尔的话。海德格尔论“有限理性底超越性”——对象化的活动，主要从以下几方面。

（一）“执的存有论”之思考

> 一个有限的认知的存有能够把它自己关联到一个其自身不是被创造的亦不是曾被创造的存在物（essent）上去，只有当这存在物其自身即能前来被遇见始可。但是，要想使这存在物能够当作是其所是的存在物（能够如其为一存在物）而被碰见，则它必须事先（in advance）即作一存在物而“被认知”，即是说，以其存有之结构而被认知。但是这个意思即函着说：存有论的知识（在这情形中此种知识总是先存有论的）是一存在物自身（一存在物之为一存在物）一般地说能成为对

① 牟宗三：《周易的自然哲学与道德函义》，文津出版社 1988 年版，第 267 页。

> 一有限的存有而为一对象（object）这种可能性的条件。一切有限的存有皆必须有这种基本的能力（basic ability），此能力可被描述为转向某某（朝向某某），它让某物成为一个对象（object）刺出去使之挺立而为一个对象。[①]

海德格尔说，一套道理即有限的存有关联到一个不是被创造或曾被创造的存在物始可，即具独立性始可，或说一套道理始成。“创造”“转向朝向”被说出来，存在被碰见，存在有基本的能力。如亚里士多德之形式与质料的架构般。转向朝向成为对象。此得先朝“执的存有论”道理思考方可。

（二）“自由的空间”介入

> 在这种根源的朝向活动中，有限的存有首先给它自己置定一个“自由的空间”。在此自由空间内，某物能与它（他）相对应。事先将一个人自己摄持于这样的一个自由空间内并且去形成这自由空间，这根本上不过就是那标识关于存在物的一切有限举动（措施）的超越域（超越性［之开式］）。如果存有论的知识之可能性是基于纯粹的综合上，又如果就是这存有论的知识使对象化之活动为可能，则这纯粹综合必需显现其自已就是那组织并支持那超越域之固具的本质的结构之统一的整体者。通过这纯粹综合底结构之说明，理性底有限性之最最的本质便显露出来。[②]

海德格尔接着指出，一套道理自己置定一个自由的空间，从摄持自由到形成自由空间。这是突破的说法。“执的存有论”，因“自由的空间”，似乎要立即进到“无执的存有论”。而理性的有限性之最最的本质，因此显露出来。

（三）决定性的思考、纯粹思想才是存有论的中心角色，并未孤离

> 有限的知识是接受的直觉。就因为是如此，它需要决定性的思考。依此，纯粹思想便被宣称为存有论的知识之问题中之一中心角色，虽然这并无损于直觉在一切知识中所享有的优先性，不但无损，实在说来，亦正因为直觉底优先性，所以纯粹思想才是一中心角色。
>
> 纯粹思考在它的副助作用中（副助直觉之副助）要它来做些什么事呢？在关联于那“使超越域之本质的结构为可能”中它的工作是什么呢？恰恰就是关联于纯粹思想之本质的问题才必须引到存有论的知识之本质的统一之问题底中心上去——虽然这样想时，好像又重新把这个成分（纯粹思想）孤离起来似的。（案其实也并未

---

① 牟宗三：《智的直觉与中国哲学》，台湾商务印书馆1980年版，第24页。

② 牟宗三：《智的直觉与中国哲学》，台湾商务印书馆1980年版，第24页。

孤离，凸显出它来，只是为的副助直觉。)①

海德格尔指出，纯粹思想才是存有论的中心角色，直觉的优先性。其副助作用为关联于质的结构，关联于纯粹思想的本质。海德格尔又说，如此好像自身孤离起来。牟先生则说并未孤离，只是它为副助直觉。

(四)“无”与“自由空间”在“虚室生白，吉祥止止”形态中

在“转到范畴之超越的推述”中，康德提到我们的表象活动之有限性特别作为一纯粹知识底活动的那种活动，这并不是偶然的。关于这有限性，他很清楚地觉知到。“因为我们在这里并不是说它的由于意志的因果性。”(A 版 92 页以下，B 版 124 页以下)反之这问题是如此：那能够表示关联到存在物(它把它自己关联到这存在物)的表象之活动是什么力量呢？康德说，“表象自身”“并不能产生它的对象，当论及对象之存在时”我们的认知之模式不是经验地创造的；它并不能由于见它自身即可把那存在物带到它自己的面前。在讨论超越推述中的中途，康德特重视这一点，谓“在我们的知识之外，我们没有什么东西能安置在那里以对反于知识，而与知识相对应”(A104)。

如果我们的认知(当作有限的看)必须是一接受的直觉，则只去建立这事实尚不足够，因为现在的问题是如此：这种关于存在物之并非自明的接受之可能性所含的是什么呢？

显然就是这个：存在物以其自己即能前来被遇见，即是说，即能显现为是客观的(能挺立起而为与我相对的东西)。但是，如果存在物之当前存在不服从于我们的控制，则我们的依于其接受性的存有(我们的存有是依于它的接受性而为存有)即需要这样，即存在物事先在一切时即有成为一对象的可能。

一接受的直觉只能发生在一种机能中，此机能在一朝向某某底活动中它让某物成为一对象，只有这种机能始构成一纯粹的对应者之可能。我们即以我们自己来让见它成为一个对象，这“让它成为一个对象”之自身，它是什么呢？它不能是某种存在的物。如果它不是一个存在物，则它就是一个“无”。只有当对象化底活动摄持一人自己于无中，一个表象底活动始能在无中让某物不是无，以代替无，即是说，让某物是一存在物，前来被遇见，假设这存在物是经验地显现时。自然，我们所说的这个无并不是绝对的虚无。此与对象化底活动有任何关系，则留待以后再讨论。(案海德格所说让某物成为一对象的机能即指“统觉”或纯知性言。不是现实

① 牟宗三：《智的直觉与中国哲学》，台湾商务印书馆 1980 年版，第 24—25 页。

的存在物即是“无”，这个无不是绝对的虚无，乃是前文所说自由空间——超越域。此亦指康德所说的超越对象＝X。它实不是一种对象，它是让某物成为一对象者。所以它本身不是一个存在物，因而就是一个无。只有在此无中，在此自由空间中，始能让某物不是无，以代替无。此或可以庄子所谓“虚室生白，吉祥止止”之义来了解。）①

此几段令人费解。牟先生告知：从《庄子·人间世》“虚室生白，吉祥止止”来理解，仍保握住执的存有论。虚空的室内，放出光明，吉祥也聚集在此寂静的天地。心神不宁，夫且不止，是之谓“坐驰”。身在此，心逐于彼。

海德格尔此处顺着康德，加上前所说的“自由空间”“无”，试图走向“无执的存有论”。

海德格尔说依康德讲到范畴超越的推述，表象的活动提升到纯粹知识，不是偶然的。他清楚地觉知到，它不是意志而来的因果性。而关联到存在活动的力量是什么？不是经验的创造。知识之外，没有什么东西被安置在那里，对反于知识，或与知识相对应。提升到纯粹知识，不是偶然的，不是意志的因果性，不是经验的创造。海德格尔说了许多问号。

接着说直觉的建立是不够的，存在物并非自明的。显然，存在物是客观。但若存在物其存在，不服从于我们的控制，表示存在物即有成为对象的可能。

直觉发生在机能中，此机能朝向某某活动，让某物成为一对象。如果它不是存在物，则它就是“无”。对象摄持自己于“无”中，无中让某物不是无，代替无，某物被遇见为经验的显现时，并不是绝对无。牟先生至此说以“虚室生白，吉祥止止”来思考，的确如是。但吾人以为海德格尔只是形态上的思考，仍是“执的存有论”，是依康德而来的道理，未有庄子的义理。牟先生说，此无不是绝对的虚无，而是前文所说的自由空间超越域，即为“道理突破超越”之意图。

（五）“存有论转向于对象”之本质，出现“超越”

因为康德如此清楚地安置有限性于超越域之知见中，所以不需要藉口避免被断定为主观观念论，而呼吁（祈求）“回到对象”去，关于这种呼吁，当今之世有许多吵闹，这吵闹是因为对此问题缺乏一适当的了解之故。实在说来，有限性底本质之考虑不可免地迫使我们去考虑那管辖“先行的朝向于对象之可能性”的条件之问题，即是说，去考虑“存有论的转向于对象”之本性底问题。

① 牟宗三：《智的直觉与中国哲学》，台湾商务印书馆1980年版，第25—26页。

这样，在超越的推述中，即，在联系于存有论的知识之内在的可能性之厘清中，康德首先去提出了这决定性的问题："在此点上，我们必须弄清表象底对象"一语是什么意思。(A104) 这是研究在对象底活动中那面对着我们的东西之本性的事。"现在，我们见出我们的'一切知识之关联于它的对象'之思想是带同着一必然性之成分的；(那对反着我们的) 对象被认为是那足以阻止我们的知识之模式之成为偶然的或随意的，并且它足以在某种确定的样子中先验地决定它们 (知识之模式)。"(A104) 在这种让某物取得一对反着某某之地位之活动中，这活动本身就显现某种"是对反的"东西。(康德原文有此片语，Smith 的译文不见此语)①

海德格尔此处顺着康德说现象有限性于超越域中，呼吁祈求回到对象。虽这呼吁需要吵闹，或批判。但回到对象，并不是重要的。回到或转向朝向"存有论转向于对象"之本质性的问题，即认识的能力与形式更显重要。

那超越的推述中，表象的对象究竟是什么？分析判断与综合判断，是否能知道？对反的思考方式，足以阻止我们知识的模式成为"偶然的"或"随意的"。

要想使这对反成为可理解的，康德涉及一个直接的依据 (datum，案此指范畴言)，而亦并未忽略去标识出它的统一的结构。但是，必须注意：这里不是附着于存在物中的抵阻性底问题，也不是感觉在我们身上底压力问题，而是先行的存有之抵阻问题。对象底客观性 (对象性)"带同着"某种有必然性的东西。通过这种强制，一切被遇见的东西事先皆被迫使成为一致的 (融贯的)，参照这种一致融贯，那被遇见而不在一致融贯中的东西之显著 (彰明昭著) 始首先成为可能的。这种先行的而且是经常的摄入于统一即包含着这 (预见的) 统一之置定。一种有代表性而且是联而一之的统一之表象活动即标识出康德所名之曰概念的那种表象。这种表象指示一种"意识"，其意义是一种统一底表象之活动 (即是"一种统一底表象之活动"意义的意识)。因此，对象化的活动是一"根源的概念"，而只要当概念的表象被指派给知性时，则此对象化底活动亦就是知性之基本的活动。知性之基本活动当作一完整的整体看，其自身即包含着统一模式之差异。结果，纯粹知性则被显露为一种机能，它使"对象化底活动"成为可能。当作一整体看的知性事先即给出那一切与偶然相反者。(凡与偶然相反者皆先验地为知性底概念表象这对象化底活动所给出)。由于去表象统一根本上而且确然地就是表象之为一联而一之的统一，所以知性把一种强制形态呈现给它自己，这强制形态 (即强制性或必然性底成分) 事先

① 牟宗三：《智的直觉与中国哲学》，台湾商务印书馆 1980 年版，第 26—27 页。

即把它（知性）的规律置定于一切可能的结合模式上。“一普遍条件底表象，依此普遍的条件，某种一定的杂多能被安置于统式的样式中，即叫做是一规律”（A113）。概念“实在说实可必是完全不完整的或隐晦的。但是一个概念，就它的形式说，总是某种普遍的东西，它足以充当一规律”（A106）。

海德格尔接着说，对反成为可理解的依据，即范畴。但要注意的是：它不是附着于存在物的抵阻问题，也不是感觉在我们身上的压力问题。而是先行存有的抵阻问题，即“能力”与“形式”。对象的客观性、对象性，带同着某种强制的必然性的东西。通过这种强制，一切被遇见的东西，皆被迫为一致融贯的。概念的那种表象为“意识”。“对象化底活动”成为可能。知性把一种强制形态呈现给自己，叫作“规律”，也是普遍的。

现在，纯粹概念就是那些具有型范性的统一为它们的唯一内容的概念。它们不只是足以供给我们以规律，而且当作纯粹的表象活动看，它们首先而且事先即供给这型范之自身（型范之为型范）。这样，就在与他的对象化底活动之说明相联系中，康德首先达到了知性底根源概念（范畴）。“现在，我们可以表征它（知性）为规律底机能。这种显著的标识是较有成果的，而且较能切近它的本质的本性。”（A126）

现在，如果使对象化底活动为可能的就是这知性，又如果有规制直觉所带出的一切杂多之力量的也就是这知性，则知性岂不是被规定为最高的机能吗？仆人不是已变成主人了吗？然则我们对于知性的副助作用（功能），（这副助作用直至现在总被认为是本质的，而且是它的有限性之真正的引得），将如何想呢？（想它是什么呢？）设想康德把知性显明为规律之能，这种显明是知性底本质之描述，则在超越推述底问题之决定阶段中，康德岂不是已忘记了知性是有限的？

但是，只要当就是这理性底有限性它发出并规定出形上学底可能之全部问题时，这设想（即设想康德由于把知性显明为规律之能便已忘记知性之有限性）必须被拒绝。但是那末，现在知性之为一支配的角色如何可以与它的隶属性相融和呢？在它的支配性（主宰性）中，犹如在它对象化那统一底规律中，它基本上又是一副属性，能够是这样吗？（在此说能）。在此种功能中（即主宰性的功能中或对象化那统一的规律之功能中），知性显露其最深的有限性，因此，在让某物成为一对象中，它（在一最根源的方式中）出卖了（背叛了迷惑了）一有限的存有之可怜相（贫乏相），这能是这样吗？（在此说不能）。

事实上，知性在其有限性中是最高的机能，即是说，是有限的，有限到最高度。如果它真是如此，则纯知性之依于直觉必须最清楚地在知性之基本活动中，即，在对象化的活动中，明朗出来。自然，这所说的直觉必须是纯粹的，而不是经验的，此不待言。

只有当纯粹知性（当作知性看）是纯粹直觉底仆人，它始能保持其为经验直觉底主人。

但是纯粹直觉自身即证明一有限的本质。只有在它们（即下文之纯粹直觉与纯粹思想）的结构的统一中，纯粹直觉与纯粹思想底有限性才充分地被表示出来，这种有限性的存有被显露为超越性（超越域）。但是，如果纯粹知识底成素之统一之源泉是纯粹综和，则此综和之整全的综和结构之揭露即被显露为那唯一的足以引我们到超越推述之目的者，即引我们至超越域之说明者。①

海德格尔接着说，纯粹概念就是型范的统一，不只是足以供给我们以规律，也首先达到知性的根源概念，也较能切近它的本能本性。仆人变为主人，就不应再变为仆人。康德把知性显明为规律之能，海德格尔表示康德是否忘了知性的有限性？

但是，理性的有限性发出规定形而上学之可能时，设想必须被拒绝。知性的相融和性？支配主宰又是一副属性，知性显露有限性，而出卖背叛迷惑，一有限存有，或执的存有，或纯“理”的可怜相。

事实上，知性的最高机能是有限到最高度，纯知性的基本活动明朗出来。所说的直觉是纯粹的，而不是经验的。纯粹知性是“纯粹直觉”的仆人，它也始能保持是“经验直觉”的主人。“纯粹直觉”“纯粹知性”“经验直觉”一路排下来，都有突破的企图心。有企图心未必能如愿。

海德格尔接着说，“纯粹直觉”证明是有限的本质，只有在“纯粹直觉”与“纯粹思想”的结构统一中，“纯粹直觉”与“纯粹思想”的有限性才能充分表示出来，这种有限性的存有被显露为“超越性”。但若“纯粹综和”是源泉，则其被揭露为唯一引我们到“超越推述目的者”“超越域之说明者”。“纯粹”到“超越”看出海德格尔的存心，却都是理性思考的动力。所以牟先生说“头出”，应是指此。

四、结语

“克己复礼”看似容易，做到很难。京都学派的“绝对无”要彻头彻尾把自我中心的意识彻底埋葬为思考动力。② 海德格尔的“无”是否促成京都学派的“绝对无”？这自然是另一课题。

同时，从“执的存有论”到“无执的存有论”，海德格尔加上“一套道理即有限的

① 牟宗三：《智的直觉与中国哲学》，台湾商务印书馆 1980 年版，第 27—29 页。

② 参见周博裕：《京都学派“绝对无”寻“雕出心肝”》，“纪念陆九渊诞辰 880 周年宋明理学会讲”会议论文，福建武夷山与江西抚州，2019 年 9 月 5—8 日，第 3—7 页。

存有关联到一个不是被创造或曾被创造的存在物始可，即具独立性始可，或说一套道理始成”“创造”“转向朝向”“自由空间”“无”“超越”为动力，牟先生则以“虚室生白，吉祥止止”来疏解助成。在在都不容易。而依“可化可转可逆之直接命我去如何行为如何存心?”去看如何？也许可以看到海德格尔之存心，虽限于西方的思考形态，难达“无执的存有论”。吾人尽力理解西方义理，就像京都学派吸收海德格尔的精彩般，甚至台北学界有吴汝钧教授已吸收到京都学派之独特论理，并超越之。[①] 吾人处在其中，为了仍是“可化可转可逆之直接命我去如何行为如何存心”，非为其他。

（作者单位：鹅湖月刊社、财团法人东方人文学术研究基金会）

① 参见吴汝钧：《纯粹力动与绝对无：我与京都哲学的分途》，氏著《纯粹力动现象学 续篇》，台湾商务印书馆 2008 年初版，第 167—237 页。

牟宗三佛学研究的发展历程

徐　波

牟宗三是现当代新儒家中最为重要的代表人物之一，长期以来，学界对于其思想的研究主要集中在儒学部分。然而，牟宗三哲学体系中相当多的关键概念都有着佛教的渊源，“圆教”“判教”“一心开二门”“纵贯横摄”等术语是直接借用自佛教，牟氏亦明言对两层存有论以及康德“智的直觉”的诠释和发挥是受到了佛教的启发。牟宗三在其学术生涯的黄金时期花费了八年时间来完成百万字佛学巨著《佛性与般若》，对中国佛教进行了重新梳理。而在《中国哲学十九讲》以及《圆善论》等晚期论著中，他融合天台圆教为代表的中国佛教哲学思想，通过圆教来展开圆善，进而用来对治诸如“德福一致”这些具有普遍性的哲学问题。① 学界当前就牟宗三在佛教研究上所做的讨论甚少，无论从深度还是广度而言都亟待展开，甚至一些亲炙弟子对这方面材料的整体掌握也都有所不足。笔者不揣谫陋，希望以此文对牟宗三佛学研究的发展历程做一个初步的总结。

一、牟宗三早年对佛教的认识

牟宗三并不是从一开始就对佛教有着浓厚兴趣，他在早年对于西方哲学认识论的兴趣要远大于佛教。北大求学时期的牟宗三，阅读的书目在中国传统经典里以《易经》及其历代注疏为主，除此之外还广泛涉猎了怀特海、罗素、维特根斯坦等人的思想论著，其早年接触比较多的老师亦主要是张申府、金岳霖等对西方哲学有专攻的教授。不过，最终促成牟宗三对中国哲学立下“接续慧命”之志的因缘，却是熊十力所著的《新唯识论》（文言文本）。牟宗三自陈当时对佛教没有什么了解，对书中大量涉及唯识宗的部分也完全不懂，但因为此书而经人介绍得以结识熊十力，并在其“棒喝”之中惊醒，一下

① 参见牟宗三：《中国哲学十九讲》，上海古籍出版社 1997 年版，第 274 页。

子被“提升到宋明儒者的层次”[①]。

熊十力随后因《新唯识论》而与以支那内学院为代表的数派学者展开了长达十余年的“现代儒佛之争”[②]，而这十余年差不多正是牟宗三从学于熊十力门下的同一时间。虽然当时牟宗三的兴趣依然不在佛教，但其师谈论佛教的种种论著在他心中也埋下了种子。而在熊十力重写《新唯识论》（语体文本）的阶段，牟宗三更恰好与熊十力朝夕相处、切磋问学。在这样的熏陶之下，熊十力对于佛学的认识和看法对牟宗三产生了潜移默化的影响。这体现在牟宗三早年极少数提及佛教之处，尤其是在儒佛关系的问题上基本延续了熊十力认为佛家“缘起性空”以“空寂”言体是不充分的观点。[③] 在《认识心之批判》等早期作品中，牟宗三指出儒家之“圣教”与佛老二教的关键差别就在于能够直承道德主体而开出实理[④]；而佛教则是：

> 只认识缘起流转之一面，着了一点意思，便视之为无常之苦海。……只是缘起流转之一面，而无理以成之，亦只是一虚无流。[⑤]

这些就佛教整体特色所下的论断和熊十力在《新唯识论》《读经示要》等著作中对佛教的批评是一以贯之的。

不过，牟宗三对熊十力的佛学亦非全盘接受。他虽未直接参与熊十力与太虚、吕澂以及印顺的论战，但他通过对玄奘《成唯识论》以及窥基的《述记》等各家唯识宗著作的用心研读，认为熊十力对于唯识宗的理解“不大对”，没有做到一种“客观的理解”。在他看来，这直接导致了《新唯识论》在“量论”方面有很大的缺失，并使得熊十力撰写《量论》一书的计划一再搁置，最终没能实现。这个缺失在牟宗三看来，最终在牟氏自己的《认识心之批判》以及《现象与物自身》中得到了弥补。[⑥]

学界一般以《五十自述》作为区分牟宗三学思发展历程的中继，虽然牟氏五十岁时已经在熊十力的影响下对佛教有所关注，但他在著作中提到佛教的内容却寥寥无几。这

---

① 牟宗三：《五十自述》，联经出版事业公司 2003 年版，第 78 页。

② 熊十力早年曾经问学于欧阳竟无，但 1932 年其《新唯识论》（文言文本）的出版则标志着他与内学院一派的决裂。由于欧阳竟无是熊十力的老师，并不适合直接出面，因此在他的授意下，刘定权作《破新唯识论》，太虚作《略评〈新唯识论〉》《再评〈新唯识论〉》，印顺作《评熊十力〈新唯识论〉》等文章来批评熊氏著作，而熊十力则作《破破新唯识论》等文章予以回应，双方继而展开长达十多年的论战，吕澂则与熊十力在 1943 年亦有往来信件近二十封讨论“儒佛根本问题”。参见林安梧：《现代儒佛之争》，明文书局 1990 年版；《熊十力全集》，湖北教育出版社 2001 年版，附卷上。

③ 参见熊十力：《读经示要》卷二，《熊十力全集》第三卷，湖北教育出版社 2001 年版，第 796 页。

④ 参见牟宗三：《认识心之批判·序言》上册，联经出版事业公司 2003 年版，第 13 页。

⑤ 牟宗三：《认识心之批判》下册，联经出版事业公司 2003 年版，第 654 页

⑥ 参见牟宗三：《客观的了解与中国文化之再造》，《牟宗三晚期文集》，联经出版事业公司 2003 年版，第 433 页。

一方面是因为佛学高深，在没有足够理解的情况下牟宗三并不轻易下笔；而另一个更为重要的原因则在于，牟宗三虽然在经历了熊十力“棒喝”之后对中国哲学的志向初定，但他当时的精力主要集中在以一种“架构的思辨”来对西方哲学认识论传统中的怀特海、罗素、维特根斯坦等人的著作进行“强探力索”，并最终上溯至康德。因此其早年完成的大多是类似《逻辑典范》《理则学》《认识心之批判》等较为偏重逻辑思辨的著作，其中固然有一鳞半爪地提到佛学，但大都是就儒佛关系和佛教整体特色泛泛而言的一些议论。牟宗三虽然通过阅读唯识宗经典，意识到熊十力佛学思想中的若干缺失，但在当时并未付之于具体的文字。总体而言，在这一时期牟宗三对佛学的整体认识中，熊十力作为牟宗三的老师无疑是其中最为重要的因素。

二、五十岁前后对佛教研究的骤然用力

在现有对牟宗三哲学的研究中，已经有不少学者提及牟宗三在五十岁左右所发生的思想变化，但主要集中在传统儒学方面。就牟宗三对于佛学的研究而言，五十岁这个节点的重要意义则更胜之。牟宗三在《佛性与般若》序中谈到，他与佛教的结缘是一个渐进的过程，直到 20 世纪 50 年代中期才开始对佛教“着力”，进而“随时留意，随时熏习，慢慢蕴蓄”①。20 世纪 50 年代中期正是牟宗三五十岁之时，这事实上是一个转折的开始，突出体现在牟宗三论著中的佛学内容骤然增多。而在之后直至去世的数十年间，牟氏对佛学思想有着相当持续和丰富的论述。这与牟氏五十岁之前的早期文集中绝少谈到佛教，甚至在一些本来应该需要涉及佛教的文章如《宗教与礼教》中也对佛教只字不提的状况形成了鲜明的反差。

在这一转折点之后，牟宗三著作中的内容和方向也与其早期有着较大的分别。在《生命的学问》这本收录牟宗三四十出头至五十岁期间所发表文章的书中，谈及佛教的内容已经逐渐增多。在《关于宗教的态度与立场——酬答澹思先生》一文中，牟宗三已经开始尝试总结性地提出他对于佛教的一些基本立场。

牟氏自陈，他通过撰写《才性与玄理》，弄清楚了魏晋一代佛教的基本状况；又写成《心体与性体》，不但弄清了宋明一阶段佛教的大概影响，更撰写了《佛家体用论之衡定》这一长文作为《心体与性体》的附录。之后于 1969 年开始《佛性与般若》的写作，1975 年完稿，1977 年出版，前后历时八年之久。这是其对于佛教最为专注而着力的一段时间，之前的各种“种子”与“熏习”在这段时间得到了升华。牟氏关于佛教的思想也在《佛性与般若》之中定型，之后并无太大改变。而从上面这段文字中，我们还可以发现，牟氏对其五十岁之后的著作之所以满意，除了先前积累的厚积薄发之外，还

① 牟宗三：《佛性与般若·序言》，联经出版事业公司 2003 年版，第 8—9 页。

有一个重要原因，即他通过理解中国吸收佛教这六七百年间的发展，已经掌握了中国佛教的义理价值所在，因此才能够站在一种中国哲学史的整体立场上，看待历史上儒释道三家的关系。

除此之外，牟宗三在五十岁之后也开始与佛教界人士有了更多层面的接触。在《关于宗教的态度与立场——酬答澹思先生》一文中，透露出两个重要的线索：(1)《海潮音》一直寄赠予牟宗三；(2) 牟宗三对于其中弘扬教义的文章，如印顺的文章，几乎每篇都读。牟氏更坦言从印顺那里受益很大。[①]《海潮音》是民国时期历时最久、影响最大的佛教期刊，学术价值为海内外所公认。其在大陆出刊至1949年4月号，之后在台湾复刊，相继由太虚、印顺等主编。而在撰写《佛性与般若》过程中的1974年，牟宗三造访了刚刚在高雄开山不久的佛光山，并做了一次题为“弘扬宗教的态度”[②] 的演讲。而根据星云在《百年佛缘》一书中的记载，他与牟宗三其后有相当多的接触。他曾经邀请牟氏在台北松江路的佛光山台北别院做过一次题为“天台宗在中国佛教的地位”的讲座，而牟氏也将《佛性与般若》赠送于星云。除此之外，星云更邀请牟氏去台大举办讲座宣扬佛法智慧。[③] 这些可以从一个侧面说明牟宗三与佛教界人士有着相当深的来往。与此同时，佛教界对牟宗三《佛性与般若》一书亦有所关注。印顺于1981年在《中国佛教》发表《论三谛三智与赖耶通真妄——读〈佛性与般若〉》，虽然二人对于唯识宗的观点迥异，但印顺亦肯定了牟宗三此部著作的价值。[④]

结合这些散落在各处的信息，我们可以管中窥豹，对牟宗三佛学研究的缘起、发展以及其与佛教界互动的历史背景有一个大概的认识。但无论是熊十力的指引，抑或是其与佛教界人士的学术和社交往来，对于尤其重视主体自我挺立的牟宗三来说，都是相对外在的因素，并不足以使得牟宗三在五十岁前后对佛教的认识有一个比较明显的转折。他对佛教由一般性的知识了解到开始着力，其重点亦由唯识宗转向以天台、华严、禅宗为代表的中国佛学，更在其论著中骤然增加了许多佛教的内容。牟宗三对佛教用力的这一转变为何发生在此时？他虽然在论著中未曾明言，但如果我们把这一时间节点放回到

---

① 参见牟宗三：《生命的学问》，三民书局1970年版，第42页。

② 蔡仁厚：《牟宗三先生学思年谱》，《牟宗三先生全集》第32卷，联经出版事业公司2003年，第40页。Jason Clower在 *The Unlikely Buddhologist: Tiantai Buddhism in Mou Zongsan's New Confucianism* 中将牟宗三造访佛光山的时间错记为1972年，其标明来源是2002年版李山《牟宗三传》第209页。据笔者核实，其所标注的页码亦有错误，Clower所用版本实为2006年增订本，2002年版的页码应为第199页，且在2002年与2006年两个版本中，都将时间记为1974年。实际上，李山先生此书的数据大都直接来源自蔡仁厚先生所撰之《牟宗三先生学思年谱》，年谱中也记为1974年。

③ 参见星云：《百年佛缘——我和学者们的互动·牟宗三》，《人间福报》副刊2012年12月4日。

④ 在佛学观点上印顺和牟宗三有着非常大的差别，牟宗三曾针对印顺提出的“天台宗欺尽天下人”，回应“天台家并不欺天下人，乃印顺欺人也”，几乎擦枪走火。但除此之外，牟宗三和印顺就佛学的讨论还是保持在学术范围之内，印顺此篇针对《佛性与般若》的书评，至今仍是佛学及佛教界内部对牟宗三佛学研究屈指可数的回应之一。

牟氏一生的生命历程之中，其中具有决定性因素却往往被人所忽视的一点，乃是其于20世纪50年代中期的一个梵音之夜证得“悲情三昧”的特殊体验。

三、梵音中所证得之“悲情三昧”及其哲学框架

牟宗三于1949年初离开浙江大学，之后辗转各地，于春夏之交只身渡海到台湾。最初的几年中，虽然在徐复观等师友的帮助下暂时得以安定，但那种背井离乡的落寞却依然根植于其内心深处。一个孤独灵魂在异乡的挣扎与奋斗，却因一次偶然的机缘而有所开悟，经过“静观下堕之业力看至于何极”，最终“翻上来而至大生”①，坦然地面对一切。牟宗三在《五十自述》中用极富感情的文字记录了他在梵音中证得“悲情三昧”的情景。② 这段文字和牟宗三早年的文风有着巨大的不同，其关注的焦点也不再是西方哲学认识论传统下一环扣一环的逻辑思辨，而是转向对自己的生命存在问题进行反思。牟宗三虽然离开了大陆，但他念兹在兹的还是那块土地，那块土地上的师友，那块土地上的文化。甚至直到1993年，已经在香港生活了三十多年的牟宗三，在接受香港亚洲电视的采访中坦言，自己在香港一直以来是一种“逃难的心态”，因此只租房而不买房。③ 牟氏以《维摩诘经》中“有情有病，我亦随病”的讲法来说明自己的深层关怀。在那一夜忽然而起的梵音之中，他不由得联想起“文殊问疾”的这段故事，牟氏总结他的这一段经历，认为此“悲”是由时局之变乱而起。人有其自在的“清净本心”，又有其“慧根觉情”，因悲而生情，乃是因为本有那“清净本心”能够“觉情”，进而由虚无的痛苦感受而得到“悲情三昧”的体证。这一夕的具体时间发生在牟宗三初到台湾的几年，而最晚不会迟于蔡仁厚《学思年谱》中记载的开始撰写《五十自述》的1956年冬天，甚至我们有理由认为此“一夕”极有可能要早于1955年11月，因为牟宗三在当月致唐君毅的信中已经提到了一种“精神转折”的现象。④

牟宗三在撰写《五十自述》的过程中，又将其中有关此一证悟经验的详细描述去信

① 牟宗三致蔡仁厚信。详见李山：《牟宗三传》，中央民族大学出版社2002年版，第100页。

② 参见牟宗三：《五十自述》，联经出版事业公司2003年版，第152页。

③ “1993年亚洲电视（ATV）牟宗三老师及新亚研究所访问专辑”，2014年3月，https: //www. youtube. com/watch? v=6EGo1sD0tuo。亦可参考西西：《上课记》，《素叶文学》1995年第58期，第2—11页。

④ 参见唐君毅：《致牟宗三》（1955年11月10日），《唐君毅全集·书简》，台湾学生书局1990年，第161—164页。李山先生在《牟宗三传》一书中认为梵音中开悟之事发生在牟宗三先生四十八岁时，即1956年12月的一个夜晚，此书的特点是通俗易懂但基本不给出数据源。笔者查看蔡仁厚先生所撰之《牟宗三先生学思年谱》，发现当年冬天牟先生已经开始撰写《五十自述》，因此从情理上讲，牟氏听梵音而开悟之事应该至少要早于1956年冬天。而从唐先生的信件之中，也再次印证牟先生在开始撰写《五十自述》之前就已经发生了一次精神转折，我们亦可以进一步将他“开悟”的时间推至1955年11月之前。对此，郑宗义教授提醒笔者注意“精神转折”与“开悟”之间的差别，而从目前笔者获得的数据来看，虽然可以肯定在1955年11月之前牟宗三已经有一“精神转折”，但并没有直接的证据证明在梵音中“开悟”的“一夕”与此一“精神转折”的联系。因此最为谨慎地言，此“一夕”最晚不会迟于牟先生开始撰写《五十自述》的1956年冬天。

唐君毅。对佛教素有研究的唐氏认为，牟氏实由此一体验而真正契入了佛教之境界①，可留与天心做证明。② 在牟氏看来，此一“悲情三昧”所体证的具体内容是人之“慧根觉情”，其特点包括：

(1) 即“无”而即“有”，“无”是指不着相而能消融任何法之“无”。此一“无”不但可以从“悲情三昧”所彰显之觉情中消融大乘佛教所言之妙论玄谈的权说，更可以在此觉情之中开决出这些权说。因此这样一种“觉情”一方面是“无”，另一方面却是“无限的无”而可说为一“存有”意义上之“有”。

(2) 此一“有”不但是“存有”而且更是“活动”的，人之“觉情”不但可以消融、开决，更在此一存有之中包含了成就一切的可能性。因为“觉情”已经使得一切执着消融，所以这一包含成就一切的存有并不是第一序上的“事”的存有，而是第二序上“理”的存有。

(3) 此一无限之“有”，用佛教的概念来讲既是“悲”又是“如”，既是“能”又是“所”。个体主观觉情表现之“悲”与“能”，必须与客观的天道佛理相接，才能真正悟得“如”“所”，而不能“证如不证悲”“证所不证能”。

如果以牟氏晚年已经完成的哲学体系视之，其于梵音之中证悟的第一点即是《佛性与般若》之有系统而无系统相之“非分别说”，第二点即是在《心体与性体》宋明理学判教中所阐发的“即存有又活动”之意义，而第三点则是《中国哲学十九讲》以及《圆善论》中“存有地圆具”的雏形。牟宗三于此一夜在梵音中所悟得的，事实上奠定了牟氏成熟期整个哲学体系的规模与纲领。他之后自认为比较可靠的有关中国哲学的总结性著作，实则都可以从此一“悲情三昧”中找到直接的思想渊源。尤其是“存有”意义上的“有”和“即存有又活动”都是牟宗三哲学体系中最重要的创见，他根据前者认为天台圆教对法之存在有一特殊交代，有着相当重要的理论价值；又依据后者的标准将宋明理学分为三系，判定朱熹是“别子为宗”，至今仍是学术界讨论的焦点之一。因此，我们或许可以把牟宗三在近五十岁时的这段难得的经历，视为类似阳明“龙场之悟”的一大转折。

不过需要指出的是，就其佛学研究而言，此时的牟宗三虽然因梵音的助缘而有所悟，并开始对佛教用力钻研，但从哲学立场上来讲，他对佛教依然采取了批判的态度。在他看来，佛教正是其所指“证如不证悲”的典型代表。牟氏认为，佛陀观生老病死的无常之苦，进而认为生命只是流转，只是缘起幻化，故世间万法无自性，而以空为性，证得“真如”即得涅槃解脱。因此其重点乃在于证“如”，对“悲”而言仅仅是就“无常”就“苦”而言“悲”。

---

① 参见牟宗三：《五十自述》，联经出版事业公司2003年版，第153页。

② 参见唐君毅：《致牟宗三》（1956年12月20日），《唐君毅全集·书简》，台湾学生书局1990年版，第170页。

四、晚年对佛学定位的"存有论转变"

前文已经提到，牟宗三早年对于佛学的定位和看法与其师熊十力比较接近。熊十力曾指出，佛家"以空寂言体，而不悟生化"①。牟宗三虽然经历了"悲情三昧"的特殊体验，但在当时依然从义理上认为佛教最终趋于空性，证如不证悲，未能正视个体生命的实有与生化。不过，当其完成《佛性与般若》一书之后，对佛教的评价和定位因为对天台圆教的研究而有一个较大的转变。在牟氏看来，圆教的真正成立需要靠佛性概念在诡谲的建立层中的存有论意义。他之所以在中国佛教各大宗派中独尊天台，正是因为天台圆教对一切法之来源问题有一种"存有论"上的说明。他进而认为这样一种特色使得天台圆教有着特殊的性格，因而可以称之为真正的圆满。这一变化出现得相当迟，在其后期作为《心体与性体》附录的《佛家体用义之衡定》一文中，牟宗三依然延续了之前的观点，直到《佛性与般若》中才有所改变。

从最终出版时间上来看，1977 年出版的《佛性与般若》要比《心体与性体》晚近十年，但根据蔡仁厚在年谱中的记载，这两部著作几乎是相继而成。《心体与性体》第一册出版于 1968 年，而牟宗三撰写《佛性与般若》则始于 1969 年，相隔仅一年。② 在如此短的时间内本不应该有比较明显的变化，但正如牟宗三通过对唯识经典的客观理解而直言其师之错失，他也通过撰写《佛性与般若》对中国佛教深入研究而在思想上有所转变。我们如果对比此后其在《佛家体用义之衡定》以及之后在《佛性与般若》和《中国哲学十九讲》等书中的论述，就可以发现牟宗三思想发展的轨迹。在《佛家体用义之衡定》中，牟宗三针对天台宗指出：

> 就天台宗说，一念三千之不思议境不是因着有一个"体"而要去积极地肯定的，乃是只顺着烦恼心遍而实然地如此说，其当然而必然之理想地说者仍是在就此不思议境而当下寂灭之。寂灭之，即是在圆顿止观中如实知"即空即假即中"而证实相。……如此，则仍是"流转还灭"下之体用。实亦无所谓体用，体用皆虚说。吾人不能说实相是体，三千是用。……佛家对于幻假事总是在这不澈之虚系状态中而挂搭着为圆融地无尽，总是不能客观地积极落实也。③

从这段文字，可以看出牟宗三基本上延续了其在《五十自述》等稍早之前著作中对

---

① 熊十力：《读经示要》卷二，《熊十力全集》第三卷，湖北教育出版社 2001 年版，第 796 页。

② 参见蔡仁厚：《牟宗三先生学思年谱》，《牟宗三先生全集》第 32 卷，联经出版事业公司 2003 年版，第 32—39 页。

③ 牟宗三：《心体与性体》，上海古籍出版社 1999 年版，第 550—551 页。

佛学的定位与评价。当时的牟宗三对于天台圆教已有认识，他指出天台宗与其他佛教派别有所不同，是以一种“即烦恼而菩提”的方法来说明佛法的智慧。然而，需要指出的是，牟宗三在此处的重点在于说明天台宗“一念三千”的“非分别说”教法依然是“流转还灭”下的体用关系。这种实，是“虚系”，是“挂搭”，而非真正“客观地积极落实”。而这种“落实”在《佛家体用义之衡定》中是牟宗三判定一个思想系统圆满与否的重要准绳。在此文中，牟宗三对于天台宗并没有太多的赞美之词，对于天台圆教和华严圆教的区别也只是一笔带过，其结论是：两圆教虽殊途而同归，仍不失佛家寂灭教义。

之后牟宗三在《佛性与般若》以及《中国哲学十九讲》等著作中对于天台宗的态度发生了相当明显的转变，夸赞天台宗之殊胜以及对智顗之天才的褒扬之辞俯拾皆是，他也进一步从哲学义理的角度对天台圆教予以了特殊的肯定。在上述两书中可以找到许多材料证明此一转变，现摘录一二如下：

> 是以吾人必须了解天台圆教与其他分别说的教义为不同层次。但它又不只是一个般若无诤……决定它的不同者亦是在“如来藏恒沙佛法佛性”一观念以及法之存在之说明一问题。①
>
> 天台宗……成佛是即九法界的众生而成佛，没有任何一法可以去掉。如此，佛性即把一切法的存在保住了。……而从保住法的存在这一点来看，我即给它规定一个名词，叫做“佛教式的存有论”（buddhistic ontology）。本来佛教讲无自性，要去掉“存有”，根本不能讲存有论；但是就着佛性把法的存在保住，法的存在有必然性而言，那么就成功了佛教式的存有论。②

从这两段材料中我们可以发现，牟宗三不再像《佛家体用义之衡定》里那样认为天台宗“不实”，相反，他特别指出了天台圆教作为一种“非分别说”③，与其他“分别说”的教义有着本质的不同。通过“诡谲的相即”，天台圆教能够在不违背“缘起性空”基本教义的前提下，对佛性的概念亦即一切法之存在问题有一肯定，天台圆教的境界是一种“即九法界而成佛”，不舍众生，不舍一法。在这样的理论安排之下，天台圆教不仅是佛教内部的圆教，更成功了一种牟宗三称之为“佛教式的存有论”的架构。天台宗不再是牟宗三之前所认为的与华严宗一样，同归于“寂灭义”，而是一种与华严宗有着本质区别，根据佛性的概念将一切法的存有论意义体现了出来的特殊教法。

---

① 牟宗三：《佛性与般若》，联经出版事业公司 2003 年版，第 1216 页。

② 牟宗三：《中国哲学十九讲》，上海古籍出版社 1997 年版，第 342 页。

③ 参见徐波：《牟宗三“分别说”与“非分别说”辨析》，《东吴哲学学报》2014 年第 30 期。

牟宗三在《圆善论》中对“存有论”一词有专门的附注，可以视为他对“存有论”的总结性看法。在他看来，“执的存有论”与“无执的存有论”各有其价值所在。牟氏认为，中国哲学的传统中并未发展出一套如西方康德哲学一般的“执的存有论”，因而在分解的知识方面有所不足；不过中国哲学传统中儒释道三家都有一种超越的“无执的存有论”，以说明天地万物之存在的依据，此不但为康德哲学所缺失，海德格尔之基本存有论也未能达至此一无执境界。不同于康德将超出现象存在之外的依据诉诸上帝的设准，中国哲学儒释道三家的共同传统乃是一种依据超越的、道德的无限智心而建立的“超越的存有论”；更为关键的是，这种无限智心即康德所谓智的直觉，并不需要设定一个上帝或是其他人格神的存在，而可以由人类自身之存在而朗现，其“既超越又内在”的独特性格正是通过天台圆教存有论之圆具得以保证。

在“佛教式的存有论”之外，牟宗三佛学研究第二次转变更进一步的证据则是，牟宗三在《佛性与般若》之中不再像在《佛家体用义之衡定》一文中那样，以体用的关系来衡定天台宗之哲学。他明确指出天台宗与儒家在体用方面乃是完全不同的两个系统，不可一并比较。牟宗三对天台宗之特殊的存有论做出了两方面的澄清。首先强调了天台佛学“从无住本立一切法”与儒家系统的根本差别，但同时亦肯定了此一“空如之理”亦是为“实”，因此我们不必像在《佛家体用义之衡定》里那样，说天台佛学“流转还灭”下之体用实际上并不是真正的体用义而皆是“虚”。其次指出天台佛学此种意义在佛教内部亦相当特别，既不同于通过阿赖耶立一切法，亦不同于从如来藏真心立一切法，甚至不同于《中论》之从空立一切法。牟氏在《佛家体用义之衡定》中所说的“不澈之虚系状态中而挂搭”可以指以上这三者，但天台佛学到了《佛性与般若》中则不在此列。换言之，通过《佛性与般若》中对天台宗的梳理，牟宗三意识到中国佛教内部的资源不必亦不可用儒家的体用义强加之，这一由中国佛教自身传统发展而来的乃是一种与儒家特质绝异的传统。

牟宗三早年曾多次提到儒家在挺立道德主体的“创生”意义上有着相较佛道二家的优越之处，但在晚年他却明确指出不宜就佛教而说“创生”①，不能以“创生之道”为标准来认为佛教是异端，或者反过来从佛教的立场说其他各家是执着②。佛教的这一特殊传统需要以一种“不以佛教为忌”的态度正视之，以发扬其内在精神的学说来弥补儒家之不足。而对于其在《五十自述》中对佛教“证如不证悲”的批评，牟宗三在《佛性与般若》中对大乘佛教经典中记载的地藏王菩萨“地狱不空、誓不为佛”的宏愿和天台智者大师“非慧解不及，乃因‘损己益他’”③ 而位居五品弟子位的慈悲大愿进行了高

① 参见牟宗三：《中国哲学十九讲》，上海古籍出版社 1997 年版，第 113 页。

② 参见牟宗三：《中国哲学十九讲》，上海古籍出版社 1997 年版，第 404 页。

③ 牟宗三：《佛性与般若》，联经出版事业公司 2003 年版，第 927 页。

度的评价，指出此种慈悲安忍之心量相比儒家仁者之心量有过之而无不及。他进而认为，佛教和儒家思想均能够代表人类文明的顶峰，“至充尽圆实之境者，自现实人类言，唯释迦与孔子始能之”①。虽然两者学说在展开方式上存在着巨大的差异，但就对哲学终极问题的反思而言却是殊途同归，均在纵贯的维度进行了哲学的拓展。② 牟氏在《圆善论》中甚至指出，天台佛学在解决圆善这一终极哲学问题的理论架构上实有胜过儒家之处。③

虽然牟宗三对于天台宗的前后认识有所不同，但归根到底，他判定一个思想体系成熟、圆满与否的标准还是始终如一的。成也“存有”，败也“存有”。在牟宗三那里，真正的圆满的体系，必须要对这个世界的当下意义在存有论上有一个恰当的交代。一般认为，按照缘起性空的基本意义，佛教对存有论的问题没有一种“实存”的交代，所以牟宗三之前在《佛家体用义之衡定》中认为天台圆教和其他教派殊途同归，都逃不过一个“寂灭义”。然而，牟宗三在之后的研究中，于天台宗的义理里面认识到天台圆教的特殊之处，发现佛教内部亦可通过“佛教式的存有论”而担当起此责任，而这套“佛教式的存有论”正是通过“分别说与非分别说”的模型，最终以非分别说的方式表现了圆教的真正意涵。在笔者看来，这正是牟宗三撰写《佛性与般若》的主要成果所在，也正是牟氏自述其五十岁之前旧作不够成熟的重要因素之一。这一转折，由牟宗三五十岁左右时梵音开悟的那一夜开始，经过《佛性与般若》的撰写而再转，进而影响了牟宗三整个哲学进路的发展。

五、余论

从思想的广度和深度而言，牟宗三都是现当代中国思想界中较为难得的一位哲学家。他对中国哲学的儒释道三家，西方哲学中的逻辑学、康德哲学以及现象学，都有相当程度的认识。就其佛学研究而言，虽然牟宗三自陈希望做到一个客观的了解，但亦不免有一些驳杂之处。例如他对唯识宗以及上座部佛教的若干断语就值得商榷，而他关于天台圆教和儒家圆教两个圆教模型的处理也存在相当的理论张力。由于本文篇幅及主题的关系，笔者对其中存在的一些问题暂时先不展开，而留待另文详论。总体而言，牟宗三对佛学研究及其两次转变的意义在于，他继承了熊十力对于佛教思想资源的正视，使

① 牟宗三：《佛性与般若》，联经出版事业公司 2003 年版，第 1029 页。

② 牟宗三以纵贯之纵讲与横讲来区分儒释道三家的不同形态，其中儒家是纵贯纵讲，佛道二家是纵贯横讲。虽然牟氏从创生义上肯定儒家之纵贯纵讲为最圆，而佛道二家之圆教在纵贯系统下只是“团团转之圆教”。但他亦指出这样的区分并不是高下之判，只是进路不同所显示的差别。纵贯系统本身是以儒家创生义为基础，以此来评价佛道二家并不适宜。而这与牟宗三归宗儒学的一贯立场如何自洽，详见徐波：《牟宗三哲学中的两种圆教形态及其内在张力》，《哲学研究》2016 年第 10 期，第 65—70 页。

③ 参见牟宗三：《圆善论·序论》，联经出版事业公司 2003 年版，第 14 页。

得现当代新儒学突破了宋明理学以来动辄“拒斥佛老”而以正统自居的流弊，同时对不顾哲学义理盲目杂糅的“三教合一”进行了理论反思。以熊十力、牟宗三为代表的现当代新儒家这一大流派之新，不仅是因为其沟通中西之功，更在于他们“不以道家、佛家为忌”，以一种开放的态度来吸收、消化儒道，乃至融贯中国传统哲学中的儒释道三家，而这种吸收、消化尤以佛教为甚。熊十力由唯识而有《新唯识论》，唐君毅由华严境界说而有《生命存在与心灵境界》，牟宗三则由天台性具圆教而有《佛性与般若》。有论者谓：

> 由欧阳竟无到熊十力、由熊十力到唐君毅、牟宗三佛学思想的潜流，仍是此一代的学术尖峰。……其思想的底子与深度，不可否认的，仍是得力于佛学。①

同样，我们今天理解和研究牟宗三以及其他现当代新儒家的思想，不能倒退至宋明儒学“拒斥佛老”的窠臼之中，应该在中国哲学儒释道三家的大背景下来研究。牟宗三逝世已经20余年，距离现代新儒学作为“七五”国家哲学社会科学重点规划项目而成为学术界研究热点也已过去了30余年。这数十年来，有关现当代新儒学的研究由极盛而逐渐走向平凡，而所谓“港台新儒学”与“大陆新儒学”的争鸣随着内地“国学热”的兴起却有不断升温的趋势。此时，抛开习见，在众多就儒学而研究儒学的道路中另辟蹊径，从原典出发，以史料说话，梳理现当代新儒家们对于包括佛学在内的传统儒释道资源的融合，或许可以对他们的理论贡献有一新的认识。

（作者单位：复旦大学哲学学院）

① 张曼涛：《当代中国的佛教思想》，《哲学与文化》1979年第6卷，第321—326页。